U0558985

浙江理工大学2023 年度基本科研业务费"科研发展专项"（23086007–Y）

诸山暨水

历史文化村落保护利用的县域样本

杨小军　柴鸿举　著

浙江大学出版社
ZHEJIANG UNIVERSITY PRESS
· 杭州

　　风起于青萍之末，浪成于微澜之间。聊天机器人迭代已经引发"蝴蝶效应"，基于大模型的ChatGPT横空出世，人工智能在社会生活的诸多领域掀起了狂澜。事实上，在设计领域，AI一直承担着一些重复性和程序性的辅助性工作，例如编辑图形和图像等，这样既可以节约时间和劳动力，也可以帮助设计师更专注于具有创造性的设计工作。但AIGC（生成式人工智能）以及在ChatGPT基础上涌现的Midjourney、Stable Diffusion等AI软件，其强大的设计生成能力，让许多设计师担心因此丧失工作机会。设计教育进化速度已经滞后于设计产业的发展变化。AIGC乃至AGI（通用人工智能）的应用趋势，将对数字时代的设计学科发展与人才培养提出严峻的挑战。

　　时代在变，设计也在变。2015年国际设计组织（WDO）即将"设计"定义为：一个战略解决问题的过程，推动创新，建立商业成功，并通过创新的产品、系统、服务和体验带来更好的生活质量。也就是说，设计本质上是研究创造和满足需求的学科。不能偏狭地从"着相"角度理解设计，应该适应设计学科从"造物思维"向"造系统思维"的迭代。浙江理工大学设计学科在2021年获批设计学一级学科博士点后，致力于扎根中华优秀传统文化土壤，拟沿着"点题——开题——破题——解题"的思路，破解"新时代设计人才培养模式探索与实践"的命题，对人才培养定位、复合知识结构、核心能力培养、培养模式中的途径与方法等关节点，从"以文化人""科技赋能""以美育人""管理整合"等维度进行多维建模，积极尝试"艺工商融合"的实践试点。一是以文化人，注重道与术的融合，提取东西方文化的DNA进行文化解构和再设计，提升以中华文化自信与国际竞争力为核心的设计创新能力。二是科技赋能，将艺术与科技相结合，善于运用智能化与数字化的赋能，创新互动式教学方法与智慧云平台，引导学生运用人工智能进行生成设计与可持续设计。三是以美育人，实现情与意的契合，培养学生鉴赏美、感受美、表现美、创造美的综合能力，引领学生树立正确的审美观念力与艺术表达力。四是管理整合，即设计与产业的整合，搭建服务国家战略和区域产业升级的设计实践课程体系，实现"顶天立地"的服务面向。

设计是一门面向未来的交叉学科。麻省理工大学曾历时三十年，将"无定向研究"作为着力点，培养融合艺术、设计、科技、商业相交叉的创新型人才，"跨界"成为一个热门话题。不确定的未来，会不断涌现新的设计形式，运用更多元的制作手段和传播渠道，在创造美好生活的同时，也带来更多震撼人心的体验。浙江理工大学设计学科将立足于设计学博士点和5个国家级一流本科专业建设点的内涵建设，不断探索设计跨界融合的未来之路，从设计与传统文化、设计与衣食住行、设计与乡村振兴、设计与时尚传播、设计与新材料运用等领域开展交叉融合的尝试，期待未来产出更多的系列化交叉学科成果。

雄关漫道真如铁，而今迈步从头越。是为序。

浙江理工大学艺术与设计学院院长、教授、博士生导师

朱旭光

2023 年 9 月 26 日

自 序

　　诸暨是西施故里，越国古都。诸暨是浙江境内唯一自秦朝立县起历代未废的城市，为古越民族聚居地之一、越王勾践图谋复国之所，越王曾先后在境内的埤中、大部、勾乘等地建都，是於越文化的发祥地。诸暨拥有 6700 多年文明，2300 多年建制，历史悠久、文化底蕴深厚，自然和人文资源丰富。千百年来，在这片诸山暨水的暨阳大地，辛勤的先民们不懈奋斗、勤耕劳作，孕育和创建了一大批特色鲜明、类型多样的历史文化村落。诸暨历史文化村落的自然生态环境总体特征为"以山为尊、以水为聚"，从依山而建、逐水而居到山环水抱、雅居美庐，形成了异彩纷呈的乡土文化，散发着源远流长的独特气息，成为诸暨开拓进取的坚实根脉和宝贵财富。

　　历史是根，文化为魂。历史文化村落是人类在农业文明历史进程中形成的一种独特聚居类型，是中华优秀文化遗产的"活化石"与"见证者"，保存有类型丰富的自然生态资源、物质文化遗产和非物质文化遗产，蕴含着丰富的历史文化信息和乡愁记忆，具有一定的历史、文化、艺术、科学和社会价值。习近平总书记强调"要积极推进文化遗产保护传承，挖掘文化遗产的多重价值，传播更多承载中华文化、中国精神的价值符号和文化产品"。保护历史文化村落是题中应有之义，亦是造福桑梓泽被后世的时代伟业。开展历史文化村落科学保护和活化利用，是新时代新征程建设宜居宜业和美乡村和全面实施乡村振兴战略的重要抓手，也是实现中国式现代化的必然要求。

　　诸暨市委市政府历来高度重视历史文化遗产的保护、传承与活态利用，重视乡村振兴战略实施中的历史文化村落保护利用。一是坚持统筹兼顾，坚持历史文化村落保护与改善人居环境相结合，根据其地理位置、自然禀赋、文化特色、民风民俗等特点来编制村庄规划，精心修复传统建筑、保存原有村落风貌，彰显丰富多彩、形态多样的乡村风格；二是坚持创新机制，吸引专业人才与专家学者，强化技术团队与施工队伍的合作沟通力度，建构"参与式、互动式、渐进式"保护利用机制和工作体系，确保保护利用工作精准、专业、有效，深化构建"点上出彩、线上成景、面上提升"格局；三是坚持精准施策，按照"完整保护、适度改造、合理利用、传承发展"的要求，突出精心修复传统建筑、精心选择保护模式、精心确定人文主题的三个"精心"模式，加大投入和经营力度，集中力量保护、创建一批文化特色村，进一步提升村庄建设的文化内涵；四是坚持形神兼备，开展历史文化村落人居环境综合整治，对与历史风貌有冲突的建（构）筑物进行整修，保存原有村落风貌，坚持以文促旅、以旅促业，适宜适度发展农业观光游、自然山水游、风情体验游、历史追溯游等旅游产品，着力培育历史文化村落休闲旅游产业；五是坚持借智借力，诸暨市农业农村局深化与浙江理工大学中国美丽乡村研究院深度合作，充分发挥借力高校科研院所的研究性和专业度资源优势，开展历史文化村落保护利用基础调研和业务技术指导，科学有效推进历史文化村落保护利用工作。

自 2020 年起，浙江理工大学中国美丽乡村研究院受诸暨市农业农村局委托，笔者带领团队连续三年深入诸暨乡村田野，持续开展诸暨全域的历史文化村落田野调查与技术指导工作，收集资料、发见问题、提出意见，形成了内容详实、数据细致、对策精准的基础资料。本书就是在此基础上进一步梳理框架体系而形成，我们希望结集出版，一方面总结诸暨历史文化村落保护利用的县域模式与经验，另一方面也期待本书能为全国的历史文化村落保护利用提供启示和参考。

是以为序，藉作自勉。

于浙江理工大学临平校区

2023 年 10 月 10 日

Contents   目 录

CHAPTER
1
第一章

绪论

第一节　研究背景

浙江美丽乡村建设始终坚持一张蓝图绘到底，干在实处、走在前列，久久为功、持续推进，不断升级迭代，造就了万千美丽乡村，景美民富已成为浙江乡村的鲜明标识。"树有根，水有源"。早在 2003 年 6 月，时任浙江省委书记习近平同志创造性提出和推动了"千村示范、万村整治"工程，明确指出："千万工程要坚持规划为引领，村庄规划要坚持实用性与艺术性相统一，历史性与前瞻性相协调，充分体现地方特点、文化特色和时代特征，融田园风光、人文景观和现代文明于一体。好的村庄规划是凝固的艺术，历史的画卷。我省既有像兰溪的诸葛村、永嘉的芙蓉村、武义的郭洞村这样历史文化内涵丰富的古村落，又有像奉化的滕头村这样体现现代文明的新农村。我们要在这次实施'千村示范、万村整治'工程中，坚持典型引路，以点带面，力争规划和建设一批具有较高水平、能够百世流芳的名村庄，命名一批全面小康的示范村。要把硬件建设与软件建设结合起来，用城市社区建设的理念启发农村新社区的建设，努力把示范村建设成为经济繁荣、环境优美、政治民主、社会文明、生活富裕、服务配套的社会主义农村新社区，为我省和全国全面建设小康社会探索路子。"同时，又提出"要正确处理保护历史文化与村庄建设的关系，对有价值的古村落、古民居和山水风光进行保护、整治和科学合理地开发利用"。

浙江在美丽乡村建设中，深入挖掘乡村历史文化资源和生态资源，率先在全省范围内部署开展历史文化村落保护利用工作。总体来讲，浙江历史文化村落保护利用工程以"八八战略"为指引、以"千万工程"为载体、以"绿水青山就是金山银山"理念为蓝图、以"共同富裕"为愿景，立足地域生态优势和历史文化特色，不断完善乡村基础设施和公共服务设施，保护修缮历史文化遗存，传承利用特色民俗文化资源和非物质文化遗产，以产业带动乡村主体就业创业，统筹协调城乡发展要素的双向流动，不断缩小城乡发展差距，在多维度、多层次、全社会、中长期的动态过程中不断满足人民美好生活需求。

一、"八八战略"的宏观指引

2003 年 7 月，时任浙江省委书记习近平同志在浙江省委十一届四次全会上提出"八八战略"，作为引领浙江改革发展和全面小康建设的总体方略。"八八战略"作为顶层设计与全面战略，聚焦浙江如何发挥优势、补齐短板，为推动浙江社会经济全面发展发现真的问题、真的解决问题，针对浙江经济、文化、社会、环境等方面瓶颈难题进行系列深化改革，开创"中国发展明天"的浙江实例，延续至今，其思想性、实践性、传承性、前瞻性在新时代乡村建设方面呈现旺盛的生命力和巨大的影响力。

1. 在"八八战略"的宏观指引下，统筹推进城乡一体发展

进一步发挥浙江城乡协调发展优势，优化城乡生产力、劳动力分配与布局，不断推进城乡一体化公共服务与基础设施。其一，统筹城市、乡村劳动力结构，促动农村劳动力向城镇、城市集聚，优化城乡劳动就业一体化，农村产业结构向二、三产业转型集聚，形成农村、乡镇、县市体系，合力发展城乡二、三产业。其二，统筹城乡规划建设，大力提升改造城中村、优化景中村、撤并自然村、缩减空心村[1]，以就近整合、组合建设、统筹配套建设新农村，向农村延伸拓展公共服务与基础设施。其三，统筹城乡配套供给，弱化传统发展模式的限制，向农村倾斜实施红利政策，提高对农村的财政支出，加大输出公共产品供给农村发展，以城乡管理一体化引领农村管理、治理水平。

2. 在"八八战略"的宏观指引下，开展农村人居环境建设

进一步发挥浙江生态优势，实施美丽乡村建设统一规划、整体推进、就近整合、组团发展，按照城市标准配套教育、文化、卫生等基础设施，实现社区化管理。其一，建成农村等级公路。实现村村、乡镇、城乡道路联通互达，以硬化、绿化、美化为主整治村域内交通道路环境。其二，整治农村生态环境。涵盖河道整治、垃圾整治、违建整治、厕所整治等内容，改善村域内环境质量，优化村域生态环境。其三，保障生产生活，村域内有线电视、电网、电话、网络、饮用水全面覆盖进村进户，不断改善农村生产、生活配套基础设施条件。其四，协调农村整体风貌。对新农村民居建筑整体实行统一规划、整体施工，对于安全隐患严重的危房进行拆除，对于历史文化价值较高的古建（构）筑物进行保护修缮，完善村民日常生产生活功能。

3. 在"八八战略"的宏观指引下，赓续传扬农村文化生活

进一步发挥浙江人文优势，促动城乡文化发展协调，不断繁荣壮大文化事业与文化产业，深化农村文化发展体制改革，重点实施文明素质、文化保护、文化产业、文化阵地等"八项工程"[2]。其一，增强农村文化凝聚力。挖掘浙江农村优秀历史文化资源，弘扬先进文化传统，以健康有益的文化内涵作为农村文化凝聚的核心。其二，提升农村文化生产力。锚固农村历史文化根脉，铆合地方文化谱系，满足农村群体的文化生活需求，夯实农村先进文化发展基础，加

1 王立军，卢江海. "八八战略"：科学发展观在浙江的探索与实践 [J]. 中共宁波市委党校学报，2004（6）：53-57.
2 中共浙江省委关于认真贯彻党的十七届六中全会精神　大力推进文化强省建设的决定[N]. 浙江日报，2011-11-25（1）.

强农村文化产业的创新与创造，不断提升农村文化活力。其三，提高农村文化服务能力。满足农村文化生活需求的同时兼顾社会群体的文化需求，利用农村公共空间与文化空间开展具有广泛群众基础的文化活动，从而构建农村文化服务体系。

4. 在"八八战略"的宏观指引下，全面推进农村社会治理

进一步发挥浙江环境优势和体制机制优势，推动农村社会有效治理，构建农村社会发展长效管理机制，提升农村社会治理水平。其一，完善农村文化阵地。强化农村公益性文化空间建设，充分发挥农村老年活动中心、党群服务中心、文化礼堂、便民服务中心等公共空间功能，推进农村优秀文化传统、先进文化内容、红色思政文化落实与落地，满足农村群众文化活动所需，树立农村文化阵地典范，逐渐形成完备的基层文化服务阵地与体系。其二，提高农民文明素质。以农村文化建设为引领，以农村文化阵地为空间基础，提高农民思想道德水平，以"和谐家园""平安家庭"为主改善农村和谐融洽的人际关系、营造和谐文明的社会风气。

二、"千万工程"的深化升级

2003年6月，时任浙江省委书记习近平同志在深入调研、准确把握浙江"三农"工作和城乡关系阶段性特征基础上，适应人民群众新期待，亲自点题、亲自谋划、亲自部署推动了"千村示范、万村整治"工程。"千万工程"聚焦当时浙江农村经济社会发展不协调、部分乡村缺乏科学建设规划、乡村建设缺少整体设计、乡村人居环境品质较低、乡村整体发展相对滞后等问题。根据现实需求和发展现状，"千万工程"作为加快全面建设小康社会、统筹城乡协调发展、提高乡村生产生活质量的重要举措，因势利导、统筹规划、综合治理进而造福百姓。

1. 统筹规划编制，推动乡村规划设计与实施体系深化升级

实施"千村示范、万村整治"工程，必须坚持"规划先行，统筹安排"。其一，构建乡村规划设计层级体系。按照实际情况和进度，统筹重点村近期、长期规划设计，适度缩减自然村、撤并空心村，加快建设美丽乡村，逐步构建"县域建设规划—镇域建设规划—村庄控制性规划—村庄修建性详细规划"的规划层级，形成乡村"整体风貌设计—主要景观设计—民居建筑设计—庭院小品设计—专项细部设计"的设计体系。其二，健全乡村规划实施管理体系。严格遵守《美丽乡村建设指南》（GB／T32000-2015）、《村镇规划标准》（GB50188-2007）、《村庄整治技术规范》（GB50445-2008）、《历史文化名城

名镇名村保护规划编制要求（试行）》（建规〔2012〕195号）、《传统村落保护发展规划编制基本要求（试行）》（建村〔2013〕130号）、《关于统筹推进村庄规划工作的意见》（农规发〔2019〕1号）、《关于进一步加强历史文化（传统）村落保护利用工作的意见》（浙委办发〔2020〕66号）、《浙江省村庄规划编制导则（试行）》（浙建村〔2015〕286号）等有关专项规划的技术规定，按照"规划—报批—许可—建设—验收"的流程执行，实行乡镇协同组织实施村庄环境整治、风貌提升等专项村庄建设项目。

2. 优先生态保护，推动乡村生态保护与治理举措深化升级

实施"千村示范、万村整治"工程，必须坚持"保护生态，协调发展"。其一，严守乡村生态保护红线。以守护乡村耕地资源和绿色生态空间为原则，以坚守乡村生态保护红线为前提，以守护基本农田保护红线为基础，着力管控乡村建设开发边界，重点整治、系统保护、全域治理村庄生态环境，严格管理水源、河道、湖泊的保护与利用。其二，推进村庄集约发展生态治理。优先安排农用地转用指标，充分利用闲置土地服务村庄经济建设与生态保护，统筹规划新农村居住用地和产业用地，提高乡村土地利用效率，在保证乡村建设必要用地的同时积极盘活存量土地，扶持宅基地退建还耕从而保障农耕土地面积和绿色生态用地面积。其三，统筹村庄生态产业经营。充分运用市场机制，立足村庄生态资源、文化特色、产业要素、生活需求等现状，对接上位规划、控制性规划、修建性规划、节点设计等建设环节，探索涵盖土地资源置换、乡村主体参与、外来企业投资、业主承包经营等长效机制，通盘统筹乡村生态产业经营项目。

3. 提升人居环境，推动乡村特色保护与利用路径深化升级

实施"千村示范、万村整治"工程，必须坚持"因地制宜，分类实施"。其一，注重村庄历史文化普查定级。系统普查村庄历史文化资源，按照相关技术规范和法规进行鉴定与定级，分类制定管理方案，落实管理责任，对古村落、古建筑等实行备案报批、确定保护范围、专项保护管理、建筑风貌协调、健全空间功能等系统保护措施。其二，加强历史文化村落保护利用规划编制。根据乡村历史文化特色、地方民居特色、传统风俗习惯，制定乡村建筑色彩体系、管控乡村建筑风貌协调、织补乡村公共空间功能，营建具有地域特色、文化特质、时代特征的民居建筑，营造承载日常生活、农事生产、民俗节庆的公共空间，形成合理、规范、科学的乡村空间布局。其三，制定发展时序实施分类保护利用。尊重乡村历史文化遗产遗存的完整性、真实性和延续性，系统梳理形成"一村一档"，实行"挂牌保护—区域保护—专项保护—分级保护"等措施，对接国家、省级遗产遗存长效保护与利用机制，推进规划、设计、建设、管理、经营联动发展，实行"县级—镇级—村级"三级一体协同联动，形成景区沿线、山水沿线、文化遗产遗存沿线等特色乡村集群带。同时，引导乡村主体、社会力量、专家团队多元参与保护利用。

4. 充实社会生活，推动乡村空间类型与活动内容深化升级

实施"千村示范、万村整治"工程，必须坚持"物质文明与精神文明协调发展"。其一，凝心聚力建设乡村基层组织。建立组织配套机制、村民自治机制，充分调动村民积极性，尊重村民意愿，发挥村级组织协调作用，坚持民主决策，按照公开民主原则规范村务管理、有序开展乡村建设工作。其二，深耕细作守护乡村历史文化。针对乡村农耕文化、风俗文化等内容挖掘地方乡村特色与特质，抢救、传续、复兴乡村传统民间技艺与民俗活动，通过挖掘资料树立典型范例编撰"千村故事"，通过大力弘扬、推广传统文化实现教化行为、淳化民风的效果，进而提升乡村风气与风尚。其三，循序渐进拓展乡村文化空间。以文化礼堂为示范，拓展乡村民俗场所、民艺传承空间、信俗空间、展演空间等，为乡村文化规划设计场所空间，展示文化具象内容与实践活动，形成传续机制与活动习俗，使乡村文化空间兼具学教、礼仪、娱乐功能，进而建设内化于心、外化于行的乡村精神文化家园。

三、"绿水青山就是金山银山"理念的生动实践

2005 年 8 月 15 日，时任浙江省委书记习近平同志考察调研安吉县余村，创造性地提出"绿水青山就是金山银山"的发展理念，并强调不以牺牲环境为代价去推动经济增长[1]。"绿水青山就是金山银山"理念凝结着习近平同志对生态环境保护与社会经济发展之间的深邃考量。面对美丽乡村建设发展过程中凸显的新问题、新矛盾，2013 年 9 月 7 日习近平同志对"绿水青山就是金山银山"理念的深刻内涵作了进一步深化："我们既要绿水青山，也要金山银山。宁要绿水青山，不要金山银山，而且绿水青山就是金山银山。"[2]"绿水青山就是金山银山"理念兼顾环境保护与财富增长，为美丽乡村发展找寻经济支撑。"绿水青山就是金山银山"理念指明了经济发展与生态保护过程中的内在统一、相互促进、协调共生[3]。"绿水青山就是金山银山"理念为新时代美丽乡村发展提供了根本遵循，美丽乡村建设成为践行"绿水青山就是金山银山"理念的主体工程，在

1　郭占恒. "两山"理念的科学内涵与生动实践——纪念习近平"两山"理念提出实施 15 周年[J]. 观察与思考，2020（7）：53-64.

2　张晓冬，石径溪. 乡村振兴战略视野下我国农村经济与生态环境协同发展研究[J]. 农业经济，2019（8）：24-26.

3　秦昌波，苏洁琼，王倩，等. "绿水青山就是金山银山"理论实践政策机制研究[J]. 环境科学研究，2018（6）：985-990.

"绿水青山就是金山银山"理念下围绕美丽乡村建设和生态文明建设形成系列生动实践。

1. 以绿色发展铺陈乡村经济发展实践

"既要绿水青山，又要金山银山"体现"绿水青山就是金山银山"理念的基本要求，即绿水青山本身就是金山银山[1]。乡村自然生态环境是经济长效持续发展的物质基础。其一，保护自然生态环境改善自然生态水平。统筹乡村自然生态资源，尤其系统治理山、水、林、田、湖、草、沙，实现乡村自然生态保值增值，以科学合理的方式综合治理乡村自然生态要素，以全面可持续的方式利用乡村自然生态资源，恢复自然生态要素、资源创造财富的能力。其二，将自然生态优势转化为经济发展优势。乡村经济发展坚持绿色发展、可持续发展、循环发展、低碳发展的原则，充分调动乡村主体的积极性，发挥乡村自然生态优势，提高自然生态资源转化效率，以最少的自然生态资源损耗支撑乡村经济发展，统抓共管高效利用与严格保护，调整乡村产业结构、生产方式、经济模式，严格把控乡村产业转型升级的自然生态门槛，依托乡村青山绿水发展生态农业、绿色经济，促动传统农业发展模式转向现代生态农业发展模式。其三，协调处理乡村经济发展与自然生态保护。综合分析乡村经济发展所需自然生态资源体量、存量，将自然生态要素与经济发展要素进行优化配置，提高内生动力和转化效率，在经济发展、自然生态、社会民生三者之间寻求协调持续路径，以优化乡村人地关系和综合效益最大化为导向，依靠自然生态优势、遵循经济发展规律，发展生态农业、生态旅游等新型乡村产业模式。

2. 以生态环境建设乡村宜居家园实践

"宁要绿水青山，不要金山银山"体现"绿水青山就是金山银山"理念的重要原则[2]，深刻认知绿水青山是一切生产生活的前提，更是乡村主体安身立命之本。其一，治理乡村生态系统。重点实施生态系统保护与修复工程，严格保护乡村水源涵养的自然生态环境，整体修复乡村水土保持，防治自然灾害、恢复土地承载能力，维护乡村生物多样性，保障生物圈层闭环与自然生态食物链完整。其二，改善乡村生态设施。推动乡村能源转向清洁能源，按照乡村实际情况发展电能、沼气、太阳能、风能等新型能源供给，减少能源污染，净化乡村空气，全面推进农村生活生产垃圾分类、集中处理，统筹规划污水管网、处理系统，提高乡村生产生活供水、供电、网络等基础设施配套与质量，减少自然

1 张森年.习近平生态文明思想的哲学基础与逻辑体系[J].南京大学学报（哲学·人文科学·社会科学），2018（6）：5-11.
2 范桂生，王健."两山理论"义利之辨思想研究[J].南京林业大学学报（人文社会科学版），2020（4）：56-63.

生态资源损耗与污染，实施乡村路面硬化、空气净化、环境美化、生态绿化等整治工程，保障生产生活设施的稳定、安全、高效。其三，建设乡村生态家园。充分利用闲置土地和植生态防护林、景观林、经济林，按照自然生态规律养护、绿化山林地，尊重生态系统、自然规律开展农房以及庭院整治、美化、绿化、亮化工程，针对历史文化遗存遗址进行重点保护与修缮，结合乡村环境整治和土地整理工作，引导民居建筑与自然生态环境协调统一。其四，保障乡村生态安全。专项监测、防治、规划地方乡村自然灾害，尽力消除乡村生态安全隐患，实时管控、治理、监测地方乡村水源污染、农业面源污染，彻底改观乡村生态污染问题，定期养护、监管、保护乡村生态生物的生存空间、生存条件、物种数量等内容，保障乡村自然生态系统良性循环与持续生长。

3. 以融合机制促进乡村产业兴旺实践

"绿水青山就是金山银山"体现"绿水青山就是金山银山"理念的最高境界，深化认知"绿水青山"在一定条件下可以转化为"金山银山"[1]，其关键在于凝聚共识、价值认知、市场作用。其一，基层组织凝聚乡村主体共识。通过多元途径的宣传引导，充分发挥媒体媒介的传播作用，改变环境治理与环境保护的观念意识，增强乡村居民保护生态环境、产业发展的主观能动性，以村委会为组织、以家庭为单位形成生态与经济综合治理结构，提高乡村内生治理能力。其二，政府引导乡村生态资源价值。通过政府推动的环境治理与环境保护制度建设，唤醒社会对生态资源价值的认识。政府对资源和环境的保护，大幅度降低和纠正市场调节解决不了的负财富效应。其三，市场促动乡村生态经济发展。把环境保护与发展生态经济相结合，吸引社会资本投入生态经济领域，市场机制开始在生态经济中发挥作用。长效推进自然生态保护与经济发展相协调，发挥市场机制配置自然生态资源，促动乡村经济发展，进而逐步实现市场化的乡村生态经济发展模式。

四、"共同富裕"的未来图景

2021 年 5 月 20 日，中共中央、国务院印发《关于支持浙江高质量发展建设共同富裕示范区的意见》，提出当前我国发展不平衡不充分问题仍然存在，城乡区域发展和收入分配差距较大，各地区推动共同富裕和条件不尽相同，浙江具备开展共同富裕示范区建设的基础和优势，支持浙江高质量发展建设共同富裕示范区，有利于通过实践丰富共同富裕的思想内涵，有利于探索破解新时代

---

1 王金南，苏洁琼，万军. "绿水青山就是金山银山"的理论内涵及其实现机制创新[J]. 环境保护，2017（11）：13-17.

社会主要矛盾的有效途径，有利于为全国推动共同富裕提供省域范例。乡村振兴是实现共同富裕的重要路径，更是新时代中国乡村发展的实际需求。推进乡村建设是实现共同富裕的重中之重，在美丽乡村建设上厚植底色、锻造成色、增添亮色，率先走出一条共富共美的新路径。

1. 打造美丽宜居、全域共美的乡村生活环境图景

其一，优化乡村人居环境整体质量，高质量提升乡村人居环境品质，全域彰显整体大美、浙江气质。城乡全域规划统筹推进，完善城乡空间布局，形成"中心镇—中心村—规划保留村"规划布局，推动多规融合落实乡村人居环境建设。按照乡村特色类别进行功能定位确定未来发展方向，因地制宜、因势利导分类编制全面实施规划建设[1]。深度挖掘本地历史文化、产业、肌理等特色内容，注重文脉传承，活化利用文化遗产遗存，织补乡村空间功能适应乡村现代生产生活需求，借用乡村空间具象形态，化用山水诗画意象元素。注重乡村风貌整体性、协调性、差异性的营造，加强对民居建筑形态、色彩管控，有机更新民居庭院。建设具有乡土气息、江南味道、浙江特质的浙派民居，实现美丽"县—乡—村"各美其美、美美与共[2]。其二，落实乡村生态环境常态治理，高标准完善生态环境治理体系，全域管护自然之美、生态底色。乡村自然生态治理过程中，建设与管理实行"三七开"，生态设施运行、基础配套管理长效持续，构建"县级—镇级—村级—村民—第三方"五位一体治理机制，全面落实"责任主体—管理主体—实施主体—受益主体—服务主体"，全域推行"河长制—湖长制—滩长制"，全面覆盖建制村生活垃圾集中处理。以保护优先、自然恢复、整体改善、阶段提升为主，保障乡村生态环境质量，确保"生态功能不降低—面积不减少—性质不改变"，严守"基本农田保护红线、城镇开发建设边界、生态环境质量底线"[3]。其三，发挥乡村精品示范带动效应，高水平推进乡村创建实施成果，全域推进特色创建、精品培育。创建特色精品村，坚持试点示范、以点串带、以带联面，突出微改造、精提升，加强沿线立面、标语、景观、绿化、田园、水系等优化设计，实行清单化管理、滚动式推进，确保乡村建设规划设计与新时代美丽乡村标准导向实施成果，形成点位对应。新时代美丽乡村创建培育是渐进长期性和分阶段过程性的共同体现，通过开展特色精品村、美丽乡村示范乡镇创建培育新时代美丽乡村，按照省级、市级为梯度阶段性提升美丽乡村水平。实施新时代精品示范村项目，启动新时代精品示范村、村镇示范点

1　袁家军. 高质量推进农村人居环境提升 全力打造现代版"富春山居图"[J]. 农村工作通讯，2018（10）：12-13.

2　袁家军. 高质量推进农村人居环境提升 全力打造现代版"富春山居图"[J]. 农村工作通讯，2018（10）：12-13.

3　中共中央办公厅 国务院办公厅印发《关于在国土空间规划中统筹划定落实三条控制线的指导意见》，2019.

建设。美丽乡村"串珠成链"实现资源共享、互补短板，形成片区化、组团式发展格局，培育共同富裕集成示范带。

2. 提升乡风文明、精神共富的乡村文化风貌图景

其一，传续地方乡村文化根脉。按照"忠于历史、修旧如故"思路，针对传统村落、古建筑、古树名木、构筑物等物质文化遗产遗存实行整体保护，通过顶瓦修补、结构修缮、构件修复、墙体加固等措施，重现村落历史风貌、文化特色、空间肌理、民间技艺，挖掘历史文化资源，梳理乡村文化谱系与凝练精神内核，在保护利用物质文化遗存的基础上，开展非物质文化遗产抢救性挖掘、整理、记忆和传承，落实《千村故事》"五个一"行动计划、整理《千村档案》[1]，在保有乡村历史文化、风土人情、遗产遗存的同时继承创新历史文化，满足新时代雅俗共赏、迭代更新的文化生活需求。其二，活化乡村历史文化资源。立足地方乡村历史文化内容，加快文化创意与历史建筑互动，文化活动与文化遗存交互，文化产业与文化资源交融。大力发展农耕文化与果旅产业、农业采摘、文化体验等结合，形成复合型新业态。深度推进诗画文化与休闲观光、研学基地、户外运动等结合，形成多元型新业态。强化融合乡村田园生活与特色农家乐、精品民宿、田园露营等结合，形成集成型新业态，增强乡村主体的归属感、获得感、幸福感。其三，提升乡村精神文明风貌。全面建设乡村文化阵地，开展多元、特色、乡土的文化活动，满足乡村主体和社会群体的文化生活需求，切实提升乡村精神文明水平，深入推进移风易俗，以党员干部带动乡村的网格化结对为主要途径，积极探索基层社会治理的新格局。

3. 实现扩中提低、收入共增的乡村产业发展图景

其一，持续增加乡村集体收入。聚焦乡村两类群体，组合谋划实施突破性举措，"扩中"具体指向乡村种粮大户、养殖大户、农创客、农村蓝领工匠、职业新民等具有潜力的高素质农民，"提低"主要面向低收入的乡村群体。深入推进农业"双强"行动实施，狠抓落实"藏粮于地、藏粮于技"，针对乡村标准地改革进行配套、补偿，提高乡村农业生产效率，通过集体资源转化资产、资金转变股金、村民转换为股东，盘活乡村产业资源，对承包地、宅基地、集体建设用地实行改革置换进一步释放产业活力，从而加快强村公司、乡村经营、飞地抱团、片区组合的乡村集成改革。其二，发展绿色低碳生态农业。严格实施耕地保护工程，省域范围内全面建立耕地补偿机制，统筹山水林田湖治理，完善乡村生态保护补偿机制，以现代生态循环农业发展示范引领现代美丽田园，

1　林健东. 持续深化"千万工程"高水平建设美丽乡村[J]. 农村工作通讯, 2019(01): 14-15.

进而打造人与自然和谐共生的美丽乡村。

4. 构建未来乡村、变革共进的乡村生活方式图景

其一，构建未来乡村框架。未来乡村的本体底色是美丽宜居，聚焦自然生态与村容村貌，以山水林田湖草沙为乡村生态本底，以多规合一推进乡村规划编制与专项设计，结合历史文化特色和地方乡村风格，建设美丽庭院、美丽田园、美丽乡村，整体提升乡村人居环境质量。未来乡村的发展支撑是产业致富，因地制宜、因势利导发展乡村生态种植、养殖，深化拓展乡村农特产品加工，活化利用乡村产业资源培育乡村新型业态，强化乡村产业品牌意识、市场意识、可持续意识。未来乡村的特色内核是历史文化，以历史文化遗产、民俗文化风情为依托，建设乡村文化展示、传承、活化空间，弘扬乡村历史文化传统。其二，打造未来乡村场景。产业场景以发展生态农业、休闲农业、创意农业、体验农业为主，支持符合条件的项目村建设，建设共享空间，以三产融合培育乡村产业品牌。风貌场景保有乡村历史格局、空间肌理、民居特色，顺延乡土风貌和地域特色，统筹协调乡村民居建筑式样、色彩、高度、体量等，强化乡村建设规划审批、许可、规范，完善乡村规划建设体系。文化场景以乡村文化品牌为导向，重点推进历史文化村落保护利用工程，培育县域、市域、省域品牌。邻里场景改造提升乡村公共空间场所以及生产生活基础配套，完善生活配套，打造 15 分钟幸福生活圈。健康场景保障乡村日常用水安全、食品安全、卫生安全，供给乡村公共卫生服务与全生命周期健康管理，配套健身设施、疫情防控系统、公共安全监管设施。低碳场景全面全域落实生态环境的保护与修复，扎实做好节能减排、绿色发展，倡导取之有度、用之有节的低碳理念。交通场景以贯通村内支路与村域内停车场的布设，尽快普及乡村快递物流服务站点。智慧场景围绕千兆光纤网络、5G 移动网全覆盖，推进数字信息基础设施建设，以发展乡村农业为主推动多跨场景落地应用，完善农村电子商务配套设施，壮大乡村电子商务新业态。治理场景以创建平安乡村和善治乡村为主，在党建引领下发挥社会组织协同作用，实行管理、服务、教育、监督协同，依法依规参与乡村治理。

综上所述，"八八战略"的部署是浙江历史文化村落保护利用的"探照灯"，具有宏观指引的作用。坚持系统观念，把历史文化村落保护利用放在城乡融合发展的体系中，放在整个区域协同协调的布局中，探索行之有效、切实可行的保护利用路径。坚持改革思维，因地制宜、增强合力，持续推进浙江历史文化村落保护利用工程，充分发挥农村文化作用、赓续传扬农村文化生活、发展绿色生态农业，不断提升村落生活水平和质量。"千万工程"的实施是浙江历史文化村落保护利用的"助推器"，具有深化升级的作用。"千万工程"按时按序推进，用实践实效解决了浙江历史文化村落保护利用的三个问题，即如何再现村落文化内涵，如何合理利用村落资源，如何建立保护利用长效机制。"保护"非毕其功于一役，历史文化村落是活态传承的有机生命，持续更新是必然；"利用"不功利性地盘算，历史文化村落是独具特色的智慧宝库，谨身节用是必需。根据不同类型特点因地制宜系统编制规划，灵活探索保护利用实践和标准机制，在充分保护的基础上合理开发利用，同时兼顾村落个性和管控标准，多措并举探索"见人、见物、见生活"的保护利用路径，差异化发展历史文化村落。"绿水青山就是金山银山"理念的提出是浙江历史文化村落保护利用的"指南针"，具有引领发展的作用。"绿水青山就是金山银山"理念是对乡村发展具体问题的科学研判，阐释了"绿水青山"和"金山银山"的辩证关系，为浙江历史文化村落现代化转型提供破局之路。坚持护绿为基，聚焦浙江历史文化村落全域提升村落环境体系、绿色农业体系、历史文化体系；坚持点绿成金，夯实产业发展基础，靶向浙江历史文化村落全力拓展新产业新业态和新主体新机制。"共同富裕"的探索是浙江历史文化村落保护利用的"新图景"，具有先行示范的作用。"共同富裕"以解决地区差距、城乡差距、收入差距三大问题为主攻方向，更加注重向农村、基层、相对欠发达地区倾斜，向困难群众倾斜，是对新时代浙江省域高质量发展的全面破题。以浙江历史文化村落保护利用作为坚实基础，推进共同富裕现代化基本单元建设，打造未来社区、未来乡村、城乡风貌样板区三大板块，通过打造乡村生活环境图景、乡村文化风貌图景、乡村产业发展图景、乡村生活方式图景，突出空间重塑、品质生活、模式创新、共建共享和智慧互联五大内涵特征，彰显历史文化村落的浙江味，加快描绘省域"富春山居图"美好生活新图景，为推进全国共同富裕提供浙江样本。

第二节　研究现状述评

一、历史文化村落的分类分层研究

1. 历史文化村落的分类研究

（1）依据地域特征划分村落类型。罗瑜斌等聚焦珠三角地区历史文化村镇，根据历史沿革、自然和人文景观、功能特征等村镇物质要素，将其划分为传统农耕聚落文化型、侨乡外来文化型、建筑遗产型、革命史迹型、商贸文化型和名人史迹型六种类型[1];谢崇实根据西南地区历史文化村镇的地形因素,大致分为平地型、背山临水型、依山就势型三类,根据地域化特征提出了历史文化的规划编制内容和方法[2];汪睿等结合不同区域水体形体、乡村生产生活用水模式及特点,将苏南地区村落划分为山地、丘陵、平原、湖荡、岛屿和圩区六种类型,分别归纳各个类型海拔、坡度、高差等特征[3]。

(2)基于综合评价划分村落类型。Hill 通过研究城乡关系影响下的农村聚落,归纳出规则型、随机型、集聚型、线型、低密度型、高密度型六种乡村聚落空间类型[4];程明翔以江西省传统村落为研究对象,在综合分析地域性特征前提下构建江西省传统村落评价指标体系,根据选取实例的等级差异性,初步确定村落等级划分的标准,为分类保护提供有效方法[5];王慧(2017)构建传统村落旅游开发潜力评价体系,以金华 19 个历史文化村落为样本作为实证研究对象,根据传统村落旅游开发潜力综合评价,将传统村落划分为优先开发型、远期开发型、辅助开发型和不宜开发型四类[6];梁伟(2018)按照浙江传统村落的生长发展特点,将其划分为血缘聚居型、交通枢纽型、传统产业型、军事要塞型四类,按照村落选址和形态特征分为平原水网型、山地半坡型、山间盆地型和海岛聚落型四类[7];杨小军等(2022)根据浙江历史文化村落的自然禀赋、历史遗存、人文环境、产业基础、发展潜力,以及规划定位、建设情况等综合因素,将历史文化村落划分为生态环境优美型、建筑景观特色型、文化传承丰富型、产业融合突出型和建设发展综合型五类[8]。

(3)基于价值评价划分村落类型。Hart(2008)主要研究法国村庄社会价值,按照恢复、保护及增值三个维度对村庄进行保护利用,将村庄特色进行分类为当地民俗型、建筑特色型、生产生活型等,通过提供运营、标识系统、技术咨询服务发展农业,通过旅游拉动村民参与其中进而提升社会价值和经济价值[9];王留青(2014)基于对苏州市传统村落总体特征与价值维度的分析,构建价值评价体系和类型模型,依据村落突出价值对其划分为传统农耕类、历史文

1　罗瑜斌,肖大威.珠江三角洲历史文化村镇的类型及特征研究[J].华中建筑,2009(8):204-208.
2　谢崇实.西南地区历史文化村镇保护规划编制研究[D].重庆:重庆大学,2011:1-23.
3　汪睿,王彦辉.苏南村落空间形态的在地性研究[J].现代城市研究,2019(11):68-75.
4　Hill M. Rural settlement and the urban impact on the countryside[M]. London:Hodder & Stoughton,2003:5-26.
5　程明翔.江西省级传统村落评价指标体系研究[D].南昌:江西师范大学,2016:1-2.
6　王慧.传统村落旅游开发潜力评价研究[D].杭州:浙江工商大学,2017:5.
7　梁伟.浙江传统村落保护与发展研究[C].中国城市规划学会.共享与品质——2018中国城市规划年会论文集.北京:中国建筑工业出版社,2018:704-712.
8　杨小军,顾宏圆,丁继军.浙江历史文化村落保护利用建设绩效评价及运用[J].创意与设计,2022(1):43-55.
9　Hart T. Introduction to rural planning[J]. Journal of Environmental Planning and Management,2008(6):875-876.

化类、田园人居类、综合型村落四类[1]；黎洋佟等（2019）将传统村落的多维度价值特征进行整合，运用K-modes聚类方法，将北京44个传统村落划分为综合服务型、生态农业型、文化遗产型及特色民俗型四种类型[2]。

2. 历史文化村落的分层研究

（1）宏观尺度乡村空间形态研究。朱彬等（2011）以苏北地区乡村聚落整体格局为视角，从规模、用地、分布、形状四方面阐释该地区整体格局特征，并划分四种乡村聚落类型[3]；单勇兵等（2012）运用空间分析及聚类分析技术，将江苏中部地区乡村聚落进行网格单元细分，通过系统聚类按照地理位置、地形特征、聚落密度、聚落形态，总结归纳苏中地区乡村聚落的格局特征及类型划分[4]；郭晓冬等（2013）分析县域乡村聚落空间分布特征与类型，研究表明乡村聚落斑块随高程和坡度变化呈明显正态分布，乡村聚落类型与聚落空间分布特征存在对应关系[5]；李伯华等（2015）分析湖南省101个传统村落的空间分布特征和影响因素，从区域环境、险要地形、交通路网等因素，分析影响传统村落形态的变化[6]；杨忍等（2016）通过分析中国村庄分布模式格局，解析乡村空间形态重构背景和模式，研究表明在受到传统因素和经济发展双重影响下，经济发展对村落空间形态的影响越来越大，尤其交通条件、产业非农化、经济发展、农业现代化对乡村空间形态和分布模式影响巨大[7]；刘淑虎等（2019）在识别闽江流域315个传统村落的基础上，分析传统村落空间分布与地形、水系、人口、交通、经济之间的相关性，研究表明闽江流域传统村落形态分布具有梯段式、非均衡的特征[8]。

（2）中观尺度乡村空间形态研究。岳邦瑞等（2011）聚焦绿洲乡村聚落，着重探究在水资源约束下乡村聚落形态特征，以新疆吐鲁番麻扎古村落为例，从选址形态、水平形态、垂直形态、要素形态四个方面探讨该村在水资源约束下的形态特征，总结归纳出多条形态特征[9]；潘莹等（2014）通过比较广府传统聚落与潮汕传统聚落的聚落形态、外部环境系统、关键环境要素，探索外部环

1　王留青.苏州传统村落分类保护研究[D].苏州：苏州科技学院，2014：1.

2　黎洋佟，田靓，赵亮，等.基于K-modes的北京传统村落价值评估及其保护策略研究[J].小城镇建设，2019（7）：22-29.

3　朱彬，马晓冬.苏北地区乡村聚落的格局特征与类型划分[J].人文地理，2011（4）：66-72.

4　单勇兵，马晓冬，仇方道.苏中地区乡村聚落的格局特征及类型划分[J].地理科学，2012（11）：1340-1347.

5　郭晓东，马利邦，张启媛.陇中黄土丘陵区乡村聚落空间分布特征及其基本类型分析——以甘肃省秦安县为例[J].地理科学，2013（1）：45-51.

6　李伯华，尹莎，刘沛林，等.湖南省传统村落空间分布特征及影响因素分析[J].经济地理，2015（2）：189-194.

7　杨忍，刘彦随，龙花楼，等.中国村庄空间分布特征及空间优化重组解析[J].地理科学，2016（2）：170-179.

8　刘淑虎，樊海强，王艳虎，等.闽江流域传统村落空间特征及相关性分析[J].现代城市研究，2019（9）：17-25.

9　岳邦瑞，李玥宏，王军.水资源约束下的绿洲乡土聚落形态特征研究——以吐鲁番麻扎村为例[J].干旱区资源与环境，2011（10）：80-85.

境与聚落之间的互动机制 [1]；许建和等（2014）提出山地乡村聚落受到土地资源的约束、微气候生态意义、安全防御、心理效应的影响 [2]；孔亚暐等（2015）从景观角度入手，以北方地区泉水村为例，结合生活、生产、生态分析村落空间格局特征，由于村落形态受到地形和水源的影响，在村落现代生活功能的植入过程中应结合水资源永续利用，发挥其综合价值 [3]；王恩琪等（2016）以江苏省镇江市村落物质空间形态为研究对象，通过比较村落物质空间分布、规模、密度、肌理等方面的特征与差异，总结归纳不同自然村落在选址、生长和演变过程的内在机制，作为乡村人居环境建设中物质空间形态特色的依据 [4]；高俊阳等（2019）以村落生产生活视角为切入点，进而认知梳理传统农区山地乡村聚落空间形态的核心与层次，研究表明乡村空间形态的变迁与农业生产、农民生计密切相关 [5]。

（3）微观尺度乡村空间形态研究。韩非等（2011）以半城市化地区乡村聚落形态演变和现代转型为研究内容，针对北京市门头沟区乡村聚落的形态演变、发展类型、重建路径进行实证研究，研究表明半城市化乡村聚落经历三个阶段，需要通过三种重建路径导向三种发展模式 [6]；陶伟等（2013）以广州小洲村为例，通过村落空间句法视角，运用轴线图结合意象图的分析方法，将空间形态作为地域文化的物质载体和外在表征，在城市化进程中传统村落空间形态的集聚中心逐渐边缘化 [7]；宋玢等（2015）以陕西省富平县莲湖村为例，从城市化协同发展、自然景观环境保护、风貌保护与人居环境改善、旅游产业引入等方面，探索城市边缘区传统村落空间形态的整体性保护方法 [8]；郭鹏宇等（2017）根据研究成果、土地制度、区域社会结构变化，将村落历史分为六个阶段，进而根据建筑类型历史地图、宗地历史地图、年代分布分析村落形态演变，为乡村复兴提供理论参照 [9]；王通等（2021）以区域乡土景观基底按照农田分布、平面布局、对外交通、水环境系统剖析乡村空间形态，进而建构场地空间营造经验 [10]。

1 潘莹，卓晓岚. 广府传统聚落与潮汕传统聚落形态比较研究 [J]. 南方建筑，2014（3）：79-85.
2 许建和，严钧，徐海燕. 土地资源约束下的湘南乡土聚落选址特征分析 [J]. 建筑学报，2015（2）：102-105.
3 孔亚暐，张建华，赵斌，等. 新型城镇化背景下的传统农村空间格局研究——以北方地区泉水村落为例 [J]. 城市发展研究，2015（2）：44-51.
4 王恩琪，韩冬青，董亦楠. 江苏镇江市村落物质空间形态的地貌关联解析 [J]. 城市规划，2016（4）：75-84.
5 高俊阳，储梁，刘合林. 传统农区山地乡村聚落空间形态认知的核心与层次——基于生产生活视角 [J]. 小城镇建设，2021（6）：32-39.
6 韩非，蔡建明. 我国半城市化地区乡村聚落的形态演变与重建 [J]. 地理研究，2011（7）：1271-1284.
7 陶伟，陈红叶，林杰勇. 句法视角下广州传统村落空间形态及认知研究 [J]. 地理学报，2013（2）：209-218.
8 宋玢，赵卿，王莉莉. 城市边缘区传统村落空间的整体性保护方法——以富平县莲湖村为例 [J]. 城市发展研究，2015（6）：118-124.
9 郭鹏宇，丁沃沃. 集群建筑类型和村落形态研究——以山西阳城上庄村为例 [J]. 建筑学报，2017（5）：80-86.
10 王通，杨瑞祺，尚书棋，宋阳. 鄂西武陵山区乡村聚落景观营构传统研究 [J]. 风景园林，2021（5）：107-113.

二、历史文化村落的价值评价研究

1. 维度研究

（1）历史文化村落价值维度的定性分析研究。马航（2006）认为文化、制度、民俗、宗族是传统村落的灵魂，由于每个传统村落具有特定的历史发展脉络，因此需要从传统和特色文化层面去探讨村落的价值[1]；Howard A J等（2008）以英国考古遗迹为研究对象，从生态环境的流域规模维度探讨对古迹资源的影响，尤其是气候变化对考古发掘、古迹保护的影响，并提出相应措施[2]；朱启臻等（2011）从农业生产价值、耕地保护与利用价值、生态价值、社会文化价值深刻剖析村落存在的重要价值[3]；David Shiers等（2014）相对传统环境影响评估，从宏观维度拓展环境评估内容，涵盖物理、社会、经济等内容，其中物理环境中除空气、水、土地、景观、气候、能源等内容，补充了保存地区、建成遗产、历史古迹等文化环境，将价值评估内容提升至生活、历史、文化、生产、经济等层面[4]；Naohiro Nakamura（2013）以阿伊努文化遗产地区为例，将其文化价值内容（包括仪式活动、学习技能、资源集聚）从可持续维度进行环境影响评价，进而探索日本沙流河阿伊努人文化活动的文化遗产价值内容[5]；王小明（2013）归纳了我国传统村落保护实践，从有形文化实体保护、文化生态系统完整性保护、非物质文化遗产保护、"文化空间"整体性保护四个维度，对传统村落价值认定标准进行分析，从而探索传统村落保护方法与策略[6]；鲁可荣等（2016）系统归纳了历史文化村落农业生产价值、生态价值、生活价值、乡村文化传承与道德教化价值，并且相应提出"再造游记循环农业、重建生态和谐美丽乡村、重塑和谐共融幸福乡村"的活化传承路径[7]；汪瑞霞（2019）在对传统村落中环境生态、空间生态、人文生态等文化生态核心要素梳理的基础上，提出应该着眼于传统村落价值重塑，其中包括文化诠释的

1　马航.中国传统村落的延续与演变——传统聚落规划的再思考[J].城市规划学刊, 2006（1）: 102-107.

2　Howard A J, Challis K, Holden J, et al. The impact of Climate Change on Archaeological Resources in Britain: A Catchment Scale Assessment[J]. Climatic Change, 2008（3-4）: 405-422.

3　朱启臻, 芦晓春. 论村落存在的价值[J]. 南京农业大学学报（社会科学版）, 2011（1）: 7-12.

4　David Shiers, et al. Implementing new EU environmental law: the short life of the UK Site Waste Management Plan Regulations[J]. Journal of Environmental Planning and Management, 2014（7）: 1003-1022.

5　Naohiro Nakamura. Towards a culturally Sustainable Environmental Impact Assessment: The Protection of Ainu Cultural Heritage in the Saru River Cultural Impact Assessment[J]. Japan. Geographical Research February, 2013（1）: 26-36.

6　王小明. 传统村落价值认定与整体性保护的实践和思考[J]. 西南民族大学学报（人文社会科学版）, 2013（2）: 156-160.

7　鲁可荣, 胡凤娇. 传统村落的综合多元性价值解析及其活态传承[J]. 福建论坛（人文社会科学版）, 2016（12）: 115-122.

整体观念、文化建构的设计维度、文化振兴的核心目标[1]；屠李等（2021）基于遗产保护相关理论，构建"传统村落遗产价值评价"和"遗产价值导向的传统村落保护"研究框架，以黄山25个传统村落为例进行实证分析，将皖南传统村落分为遗产型、保护型、特色型和一般型，并对传统村落保护机制存在的问题提出优化建议[2]；蒋雪峰等（2020）从自然环境、经济环境、社会环境三个方面剖析了村落的历史文化价值和活化发展[3]。

（2）历史文化村落价值维度的定量分析研究。Alan Bonddeng（2004）在欧盟环境影响评估体系下，研究建筑遗产、文化遗产、公众参与等内容，从建筑价值、文化价值、参与价值等维度进行探索[4]；Jerpasen G B和Larsen K C（2011）以挪威为例开展了风场对文化遗产的视觉影响评估，以弥补传统环境影响评估方法运用的不足，并提出公众参与应融入视觉影响评估的过程中[5]；Dupont L和Van Eetvelde V（2013）以佛兰德的登达盆地为例，研究了气候变化对传统景观及其遗产价值的潜在影响，并有针对性地实施保护与利用[6]；杨锋梅（2014）采用层次分析法分析山西传统村落的价值体现及价值构成，从历史文化价值、艺术价值、旅游价值、开发利用价值等维度进行综合评价，通过实证分析归纳村落保护利用理念与原则，并具体指出分类保护利用模式及路径[7]；赵志远等（2017）以徽州35个传统村落为研究对象，构建传统村落价值评价指标体系，综合运用SPSS因子分析、线性加权进行多维价值评价，共遴选出街巷格局价值、传统产业价值、建筑遗产价值等七方面村落价值[8]。

2. 指标研究

（1）历史文化村落价值的定性评价指标研究。《华盛顿宪章》（1987）明确历史城镇和城区的特征以及表明这种特征的一切物质和精神的组成部分，具体涵盖地段和形制、建筑与绿地和空地关系、建筑内部与外部风貌、城镇与周围环境关系（包括人工与自然的）、长期发挥的功能及作用等，以确保历史城镇的

1　汪瑞霞. 传统村落的文化生态及其价值重塑——以江南传统村落为中心[J]. 江苏社会科学, 2019（4）：213-223.

2　屠李. 皖南传统村落的遗产价值及其保护机制[M]. 南京：东南大学出版社, 2019：1-2.

3　蒋雪峰, 杨大禹. 文化生态学视域下传统聚落诺邓村空间形态演进研究[J]. 建筑与文化, 2020（3）：206-209.

4　Alan Bonddeng. Dealing with the cultural heritage aspect of environmental impact assessment in Europe[J]. Impact Assessment and Project Appraisal, 2004（1）：37-45.

5　Jerpasen G B, Larsen K C. Visual impact of wind farms on cultural heritage: A Norwegian case study[J]. Environmental Impact Assessment Review, 2011（31）：206-215.

6　Dupont L, Van Eetvelde V. Assessing the potential impacts of climate change on traditional landscapes and their heritage values on the local level: Case studies in the Dender basin in Flanders, Belgium[J]. Land Use Policy, 2013（35）：179-191.

7　杨锋梅. 基于保护与利用视角的山西传统村落空间结构及价值评价研究[D]. 西安：西北大学, 2014：5-8.

8　赵志远, 姚本伦, 陈晓华, 等. 传统村落多维价值评价及遴选——以歙县35个传统村落为例[J]. 安徽建筑大学学报, 2017（5）：64-71.

文化财产价值的真实性、完整性、历史性、社会性、经济性等内容，进而使其适应现代生活[1]；《巴拉宪章》（1999）为保护管理具有文化重要性的场所提供指导意见，文化遗产地涵盖地点、区域、土地、景观、建筑及建筑群等内容，通过构成要素、内容、空间、风景四方面，针对本体、构造、环境、功能、关联以及物体的保护管理，指出传续遗产地的美学、历史、科学、社会和精神价值，从而更好地保护其文化重要性[2]；《马德里文件》（2011）主要探讨建筑遗产要采用被认可的遗产评估标准，其文化价值存在于物质层面和非物质价值层面，物质层面细分为物理区位、设计、建造系统、技术与材料，非物质价值层面细分为历史、社会、科学、精神以及创造天赋等，同时需要评估室内外环境与景观内容，为理解环境对遗产地价值的贡献[3]。王秀等（2015）基于现行传统村落评价体系，针对山地传统村落实地调研，从地域特色、物质文化遗产、非物质文化遗产、保护管理措施四方面选取 11 个评价指标进而构建评价体系[4]；杨小军等（2022）以浙江省前四批历史文化村落保护利用重点村为研究对象，从建设实绩、项目和资金管理、规划落实、创新亮点四个维度，建构历史文化村落保护利用建设评价指标体系，提出历史文化村落差异化保护利用研判[5]。

（2）历史文化村落价值的定量评价指标研究。黄家平等（2011）在现行《国家历史文化街区、名镇（村）评价体系》基础之上，对历史文化村镇基础数据、历史文化遗产、居民保护意向分为 9 个大类指标 24 个中类指标，并且详细阐述评价内容和数据采集方法[6]；邵甬等（2012）从评价因子、层次结构、评分标准研究历史文化村镇价值评价的意义、目的和方法[7]；程明翔（2016）以江西省历史文化村落为研究对象，从传统建筑评价、村落选址与格局评价、村落非物质文化遗产评价三类，选取 28 个具体指标进而构建了价值评价体系[8]；何艳冰等（2020）以河南省焦作市为研究区域，从物质文化和非物质文化两方面构建传统村落文化价值评价体系，通过实地踏勘、问卷调查和半结构化访谈获取数据，运用组合赋权法及模糊综合评价法对 18 个传统村落文化价值进行评价[9]；徐峰等

1　国家文物局，等. 国际文化遗产保护文件选编[M]. 北京：文物出版社，2007:128-129.
2　李馨. 基于价值的保护范式的起源、发展和反思[J]. 自然与文化遗产研究，2022（6）：58-67.
3　金磊. 二十世纪建筑遗产保护已迫在眉睫[N]. 中国艺术报，2013-10-11（3）.
4　王秀，冯维波. 山地传统村落保护评价研究[J]. 西部人居环境学刊，2015（4）：103-109.
5　杨小军，顾宏圆，丁继军. 浙江省历史文化村落保护利用建设绩效评价及运用[J]. 创意与设计，2022（1）：43-55.
6　黄家平，肖大威，贺大东，等. 历史文化村镇保护规划基础数据指标体系研究[J]. 城市规划学刊，2011（6）：104-108.
7　邵甬，付娟娟. 历史文化村镇价值评价的意义与方法[J]. 西安建筑科技大学学报（自然科学版），2012（5）：644-650，656.
8　程明翔. 江西省级传统村落评价指标体系研究[D]. 南昌：江西师范大学，2016：46-48.
9　何艳冰，张彤，熊冬梅. 传统村落文化价值评价及差异化振兴路径——以河南省焦作市为例[J]. 经济地理，2020（10）：230-239.

（2021）在原有国家现行评价体系指导下，以湘西州传统村落特征的聚落总特征、传统建筑物特征和非物质文化遗产特征为切入点，构建4个目标层17个准则层23个因素层，运用层次分析法和德尔菲法计算权重，通过矩阵判断、专家论断、问卷实证、案例实证构建价值评价体系[1]；王淑佳等（2021）界定与把握传统村落的本质属性和核心矛盾，采用专家判断矩阵和德尔菲法确定指标权重，构建13个一级指标62个二级指标的中国传统村落可持续发展评价指标体系[2]。

3. 方法研究

（1）历史文化村落价值的定性评价方法研究。Purcell A T和Nasar J L（1992）运用定量分析，从环境感知角度评价了环境体验的相似性和差异性，从而提出了聚落的评价模型[3]；Beeho A J等（1997）以英国新拉纳克世界遗产村为研究对象，通过ASEB栅格分析法评价游客体验，注重世界文化遗产的文化价值和历史价值，并规划设计该村落的旅游产品和相应的保护利用策略[4]；Coeterier（2002）通过多种定量分析和数据模型证明文化遗产价值，评价遗产地区居民和专家对于价值观念的不同，其价值观念差别主要体现在遗产的形态、信息、功能以及情感等内容[5]；Lepp（2006）以乌干达Bigodi村村民为对象，通过扎根理论定性评价村民参与村庄旅游发展的积极性，并且提出相应策略促动村庄的保护利用[6]；陈胜尧（2014）采用文献归纳法、系统分析法、举例论证法，定性分析福建省永安市沧海畲族传统村落的历史文化价值与特色、资源现状、建筑现状等内容，总结梳理保护利用中主要问题并提出相应策略[7]；王林（2015）采用实地调查分析法和文献资料收集整理法，定性分析河南省安阳渔洋村的历史文化价值、建筑艺术价值、考古研究价值、精神情感价值，根据发展瓶颈提出非旅游开发视角下的保护利用策略[8]；单彦名等（2020）以义乌市传统村落为重点研究对象，综合分析地域特征、突出特色评价因子，构建传统村落价值标准，为义乌市传统村落保护利用提供参考[9]；张小燕等（2021）系统

1 徐峰，易子涵，叶菲.传统村落评价认定指标体系地域化研究[J].中外建筑，2021（2）：4-11.
2 王淑佳，孙九霞.中国传统村落可持续发展评价体系构建与实证[J].地理学报，2021（4）：921-938.
3 Purcell A T, Nasar J L. Experiencing other people's houses: a model of similarities and differences in environmental experience[J]. Journal of Environmental Psychology, 1992（3）：199-211.
4 Beeho A J, Prentice R C. Conceptualizing the Experiences of Heritage Tourists: A Case Study of New Lanark World Heritage Village[J]. Tourism Management, 1997（2）：75-87.
5 J. F. Coeterier. Lay people's evaluation of historic sites[J]. Landscape and Urban Planning, 2002（59）：111-123.
6 Lepp A. Residents' Attitudes Towards Tourism in Bigodi Village, Uganda[J]. Tourism Management, 2006（3）：876-885.
7 陈胜尧.传统村落的价值评价及可持续利用模式探讨[D].福州：福建农林大学，2014：1-3.
8 王林.传统村落的价值分析及保护探究[D].郑州：郑州大学，2015：7-21.
9 单彦名，赵天宇，马慧佳.传统村落价值评价指标体系探讨——以义乌传统村落为例[J].古建园林技术，2020（2）：84-88.

调研丽水市31个山地传统村落，从历史沿革与村落格局、传统建筑与历史环境要素、非物质文化资源三方面调研村落景观，总结景观价值的表现维度，应用定性分析法构建具有地域代表性和山地景观特色的价值评价体系[1]。

（2）历史文化村落价值的定量评价方法研究。朱晓明（2001）基于主客观结合的价值评价模型，以张谷英村为具体样本，经过历史研究、基础评价、居民意向等调研，从实用性、真实性、环境性、参与性定量分析该村历史价值、科学价值、艺术价值等[2]；杨丽婷等（2013）基于保护开发的视角，采用AHP与线性加权和函数法相结合构建古村落保护与开发综合价值评价模型，得出建筑遗存因子对村落综合价值影响最大的结论[3]；窦银娣等（2020）运用因子分析法，从价值特色、保护管理、现状条件三个目标层出发，以兰溪村、高椅村、芋头村为研究对象，采用实地勘察、深度访谈、问卷调研获取数据，通过SPSS24.0对各指标进行KMO和Bartlett数据处理，构建价值评价模型[4]。

三、历史文化村落保护利用的策略方法研究

1. 策略研究

（1）依据在地资源进行保护利用的策略。Lee S L（1996）在调查新加坡的历史街区时发现，古旧店铺的沿街风貌和经营能够反映该区域历史文化内容，确定该区域具有文化价值、历史价值、经济价值的内容后，政府协同社会力量，促使古旧店铺进行保护性经营[5]；唐子清等（2021）以韩国济州岛城邑民俗村的自然与文化景观遗产为研究对象，以客位方法为主线，结合本土主位观察法，分析村落平面格局与建筑形制，引入国际概念"乡土建筑遗产"，强调了乡土建筑的文化价值和历史价值，通过计算与分析绿地景观格局快速评价村落自然绿化现状，从而探寻当代语境下传统聚落的价值取向，为我国岛域村落保护研究提供模式借鉴[6]；康晨晨等（2023）以陕西省传统村落为研究对象，通过传统村落选址与格局、传统建筑、历史环境要素、非物质文化遗产与红色文化遗产五个维度评价，将113个国家级传统村落划分为古色类传统村落、绿色类传统村落、红色类传统村落三类，并建议塑造传统村落的特色空间、复原传统村落的

1　张小燕，杨小军.基于景观价值评价的山地传统村落空间设计研究[J].美术教育研究，2021（23）：108-110，113.

2　朱晓明.试论古村落的评价标准[J].古建园林技术，2001（4）：53-55.

3　杨丽婷，曾祯.古村落保护与开发综合价值评价研究——以浙江省磐安县为例[J].地域研究与开发，2013（4）：112-116，122.

4　窦银娣，谢双喜，李伯华.传统村落多维价值评价及实证研究[J].中南林业科技大学学报（社会科学版），2020（1）：77-83.

5　Sim Loo Lee. Urban conservation policy and the preservation of historical and cultural heritage[J]. Cities, 1996（6）:399-409.

6　唐子清，石谦飞.一种活态的可持续村落遗产研究——以韩国城邑村为例[J].建筑与文化，2021（11）：99-101.

生活场景、强化保护具有地域性和民族性的非物质文化遗产、推进红色文化资源保护利用与地区功能产业的融合发展[1]。

（2）依据当地生活进行保护利用的策略。Eva（2009）实地研究瑞典北部韦姆兰，在自然保护和遗产管理政策一体化的背景下，当地遗产作为当地公民自豪感的来源，符合当地人口的生活方式，提出土地贫瘠、人口稀少的地区需要降低对旅游业的依赖，注重保护自然与人文景观遗产[2]；曹紫佳（2016）从文化基因的视角出发，分析宗族型历史文化传统村落的空间特征和文化特征，以湖南省板梁村为例，提出保存生活地景、修复文化遗产、吸引精英返乡、复兴民俗活动等保护发展策略[3]；周详（2017）以日本历史街区八女市福岛区为例，提出历史街区保全型社会营造方式将静态保护转变为动态保护，其基本诉求是保护街区整体的传统生活方式，深入拓宽社区营造范围和未来转型，对于构建社区认同和重塑居民主体性具有积极意义[4]；陈聪等（2021）把农耕活动与休闲农业、传统农业文明与现代乡土文化有机结合起来，提出重塑山水格局、延续村落肌理、协调物化形态三个层面的设计方法，为传统村落的保护利用提供参考[5]。

（3）依据历史传统进行保护利用策略。段贝丽（2016）对浙江省舟山市6个海岛型传统村落进行综合价值评价，提出维护海岛传统村落原貌、保护与展现海岛文化特色、充分利用海岛优势资源的保护发展建议[6]；沈雪琴（2019）通过调研浙江多个山区传统村落现状，立足村落当代价值与遗产价值，对浙江山地丘陵地区传统村落进行价值定位，并划分历史资源保护型、差异化民宿发展型和综合旅游开发型等相应保护利用模式[7]；杨震等（2021）以美国波士顿比肯山排屋住区为例，梳理区位、格局和风貌特征，以及风貌保护与更新的关键阶段，归纳风貌管控、财税激励、场所营造、住区治理等策略，进一步总结出多元即本真、个体即主体、维育地方性、留屋也留人的启示，为历史住区的风貌保护和更新提供借鉴[8]；任伟等（2021）梳理了欧洲在建成遗产可持续发展方面

1 康晨晨，黄晓燕，夏伊凡.传统村落文化遗产价值分级分类评价体系构建及实证——以陕西省国家级传统村落为例[J].陕西师范大学学报（自然科学版），2023（4）：1-13.

2 Svensson E.Consuming nature-producing heritage:aspects on conservation,economical growth and community partici-pation in a forested,sparsely populated area in Sweden[J].International Journal of Heritage Studies，2009（6）：540-559.

3 曹紫佳.基于文化基因视角的湖南宗族型传统村落研究[D].天津：天津大学，2017：114-117.

4 周详.日本街区保全型社区营造的发展与实践[J].景观设计学，2017（5）：10-25.

5 陈聪，王军.传统村落乡村旅游建设空间研究——以清水村为例[J].华中建筑，2021（12）：102-106.

6 段贝丽.海岛传统村落价值评价研究：舟山案例[D].舟山：浙江海洋大学，2016：1-2.

7 沈雪琴.以价值为导向的浙江山地丘陵地区传统村落的发展模式探讨[D].杭州：浙江大学，2019：61-69.

8 杨震，伍秋橙.历史住区风貌保护与更新——以美国波士顿比肯山排屋住区为例[J].城市规划，2021（5）：103-114.

的理论研究成果，通过问卷和现场调研的方式对牛津城堡遗产实践和再生项目进行研究，尤其注重建筑遗产的真实性和完整性，提出立足遗产保护、城市再生、可持续三者统一的保护利用策略[1]。

2. 方法研究

（1）以发展模式与实施路径为主。樊海强（2010）从形象、表象和抽象三个方面剖析古村落特色，构建村落特色要素体系，基于可持续发展的理念提出"保护、经营、监管"三位一体的保护发展方式[2]；吴晓庆等（2015）指出"非典型古村落"具有服务城乡、优化城乡关系的特殊潜质，提出内生演化、物质环境更新、特色形象设计、多样化城市功能植入、村民文化心理塑造与管理的复兴路径[3]；李宁等（2015）针对历史文化遗产消失、过度开发盲目建设、传统建筑改造失当等现象，以广西壮族自治区富川瑶族自治县深坡村为例，通过人口规模的精准确定、用地规模的弹性发展、历史的活态保护、村落产业的再生延续形成传统村落的保护与发展[4]；陈栋等（2017）面对快速城镇化地区乡村聚落特色缺失和传统文化式微的困境，立足区域历史文化研究，建构综合价值、典型特征和保护要素载体相关联的保护体系，以江苏省盐城市草堰村为例，探索历史文化村落及周边协调共生发展的地域化路径[5]；张天洁等（2018）认为相当数量的传统村落受到开发性、建设性"破坏"，由此产生村落文化断裂、价值观失落，提出在多元主体参与下发挥和协调政府、村民的内在动力和民间的外在助力，通过引入市场化机制、多方协作实施村落的保护利用途径[6]；余侃华等（2021）探讨村民生活的变迁是造成村落风貌破坏和空间闲置等诸多问题的重要原因，传统村落保护与乡村发展的价值和村民变化的需求在要素上有重合，在内涵上有耦合的作用，从乡村发展模式、产业培育、人居环境三方面助力传统村落复兴[7]。

（2）以社会治理与动力机制为主。邬艳丽等（2015）对传统和当代乡村治理的经济条件、社会基础和空间基础等方面的差异进行梳理，归纳传统村落社

1 任伟，韩锋.建成遗产保护、城市再生与可持续发展——以英国牛津城堡为例[J].建筑遗产，2021（1）：126-133.

2 樊海强.古村落可持续发展的"三位一体"模式探讨——以建宁县上坪村为例[J].城市规划，2010（12）：93-96.

3 吴晓庆，张京祥，罗震东.城市边缘区"非典型古村落"保护与复兴的困境及对策探讨——以南京市江宁区窦村古村为例[J].现代城市研究，2015（5）：99-106.

4 李宁，周勇.精明增长视野下的传统村落发展路径[J].规划师，2015（S2）：162-166.

5 陈栋，阎欣，丁成呈.淮盐文化传统村落保护与可持续发展的地域化路径——以江苏盐城市草堰村为例[J].规划师，2017（4）：89-94.

6 张天洁，张璐，岳阳.企业介入的传统村落保护实施探讨——以天津蓟县西井峪村为例[J].城市规划，2018（4）：119-124.

7 余侃华，王超，蔡辉，等.生活变迁视角下传统村落复兴路径及规划应对探究——以富平县莲湖村为例[J].现代城市研究，2021（4）：105-112.

会柔性治理制度和当代村落规划建设的硬性制度，提出制定乡村规划建设法律法规、完善农业补偿奖励机制、重构乡村管理秩序的治理制度改革路径[1]；张宏等（2016）针对新型城镇化背景下传统村落社会治理困境，将乡村治理与乡村规划协同协作，以多元化治理主体构建科学化治理机制，从而实现组织化治理权的运转，以广东省碧江村为例，提出基础设施建设以生态改善为基础，以文化保护为重点，以法律制度为保障的具体思路[2]；徐瑾等（2017）以传统村落H省G村为例，应对城乡发展下村落人口内生动力不足的困境，以"村外人"重返故里创业为契机，剖析乡村"公""共""私"等领域的互动关系，根据传统村落保护利用实践，通过塑造新乡贤文化、建立新乡贤议事平台等举措，为复兴传统村落重新整合发展模式[3]；张紫鹓等（2021）以浙江省三门县横渡镇为例，依据多主体关系和行为特征建构多中心乡村治理框架，深入探索多主体之间在多目标场景中的协调沟通和权衡机制，相应提出治理模式与场景[4]。

四、总结与思考

综上所述，国内外对于历史文化村落保护利用相关研究成果较多，尤其近年来乡村建设如火如荼的时代背景下进展迅猛，历史文化村落保护利用的效益大幅提升。但也依然存在不足：

其一，历史文化村落保护利用的参与力量多元化，目前对政府力量、社会力量、村落力量的价值评价较多，但缺乏探究三者之间的关系以及合力实施村落建设的成效评价。笔者认为村落内生驱动力量尤为重要，需要注重"人"的价值以及"人"在村落整体价值中发挥的作用。历史文化村落的保护利用要坚持以人为本、坚持一切为民、坚持村民主体地位，切实解决人民群众最关心、最直接、最现实的利益问题，才能切实做好历史文化村落保护利用工作。保护利用工作需要强化协作联动形成共建合力，是基层干部义不容辞的责任，是村民主体应当应分的义务。历史文化村落保护利用工作"为了谁""谁来干""依靠谁"，毫无疑问是"人"。新时代历史文化村落保护利用应该基于村落群体主体视角、强化基层干部工作能力、引领带动村落内生力量，通过全面摸清历史文化村落的本体结构、文化谱系、资源禀赋，进而满足生产生活实际需求，审

1　邹艳丽，郑皓昀. 传统乡村治理的柔软与现代乡村治理的坚硬[J]. 现代城市研究，2015（4）：8-15.

2　张宏，胡英英，林楠. 乡村规划协同下的传统村落社会治理体系重构——以广东省碧江村为例[J]. 规划师，2016（10）：40-44.

3　徐瑾，万涛. 由"村外人"到"新乡贤"的乡村治理新模式——以H省G村为例[J]. 城市规划，2017（12）：65-72.

4　张紫鹓，李永浮，王子璇. 多中心治理视野下乡村治理模式研究——以浙江省三门县横渡镇为例[J]. 上海城市规划，2021（06）：36-42.

视村落现有规划建设，定位村落未来发展图景。

其二，历史文化村落保护利用的规划实施任务繁巨，目前对规划环节、实施流程、操作步骤的价值评价较多，但缺乏探究村落规划实施与村落历史事件的联系，以及符合村落历史发展的系统评价。笔者认为村落典型事件内容尤为重要，需要关注"事"的价值以及"事"在村落行为活动中存在的规律。历史文化村落保护利用是系统工程、民生工程、德政工程，需要一件接着一件办，件件有回应事事有着落，既是大事也是小事，大事要办急不得、乱不得，需要通盘考量系统谋划，小事要办等不起、慢不得，需要认真对待细致落实。历史文化村落保护利用说到底都是为村民主体办好身边具体事，保护利用工作再小也是大事。新时代历史文化村落保护利用应该立足村落历史发展的逻辑关系、遵循村落事件发生的因果联系、赓续村落事物演进的客观规律，经过系统梳理历史文化村落的典型事件、代表人物、标志内容，进而借鉴村落既有历史经验，参照村落发展历史规律，指导村落建设规划实施。

其三，历史文化村落遗产遗存保有丰富，目前对营造技艺、传统建筑、历史街区的价值评价较多，但缺乏探究村落文化遗产遗存与村落发展之间的关系，以及价值转化的整体评价。笔者认为村落文化遗产整体价值转化尤为重要，需要靶向"物"的价值以及"物"在当代村落发展中存在的意义。历史文化村落保护利用体现为文所化、物以载道、器道合一的智慧，保护利用的过程是对传统智慧学习和传承，作为文化遗产的传统建筑、历史环境要素、非物质文化遗产等，是相互联系的存在。文化遗产对于开展历史文化村落保护利用而言，应有迹可循、有据可查、有证可考，需明确其价值、特色以及对当代乡村生产生活的意义。新时代历史文化村落保护利用应该通盘考量文化遗产遗存的价值含量，充分凸显文化遗产遗存的禀赋特色，应挖掘文化遗产遗存的产业潜力，通过整体考证文化遗产遗存的数量规模、功能作用、文化特质等内容，进而作为发展要素实现价值转化，作为保护要素实现活态赓续。

其四，历史文化村落形态肌理别具特色，目前对村落形态、空间格局、建筑肌理的评价较多，但缺乏探究村民群众行为活动与村落形态肌理之间的关系，尤其两者之间存在整体与局部的关系评价。笔者认为村落形态肌理形成与演进尤为重要，需要聚焦"场"的价值以及"场"在当代村落动态演进过程中的变化。历史文化村落作为鲜活载体，需要活态开展其保护利用工作，充分考量村落形态肌理与乡村主体日常行为之间的交互，既有规约限制也有更新演进，是乡村主体共识意愿的层积物化，亦是地形地貌空间格局的规律转化，保护利用需要处理各种空间位置的一系列客观历史关系和主观具体关系。新时代历史文化村落保护利用应该关注承载村落形态肌理的自然场域、承载行为活动的文化场域，两者之间生成基础、演进规律、相互作用，经过挖掘村民群众对自然场域要素的优化配置、归纳村民群众对文化场域要素的包容兼蓄，进而在规划设计中延续村落形态肌理，在日常生活中接续村落自然人文。

其五，历史文化村落产业格局交织联通，目前对产业特色、产业类型、产业潜力的评价较多，但缺乏探究产业发展与村民群众之间的关系，以及产业资源要素的协调评价。笔者认为村落产业发展过程中村民群众的收益尤为重要，需要聚焦"业"的价值以及"业"在提升当代村民群众生活质量与水平中的作用。历史文化村落保护利用最终是为了让村民生活更美好，保护利用的过程中把维护村民群众根本利益、促进农村共同富裕作为出发点和落脚点，需要充分尊重乡村主体意愿发挥主体作用，调动积极性、主动性、创造性，发展新产业新业态，促进乡村主体持续增收致富。新时代历史文化村落保护利用应该依托村落在地产业发展基础、村民群众切实收益、周边资源优势互补，整合村落在地产业、激发村落内生动能、协调周边资源共生、面向未来发展方向，进而改善村民群众生活质量与水平，迭代村落产业发展转型与升级，促动村落产业要素流动与转化。

基于此，本研究希望在新时代历史文化村落保护利用语境下，锚固浙江诸暨县域样本，铆合村落未来发展方向，通过学理化推敲价值维度内容，多方论证价值评价指标，遵循村落发展规律，尊重村民意愿，响应国家政策方针，从而构建历史文化村落价值评价体系，以便确定村落类型、识别村落核心价值，归纳"人、事、物、场、业"五维一体的保护利用路径，为全省历史文化村落保护利用提供理论支撑与实践佐证，为全国传统村落保护利用提供浙江方案。

县作为完整的、系统的、成熟的基层行政建制已有两千余年的历史，一直以来是城镇和村落的交集，因其分布范围广，基本涵盖村落生产生活个性和共性，同时兼具城镇生产生活的特质，县域成为交集的同时也是城乡融合空间。县域在城乡发展过程中具有承上启下的过渡作用，2022年中央一号文件《中共中央国务院关于做好2022年全面推进乡村振兴重点工作的意见》，强调将县域作为乡村振兴的基本单元。国务院印发的《"十四五"推进农业农村现代化规划》，要求"将县域作为城乡融合发展的重要切入点"，并强调"县域统筹"和"整县推进"，由此，"县域"的特殊角色、现实价值、战略意义不言自明。从"县域"研究乡村建设已然是社会各界的基本共识和努力方向，历史文化村落保护利用亦是如此。就目前而言，历史文化村落保护利用工作已然从"乡—村"转向"县—乡—村"。一是县域区位规划的重要，具体指向县域内"县—乡—

村"发展的平衡性、村落空间的科学化以及对具体问题规律的认知与把握，由此保护利用历史文化村落掌握县域空间的历史演进规律尤为重要。二是明确县域未来发展定位的重要性，聚焦县域空间类型和地理格局，有利于"县—乡—村"优势互补，发挥主场优势，降低发展成本，形成三级发展最大同心圆。由此，保护利用历史文化村落需要根据县域特点，明确定位、发挥优势、制定策略。

第三节　研究内容与方法

根据诸暨市前七批省级历史文化村落保护利用重点村的建设绩效评价分析，历史文化村落保护利用的内涵已从保护为主、适宜利用向保护利用并重、利用促进保护，转向活化经营提升村落发展持续力。基于此，本书主要从村落资源与价值的梳理、价值评价体系与指标的构建、村落发展与活化经营路径三个方面，深入开展研究。

一、主要内容

1. 系统梳理村落自然与人文环境

针对诸暨市60个历史文化村落（25个省级历史文化村落保护利用项目村和35个省级历史文化村落保护利用备选村），进行全面深入的实地调研与资料整理，结合田野调查、口述实录、文献资料采集，分析地理区位、山水格局、古越兴盛、历史古迹、文化遗产、往贤俊德等信息内容，系统梳理诸暨历史文化村落的自然场域、历史沿革、人文资源等特征。

2. 全面归总村落特征与特色资源

在现有调研资料基础上，按照时间和空间两个维度研判诸暨历史文化村落的发轫与演进、数量与类型，总结出诸暨历史文化村落呈现"分布集中、历史悠久、类型丰富"的特点，主要有"历史古建型""民俗风情型""自然生态型""红色文化型"等类型。纵览诸暨历史文化村落特色资源，主要是四类，即"灵山秀水 茂林丰田"的自然景观、"厅堂宅院 材美工巧"的古建遗存、"道技合一 日用百态"的民俗风情、"峥嵘岁月 初心使命"的红色文化。

3. 整体评价村落保护与利用绩效

基于价值评价视角提出"人""事""物""场""业"五个定性与定量相结合的价值维度，分别指向"群体意愿共识""文脉赓续衍生""营造构筑共生""相地布局系统""业态格局联通"，结合诸暨历史文化村落保护利用工作现状，建构 10 个价值维度、20 个价值范畴、50 个特征属性、147 个价值表现要素，从而系统构建诸暨历史文化村落保护利用绩效评价体系。分别对 25 个省级历史文化村落保护利用项目村和 35 个省级历史文化村落保护利用备选村进行分类评价，通过量化评分生成综合价值评价得分表，同时，从规划编制、项目建设、资金投入和建设实绩等方面聚焦项目建设成效，重点分析 25 个省级历史文化村落保护利用项目村的三年建设情况，从而系统判析诸暨历史文化村落的基础现状与发展潜力，总体评价历史文化村落保护利用的优势与劣势。

4. 精准提出村落保护与利用策略

基于诸暨历史文化村落的价值评价与项目建设成效分析，其保护利用工作卓有成效，也存在一定问题。把握重点聚焦问题提出对策建议，为进一步提高历史文化村落保护利用的整体性、系统性和科学性，需进一步梳理"拉长板、补短板"的理念与意识，充分发挥优势，深化内涵提升，形成长板效益，聚焦抓手途径，形成长效机制。同时，为推进新时代历史文化村落保护利用，基于既有经验和现状实情，需建立"一村一档一案一报告一对策"的历史文化村落县域全信息库、形成"三风三成、三生三态、三研三学三创"的新时代诸暨图景。从而为新发展阶段诸暨历史文化村落保护利用提档升级，为新时代历史文化村落保护利用提供诸暨样本。

二、研究方法

1. 文献研究与实地调研相结合

通过文献采集、田野调查、口述实录的系统梳理与相互印证，形成调研资料时空对位与逻辑闭环。通过宏观尺度、中观尺度、微观尺度三个空间维度统揽梳理村落资源与特色，按照历史文化村落保护利用工作的规划、建设、管理、评估等环节分别下沉村落一线进行实地调研，对于诸暨历史文化村落的调研资料务求"下沉一线动静结合、有理有据真实可靠"，调研过程坚持"蹲下看蚂蚁、下水摸活鱼"，调研态度保持"交换、比较、反复"。第一阶段（2021 年 6-12 月），对诸暨市 60 个历史文化村落进行全面摸排和资料收集，初次梳理"县—乡—村"三级文史资料和田野资料，并查漏补缺各个村落调研资料；第二阶段（2022 年 4-9 月），分别针对 25 个项目村和 35 个备选村进行横向调研，采用勘察测绘、航拍采集、遥感呈像等技术充实补充各个村落资料，按照时空对位和逻辑闭环进行史料与物证的相互印证；第三阶段（2022 年 10-12 月），针对诸暨市 60 个历史文化村落的筹建规划、在建实施、建成验收、创建运营等环节进行调研，基本完成各个村落调研资料的梳理与汇编；第四阶段（2023 年

2-6月），重点核实调研资料的真实性、客观性、严谨性，通过与村民主体现场对接复查、推敲和完善调研资料，形成立体多维的证史体系。

2. 综合分析与比较分析相结合

分别对同一地理区域和相同历史进程的村落进行纵向综合分析与横向比较分析。综合分析同一地理区域内不同类型村落，必须分析因素之间相互的联系，坚持整体与部分相统一、力求客观真实，比较分析不同地理区域内不同类型村落，需要在同一标准下比较两个相互联系的内容，揭示历史文化村落的本质与规律，从而概括其发轫与演进、归纳其特征与差异，明晰诸暨历史文化村落的发展规律、形成内因、主体价值等。同时对于模棱两可、难以界定、存疑未解的问题采取横向比较、纵向延伸的深度研究，形成辩证统一的分析机制。

3. 定性评价与定量评估相结合

通过数据统计量化分析诸暨历史文化村落保护利用绩效，作为归纳共性问题与个性特征的定性评价依据。借助遥感技术（RS）、地理信息技术（GIS）和多视图三维建模软件（AP）等手段获取历史文化村落可视化数据，研判文史典籍、规划文本、建设绩效等资料，汇总历史文化村落技术指标数据和建设实绩数据，结合口述实录、田野调查、个体访谈等多种信息数据，从而汇总定性评价和定量评估依据。通过评价依据来量化价值表现要素，依次明确特征属性、价值范畴，进而对价值维度进行定性评价。将历史文化村落作为一个整体的、活态的自然和文化空间单元，通过定性与定量评价相结合，结合主观感受和客观标准，依据现场实景和文献史料，对村落的历史与现状、局部与整体、物质与精神进行权衡考量和系统评价，形成客观实在的评价体系。

4. 理论研究与案例实践相结合

通过扎实的理论研究，选择典型案例展开具体的策划、规划实践，进一步佐证课题研究的价值与深度，为县域历史文化村落保护利用提供具体参考和做法经验。基于诸暨历史文化村落的价值评价，从县域层面、村域层面分别提出历史文化村落保护利用的对策建议。基于诸暨历史文化村落特征与特色资源，细化分类为自然山水养心型、古建遗存特色型、文化传承丰富型、产业发展有效型、名人故里文明型五种，并分别列举归纳典型案例，形成理实一体的研究体系。

CHAPTER
2
第二章

诸暨自然与人文环境

第一节 自然场域：山水形胜，婺越通衢

一、地理区位与经济社会

诸暨市位于长江三角洲南翼、浙江省中部偏东北、绍兴市西南部，地处东经119°53′－120°32′，北纬29°21′－29°59′。东接嵊州、柯桥，南界东阳、义乌，西毗浦江、桐庐、富阳，北邻萧山，是连接杭州都市区和金义都市区的重要节点城市。诸暨区位优越，交通便捷，毗邻杭州萧山国际机场，沪昆铁路、杭长高铁，杭金衢、诸永、绍诸高速公路贯穿全境。市内已基本形成以杭金衢高速公路、诸永高速公路和绍诸高速公路为主骨架，03、31、22省道为主干道，县乡公路为网络的公路交通体系。全市基本形成"15－30－60"交通圈，即90％的乡镇15分钟内可进入高速公路系统，中心城区与6大中心镇之间30分钟内可到达，中心城区与所有乡镇之间60分钟内可到达。近年来，诸暨市紧抓浙江省大湾区建设机遇，积极打造杭州都市圈紧密层城市、长三角一体化发展先行区，大力推进交通先行战略。目前，高铁至杭州约20分钟，至上海约1.5小时。驾车至萧山国际机场约1小时，至上海港、宁波港约2小时。

诸暨市隶属浙江省绍兴市，区域面积2311平方公里，东西最大距离63.01公里，南北最大距离69.94公里。截至2022年底，辖23个乡（镇、街道）、398个行政村（社区），户籍人口108

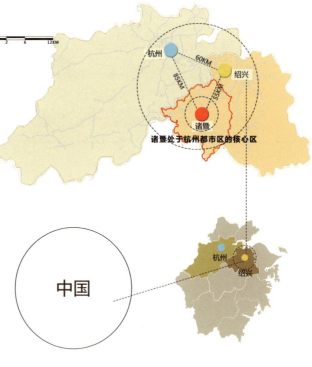

图2-1 诸暨区位

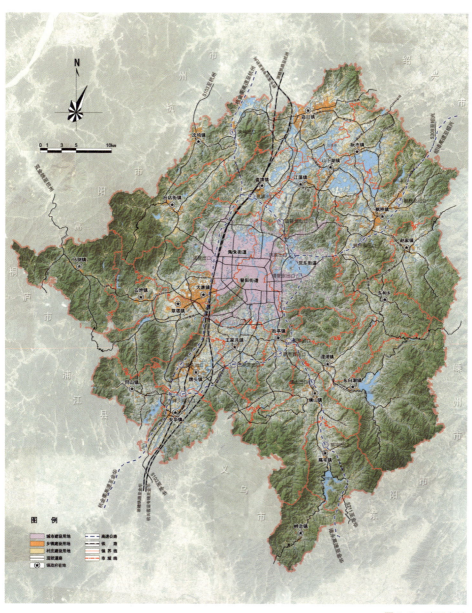

图 2-2　诸暨市域

万人，常住人口约 150 万［见附录 1 诸暨市乡（镇、街道）行政村（社区）一览表］。诸暨经济发达，民殷商富，是一座活力之城。2022 年，诸暨位列全国经济综合竞争力百强县第 10 位。诸暨是毛泽东同志亲笔批示的"枫桥经验"的发源地，有全国文明城市、国家森林城市、中国珍珠之都、中国袜业之都、中国香榧之都等美誉，全国 70%、全世界 35% 的袜子产自诸暨大唐，全国 80%、全世界 70% 的淡水珍珠出在诸暨山下湖，全国 70% 的五金管业产自诸暨店口。

二、山水格局与自然生态

诸暨市全境处于浙东南、浙西北丘陵山区两大地貌单元的交接地带，由东部会稽山低山丘陵、西部龙门山低山丘陵、中部浦阳江河谷盆地和北部河网平原组成。境内四周群山环抱，均属仙霞岭山系，地势由南向北渐次倾斜，形成北向开口通道式断陷盆地。境内东、西部为低山丘陵，富有林木、矿藏。东部会稽山脉，主峰东白山太白尖海拔 1194.6 米，为境内最高峰，为浦阳江、曹娥江、东阳江分水岭；西部龙门山脉，主峰三界尖海拔 1015.2 米，为境西部最高峰，为浦阳江、富春江分水岭；中部为河谷盆地，多沃土良田；北部为湖畈河网平原，水资源充沛。钱塘江支流浦阳江纵贯南北，境内干流长 67.6 公里，东西 8 条支流呈叶脉形展开。诸暨山地、水域较多，种植用地相对较少，地形地貌可概括为"七山二水一分田"，具有良好的生态资源禀赋。诸暨城区内有陶朱山、金鸡山等 26 个山峦，浦阳江、五泄江、开化江穿越城区，城市建设"以山为尊，以水为聚"，构成了优美的山水城交融格局。境内拥有浣江－五泄风景名胜区、白塔湖国家湿地公园、诸暨香榧国家森林公园、杭坞山省级森林公园、马剑三界尖森林公园、牌头勾嵊山森林公园等风景名胜区和森林公园，众多的山水分布为营造生态化、园林化的城市奠定了坚实的物质基础，森林、绿地、水系构成脉络形的生态基质、廊道、斑块，生态环境优势在国内同类县市中十分明显[1]。

诸暨气候属亚热带季风气候区，四季分明，雨水较多，光照充足，年温差大于同纬度邻县，小气候差距显著，具有典型的丘陵山地气候特征。气温年平均为 16.3℃，常年平均降水量约 1373.6 毫米，降水日年均约 158.3 天，相对湿度约 82%，日照年均约 1887.6 小时，年日照百分率为 45%。诸暨市现有各类古树名木超 45456 万株，涉及 37 科 66 属 81 种，500 年以上一级古树达 164 株，总株数超过全省的 20%。

1　注：引自《诸暨市历史文化保护及历史文化村落保护利用专项规划》。

第二节　历史沿革：望县千年，浙东巨邑

一、古越兴盛

1. 诸暨建置沿革

诸暨历史悠久，是越国古都、西施故里，素有"浙东巨邑，千年望县"之称。史传大禹至大越，上苗山大集诸侯，驻跸于此，爵有德、封有功，因定此境为"诸暨"，意即天下诸侯到达驻留议事之所。夏朝中期，夏帝少康封庶子无余于会稽，以奉守禹祀，号於越。至春秋时期，越王曾先后在境内的埤中、大部、勾乘等地建都。吴越之争，越王勾践曾以境内勾乘山为休养生息、图谋复国之所。秦王嬴政二十五年（公元前 222 年），以越地置会稽郡，设诸暨县，历代未废[1]。西汉时，属扬州刺史部会稽郡。新莽时期，更名为疏虏。东汉建武初，复原名。东汉兴平二年（公元 195 年），分部分地入丰安、汉宁二县。三国吴时，改汉宁为吴宁。西晋属会稽郡。东晋属会稽国。南朝复属会稽郡。隋文帝开皇中，属吴州。开皇九年（公元 589 年），吴宁县废，原诸暨地复归诸暨。隋大业中，仍属会稽郡。唐时，属会稽郡及越州。唐高宗仪凤二年（公元 677 年），划诸暨部分地置永兴县。武后垂拱二年（公元 686 年），复分诸暨县之吴宁故地入东阳县。唐光启三年（公元 887 年），诸暨改称暨阳。五代时，属吴越国越州东府。吴越王天宝三年（公元 910 年），复名诸暨。北宋初，属两浙东路越州。南宋绍兴元年（公元 1131 年），属绍兴府。南宋乾道八年（公元 1172 年），分东北 10 乡置义安县，治今枫桥。南宋淳熙元年（公元 1174 年），废义安，其地复入诸暨。元时，属江浙等处行中书省绍兴路。元成宗元贞元年（公元 1295 年），升为诸暨州。元至正十九年（公元 1359 年），改名诸全州。元至正二十六年（公元 1366 年），降州为县，仍复旧名。明、清时，均属绍兴府。民国元年（公元 1912 年）废府，直属浙江省。民国三年（公元 1914 年）省下设道，诸暨属会稽道。民国十六年（公元 1927 年）废道，直属浙江省[2]。民国二十四年（公元 1935 年）9 月至三十七年（公元 1948 年）4 月，先后属浙江省第三、第二行政督察区。1949 年 5 月 6 日诸暨解放，至 6 月 22 日，诸暨属中共萧绍诸杭临时委员会管辖。6 月 13 日－11 月 16 日，归第十专署管

1　注：除新莽时期（公元 8—23 年）、唐光启年间（公元 885—888 年）、元至正十九年（公元 1359 年）曾一度改为疏虏、暨阳、诸全州以外，均以诸暨之名见于典籍，直至今日，为浙江望县。
2　诸暨市文化广电旅游局，诸暨市政协文化文史和学习委编．南孟文化 [M]．杭州：浙江人民美术出版社，2019.7：36-37.

辖。其后，诸暨属绍兴专区。1952年1月，绍兴专区撤销，直属浙江省。1953年2月，划归金华专区。1957年9月，划归宁波专区。1964年9月，复属绍兴专区。1968年5月，属绍兴地区。1983年7月起，属绍兴市。1989年9月，经国务院批准，撤销诸暨县，设立诸暨市，由绍兴市代管。

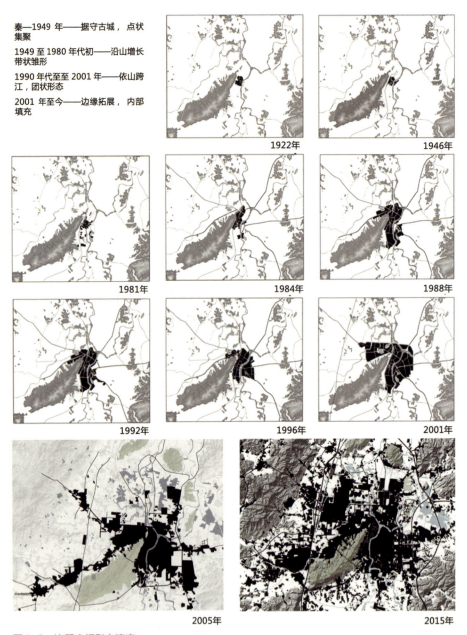

秦—1949年——据守古城，点状集聚

1949至1980年代初——沿山增长带状雏形

1990年代至至2001年——依山跨江，团状形态

2001年至今——边缘拓展，内部填充

1922年 1946年

1981年 1984年 1988年

1992年 1996年 2001年

2005年 2015年

图2-3 诸暨空间形态演变

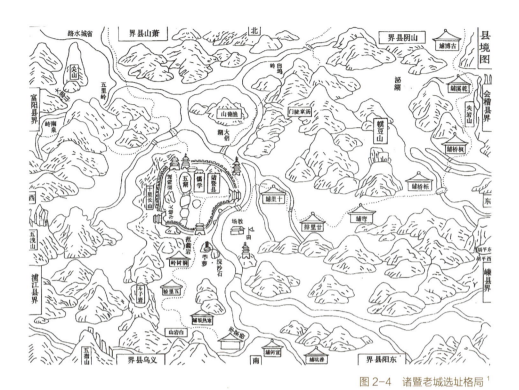

图 2-4　诸暨老城选址格局[1]

2. 诸暨县名来历

关于诸暨县名的来历，历来众说纷纭，向无定说。据《元和郡县志》载："县有暨浦，诸山，因以为名。"清乾隆《绍兴府志》及光绪《诸暨县志》对前人陈说作了概括，但未能统一说法。《绍兴府志·地理志》载："（诸暨）周为越允常之都。"《路史》："夏后氏后。诸暨有诸山暨浦，允常之都。春秋时句无地，或曰夫概王之故邑，先名上诸暨，亦曰句吴。"《国语》："勾践之地，南至句无，韦昭解：今诸暨有句无亭是也。"《水经注》："诸暨县，古越地也，夫概王之故邑，先名上诸暨，亦曰句吴矣。"寇仲温《诸暨县记》："诸暨，楮概也，吴王阖闾弟夫概所封之地。"清光绪《诸暨县志·沿革表》基本沿袭《绍兴府志》说法。有一种说法是：县西有山，山上多楮木，所以称为楮山，省而为诸山，又有概浦，省而为既浦，转音为暨浦，诸暨因此而得名。另有一种说法是：境有五泄山、七十二峰，峰峦林立，认为诸山即诸多山峰，又有概浦，因称诸暨。明隆庆《诸暨县志》则曰："诸者，众义；暨者，及也。或曰禹会计而诸侯毕及也。"

1　来源：《诸暨市历史文化保护及历史文化村落保护利用专项规划》。

意即因禹及众诸侯到达停留于此，故称"诸暨"。此外还有因诸国、暨国得名，因诸物萃聚得名等说法。

二、历史古迹

1. 楼家桥遗址

诸暨是於越文化的发祥地之一，为中国古越民族聚居地之一。早在新石器时代，境内的次坞、东白湖、陈宅、璜山和浣东等地就有先民繁衍生息。距今6700年的楼家桥遗址位于次坞镇道林山村楼家桥自然村东庙后山一带，是新石器时期聚落遗址。遗址分布面积有2万多平方米，遗址文化层堆积厚度为2—4米。上部属商周时期堆积，良渚文化遗存内涵不甚丰富。下面的主体堆积的内涵属于新石器时期，具有河姆渡文化和马家浜文化双重性，但又表现出区别于两者的地域文化特色。楼家桥遗址出土器物种类丰富，有石器、陶器、玉器以及木构件、谷物类植物等1000余件。其中石器以有孔石斧、石刀、石锛、石锄等磨制石器为主。陶器包括黑、钵、釜、豆、甑、罐等，以夹砂陶为主，多为当时的炊具、餐具。多数器物外壁有多种刻划纹和堆塑等装饰，反映先民们能用艺术造型表达自己的审美情趣。其中在陶片上发现的龙形图案，是我国目前已知最早的龙形纹饰之一，龙首龙尾分见于两块陶片上，龙头似兽，圆眼，长角，突吻大嘴，躯干似爬行动物，长身，四足，曳尾，作腾跃状，气势不凡，形象栩栩如生，这对研究中国龙的演变具有重要的历史艺术价值。楼家桥遗址出土的物件，反映了诸暨古文明史的源远流长。楼家桥遗址已被公布为省级文物保护单位。

2. 诸暨县衙

宋时县衙在中城稍近东北。元升为州治，元至正十九年（公元1359年）毁于兵。明洪武三年（公元1370年）复为县治。民国初，县署在今城关体育路东南、半爿街西、红旗路北之地，即宋至清时之旧址。县署东侧为参事会、监狱、商会、茧业公会、诸暨民报社。县署西侧为参议会、警察局、教育局。农会在城西南大雄寺旁，暨阳日报社在学前湖南执笏街西侧，图书馆（分部）在县署北节孝祠内，汽轮公司在中水门南，城隍庙在县署西玉簪山脚，天主堂在四眼井头。1937年，县政府在文庙西侧，即今址。1942年，日军侵犯诸暨，旧署大部被飞机炸毁，县政府迁署吴子里（今属孝四乡），县署遂由日伪政权从旧署迁至文庙西侧、香店弄东侧之地，即今址（红旗路26号）。警察局仍设于文庙之东。田粮处设于县政府内。县党部、警察局、总工会设于文庙东侧，即县署旧址。参议会、县农会、训练所、救济院、电讯局均在西直路西侧。地方法院在警察局北。新兵征集所在万寿街西北。城区镇公所在北门。县商会在城北路。县联合组、直接税局在执笏街。卫生院在上大街楼家弄南侧。农民银行在登仕桥西。邮政局在青年路西侧、南司道地北。城区镇中心小学设文庙内。1987 年底,诸暨县主要机关设在红旗路 26 号,部分分布于城关各处。

3. 古城墙遗迹

诸暨自秦设县,历代未废,其旧城筑于何年何地,已难考证。据清光绪《诸暨县志》载:"唐开元中罗元开建东、北门。唐天宝中郭密之建西、南门。"明嘉泰《会稽志》引《旧经》:"城周二里四十八步,高一丈六尺,厚一丈。"唐天祐初,吴越武肃王钱镠(852—932 年)遣王永重修。元至正十九年(公元 1359 年)明兵取诸暨州,将军胡大海筑州城,围九里三十步,为五门:东迎恩,南迎薰,北朝京,西西施,水门不名。明成化以后,旧城渐圮,多据为宫室,惟门存。明嘉靖三十四年(公元 1555 年)冬,林富春重建,城周九里,长一千三十丈有奇,高一丈八尺。楼门四:东禹封玉帛,南勾乘云物,西蠡湖烟月,北概浦桑麻,水门三。清顺治十五年(公元 1658 年),增高城墙雉堞,并增设炮台。清乾隆三十二年(公元 1767 年),继修城墙,扩建门楼。乾隆三十四年(公元 1769 年),知县沈椿龄捐年俸八百余两,雇工复城。道光二十一年(公元 1841 年),以民捐民办再修。咸丰三年(公元 1853 年),再次修复。同治十年(公元 1884 年)又筹银修城。1937 年 8 月,日军入侵上海,国民党恐原城"反资敌用",拆毁城墙,仅留东南一隅,为障水之用。1981 年5 月,古城墙被列为县级文物保护单位,时城残长 440 米,残高 3.5 米,宽 3.8米[1]。现存遗迹为 1989 年旧城改造时所留。

4. 古越城选址

据史籍记载,诸暨春秋时属越国,越王允常曾先后在诸暨境内的埤中(今次坞店口、阮市一带)、大部(今枫桥一带)、句乘(今牌头一带)三地建都,子勾践迁都会稽(今绍兴)。清光绪《诸暨县志》对"埤中"古越国都城遗址并无提及,对"句乘"只是说"句践栖迹在二十六都句嵊山麓,相传为句践栖妻子处,今无所考";但对"大部"则有这样的记述,清代经学家、文学家洪亮吉所撰的地理考据学著作《东晋疆域志·诸暨县》注:"法苑珠林于会稽塔寺下,称诸暨东北一百七里,大部乡有古越城。案今大部乡在县东,非东北。自县城至大部,无一百七里,遗址亦无可考。"另外,唐代法师道世所编的佛教百科全书《法苑珠林》中也有记述:"诸暨县,越旧都之地也……诸暨东北一百七里大

---

1 注:引自《诸暨市历史文化保护及历史文化村落保护利用专项规划》。

部乡有古越城，周回三里。《地记》云，越之中叶，在此为都。骊宫别馆，遗基尚在。悉生豫樟，多在门阶之侧，行位相当，森疏可爱。风雨晦朔，犹闻钟磬之声。百姓至今多怀肃敬，其迹繁矣。"大部乡在今枫桥镇靠城区方向一带。现在的枫桥镇依然保留有"大部弄"地名，只是原来的"大部弄"已更名为"青年街"。《坊宅志》记载："大部弄在五十一都五显桥东，去桥二十余丈为枫桥南市。大部乡界止于此弄。"如今，枫桥镇五显桥旧址仍存。《地记》为魏晋南北朝时期任昉所编修。"骊宫别馆，遗基尚在"之句说明，任昉编修《地记》时，还可见到古越城遗迹。而"大部乡有古越城，周回三里"之句则说明，在道世在世的唐代，古越城遗址尚存。古越城遗址虽已无可考，但根据古人逐水而居的习惯，考虑到昔日枫桥的繁盛一直胜于县城，而大部弄又紧靠枫桥闹市，再参照《坊宅志》中"自五显桥东至大部弄，隶大部乡"的记述，可以推想古越城遗址应在今枫桥镇五显桥东原大部乡所属一片区域内。由此可见，在诸暨的大部乡建有古越城，应是毋容置疑的。

第三节　人文资源：文运兴昌，郁郁葱葱

一、文化遗产

1. 物质文化遗产

诸暨历史悠久、钟灵毓秀，人文渊薮、文物之邦，历史人文丰富，为浙江省历史文化名城。境内保存着丰富多样的物质文化遗产，且等级较高。根据 2011 年第三次全国文物普查公布的数据，全市现有登录不可移动文物 1015 处，以古建筑为主，包括祠堂庙宇、宅第民居、学堂书院、古迹古塔等，共有 702 处，占总数的 69%。截至目前，全市拥有全国重点文物保护单位 2 处，分别为斯宅古民居建筑群和东化成寺塔；拥有省级文物保护单位 14 处，包括俞秀松故居、藏绿乡土建筑、马剑古建筑群等；以及县（市）级文物保护单位 76 处和文物保护点 87 处。国家级、省级文物保护单位中，有古建筑 11 处，占总数的 69%；近现代重要史迹及代表性建筑物 3 处，占比 19%；古遗址 1 处，占比 6%；其他 1 处，占比 6%［附录 2 诸暨市文物保护单位（点）一览表］。

2. 农业文化遗产

诸暨是"中国香榧之乡"，赵家镇是世界珍稀干果——香榧的主产地，境内有香榧林总面积达 3 万多亩，香榧年产量占全国的 45% 左右。位于其境内的香榧国家森林公园是会稽山古香榧群的核心区，占地 50 平方公里，香榧古树数量

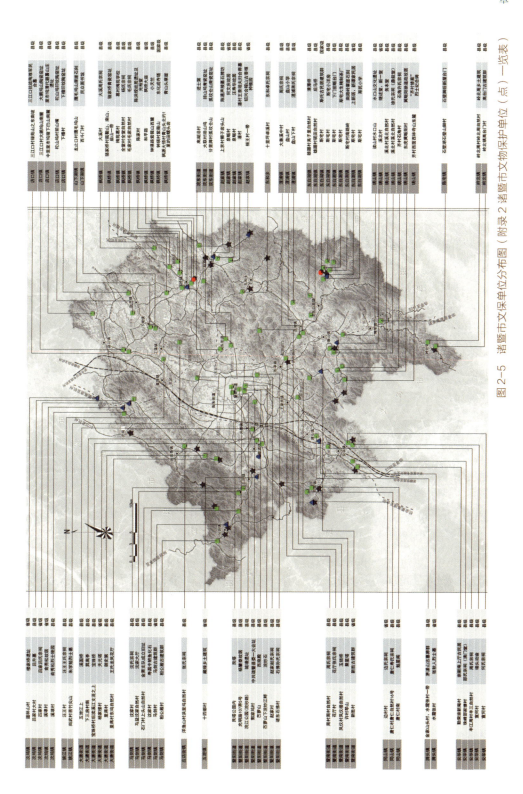

图2-5 诸暨市文保单位分布图（附录2 诸暨市文物保护单位（点）一览表）

庞大，现拥有香榧古树群 126 个，其中百年以上 3.7 万棵，五百年以上 2.5 万棵，千年以上 2700 多棵，尤其是位于西坑马观音的古香榧王，距今已有 1300 多年，号称千年活文物，构成了世界上独有的香榧生态区，形成"古榧奇姿、林茂树古、重岩飞瀑、人文点缀"的奇特景象。公园内其他古树名木众多，有被称"外宜三老"的千年茶花王、千年枫香及千年银杏，还有远近闻名的樱桃王等。同时，园内人文景观丰富，有深厚的文化积淀，丁家坞三宝刹、原始香榧博物馆、黄四娘潭与济公的美丽传说等，可使人联想翩翩。而西施巧计破尝榧子，秦始皇御口封"香"，乾隆金口封"御榧"，书圣欣然书"香榧"等足知香榧的悠久历史。

香榧是第三纪孑遗植物，出现在距今大约一亿七千万年的中侏罗纪。香榧见于文字记载，始于汉代的《尔雅》，曰："皮似杉而异于杉，彼有美食面木有文彩，其木似杉，其果似桐，绝难长，木有牡牝，牡者华而牝者实，开黄花，结实大小如枣，其核长于橄榄，核有尖者不失者，无棱而壳薄，其仁黄白色可生啖，并可焙收，以小而心实为佳，一树不下数百斛。"到唐宋时期记载渐多，内容也日趋详细，唐朝宰相李德裕说："木质奇者有稽山之海棠榧松。"说明早在唐代，会稽山区的香榧已闻名于世。北宋大诗人苏东坡在送别友人时，席赋香榧诗云："彼美玉山果，粲为金盘实，瘴雾脱蛮溪，清樽奉佳客，……愿君如此木，凛凛傲霜雪。"至明代，李时珍在《本草纲目》中对香榧的生物学特性和营养药用价值的叙述更为详细。据考证，诸暨香榧人工栽培已有 1500 多年的历史，据《重修浙江通志》载：枫桥香榧产地在枫桥东二十余里山湾里湾的地方，因村小而名不著，故山农以枫桥称之。

香榧属常绿乔木，雌雄异株，每年 3-5 月抽梢发叶，4 月中下旬雌雄花发育成熟，开始授粉，8-9 月授精。第二年 5-8 月果实逐步膨大，内部充实，9 月上中旬成熟，即可采摘。故一代果实从开花到果实成熟，历时二年。清乾隆《诸暨县志》曰："每三年始可采，叠三节，每年采一节，俗称三代果。"香榧树木质致密，实生古树挺拔，雄伟高大，直冲云霄，香榧树像把巨大的罗伞，遮蔽烈日，阻挡风雨。而嫁接榧树则披发下垂，婀娜婆娑，极具观赏价值。香榧树庞大的侧根群，有较强的水土保持能力，在悬崖峭壁及岩缝中都能坚强生长，显示了良好的生态效益。

会稽山先民在陡坡上构筑鱼鳞坑（坝）、梯田种植香榧，运用间作（套作）茶叶、杂粮、蔬菜、牧草等开展榧林复合经营，"香榧—梯田—林下作物"的复合经营体系，形成了生态良好、经济价值较高的独特山地利用系统。2001 年，会稽山古香榧群被确定为我国首个香榧自然保护区和"枫桥香榧"原产地保护区。2004 年，被浙江省林业厅确定为浙江省省级森林公园。2009 年 12 月，被认定为国家级森林公园会稽山古香榧群园。2013 年，会稽山古香榧群被联合国粮农组织认定为第一批全球重要农业文化遗产，是世界上第一个以山地经济林果为主要特征的农业文化遗产利用系统。

图 2-6　会稽山古香榧群

3. 世界灌溉工程遗产

桔槔是古老的提水机械之一，在公元前 4 世纪的《庄子》中就详细记载了使用桔槔提取井水灌溉的方式："凿木为机，后重前轻，挈水若抽，数如洪汤，其名为槔"，称"有械于此，一日浸百畦，用力甚寡而见功多"。据记载，诸暨市赵家镇的桔槔井灌工程历史可追溯至南宋时期，泉畈村、赵家村一带以"桔槔—水井—渠道"构成的古井桔槔灌溉工程是我国最早利用地下水资源的工程形式。据赵家村赵氏宗祠内保存的刻于 1809 年的"兰台古社碑"记载，当时赵家一带"阡陌纵横，履畈皆黎，有井，岁大旱，里独丰谷，则水利之奇也"。《诸暨兰台赵氏宗谱》中记载"天旱水枯，家家汲井以溉稻田。旱久则井亦枯，必俟堰水周流，井方有水。以地皆沙土，上下相通，理势固然"。而在另一篇《谱外杂记》中记载，清康熙年间（公元 1662-1722 年），在黄檀溪上建永康堰拦水，以增加地下水入渗补给和井的灌溉提水可供水量。可见，当时的古人对地表—地下水循环机理已有科学认知，并利用这一原理增加地下水入渗补给。永康堰于 20 世纪中期被冲毁后，赵家镇又于下游新建拦河堰一座，专为拦水增渗、增加附近井水中的供水量。20 世纪 30 年代以前，赵家镇的桔槔井多达 8000 多口，民间俗称"丘田一口井"，即每块农田有对应的一口拗井来提水灌溉。在近年的城镇化进程中，赵家镇的农田面积快速萎缩，许多古井被填埋废弃，数量剧减。目前在遗产核心区泉畈村，古井保存最为集中，仍保留古井 118 口，灌溉面积 400 多亩，传统的桔槔提水灌溉仍在延续。桔槔井灌工程及设施由农民自行修建、维护和使用，每口拗井一般归一户所有，也有少数拗井为两户或以上共同所有和使用，每口井的灌溉面积为 1-3 亩。位置临近的两口拗井称作"串过井"，由于两井壁间隔很近，渗流漏斗也大体重合，从其中一口井提水灌溉，会对另一口井的水位和水量有直接影响，因此串过井分属的两户往往协商轮流灌溉，一般是分别提水半日半夜，避免抢水，保证每户灌溉时井水的充足，提高提水作业效率。若一口井由多户共有，则几家协商轮流提水灌溉，每户若干小时，保证每户的农田都能有水灌溉，称作"轮时井"。

桔槔井灌工程体系由两部分组成：（1）拦河堰，增加区域地下水补给量；（2）田间桔槔井灌系统，由若干个灌溉单元组成，每个灌溉单元均包括古井、桔槔与灌排渠系等。每口井自成一个独立的灌溉单元，由水井、桔槔、田间渠道构成小而全的灌溉工程系统。这种田在泉畈《何氏家谱》中被称作"汲水田"。水井一般深 3-5 米，井口直径 1-2 米，上窄下宽，底径一般 1.5-2.5 米。井壁由卵石干砌而成，部分井底部用松木支撑（俗称绵牛）。这种用桔槔提水灌溉的井称作"拗井"。"拗"既是水井与桔槔的合称，也暗含井灌过程。桔槔由木桩、拗杆和配重石头构成。提水时借助拗秤的杠杆原理，一桶水提起来省力一半。井口的出水方向放置草辫，保护拗桶不被磕坏。数个拗井之间分布避雨、休息和存放农具的"雨厂"。井边或搭竹架瓜棚，或站柏树，以抵挡夏日骄阳。桔槔井灌持续经营数百年，为移民安居、人口增长、经济文化发展发挥了重要作用，而且水利效益至今仍在延续。汲水田旱涝保收，成为当地农民家庭的生活支柱。"何赵泉畈人，硬头别项颈，丘田一口井，日日三百桶，夜夜归原洞"，郎朗上口的民谣是对泉畈农耕文化的真实写照。

桔槔井灌是最古老的灌溉方式之一，诸暨赵家桔槔古井灌溉工程遗产完整保留了传统的工程设施形式和使用方法，是古老的提水器械和早期灌溉文明形式的历史见证，见证了区域社会经济和文化发展历程，见证了农业社会中灌溉对区域经济文化发展的支撑作用。因地制宜的灌溉形式、科学合理的规划设计、简易有效的管理制度，以及古人对地下水循环机理的科学认知与利用，体现了传统水利科学技术，具有重要的研究价值。桔槔井灌工程历史悠久，至今仍发挥灌溉效益，堪称灌溉工程的"活化石"。2015 年 10 月 12 日，诸暨赵家桔槔古井灌溉工程被国际灌排委员会评定为

图 2-7　桔槔井灌工程

世界灌溉工程遗产。中国是世界历史最悠久的灌溉古国，拥有类型丰富、数量众多的仍在发挥灌溉功能的水利工程。此次申遗成功是灌溉工程遗产保护的新起点，桔槔井灌将成为灌溉工程遗产保护和传承的样板。

4. 非物质文化遗产

诸暨市非物质文化遗产项目门类齐全、特色显著、价值较高、传承较好。截至目前，全市共有各级各类非物质文化遗产代表性项目118项，其中，国家级非物质文化遗产代表性项目3个、浙江省级非物质文化遗产代表性项目12个、绍兴市级非物质文化遗产代表性项目38个和诸暨市级非物质文化遗产代表性项目65个，涵盖传统技艺、传统戏剧、民间文学、民俗等10个门类。其中，以传统技艺为主，包括同山烧传统酿造技艺、香榧采制技艺等传统技艺48个。另有传统美术16个，民俗15个，传统舞蹈12个，传统体育、游艺与杂技11个，传统音乐4个，传统戏剧4个，传统医药3个，民间文学3个，曲艺2个。

另外，诸暨市还有浙江省级非物质文化遗产传承基地2个，分别为传承教学基地（诸暨市浣纱小学—西施传说）、生产性保护基地（诸暨市同山高粱酒厂—同山烧传统酿造技艺）；有浙江省级传统节日保护基地2个，分别为应店街镇十二都村的诸暨南孟风教（四月初二）、东白湖镇廖宅村七夕节，有浙江省级传统戏剧村1个，东和乡十里坪村；浙江省级非遗十大旅游经典景区1个，西施故里旅游区；浙江省级春节文化特色地区1个，诸暨马剑镇元宵踩街；浙江省级非遗文化节庆1项，中国·诸暨西施文化节；绍兴市级非物质文化遗产传承基地8个，诸暨市级非物质文化遗产传承基地5批58个、4批非物质文化遗产教育性传承基地20个。拥有国家级非物质文化遗产代表性项目传承人2人、浙江省级非物质文化遗产代表性项目传承人9人、绍兴市级非物质文化遗产代表性项目传承人33人、诸暨市级非物质文化遗产代表性项目传承人90人。

5. 特色文化

诸暨市还拥有丰富多样的特色文化资源，拥有一批具有诸暨味道和地域特色的"慈文化""德文化""善文化""孝文化""信文化"等民俗文化，以及名人（美人、名将、名师等）、名品（珍珠、香榧、服装等）、名居（千柱屋、马鞍山古民居等）、名酒（同山烧）等独具诸暨乡村"风情越乡"特色的文化品牌。

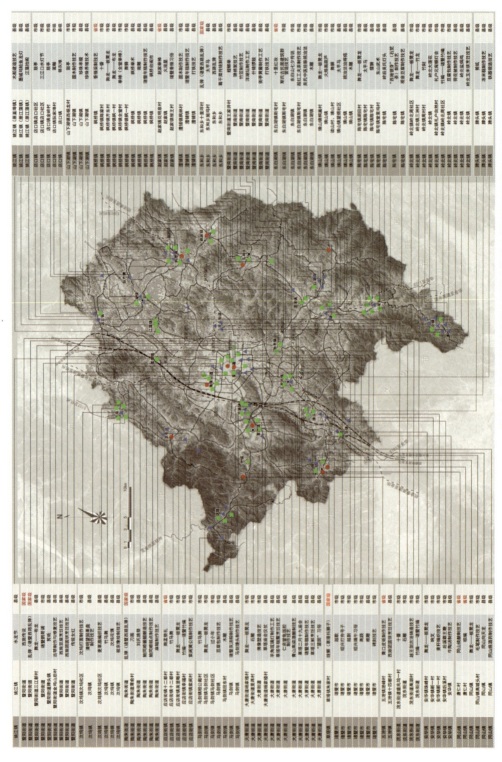

图2-8 诸暨市非遗项目分布图（附录3 诸暨市非物质文化遗产代表性项目名录一览表）

二、往贤俊德

诸暨文化昌盛，人杰地灵，文化名人辈出。历代崇尚"耕读传家"的优良民风，素有"十户之村，不废诵读"的优良传统。读书明理，经世致用成为诸暨人的一种处世准则。据史料记载，诸暨在唐初已设学宫，元时改州学。明代开始创办书院，至清末，全县已有书院、学塾约790处。最著名的书院是明嘉靖十四年（公元1535年）的紫山书院和清乾隆二十六年（公元1761年）的毓秀书院。著名的义塾有建于元大德六年（公元1302年）的白门义塾和建于大德末年（公元1307年）的店口义塾等。唐以降，诸暨历代出进士、举人人数较多。据清代《国朝三修诸暨县志》记载，唐、宋、元、明、清五代共出进士（文科）166人，其中唐代2人、宋代80人、元代5人、明代30人、清代49人；进士（武科）28人，其中明代3人、清代25人；举人（文科）384人，其中元代6人、明代71人、清代307人；举人（武科）241人，其中明代9人、清代232人。

诸暨县域内书香门第、名门望族众多，实为教育之昌盛，文化底蕴之深厚。历史上有为国献身的绝代佳人西施，有著名书画家、文学家王冕、陈洪绶、杨维桢等，有名臣、名将姚宽、戴良、蒋贵、傅晓渊等；当代有金岳霖、赵忠尧、金善宝、何燮侯、毛汉礼、吴中伦、斯行健、何增禄、袁道先、陈敏恒、孟执中、周立伟、何毓琦、冯德全、徐承恩、孙优贤等著名科教名家。

1. 古越名人西施

西施，本名施夷光，春秋时期越国美女，一般称为西施，后人尊称其"西子"。生卒年不详，出生于诸暨城南苎萝山下苎萝村。苎萝有东西二村，由于其居西村，故名西施。自幼随母浣纱江边，故又称"浣纱女"。公元前494年，越国称臣于吴国，越王勾践卧薪尝胆欲成霸业，采纳文种"伐吴九术"之四"遗美女以惑其心，而乱其谋"。西施忍辱负重，以身许国，为勾践的东山再起发挥了重要作用，表现了一个爱国女子的高尚思想情操，一直为后世传颂。越王于土城山建美女宫，教西施、郑旦二人以歌舞礼仪。三年学成，使范蠡献于吴王。吴王夫差大悦，筑姑苏台，建馆娃宫，置二女于椒花之房，沉溺酒色，荒于国政，而宠嬖西施尤甚。勾践灭吴后，西施随范蠡泛五湖而去，不知所终。一说沉江而死，一说复归浣江，终老山林。西施天生丽质、倾国倾城，享有"沉鱼落雁之容，闭月羞花之貌"之美誉。西施与王昭君、貂蝉、杨玉环并称为"中国古代四大美女"，西施居首。

2. 诸暨三贤

自元代至清初，三百年间在诸暨接连出了杨维桢、王冕、陈洪绶三位闻名遐迩的历史名贤。杨、王、陈三公在历史文化上的非凡建树和卓越的艺术水准，不仅仅奠定了他们在艺术领域上的地位，更引得后世对他们的崇高景仰，被誉为"诸暨三贤"。

图 2-9　杨维桢、王冕、陈洪绶像

杨维桢（1296-1370），字廉夫，号铁崖，又号铁心道人、铁冠道人、铁龙道人、梅花道人等，晚年自号老铁、抱遗老人、东维子，诸暨枫桥镇全堂村人，元末明初诗人、文学家、书画家。杨维桢自幼聪颖，其父杨宏对他寄予厚望。元泰定四年（公元 1327 年）中进士，放天台县尹，因惩治作恶县吏，遭奸吏报复免官。后任职钱清盐场，因请求减轻盐税被斥为忤上，以至十年不调。后官至建德路总管府推官，继升江西儒学提举。元末兵乱，避居富春山，后迁居钱塘（今杭州）。张士诚居浙西时屡召不赴，后徙松江，从此遨游山水，以声色自娱，东南才俊之士登门求教不绝。明洪武二年（公元 1369 年），奉召赴京纂修礼乐书，留百一十日，所纂叙例略定，即乞归。杨维桢为元代诗坛领袖，其古乐府诗最富特色，既婉丽动人，又雄迈自然，史称"铁崖体"，极为历代文人所推崇。有称其为"一代诗宗""标新领异"的，也有誉其"以横绝一世之才，乘其弊而力矫之"的，当代学者杨镰更称其为"元末江南诗坛泰斗"。他著述等身，行于世的著作有《春秋合题着说》《史义拾遗》《东维子文集》《铁崖古乐府》《丽则遗音》《复古诗集》等近二十种。书法以行草最工，笔势岩开，有"大将班师，三军奏凯，破斧缺牖，例载而归"之势，传世作品有楷书《周上卿墓志铭》，行书《张氏通波阡表》《真镜庵募缘疏卷》《鬻字窝铭》《城南唱和诗卷》《元夕与妇饮诗》、草书《梦游海棠城诗卷》《竹西草堂记卷》《致理斋尺牍》《晚节堂诗》《沈生乐府序》等,其余墨迹则多见于书札及书画题跋之中。《明史》有传。

王冕(1310-1359),字元章,号煮石山农,亦号食中翁、梅花屋主等,诸暨枫桥镇栎桥村人,元末明初著名画家、诗人、篆刻家。他出身贫寒,幼年替人放牛,靠自学成才。王冕性格孤傲,鄙视权贵,诗作多为同情人民苦难、谴责豪门权贵、轻视功名利禄、描写田园隐逸生活之作。著有《竹斋集》3卷,续集2卷。王冕一生爱好梅花,种梅、咏梅,又攻画梅,被誉为梅竹宗师。善用胭脂作没骨花卉,别具风格,所画梅花花密枝繁,生意盎然,劲健有力,对后世影响较大。"吾家洗砚池头树,朵朵花开淡墨痕。不要人夸颜色好,只留清气满乾坤。"他的这首题墨梅诗至今广为流传。传世画作有《南枝春早图》《墨梅图卷》《三君子图》等。能治印,创用花乳石刻印章,篆法绝妙。《明史》有传。

陈洪绶(1598-1652),字章侯,号老莲,别号小净名,晚号老迟、悔迟,诸暨枫桥镇陈家村人,明代著名书画家、诗人、儒客大家。天资聪颖,年少师事刘宗周,补生员,后乡试不中,明崇祯年间召入内廷供奉。明亡入云门寺为僧,后还俗,以卖画为生,死因说法不一。陈洪绶书画、诗文俱佳,尤以画名世,其画手法简练,色彩沉着含蓄,格调高古,享誉明末画坛,与当时顺天崔子忠齐名,号称"南陈北崔"。还长于为文学作品创作插图,能表现出原作人物的精神气质。所画人物躯干伟岸,衣纹线条细劲清圆,晚年则形象夸张,或变态怪异,性格突出。其人物画成就,人谓"力量气局,超拔磊落,在仇(英)、唐(寅)之上,盖明三百年无此笔墨"。当代国际学者推尊他为"代表十七世纪出现许多有彻底的个人独特风格艺术家之中的第一人"。

3. 良臣名将

姚宽(1105-1162),字令威,号西溪,原籍越州县(今浙江省嵊州市),北宋宣和三年(公元1121年)随父迁居诸暨。年少即以父荫入仕,官至尚书户部员外郎、枢密院编修。南宋绍兴三年(公元1133年),金兵南侵,姚宽力主抗金。次年,姚任郎中,随帝至金陵,因急病卒。为抗金,姚宽曾集古今用弩事实及造弩技术,编写《弩守书》献给朝廷。另著有《西溪集》《史记注》《战国策补注》《西溪丛语》等。

蒋贵(1380-1449),字大富,祖籍诸暨次坞镇新民村,定居江都(今江苏扬州)。燕山卫卒身份跟随明成祖朱棣起兵,因功升昌国卫指挥同知。明宣德年间,数度平乱,屡建功勋而得升迁。明正统三年(公元1438年),身为右都督，剿西寇有功封定西伯，授世袭诰券。正统七年（公元 1442 年），征讨麓川有功，晋封定西侯。正统八年（公元 1443 年），麓川思任发儿子思机发又据地为乱，蒋贵破其寨。蒋贵自卒伍升至大将，身经五十余战，每遇大敌无不披坚执锐，深得人心。明正统十四年（公元 1449 年）正月卒，朝廷追赠泾国公，谥号"武勇"。

骆问礼（1527-1608），字子本，号缵亭，诸暨枫桥镇钟瑛村人。明嘉靖四十四年（公元 1565 年）进士，初任行人司行人，继任南京刑科给事中。明隆庆三年（公元 1569 年），陈皇后移处别宫，问礼偕同张治上言谏阻。帝初纳言官，令诸政务悉面奏于便殿，问礼逐条陈《十事奏疏》，帝不悦，贬楚雄知事。六年，神宗接位，重新起用。后乞终养归。明隆庆年间纂修《诸暨县志》20 卷，孙鑛称其详博，尤精赅有据。张岱称其为"朱紫阳之功臣，海忠介之高弟"。

刘光复（1566-1623），字敦甫，号贞一，晚号见初，明江南行省池州府青阳县（今安徽池州市青阳县）人。明万历二十六年（公元 1598 年）进士。万历二十六年至三十三年 3 次出任诸暨县令，颇有政声，对治理浦阳江有功。其时，诸暨山田易旱，湖田易涝，灾害频仍。刘光复在任期间曾亲循浣江踏勘沿江地势水势、埂情民情，提出治理浣江的"怀""捍""摒"三法，同时敦促山畈之民修池筑堰以防旱，又令各湖巩固堤防以御水。其后，诸暨水害锐减，连年丰收，仓廪充实。所撰水利专著《经野规略》有"治谱"和"成规"之誉，至今仍有参考价值。诸暨境内曾建有纪念刘光复的刘公祠 63 处。

傅晓渊与梅岭课子图。诸暨傅氏一族祖上名人辈出，清道光、咸丰年间，傅姓望族出了个书生傅岱（1822-1880），字应谷，号江峰，自小好学，才识渊博，本想求取功名，但屡试不中。于是断绝科举之念，转而授学讲课，引得浙东巨富豪族争相聘请。傅岱生二子，长子傅振海（1855-1926），字晓渊，清光绪六年（公元 1880 年）考取秀才。光绪十四年（公元 1888 年），在杭州诂经精舍求学，受业于晚清著名的文学家、经学大师俞樾[1]、谭献，是俞、谭十分赏识的高足。光绪十六年至二十年，傅晓渊受聘为宣平县（今属丽水市）县署，主讲紫江书院。光绪二十三年（公元 1897 年），参加了浙江省拔贡考试，荣获第一名。次年，上京城朝考，获二等第五名。清朝廷任命他为直隶州判

1　俞樾（1821-1906），字荫甫，号曲园居士，浙江德清人，清代学者。清道光三十年（公元 1850 年）进士，咸丰二年（公元 1852 年），官授翰林院编修，乙卯（1855 年）授河南学政，丁巳（1857 年）因御史曹登庸劾试题割裂罢职而归，徙居苏州。先后于苏州、上海、杭州讲学三十余载。学识渊博，湛深经学。生平廉直，律己尤严，布衣素食，专意著述。所作诗文，温和典雅，誉近白居易，著书繁富，工篆、隶、行、草，尤工大字，寻常书机，率以隶体书之。其著作、书法，海内外负有盛名。

（七品）分发到江苏。清末（公元 1901-1904 年），先后在常熟、吴县、无锡、荆溪、震泽任运河的漕运主管，负责运输皇粮等物资。后来调任海运京局仓底总监。在任内，傅晓渊制订了二十条规章制度，有效地堵塞了盗窃、贪污渠道，极大地改善虫蛀霉烂等无故损耗，先后获朝廷六次记功，其中大功二次。光绪三十一年（公元 1905 年），傅晓渊调任太仓州同。上任后兴利除弊，革陋习、禁淫赌、办学校、植寒俊、兴水利、疏河道。他还着手清理历任积案，整肃了朝廷纲纪，端正了吏情民风。傅晓渊放职做官时，父亲傅岱已经去世，未能见到儿子扬名立万，令晓渊十分遗憾。后来傅晓渊回家探亲，睹物思情，想起父亲教育自己和弟弟的种种情景，感慨万千。为纪念父亲傅岱在家乡梅岭（今暨南街道新胜村）"结庐授课"，便延请永嘉籍画家胡琴舟画一幅图。胡琴舟感念其父子情深，根据他的叙述，绘制了一幅傅岱结庐教子图，再现了当年其父授课情景。傅晓渊见图后，如获至宝，随即命名为"梅岭课子图"，并请其业师俞樾题书"梅岭课子图"、撰文介绍"傅岱课子"情况，使得《梅岭课子图》成了图画和书法、诗词和歌赋并存的书画长卷。此后傅晓渊无论公务私事，都携带此画在身，一有机会，便据图求名人题咏。此举得到众多文人雅士的响应，题词者身份显贵，均为硕儒名流，共有晚清 72 位文化名人。所题诗词，语句优美，文字凝练，形式纷呈，有诗、词、赋、义、画，书法真草隶篆齐备。推测士林世子积极参与缘由概与中国人一直重视教育和推崇（孝亲）有关。在儒家文化中，光宗耀祖、克尽孝道是一种天职。（孝亲）之举，在中国传统道德中有相当凝聚力，加之傅晓渊又以此儒雅方式纪念父亲，激励文人雅士极高兴质。当时，傅晓渊把《梅岭课子图》分为 3 卷，分别传给自己的三个儿子傅国芬、傅国英、傅国骏。现存 2 卷收藏在诸暨市档案馆中，一卷全轴长 17 米多，另一卷长 7 米，装裱高度均为 40 厘米左右。其中，胡琴舟所绘的画面，实际长度 1.6 米，高度 29.5 厘米，线条简洁，勾勒分明，画中人物栩栩传神，为传统的水墨画，画面上题诗二绝。"梅岭课子图"五字由俞樾、王同、徐颂阁三人分别用三种不同书体题写。俞樾用隶书，字体遒劲秀气，颇见功力。下注云"壬辰季春曲园俞樾题于右台山馆，时年七十有二"。王同题写的字体为篆书，字体略大，约高 15 厘米，古朴苍劲，蕴秦汉遗风。继为徐颂阁所题为正楷小字，中规中矩。《梅岭课子图》系诸暨市档案馆镇馆之宝、浙江省档案文献遗产，属国家二级文物。古代课子图虽曾盛行一时，但流传至今者寥寥无几，刻于梓而传于今者，尚有蒋光煦的《籝灯教读图》、林昌彝的《一灯课读图》等少数几种。

　　沧海桑田，世事变迁。数千年来，诸暨文化之根深植于这片古老而神奇的土地，诸暨历史人文因子始终流淌在每个诸暨人的血液中。随着历史的演进，诸暨不但创造了灿烂的地域文化，而且孕育出重情重义、敢为人先、坚韧不拔的"木栀"精神。这种"木栀"精神代代相传，成为诸暨现代经济社会繁荣发展的原动力。

CHAPTER

3

第三章

诸暨历史文化村落特征与特色资源

第一节　聚落空间：和谐共生，人居典范

一、发轫与演进

　　传统聚落的生成生长历程是一个多因素作用的、历史的、动态演进的系统，是在地区自然、经济技术、社会文化等诸多因素构成的动态网络综合作用下的结果，既适应当地自然环境与资源状况，又体现了地区经济与社会文化的真实性[1]。乡土聚落空间是一个动态的历时过程，不同历史时期的组织形态共时叠加于聚落的物质形态中[2]。诸暨区域位置优越，生态环境优美，自然景观丰富，独特的自然与人文环境孕育了众多历史积淀深厚、物质遗存丰富、建筑特色明显、文化个性鲜明的历史文化村落，具有极高的保护价值、科研价值和社会价值。

　　根据现有古籍史料记载，早在新石器时期，诸暨境内的次坞、东白湖、陈宅、璜山和浣东等地就有先民繁衍生息。越人"随陵陆而耕种，或逐禽鹿而给食"，在会稽山地形成了最早的聚落。春秋时期，越王勾践总结粮食生产起伏的规律为"天下六岁一穰，六岁一康，凡十二岁一饥"，采取"断长续短""水则资车，旱则资舟"（《越绝书》）的对策，使粮食生产稳定发展，促进了诸暨传统聚落的生发。自秦统一中国，诸暨立县起，经历汉、三国、晋、南北朝等时期，由于诸侯国藩镇割据导致改朝换代，持续时间长、影响范围大，大部分村落出现整体迁徙、撤并、消亡，小部分村落偏安一隅，幸免留存，出现单一姓氏家族分支搬迁散落在各地和多种姓氏共存于同一村落的现象。隋、唐、宋时期，是诸暨传统聚落的高峰期，连年局部战乱加之北人南迁，较多单一姓氏的宗族村落在诸暨建成。由于官吏调派致使离乡举家搬迁、异地开府建牙、定居繁衍生息。如暨南街道金杜岭村杜氏第二十九世祖杜棱在五代十国梁唐间南迁至浙，南宋乾道六年定居繁衍始建村落，至今已延绵二十八代。诸暨多山地丘陵，先民在自然环境中获取生产生活资料。随着农业生产力的发展和北人南迁，区域人口剧增，加快村落的生成与发展。明清时期，诸暨传统村落数量较之宋元时期未有大的涨幅，大部分是自宋元以前传延至明清时期。随着商品生产的发展和商品流通的增加，逐步由村落而市集、由市集而集镇。

1　魏秦.浙江聚落[M].北京：中国建筑工业出版社，2022:28.

2　魏秦.浙江聚落[M].北京：中国建筑工业出版社，2022:29.

二、数量与类型

截至目前，诸暨全市共有 25 个浙江省历史文化村落保护利用项目村，分别为大唐街道上下文村、大唐街道里蒋村、暨南街道周村村、马剑镇石门村、马剑镇马剑社区、马剑镇栗金村、应店街镇十二都村、应店街镇紫阆村、次坞镇次坞社区、牌头镇坑西新村、牌头镇金龙塔村、安华镇宣何村、安华镇珠峰村、同山镇边村村、同山镇唐仁村、五泄镇十四都村、赵家镇赵家社区、赵家镇花明泉村、赵家镇榧王村、赵家镇东溪村、岭北镇岭北周社区、璜山镇溪北村、东白湖镇斯宅村、东和乡冯蔡村、东和乡十里坪村，分布在全市 14 个乡（镇、街道）。另外，诸暨市还有 35 个历史文化村落保护利用备选村，分别为大唐街道桥头村、大唐街道上余村、大唐街道银杏村、大唐街道冠山村、暨南街道新胜村、暨南街道新华村、暨南街道金杜岭村、暨阳街道郭叶柏村、陶朱街道刘家山村、浣东街道盛兆坞三村、浣东街道白鱼潭古村、马剑镇相公殿村、马剑镇状元村、马剑镇上和村、马剑镇马益村、次坞镇白马新村、次坞镇溪埭村、牌头镇同文村、牌头镇三保里村、安华镇丰江周村、安华镇新一村、安华镇五指山村、赵家镇泉畈村、岭北镇岭顶村、璜山镇黄家店村、璜山镇大门村、店口镇侠父村、店口镇何家山头村、姚江镇梓尚阁村、浬浦镇盘山村、陈宅镇石壁湖村、东和乡子和村、东和乡友谊村、东和乡姚邵畈村、东和乡大林村，分布在全市 17 个乡（镇、街道）。

诸暨历史文化村落涵盖域内列入中国传统村落、省级历史文化名村、省级传统村落和省级 3A 级景区村庄等名录的村落，其中，国家级传统村落 7 个、省级传统村落 12 个、省级历史文化名村 5 个、省 3A 级景区村庄 14 个，以及省级历史文化村落保护利用重点村 7 个、一般村 18 个。

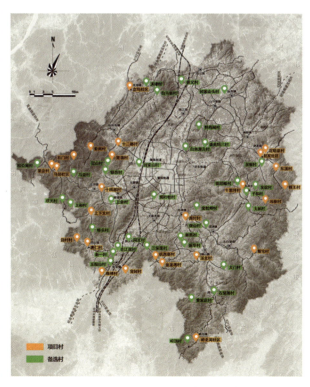

图 3-1　诸暨市历史文化村落分布

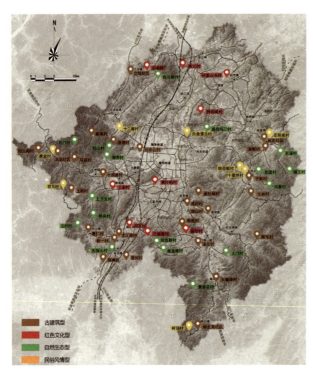

按照浙江省级历史文化村落保护利用类型来分，诸暨历史文化村落包括自然生态型村落17个、历史古建型村落26个、民俗风情型村落8个、红色文化型村落9个。自2013年起，全市启动省级历史文化村落的保护利用工作，现有斯宅村、赵家社区、次坞新村、十四都村、溪北村、马剑社区、周村村7个重点村和18个一般村均已完成项目建设。

图3-2 诸暨市历史文化村落类型

表3-1 诸暨市历史文化村落名录统计

名录	乡（镇、街道）村名（批次）	数量
中国传统村落	东白湖镇斯宅村（1）、次坞镇次坞社区（4）、五泄镇十四都村（4）、璜山镇溪北村（4）、大唐街道上下文村（6）、赵家镇花明泉村（6）、东和乡十里坪村（6）	7
省级传统村落	马剑镇石门村（1）、马剑镇栗金村（1）、马剑镇状元村（1）、马剑镇上和村（1）、马剑镇马益村（1）、牌头镇坑西新村（1）、同山镇边村村（1）、赵家镇赵家社区（1）、赵家镇花明泉村（1）、赵家镇榧王村（1）、赵家镇东溪村（1）、东和乡十里坪村（1）	12
省级历史文化名村	东白湖镇斯宅村（2）、暨南街道周村村（6）、暨南街道新胜村（6）、暨南街道金杜岭村（6）、应店街镇紫阆村（6）	5
省级历史文化村落	重点村：东白湖镇斯宅村（1）、赵家镇赵家社区（2）、次坞镇次坞社区（3）、五泄镇十四都村（4）、璜山镇溪北村（5）、马剑镇马剑社区（6）、暨南街道周村村（7） 一般村：赵家镇榧王村（1）、赵家镇东溪村（1）、东和乡十里坪村（1）、同山镇边村村（2）、赵家镇花明泉村（2）、岭北镇岭北周社区（2）、大唐街道上下文村（3）、马剑镇石门村（3）、牌头镇坑西新村（3）、大唐街道里蒋村（4）、同山镇唐仁村（4）、应店街镇十二都村（4）、应店街镇紫阆村（5）、马剑镇栗金村（5）、安华镇珠峰村（5）、安华镇宣何村（6）、东和乡冯蔡村（6）、牌头镇金龙塔村（8）	25

名录	乡（镇、街道）村名（批次）	数量
省3A级景区村庄	大唐街道上下文村（1）、赵家镇东溪村（1）、东白湖镇斯宅村（1）、马剑镇状元村（2）、五泄镇十四都村（2）、璜山镇溪北村（2）、赵家镇泉畈村（3）、店口镇侠父村（3）、东和乡十里坪村（3）、马剑镇石门村（4）、应店街镇紫阆村（4）、店口镇何家山头村（4）、马剑镇马剑社区（5）、璜山镇黄家店村（5）	14

注：十四都村、周村村、溪北村、马剑社区四个村由一般村升级为重点村，故表中总数量有重复计算，实际为25个历史文化村落。

表3-2　诸暨市历史文化村落类型

类别	乡（镇、街道）村名	村落类型			
		历史古建型	自然生态型	民俗风情型	红色文化型
省级历史文化村落保护利用项目村	大唐街道上下文村		◆		
	大唐街道里蒋村	◆			
	暨南街道周村村	◆			
	马剑镇石门村		◆		
	马剑镇马剑社区	◆			
	马剑镇栗金村			◆	
	应店街镇十二都村			◆	
	应店街镇紫阆村	◆			
	次坞镇次坞社区	◆			
	牌头镇坑西新村		◆		
	牌头镇金龙塔村		◆		
	安华镇宣何村	◆			
	安华镇珠峰村	◆			
	同山镇边村村		◆		
	同山镇唐仁村	◆			
	五泄镇十四都村	◆			
	赵家镇赵家社区	◆			
	赵家镇花明泉村			◆	
	赵家镇榧王村		◆		
	赵家镇东溪村		◆		
	岭北镇岭北周社区	◆			
	璜山镇溪北村	◆			
	东白湖镇斯宅村	◆			
	东和乡冯蔡村		◆		
	东和乡十里坪村			◆	

续表

类别	乡（镇、街道）村名	村落类型			
		历史古建型	自然生态型	民俗风情型	红色文化型
省级历史文化村落保护利用备选村	大唐街道桥头村		◆		
	大唐街道上余村				◆
	大唐街道银杏村		◆		
	大唐街道冠山村		◆		
	暨南街道新胜村	◆			
	暨南街道新华村				◆
	暨南街道金杜岭村	◆			
	暨阳街道郭叶柏村				◆
	陶朱街道刘家山村	◆			
	浣东街道盛兆坞三村		◆		
	浣东街道白鱼潭古村			◆	
	马剑镇相公殿村	◆			
	马剑镇状元村			◆	
	马剑镇上和村	◆			
	马剑镇马益村	◆			
	次坞镇白马新村		◆		
	次坞镇溪埭村				◆
	牌头镇同文村				◆
	牌头镇三保里村				◆
	安华镇丰江周村	◆			
	安华镇新一村	◆			
	安华镇五指山村		◆		
	赵家镇泉畈村	◆			
	岭北镇岭顶村			◆	
	璜山镇黄家店村				◆
	璜山镇大门村		◆		
	店口镇侠父村				◆
	店口镇何家山头村		◆		
	姚江镇梓尚阁村				◆
	浬浦镇盘山村	◆			
	陈宅镇石壁湖村	◆			
	东和乡子和村	◆			
	东和乡友谊村		◆		
	东和乡姚邵畈村			◆	
	东和乡大林村	◆			
总计		26	17	8	9

三、分布与特征

诸暨历史文化村落的总体特征为"以山为尊、以水为聚""农耕务本、商贸亨通"。千百年来，优越的自然禀赋和深厚的历史底蕴，孕育滋养了一批历史文化村落，从依山而建、逐水而居到山环水抱、雅居美庐，得益于这方秀丽的诸山暨水和悠久的古越之境。纵览诸暨历史文化村落，总体呈现分布集中、历史悠久、类型丰富等特点。

1. 分布集中

从地理位置来看，诸暨历史文化村落主要分布在山区生态乡镇，西南部与东部区域集聚现象明显。其中马剑镇共有 7 个历史文化村落，数量位列诸暨所有乡镇之最。大唐街道、东和乡有 6 个历史文化村落，赵家镇、安华镇、牌头镇、暨南街道、次坞镇、璜山镇等 6 个乡（镇、街道）分别有 3 个及以上的历史文化村落。从村落布局来看，总体分为沿山、沿水、平原型三类。其中历史古建型村落分布以丘陵地区为主，结构完整，肌理清晰；自然生态型村落主要分布于东部山区、西南丘陵地区，村落与其周边的山体、河流、田园等自然环境要素相互依存，形成了适应区域生态环境的山地村落类型；民俗风情型村落位于诸暨市域东西两侧，靠近交通主干道，通达性强，村落发展基础良好。

2. 历史悠久

基于实地调研与民情村志等资料梳理，诸暨历史文化村落的建村年代较为久远，时间跨度长，涵盖唐、宋、元、明、清等各个朝代，其中唐代及以前 6 个、五代十国时期 2 个、宋元时期 24 个、明代 20 个、清代 8 个。

3. 类型丰富

诸暨历史文化村落类型多样，历史古建型村落历史悠久，古建筑资源丰富、等级较高、规模较大，古建筑种类涵盖古民居、古祠堂、古戏台等；民俗风情型村落文化积淀深厚，涵盖戏曲、武术、风俗等类型；自然生态型村落内古树名木资源丰富，有香榧、银杏、黄连木、樟树、朴树等品种；红色文化型村落红色文化类型多样，有革命事件、红色人物、红色革命遗迹、展馆等。

第二节　自然景观：灵山秀水，茂林丰田

影响村落演进的诸多因素中，生存方式、经济技术与价值观都会随着时代的发展而有所改变，唯有山岭水系、古树名木等自然景观环境因素具有相对的稳定性，是村落生成与发展的基础动因，并间接作用于其他动因。

一、乡土景观

乡土景观是历史文化村落演变发展过程中与自然环境相互作用的产物，蕴含着先人在适应自然环境过程中的生存智慧和价值追求，在历史文化村落保护利用规划营建中极具借鉴价值。乡土景观又是村落区别于城市的重要特征，其景观资源体现出村落营建的文化观念和审美特质。通常，乡土景观既具有山体、水系、林木、田地等自然景观特质，又呈现亭、榭、廊、桥、墙等人文景观信息，与村落有机融合形成一个和谐共生的村落景观格局。一言以蔽之，乡土景观是建村先民为满足生产生活需求，在顺应自然、适应自然、保护自然的过程中，发挥主观能动性的营造营建的实践结果，其结果是在长期实践探索中受地形地貌、生活方式、社会形态等影响而呈现鲜明的地域性、多样性与乡土性。由于诸暨县域内山多地少，先民们为获取生产生活资料，村落选址几经变迁，经过数代人的迭代经营，乡土景观主要形成三种空间范式，即：溯水而生、依山而生、山水共生。

溯水而生的乡土景观，是先民根据河道的"形"与"势"，将村落沿水而建呈线性空间，伴随先民"吃在水中、用在岸边、活在山脚"，乡土景观与水密切相关。如璜山镇溪北村乡土景观整体呈条带状，南北长东西窄，呈现"溯水而生、两山相夹"的特点，东临龙泉溪，前有萃溪从东山下过境，后有龙泉溪流经溪口接纳梅溪之水，村落内道路呈网格状布局，入口主干道垂直于河道，其余街道呈树枝式分布，建筑散落分布，有大量保存较为完整的明清古建筑新一堂、继述堂、徐氏宗祠（彝叙堂）等。东白湖镇斯宅村乡土景观则沿溪带状分布，呈现"溯水而生、三面环山"的特点，村落地势东高西低，西北部地势较为平坦，民居沿蜿蜒的溪水布置，大多为坐北朝南，整体呈带状分布。

依山而上的乡土景观，是先民根据山体的"奔趋"与"气韵"，将村落建在丘陵、山坡、山凹等和缓地带，整体形态顺延山势走向，伴随先民"吃在山中、用在山地、活在缓坡"，乡土景观与山紧密相连。如赵家镇榧王村乡土景观整体呈线性，自西南向东北"依山而生、爬坡而建"，位于会稽山麓的群山环抱之中，整个村落掩映于古香榧林之中，主要有香榧、樱桃、茶叶等特色农产品，拥有千年香榧王、仙坪山古榧林等景观，拥有世界上唯一的香榧古树研究、保护、开发、培育、生产为主题的专业性森林公园。马剑镇石门村乡土景观整体呈团状，自山凹向缓坡地带发展，呈现"依山而生、据平而缓"的特点，被龙门山脉环抱，山路蜿蜒、涧水畅流的石门村建筑分散在山凹和山脚处，与山相嵌伴山而建，大多北山面田，村内道路呈树枝状顺延山势走向，保有石门庙、方氏宗祠、石蟹、石棺等古建（构）筑物，浙东人民解放军金萧支队成立于此。

　　山水共生的乡土景观，是先民根据山水资源获取生产生活资料的"丰歉"与"多寡"，村落几经变迁易址，在山水之间呈不规则状，伴随先民"吃在山水、用在山水、伴山伴水"，乡土景观与山水相连。如安华镇珠峰村乡土景观整体呈不规则带状，自东北向西南呈现"山水共生、随高就低"的特点，背靠珠峰山顶，东临大陈江，保有邵家塘邵氏宗祠、鼎茂堂、珠峰孝义堂等古建筑，石柱特色明显。五泄镇十四都村乡土景观呈不规则带状，自西南向东北呈现"山水共生、伴山伴水"的特点，东面牛马山，西临浪马山，中间水田、池塘呈块状分布，保有藏绿乡土建筑群，具有较高的历史价值。

二、山岭水系

　　山为形，水为韵，以山构景，用水筑脉。山岭是历史文化村落的生态环境基底和空间形态背景。水系是历史文化村落的生活之源和空间轴线，也往往是村落主要景观营建对象。村内水系通常有水池、水塘、水渠、水圳、水井等类型，可归纳为点、线、面三种主要形态。诸暨历史文化村落有临水而居，或引水入村，或水系穿村而过，形成村落微生态。

1. 杭坞山省级森林公园

　　杭坞山又名抗坞山、坑坞山，是龙门山脉之延伸，位于次坞、店口两镇交界处，主峰海拔583.8米，山势雄峻，为诸暨北部之屏障。杭坞山群山连绵、风景优美，人文历史丰富。据《越绝书》记载："杭坞者，勾践航也。"由于当时的船皆为木制，"杭"即为"航"，"坞"则为泊船之坞，说明杭坞山曾经是春秋时期古越国的

图3-3　杭坞山全貌

生息之地。唐朝末年，黄巢起义前曾隐居杭坞山，留下"流剑坞"地名以及宝剑石的痕迹。杭坞山主峰上有一座上三德寺，素有"小灵隐"之美誉，香火常年旺盛。上三德寺山门外两棵巨型银杏树，胸围各达七、八公尺。一棵树龄超百年，另一棵树是千年白果王，为全诸暨之最。五马岭脚和钟家塘边共有百年以上香樟树四棵和沙朴椰树一棵。杭坞山不仅风景秀美，还是物产宝库。这里盛产漆柿、桃李、梨、枇杷等，高山云雾绿茶素有盛名。杭坞山周边历史文化村落分布较多，如侠父村、白马新村等均坐落于杭坞山境内。

2. 浣江－五泄风景名胜区

浣江－五泄风景名胜区，位于诸暨市西北郊 20 公里处，面积约为 73.85 平方公里，核心景区面积为 22.16 平方公里，是国家级风景名胜区、国家 4A 级旅游区、国家森林公园。《名胜志》载："在诸暨西南界。"《水经注》载："两高山夹溪，造云壁立，凡有五泄。"其地以瀑奇、峰秀、石怪、林异、寺古、境幽著称，久享盛名。五泄以五级飞瀑为精髓，景区内群峰巍峨，壁峭岩奇，飞瀑喷雪，溪涧峥琮，林海茫茫，仓紫万状，是诸暨山水文化的集大成之地。曹洞宗创始人良价披剃的五泄禅寺，更为五泄增添了厚重的文化底蕴。五泄镇十四都村紧挨五泄景区入口处，马剑镇马益村、应店街镇紫阆村等均毗邻五泄风景区。

3. 白塔湖国家湿地公园

白塔湖国家湿地公园位于诸暨北部，是浦阳江流域的一个天然湖荡，是诸暨市最大的生态湿地，也是诸暨北部重要的生态屏障。《吴越春秋》云："越王都埠中，在诸暨北界。""埠中"即今白塔湖一带。千百年来，白塔湖见证岁月沧桑，烟波荡漾，孕育了生生不息湖岸人家。白塔湖国家湿地公园规划总面积为 1386 公顷，内部共有桃花岛、紫薇岛、木芙蓉岛、薰衣草岛、爱心岛等 78

图 3-4　白塔湖湿地公园

个岛屿，呈现"湖中有田、田中有湖、人湖共居"的景象。白塔湖湿地公园水陆相通，风光旖旎，生态资源丰富，自然景观质朴，文化积淀深厚，素有"诸暨白塔湖，浙中小洞庭"之美称，是一个集自然湿地、农耕湿地、文化湿地于一体的国家湿地公园。店口镇何家山头村紧依白塔湖国家湿地公园。

4. 马剑三界尖森林公园

三界尖是诸暨第二高峰，海拔高 1015.2 米，位于马剑镇龙门村龙门脚自然村。地处诸暨西部，是富春江和浦阳江的分水岭。山地作南西－东北走向，是诸暨、富阳、桐庐三县（市）交界的最高山尖，其山的东面为诸暨，山的西南面为桐庐，山的北面为富阳，故名为"三界尖"。2013 年，三界尖森林公园被浙江省林业厅命名为"诸暨马剑三界尖省级森林公园"。森林公园位于省级五泄旅游度假区的森林景观游憩区，总面积 445.93 公顷，自然环境优美。马剑三界尖游步道以龙门村为起点，途经龙门瀑布、红枫林、大坪地、百年老杉、三界尖、下南岭、藤茶坞岗、直坞岭，最终回到龙门村，总长 11.3 公里。

5. 鸡冠山游步道

鸡冠山是诸暨市第三高峰，海拔高 708 米，因形似鸡冠故名"鸡冠山"。《舆地纪胜》云："在县西五十里，形如鸡冠，出奇石，其纹若星月花兽。"鸡冠山游步道从冠山毛道坞水库出发，途经石扶梯、龙潭横路、白石岩、捣臼井、鸡冠山顶、神仙桥、山后村遗址、神仙脚印等，主线、支线共长 19.8 公里。其中，主线从鸡笼山至西坞水库停车场，共 8.8 公里。支线峻起石硅、三根仙桥、陶灶岩、滴水岩下、文化广场，共 11 公里。左溪支路起点在左溪自然村，经岗顶古村，至童村村西白路脚，步行道平平陡陡，曲折逶迤，共 4.2 公里。整条线路由原生态的小狮子山天然石狮、甘四档碧水塔瀑布、延寿亭古石道、牛头观景、石砾听曲、岩头识梅、横路看竹、藤棚话棚、梓林忆思、花山纳香、石婆神话、白路休闲迈步组成，沿路空气清新、鸟语花香，生态风景秀丽，让人心旷神怡、豁然开朗。这是一条比较经典的登山路线，是一个远离尘嚣、亲近自然的好去处。

三、古树名木

历史文化村落中的古树名木往往具有悠长的树龄，承载着悠久丰富的文化内涵。古代村落之建设，常在村口或村落核心位置处建有风水埠，上栽古木，见证着村落的历史变迁，也形成入口标志或公共空间节点。古树树种有樟树、榕树、枫树、柏树、银杏等，通常被称为风水树、夫妻树、认亲树等。

1. 冠山银杏

银杏，是现存种子植物中最古老的孑遗植物，和它同纲的所有其他植物都已灭绝，号称"活化石"。据不完全统计，大唐街道冠山村共有银杏树 409 株，其中树龄在 450—550 年的多达 200 余株，或伫立在村口，或昂首立在池塘边，或巍然立在山坡，或悄然隐居山谷幽地。

图 3-5　冠山银杏

有的两株一抱，有的三四株一抱，更有甚者中间大树合抱，外面小树成围栏状态，原是银杏树抽芽分枝而成，它们三五成群点缀在村中各处，使整个村落好像隐没在一片金黄色的风衣下。

2. 庄余霞村樟树古树群

大唐街道上余村庄余霞自然村樟树古树群，分布面积 0.5 公顷，由横树 3 株、枫香 6 株、苦槠 6 株、黄连木 4 株组成，平均树高 18.7 米，平均胸围 181 厘米，平均冠幅 12 米，平均树龄 142 年。最大树高 27 米，最大胸围 360 厘米，最大冠幅 25.5 米，最大树龄 315 年。被列为浙江省古树保护群。樟树为樟科樟属，枝叶繁茂，冠大浓荫，为优质珍贵材用树种。根、茎皮、树叶可药用，深根性树种，萌芽能力强。枫香为金缕梅科枫香属。黄连木为漆树科黄连木属。

图 3-6　庄余霞樟树古树群

3. 盛兆坞三村百亩荷花塘和古树群

浣东街道盛兆坞三村有着百亩荷花池塘，"青荷盖绿水，芙蓉披红鲜"，放眼望去，绿叶重叠，荷花朵朵与宁静的乡村风光交相辉映。碧绿的荷叶漂浮在水面上，粉嫩的荷花婀娜盛放，微风轻拂，荷花的香气扑面而来。盛兆坞三村殷家自然村有 3 株古樟树，树龄最大的一棵有 500 多年历史。据传

图 3-7　盛兆坞荷花塘

是村之吉树，枝叶茂盛，生机蓬勃。另两棵古樟树龄约 250 年。而今，三株古樟根深叶茂，深受村民喜爱。

4. 坑西新村风水埂

牌头镇坑西新村枫塘张氏祠堂右侧有一池塘，池塘边一块隆起的小高地，是古代的风水埂。风水埂上有三四百年树龄的古樟树、苦槠树和枫香树、女贞树。风水埂里有两条粗大的古树根悄然越过小溪，形成独特的"双龙穿溪"之

图 3-8　盛兆坞古樟树

图 3-9　坑西新村风水埂

景，成为村民出入村子的天然桥梁。从风水埂靠近祠堂侧往出十余步处，有一碑，上书"文武官军民人等至此驻轿下马"。

5. 新华村古樟树＆自如塘

暨南街道新华村傅氏宗祠前植有一株 300 余年树龄的古樟树，历经岁月沧桑，古老的樟树与自如塘见证着村落的变迁与发展，已经成为村民的信仰之树和精神寄托。古樟树繁茂的枝叶预示着家族的繁荣昌盛，庇护着一方水土。

图 3-10　新华村古樟树

第三节　古建遗存：厅堂宅院，材美工巧

一、传统建筑

传统建筑是丰富而鲜活的村落历史见证者和传统文化活化石，体现多元地域文化特质与审美文化精神。传统建筑反映了不同时代、不同地域、不同社会发展阶段的历史进程和人文地理特征。诸暨独特的历史文化背景和自然地理环境，孕育了一批独具特色和韵味的古建筑、古民居，且文化底蕴深厚、价值较高。目前保留的古民居以明清建筑为主，大多为合院式，院落形式较为规整，以砖木、土木结构为主，外部气势雄伟，建筑体量宏大，内部玲珑精致，构件雕刻精美，具有典型的江南风味，折射出很强的历史价值和艺术气息。如斯宅村斯氏古民居建筑群，作为典型的聚族而居建筑群，完整保存了 14 处古民居建筑，其"围"式建筑风格，规模较大，布局合理，最大建筑占地面积达 7400多平方米，素有"江南巨宅"之称。建筑造作讲究，前后楼屋、左右厢房纵横交织，并以檐廊环绕，互为贯通。斯氏古民居整体具有"外雄内秀"的建筑形态，以斯盛居（千柱屋）、笔峰书屋、发祥居（下新屋）及华国公别墅最具代表性。次坞台门素以精致著称，宅院格局以三合院、四合院和一字屋为主，马头墙、绦环板、牛腿月梁构件、各式墙绘灰雕无不体现次坞台门的精致，展现了地域传统建筑技艺。次坞的建筑形制，体现出了较高的历史文化价值和工艺美术价值。旧时，诸暨有民谚曰："诸暨台门，要看大，到上林（斯宅旧称）；要看精，到次峰（次坞旧称）。"另外，五泄镇十四都村藏绿古建筑群、马剑镇马剑社区古建筑群、璜山镇溪北古建筑群等，均具有较高的历史、艺术、文化和科学研究价值。溪北村新一堂、继述堂是木雕、砖雕、石雕的集大成者，抬梁、雀替、格栅布满雕刻图案，三雕艺术构思精巧、雕镂精细，题材广泛、寓意深刻，堪称民间建筑艺术瑰宝。部分古建筑以方形石柱作为承重柱，具有坚固、防潮、防损等特征。

诸暨历史文化村落中古建筑、古遗迹等数量较多，文物等级较高。据统计，诸暨历史文化村落中共有全国重点文物保护单位 1 处、占全市同级别总量的 50%，省级文物保护单位 10 处、占全市同级别总量的 71%，县（市）级文物保护单位 33 处、占全市同级别总量的 42%，县（市）级文物保护点 27 处、占全市同级别总量的 32%。26 个历史古建型村落 171 处古建筑中，古民居有121 处，占 70.8%，其中 74 处被列为文物保护单位，占全市文保单位数量的41.3%。

表3-3 诸暨历史文化村落中文物保护单位（点）一览

级别	序号	名称（批次）	地址
全国重点文物保护单位	1	斯氏古民居建筑群（千柱屋、下新居、华国公别墅）（5）	东白湖镇斯宅村
省级文物保护单位	1	何文庆故居（1）	赵家镇泉畈村
	2	张秋人烈士墓（2）	牌头镇同文村
	3	边氏宗祠(敦睦堂)（3）	同山镇边村村
	4	俞秀松故居（5）	次坞镇溪埭村
	5	新一堂、继述堂（5）	璜山镇溪北村
	6	上新居、新谭家民居（5）	东白湖镇斯宅村
	7	藏绿乡土建筑（周氏宗祠、马鞍山古民居、霞塘庙、藏绿井）（6）	五泄镇十四都村
	8	会稽山古香榧种植园（赵家古香榧林）（6）	赵家镇榧王村
	9	新胜古建筑群（太和堂、前新屋）（7）	暨南街道新胜村
	10	马剑古建筑群（戴氏宗祠、树德堂、骏德堂）（7）	马剑镇马剑社区
县级文物保护单位	1	太平天国墙头劝谕（1）	安华镇宣何村
	2	何氏宗祠（2）	
	3	朱学勉烈士墓（1）	姚江镇梓尚阁村
	4	茅漾山古墓葬群（1）	牌头镇同文村
	5	汪寿华故居（2）	赵家镇泉畈村
	6	摩崖石刻（2）	东白湖镇斯宅村
	7	斯民小学（5）	
	8	下门前畈台门（四房台门）（6）	
	9	斯宅小洋房（6）	
	10	斯宅大生精制茶厂旧址（7）	
	11	火烧山寿昌鲚鱼化石（2）	马剑镇马益村
	12	沈氏宗祠（5）	
	13	沈家大厅（6）	
	14	中共诸暨县委"一大"会址（3）	暨阳街道郭叶柏村
	15	俞秀松烈士陵园（3）	次坞镇溪埭村
	16	御史第（5）	大唐街道里蒋村
	17	龙凤花厅（7）	
	18	唐仁魁星阁路亭（5）	同山镇唐仁村
	19	寿氏宗祠（6）	
	20	高台门古建筑群（崇孝楼、光裕堂、洋房）（5）	岭北镇岭北周社区
	21	岭北周乡土建筑(凤岐堂、麟振堂、七份厅、九如堂、彝训堂)（7）	

级别	序号	名称（批次）	地址
县级文物保护单位	22	盘山小学（5）	浬浦镇盘山村
	23	浬浦蒋氏宗祠（6）	
	24	相公殿古建筑群（应氏宗祠、山脚下总厅、大房厅）（6）	马剑镇相公殿村
	25	邵家塘邵氏宗祠（清门堂）（6）	安华镇珠峰村
	26	后新屋台门（6）	陈宅镇石壁湖村
	27	卓氏家庙（6）	东和乡十里坪村
	28	周氏宗祠（7）	暨南街道周村村
	29	金萧支队成立旧址（方氏宗祠）（7）	马剑镇石门村
	30	周氏宗祠（7）	安华镇丰江周村
	31	务本堂台门（7）	璜山镇溪北村
	32	徐氏宗祠（彝叙堂）（7）	
	33	篁村陈氏宗祠（永和堂）（8）	东和乡友谊村
县（市）级文保点	1	璜山溪北古建筑群（聚智堂、继志堂）（1）	璜山镇溪北村
	2	马剑古建筑群（敬义堂、惇远堂、永穆堂）（2）	马剑镇马剑社区
	3	马剑葆顺堂（3）	
	4	宣何公馆（锡绥堂）（2）	安华镇宣何村
	5	何燮侯故居（2）	赵家镇花明泉村
	6	何赤华烈士墓（2）	店口镇何家山头村
	7	螽斯干兔岭路亭（2）	东白湖镇斯宅村
	8	居敬堂（4）	
	9	卓溪桥（2）	东和乡十里坪村
	10	上文大厅（3）	大唐街道上下文村
	11	梅岭傅氏宗祠	暨南街道新华村
	12	郭家坞郭氏宗祠（3）	暨阳街道郭叶柏村
	13	新岭老厅（3）	次坞镇次坞社区
	14	杜氏宗祠（钦褒节孝碑）（4）	暨南街道金杜岭村
	15	张氏宗祠（4）	牌头镇坑西新村
	16	芝泉亭（4）	赵家镇赵家社区
	17	赵氏宗祠（4）	
	18	赵二水阁楼台门（4）	
	19	南孟子庙（5）	应店街镇十二都村
	20	邵家塘"爱棠遗风"台门（5）	安华镇珠峰村
	21	鼎茂堂（5）	
	22	珠峰孝义堂（5）	

级别	序号	名称（批次）	地址
县（市）级文保点	23	盘山村新屋台门（5）	浬浦镇盘山村
	24	盘山民国水塔（5）	
	25	新屋台门（5）	陈宅镇石壁湖村
	26	二房厅中厅（5）	
	27	岩畈章氏宗祠（5）	东和乡姚邵畈村

以下列举典型建筑：

1. 宗祠

（1）何氏宗祠

何氏宗祠，坐落于安华镇宣何村，始建于明洪武十四年（公元 1381 年），初建规模不大，五开间一进。至清顺治十八年（公元 1661 年），宗祠年久失修，何氏宗长士晟太公召集各房执事、俊彦，商议修宗祠一事，决定重建祠堂。会后立即分工、筹款、捐地、派工、购材，付诸行动，至康熙二年（公元 1663 年）竣

图 3-11　宣何何氏宗祠

工。祠堂坐北朝南，占地面积 650 平方米，平屋五间二进，硬山造，屋架全系曲梁，柱头上端置栌斗和十字形花架承托副子，饰以花卉浮雕。正厅和后厅前槽采用卷棚顶，雕饰华丽。各厅间均设天井与甬道。1938 年，原办在小宗祠的育才小学搬迁至何氏宗祠，改为"诸暨县善水乡宣何小学"，新中国成立后多次更改校名。在"破四旧"中，把祠堂内挂的匾额、柱子上的抱柱楹联，全部卸落砸烂，柱子上的牛腿雕饰中的人物面孔全被削去。"文革"后又将祠堂前廊、台门和后厅香火拆除，改成教室。2005 年后，学校搬到红桥头新建的"红桥小学"，何氏宗祠辟为文化礼堂。1985 年，被公布为县级文物保护单位。

（2）沈氏宗祠

沈氏宗祠，坐落于马剑镇马益村沈家自然村，倚山而建，择址于村西隅，背靠洪路狮子山，前立纱帽（即水大山西麓），下首为田野。建于清光绪二十六年（公元 1900 年），占地面积 1200 平方米，初由前辈学濂、良福、梦松、兆文、方椿、良泮、学建、良熹、学根、良贤、方照等 10 余人协力共建，正值

图 3-12　沈氏宗祠

初具规模时，突遭岁歉年凶，事出意外，与邻村发生纠纷，因而被迫土木停工，使祠业废止。时隔 16 年后，于民国六年（公元 1917 年）秋，复由沈方椿发起，协同寿堂（良懋）、凤源（方球）、普臣（良熹）、方信、正福、学桃、方升、方焘、方浦、方奎等热心公益之人，邀集房族长辈商议，决定复建宗祠，由众人克尽心机，自始至终，历经三载，终于使宗祠竣工落成，于民国八年（公元 1919 年）圆祠庆贺。宗祠气宇轩昂，规模宏伟，共三进，由门厅、戏台、看楼、中厅、过厅、后厅（神堂）、侧厢组成。第一进门厅七开间，前槽船篷轩，门设于前金柱间，屋顶硬山造。过门厅中立戏台，戏台内壁中悬扇形"大文章"匾额，上方鸡笼顶雕刻镶嵌着三国演义盘龙镇 16 个人物，气势威武，形象逼真。第二进中厅面阔与门厅相同，明间五架抬梁，前槽出双步梁，步梁中部刻饰人物故事，两侧面饰以花枝图案。明、次间后檐柱间筑实串大门，串枋上悬挂"余庆堂"匾额。中厅和后厅之间有过厅，过厅两侧为厢楼，左为节孝坊，右为贤功坊，皆为二层建筑。第三进后厅为神堂，三明两暗，为族中存放先辈牌位之处。明、次间用石柱，五架抬梁，前槽月梁上用"工"字形构件承托双步梁，单步梁做成曲龙形。明、次间后槽设重楼式神阁，构件工艺精细，红漆或金漆涂抹，是整座建筑的精华所在。沈氏宗祠古雅华丽、雕梁画栋、飞檐翘角，马头和内外壁墙均绘图起线，集木、石、砖三雕一画（即彩画）于一体。祠中 36 只牛腿上的狮、象、马、虎、麒麟怪兽和各式人物，均采用浮雕工艺，艺术形象精工细琢，栩栩如生，充分显示了古代文化之精湛。2003 年 11 月，被公布为县级文物保护单位。

（3）倪氏宗祠

倪氏宗祠，坐落于马剑镇栗金村栗树坪自然村村口，堂号为树德堂，始建于清雍正二年（公元 1724 年），面宽 19.05 米，进深 46.45 米，占地面积约 885 平方米，坐西南朝东北，四周屋檐相连，单檐硬山造，由门厅、戏台、左右看楼、中厅、过厅、后厅组成。清乾隆四十年（公元 1775 年），倪氏十五世孙元玮（二房）、元珑（三房）、元瑄（四房）因祠堂"旧制狭隘，复为增立规

制以廊大其门墙"渐次
修筑，日夜勤劳，未几而
告成功"。清道光十七年
（公元 1837 年）除夕，宗
祠遭逢大火，寝室三间俱
被灾侵，幸中厅犹存。清
道光十八年（公元 1838
年）秋重建，至十九年九
月落成。清咸丰四年（公
元 1854 年）春，由葆仁
堂叔世昌（十八世孙）为

图 3-13　倪氏宗祠

首，因祠堂"门厅卑小"发起重修门厅。民国五年（公元 1916 年），倪氏宗祠
进行扩建，中厅向坎头塘后延伸，用石柱建后厅五楹，中为寝室，左昭位，右
穆位，祖先神灵有依凭，即形成今之规模。

（4）应氏宗祠

应氏宗祠，坐落于马
剑镇相公殿村，建于清
代，清咸丰十一年（公元
1861 年），应氏宗祠遭兵
燹，焚毁。清光绪二十八
年（公元 1902 年），应
氏宗祠重建。祠堂占地
面积 1200 平方米，由门
厅、门厅耳房、前过厅、
前侧厢、前中厅、后过
厅、后厅组成，中轴线上

图 3-14　应氏宗祠

共列 4 进。门厅五开间，前檐呈廊，上施卷蓬，雕刻精细，前檐柱施牛腿，上
承挑檐檩以增出檐，明间屋架抬梁式，次间穿斗式，五架梁下施天花。前过厅
施藻井，藻井外侧施天花，两柱间施挂落。前中厅五开间，梢间起隔墙成暗房，
山墙明架间五架抬梁，前后双步，下以月梁承托双步梁。后过厅屋架五架抬梁，
两侧为天井，天井外侧为侧厢，二开间单层，后过厅后为后中厅，明、次间皆
为五架抬梁前后双步，山墙不用柱，后中厅后为天井，两侧建侧厢，单檐单层
一间二弄成通间。后厅五开间，结构同后中厅，用材较小，工艺简单，为阴堂。

图 3-15　傅氏宗祠

应氏宗祠作为相公殿古建筑群，已被公布为县级文物保护单位。

（5）傅氏宗祠

傅氏宗祠，坐落于暨南街道新华村梅岭自然村，建于清乾隆十七年（公元 1752 年），占地面积 800 平方米，砖木结构，其规模宏伟、雕梁画栋，飞檐翘角，栩栩如生。内有钦赐匾额、名家墨宝。"文革"时，后厅、桂花厅被拆，俞樾大师亲笔"梅岭课子图"及晓渊公题写的"景義轩""学陆斋"等石碑也被移至"小天竺"。2009 年重修宗祠，傅继良出资建后厅桂花厅，傅仕根、傅建东等后人捐款 33 万元修中厅、前厅、两侧厢房，于 2010 年 12 月竣工。现辟为傅氏家族抗战纪念馆，布置有清风梅骨厅、村史馆、梅岭课子图陈列馆、清风堂等主题展陈，祠内收藏着国家二级文物"梅岭课子图"临摹雕刻本。现已被公布为县级文物保护点。

（6）边氏宗祠

边氏宗祠，坐落于同山镇边村村，堂号敦睦堂，建于清光绪二十二年（公元 1896 年），占地面积约 1800 平方米，砖木结构，坐北朝南，由门厅、戏台、天井，正厅、后厅和东西两侧厢组成。中轴主体建筑三进七间，面宽一致。门厅与正厅前槽均用卷棚顶，瓜柱雕花篮、花枝。牛腿以浮雕、透雕手法精刻人物、山水、花鸟。戏台露明构件亦以透雕、浮雕装饰。藻井以七彩小斗拱作螺旋式叠砌，中嵌木雕神像，内外施金彩，极为精美，显示出古代劳

图 3-16　边氏宗祠

动人民建筑之科学精巧，智慧之高超绝伦。堂上悬挂宋徽宗御赐边肃"世美"额、文天祥所题"世麟"额、边金章所受"少将"额，以及"监察御史""进士第""大夫第""举人""名魁天府"等额交相辉映，统概了暨阳边氏千百年来传承的优良家风。1989年，边氏宗祠被公布为省级文物保护单位。现辟为文化礼堂、边村民俗文化馆。

（7）徐氏宗祠

徐氏宗祠，坐落于应店街镇紫阆村，堂号咸正堂，由徐氏后裔徐钜小一公召集族人兴建，始建于明永乐十一年（公元1413年），清康熙十三年（公元1674年）毁于东南山寇之乱。清乾隆年间，由后裔松若、殿杨等五位追念先祖恩德，维系宗脉传承，倡族修建，

图3-17 徐氏宗祠

规制未宏。继而由松若公幼子育寰与从伯克铭，继先志于乾隆二十二年（公元1757年）竣工。祠堂占地面积1400平方米，砖木结构，三进，正厅五开间，正前设万年台，左右两侧为二层厢房，与中厅相连。台前为大天井，旁两侧为小天井。整座祠堂造型宏伟，气势轩昂。祠内正中恭奉历代先祖神像，所挂柱联均由裔孙拜撰，四周悬挂先贤和当代功臣匾额。徐氏宗祠现辟为村文化礼堂。

（8）赵氏宗祠

赵氏宗祠，坐落于赵家镇赵家社区，堂号清献堂，因赵氏祖先宋参知政事赵抃卒谥"清献"而名。建于清雍正年间，占地面积1350平方米，坐北朝南，共三进，中轴线上依次列门厅、戏台、中厅、过厅、后寝及左右厢房和东侧外厢房8个单体建筑。一进门厅五间二弄，单檐硬山造，明次间四柱九檩，五架抬梁，余缝穿斗式结构，前后双步，前廊饰船篷轩，月梁上置花篮斗及雀替承托轩檩，檐柱置牛腿、雀替，雕饰精美华丽。门厅明间后檐与戏台相接，戏台歇山顶，屋脊堆塑逆龙两条；内顶设藻井，藻井分二圈，外圈为轩，内圈为用小斗拱构作而成的小鸡笼顶。二进正厅，五间二弄，构架与门厅类似。正厅明间后檐与过厅相连，过厅面阔一间，设藻井和天花。三进后厅为寝室，五间二弄，前檐设廊，上覆天花，明、次间四柱九檩，五架梁带前后双步，檐柱置牛

腿雀替，屋顶单檐硬山造。一二进天井两侧为三间二层看楼。祠堂东侧建有包厢一列九间，两层楼，穿斗式结构，重檐硬山造，抱厢设义塾。建筑规模宏大，布局严谨，保存完整，造作考究，全部为圆或方的石柱，总数达60根，后厅最大圆形石柱高达7米。堂内有立于清乾隆二年（公元1737

图 3-18 赵氏宗祠

年）的"社仓碑"（社仓系用谷物接济百姓的公益组织）和建于清乾隆四十一年（公元1776年）的功德碑"崇祀碑记"等古代石碑六通。清献堂现辟为板凳龙展示、琴鹤文化展示馆。2010年9月，被公布为县级文物保护点。

（9）寿氏宗祠

寿氏宗祠，坐落于同山镇唐仁村，建于清道光年间，占地面积1019平方米，坐东北朝西南，由门厅、中厅、后厅、过厅及一进左右看楼、二进左右厢房组成。门厅五开间，已改建，左右辟侧门，为青石石库门。两侧有钟鼓楼，"文革"时期被拆。左右看楼三开间，

图 3-19 寿氏宗祠

上下二层，进深二柱。中厅五开间，明间进深四柱九檩，前槽卷棚顶，前檐柱置牛腿。明、次间屋架皆为穿斗式。用过厅连接中厅与后厅，进深二柱，上施木质天花板及月梁，月梁雕刻精美，檐柱皆施牛腿，牛腿阴刻动物人物，雕刻精美。第二进侧厢已改建。后厅五开间，进深五柱十一檩，明、次间屋架皆为抬梁式，前檐柱以穿梁与过厅石柱相连。建筑均单檐硬山造，施小青瓦，阴阳合瓦，除门厅和第二进侧厢外，其余单体皆保存较好。现已被公布为县级文物保护单位。

（10）何氏宗祠

何氏宗祠，坐落于赵家镇花明泉村，堂名怿善堂，建于民国初年，占地面积2100平方米，由何蒙孙发起建造。祠堂七间三进，前庭中堂可搭建"串台"，专供庆典演戏之用，两侧为看楼，大天井可容纳2000人。抗战时，省立第五中学（今绍兴中学）曾迁入办学二年。解放后，改为鹫山小学，后改为花明泉村完全小学。

图3-20　花明泉村何氏宗祠

1976年，前庭和两侧看楼改建成小学新校舍，中厅和后厅基本保持原状。

2. 民居（厅堂）

（1）太和堂

太和堂，坐落于暨南街道新胜村黎明荷香畈自然村，建于清光绪年间，为清末诸暨名人傅岱所建宅邸，占地面积1678平方米，坐西朝东，共三进，由门厅、正屋、座楼、厢房和抱厢组成。一进门厅三间，为单坡二柱三檩廊屋，明间外墙辟门，设三明开敞式，两次

图3-21　太和堂

间内壁嵌砌清光绪年间的大书画家俞樾手书石刻，左为"梅岭课子图"隶书五字，旁镌"壬辰年春曲园俞樾于右合山阴，时年七十有二"，右为"守梅山房"隶书四字，下镌题记："梅岭为傅氏迁居初地，晓渊仁弟米述其先德江峰先生曾所居，曰守梅山房而未有额，嘱补偿之，光绪庚子年五月曲园居士俞樾手书并记，时年八十矣"。二进正屋三间二弄，进深四柱，前檐双步设廊，檐柱置牛

腿，雀替，以承托檐枋。明次间为正厅，上覆天花板，前后金柱，间设月彩形穿枋，呈鸥鱼喷水状，前后金柱柱础覆盆式，重檐硬山造。三进座楼，九间二弄，明间梁架设中柱带双步前廊，五柱七檩，穿斗式重檐硬山造，三面筑风火墙。一、二进间天井两侧设内厢房各三间、底层作廊，外厢房左右各一列，五间二弄，屋架穿斗式，重檐硬山造，三面筑风火墙。太和堂作为新胜古建筑群，已被公布为省级文物保护单位。

（2）前新屋

前新屋，坐落于暨南街道新胜村黎明荷香畈自然村，建于清咸丰年间，位于太和堂以东，坐西朝东，占地面积3196平方米，南北通面宽54.4米，东西纵进深59.05米。正立面辟三个石库门，正门为框式青石门额，名镌"垂裕浚昆"四字，前檐包墙，南北边门为砖雕门楼，门额各镌"服先寿"和"食旧德"三字。中轴线上共四进，依次为门楼、前厅、中厅和座楼。一进门楼为廊式建筑，进深二柱，筑单坡屋顶。二进前厅，七开间，明间为通往中厅之通道，后檐楼下画格门窗，雕刻精美。三进中厅为正厅，建筑高大宽敞，用材粗壮，五间二弄。明、次间为正厅，明间五架抬梁，前篷船轩，后带双步。四进座楼，

图3-22 前新屋

十一间六弄，前厅、中厅与座楼之间设内厢楼均三开间，前檐设廊，楼下置花阁门，内厢楼外侧筑外厢楼十三间三弄一廊。前新屋布局规整，规模较大，梁枋用材讲究，砖雕门楼、牛腿雀替、格扇门窗，雕刻精美，具有极高的历史价值。前新屋作为新胜古建筑群，已被公布为省级文物保护单位。

（3）后新屋台门

在诸暨民居中，台门无疑是最能反映其时代特征和建筑特色的。这些台门世代沿袭，记录了家族的兴衰、岁月的变迁和文化的积淀。陈宅镇石壁湖村后新屋台门，建于明万历年间，占地面积2000平方米，为蔡姓三位太公所建，前后三进。一进门屋，面阔三间，四柱七檩，上下二层。明间梁架抬梁式，楼下设过道，辟大门，上置砖雕门罩。后檐柱置牛腿与雀替，牛腿略呈S形。屋

顶单檐硬山造。二进中厅三开间，筑四柱九檩，前后双步，明间五架抬梁，次间穿斗式。明间前后金柱和檐柱，柱头卷杀，柱子侧脚做，各檩间均饰雕花扎牵。中厅用材硕大，造作讲究。明间檐柱与金柱柱础覆盆式，柱础石呈圆鼓形，饰刻高浮雕狮、鹿走兽等图案。屋顶单

图 3-23　后新屋台门

檐硬山造。三进座楼，面阔三间，五柱九檩，穿斗式结构。前檐双步设廊，梁呈月梁形，饰刻鸱鱼喷水状。屋顶重檐硬山造，筑封火山墙顶。建筑用材粗壮，做工考究，雕栋画梁，惟妙惟肖，结构奇异，至今仍不失其雄姿。后新屋台门现已被公布为县级文物保护单位。

（4）何文庆故居

何文庆故居，坐落于赵家镇泉畈村，建于清代，系近代浙东会党莲蓬党首领、太平天国后期将领何文庆（1812—1863）居所，占地面积 240 平方米，正屋面西，通面宽 14 米，通进深 10 米。重檐楼屋，五封式风火山墙。南向辟大门，筑有门楼。现已被公布为省级文物保护单位。

图 3-24　何文庆故居

（5）百岁堂

百岁堂，俗称老厅，始建于清雍正十二年（公元 1734 年），位于栗金村栗树坪自然村内，坐西南朝东北，面阔 25.3 米，进深 44.4 米，占地面积 1123 平方米，由门台、前厅、正厅、第一进左右侧厢、第二进左右侧厢组成，建筑皆单檐硬山造，施小青瓦，阴阳合瓦。相传倪氏第十三世孙倪宏进夫人赵氏享

图 3-25　百岁堂

寿 103 岁，俱经旌表门闾。百岁寿母，五子繁昌，五世同堂。筑堂宇，颜曰"百岁堂"。清光绪廿三年《倪氏宗谱》中亦有清乾隆十六年（公元 1751 年）撰写的《倪门赵氏百岁寿母序并赞》一文以纪念百岁寿母赵氏。赞曰：女德夙娴，丹仪可风，眉寿而康，天祐厥躬。旌表失至，福禄是崇。百岁流芳，万古昌隆。百岁堂匾额两边柱上有对联一副："五子繁昌天伦乐趣犹存，百岁有余寿母温良足式"；正厅中间柱上联是"念需族以相安兰芳桂馥，创总厅而垂统源远流长"；正厅口柱对联是："剑水环流儒风丕振，景山仰止祖德无惭"；边厅一副对联是"岩锁紧如门室向虹桥连戴宅，水流环似带村名栗里仿陶家"。这四副对联据说是倪光洪撰写，请金沙村徐茂禄先生书写。太平天国起义，栗树坪大部分房屋被乱兵烧毁，百岁堂也付之一炬。其后祖上发起重建，重建日期无可查考。至"文革"初期，百岁堂匾额及雕刻悉数被毁。现在悬挂在正厅上方的"百岁堂"匾额是 1987 年重新复制的。

（6）山脚下总厅

山脚下总厅，坐落于马剑镇相公殿村，堂号"叙彝堂"，建于明代，坐西北朝东南，由门厅、中厅、第一进左右侧厢、第二进左右侧厢组成。前厅三开

图 3-26　山脚下总厅

间，进深四柱九檩，明间前檐柱施牛腿，牛腿阴刻人物、动物图案，上承挑檐檩以增出檐。明间五架抬梁，次间穿斗式。一进侧厢五间一弄，设中弄，进深四柱，带一前廊，板门、格扇门、格扇窗交替使用。二进侧厢四间二弄，进深四柱带一前廊，板门、格扇门、格扇窗交替使用。中厅三间，进深四柱带

一前廊，残损严重，前槽卷棚顶，原存后厅，现已遭火灾而毁。建筑单檐硬山造，施小青瓦，阴阳合瓦，对研究明代民居建筑有一定的参考价值。山脚下总厅作为相公殿古建筑群，已被公布为县级文物保护单位。

（7）大房厅

大房厅，坐落于马剑镇相公殿村，堂号"仁寿堂"，建于清代，坐西北朝东南，由门台、中厅、后厅、第一进左右侧厢、第二进左右侧厢组成。门台为墙，居中辟青石石库门，上设砖罩及砖雕和阴阳合瓦小青瓦。中厅三间，进深四柱带一前廊，檐柱施牛腿，上承挑檐

图 3-27 大房厅

以增出檐，牛腿刻饰仙人、花草图案，明间五架抬梁，次间穿斗式，明、次间设落地格扇门、格扇窗，皆雕刻精美。一进侧厢五间二弄，进深五柱带一前廊，板门、格扇门、格扇窗交替使用，可惜左侧有两间已毁。后厅七间二弄，进深五柱带一前廊，板门、格扇门、格扇窗交替使用，明间为阴堂。二进侧厢二间，进深五柱带一前廊。建筑总体保存良好，四周设廊，可自由走动至建筑内部，封火山墙顶，阴阳合瓦，对研究江南地区清代民居建筑有一定的参考价值。大房厅作为相公殿古建筑群，已被公布为县级文物保护单位。

（8）龙凤花厅

龙凤花厅，坐落于大唐街道里蒋村东坞（王家坞）自然村，始建于南宋乾道年间（公元1170年左右），占地面积206平方米，三间三进，砖木结构。前厅大门两侧安放龙凤石鼓，前有旗杆石座。宋末元初，花厅因战乱焚毁。明洪武六年（公元

图 3-28 龙凤花厅

1373 年），王氏先贤发起重修。现存花厅由中厅、后厅和左右厢房组成，中厅五柱九檩，前双步后单步，三间抬梁式结构，用柱硕大。后厅为香火房，前后用六柱七檩，前带双步抬梁式，前檐作廊。侧厢七间一弄，进深三柱，重檐式硬山屋顶。龙凤花厅已被公布为县级文物保护单位。

图 3-29　秋记留馀堂

（9）秋记留馀堂

秋记留馀堂，坐落于应店街镇紫阆村，建于清宣统元年（公元 1909 年），占地面积 600 平方米，砖木结构，青砖黛瓦，青石板连基，石雕花窗，八字台门。正厅七间二弄，中为堂屋，堂匾"留馀堂"由平阳解元叶联芳书撰。中三间设八尺檐廊，两侧置重门，内有小天井，两个小天井用青石板构筑成两个鱼池，约可储十立方水，可养鱼观赏，亦可应急防大灾之备用。两侧厢房前厅下沉三阶，中设大天井、前厅设重门，皆为造型壮观，保安防范。整幢院落木雕工艺精细，有和合两神、戏剧人物、山水花草、唐诗书画、牛腿琴枋、雀替花窗。前厅大门上方有名人所书"怡厥孙谋"，左右两侧门上方各书"紫气东来""祥云西霭"，意为裔孙吉祥昌德。中堂对面门楼上方，悬"志洁行芳"匾额。

（10）官地泰和堂

官地泰和堂，坐落于应店街镇紫阆村，建于清乾隆五十二年（公元 1787

图 3-30　官地泰和堂

年），占地面积 300 平方米，砖木结构，正厅七间四弄，侧厢东西各三间，置有前厅，正厅正中设有中堂，为"泰和堂"。大门正上方有"除暴安良"之匾额，花格石窗，青石板连基，全用自烧青砖，古瓦建造，花雕牛腿，厅前天井用小石子编弹花纹。东西各设龙虎门，可以从古街进入。

（11）兰台古社

兰台古社，坐落于赵家镇赵家社区，建于清嘉庆年间，系赵氏祖先迁此而建的赵氏宗庙改建而成，内有兰台古社碑记，碑高2.5米，宽1.5米，立于嘉庆十四年（公元1809年），距今已有200多年历史。碑文详细记述了赵家的历史渊源、属地风水，以及建造时的捐资情况，碑面文、字俱佳。社内还有"三祝会"碑，立于嘉庆十五年（公元1810年），"解衣会"碑，立于嘉庆十八年（公元1813年）。"三祝"和"解衣"均系"慷慨施惠"之意。社内还挂有乾隆三十七年（公元1772年）立的"阿弥陀佛"等木匾3块，倡导积德行善。

3-31　兰台古社

（12）兰台世泽

兰台世泽，坐落于赵家镇赵家社区，建于清末民初，占地面积1476平方米，二层砖木结构，四合院式。一、二层都有走马廊或走马楼四面连通，中间为天井。台门正屋大门门楣上有"兰台世泽"石额。

3-32　兰台世泽

3. 庙宇

（1）滴水禅寺

滴水禅寺位于暨阳街道郭叶柏村，始建于唐天祐年间（公元904-907年）。"滴水"来源于禅寺依于一面常年滴水的岩壁，摩崖渗水，无论旱涝，悬壁之上一线飞瀑，虽不甚宽广，却极其势险，仰望时心中不免忆及无常，增长道心。回首处却又风光独好，别有禅情。崖下滴水成潭，淅淅沥沥，曾一时被誉为圣水，老百姓排队取饮。滴水岩原称雨花岩，乃是如雨天曼陀罗花意，在陶朱山麓（春秋末期越国大夫范蠡号陶朱公，曾居住此山而得名陶朱山），有堪舆师曾言，陶朱山乃诸暨龙脉气运所在，而滴水禅寺正处于龙脉山势的绝佳处，保一方百姓平安吉祥，泽被苍生。滴水禅寺自唐天祐年始，至明崇祯乃至清道光间，一直叠廊规模，香火旺盛，为县城之冠，而后经清咸丰年间战乱，庙宇毁

图 3-33　滴水禅寺

坏殆尽，仅存大士圣像。清同治年间，善男信女各出己资，尝敬装神像，重整寺容。1927 年，中共诸暨一大曾在此秘密开会，组成了第一届中共诸暨县委。1938 年，第十集团军司令部曾驻于此，指挥军队奋起抵抗日本侵略者。1978 年 8 月，遭遇一次台风袭击后，寺院曾一度被毁。1993 年，禅寺被列为佛教保留活动场所。1994 年，九华山慧鑫法师被聘请住持寺务，并重建禅寺山门和斋堂。1995 年，禅寺购地 6 亩，建圆通宝殿，殿内供奉千手观音以及大士三十二应身等圣像。1997 年 11 月，禅寺举行落成大典暨佛像开光法会。2001 年至 2003 年末，浙江永康方岩广慈寺住持国声法师应邀住持寺院，并任诸暨市佛教协会会长。其间，师领众熏修、施惠百姓，师籍上海居士团队每月来寺共修，一时人心净化。2009 年，扬州鉴真佛学院明慧法师受聘住持禅寺，积极展开弘法、慈善等接引众生的教学及活动。2016 年 2 月，禅寺于明慧法师倡导下成立滴水禅寺公益基金会。

图 3-34　宝寿禅寺

（2）宝寿禅寺

宝寿禅寺位于暨阳街道郭叶柏村，坐落于诸暨市龙山西南的宝聚山上，距市区仅二里许。寺庙始建于唐大中八年（公元 854 年），由高僧神智住持，是江南著名的千年古刹。寺名初为圣寿寺，唐咸通十年（公元 869

年），易名咸通宝寿禅寺，后渐以"宝寿禅寺"一名行事。寺成之时，佛风大兴，译经诵佛。梵音不绝，善男信女，文人墨客纷至沓来。寺内"藏经之殿""来青阁""涵碧亭"等匾额，皆为唐大书法家柳公权墨宝。

（3）明教寺

明教寺位于大唐街道桥头村明教自然村，始建于五代后晋天福七年（公元942年），号仁丰院，占地面积2000平方米。北宋祥符元年（公元1008年）改通教院，天圣年间（公元1023-1031年）以章献明萧太后家讳避通字，改明教寺。历经变迁废兴，清

图3-35　明教寺

嘉庆二十三年（公元1818年）、同治五年（公元1866年）两度重修。寺内保存有清乾隆年间石香炉和石雕麒麟各一只。"文革"期间，改作他用。1978年，天王殿被拆建明教小学，1990年后当地信众募资重修大雄宝殿，渐次建造侧厢、天王殿、地藏殿等。明教寺多次被评为县级五好和谐活动场所、二次评为绍兴地区和谐场所，先后由释觉扬、释根静住持。

（4）石门庙

石门庙位于马剑镇石门村，俗称水口庙，建于民国时期，坐西南朝东北，由门厅、过厅、正厅及左右厢房组成。门厅五开间，四柱九檩，前后双步，明间五架抬梁，次间穿斗式结构，前檐砌砖墙封闭，后檐开敞式，作三明三暗状。明间后檐与过厅相接。过厅二柱五檩，三架抬梁，人字坡屋面。正厅五间，筑四柱九檩，前后双步，明间五架抬

图3-36　石门庙

梁，作三明三暗状。明次间后金柱至后壁间设神堂，塑立佛像。建筑格局保存基本完整，对研究当地民间信仰具有一定的参考价值。

二、历史环境要素

诸暨历史文化村落中历史环境要素类型多样，历史底蕴深厚，包括古桥、古井、牌坊、照壁等，构成历史文化村落的人文景观。典型如：

1. 牌坊

（1）里杜钦褒节孝碑

里杜钦褒节孝碑，建于清光绪十年（公元 1884 年），坐落于暨南街道金杜岭村里杜自然村口，占地面积 16 平方米。清雍正、乾隆年间，里杜家山有个村民叫杜廷基，娶妻黄氏。黄氏生于清雍正十三年（公元 1735 年），勤俭持家，孝敬公婆，关爱孩子，效法孟母，教子有方。杜廷基二十多岁因病去世，留下孤儿寡母，长子卜大才七岁，幼子卜武尚在母腹，生活非常辛劳。后遇灾年，田园荒芜，陈粮吃完，新谷未熟，眼见一家有饿毙之忧，为避人耳目，黄氏想趁天未亮时去远处乞讨。走至大路塘埂（地名）时，转念一想还是不去为好，怕以后儿孙要被人家骂讨饭子孙。于是自己吃野菜，给儿子喝点米汤。晚上左思右想，怎么才能活下去。她一夜未睡，第二天又趁天未明，出门乞讨。走到下二房（地名）时，见东方发白，以为天已亮。一想还是回家，其实天并没有亮，而是东方黑云退开，露了点白云。她当夜又未睡，人已疲劳不堪。第三天，她早早出门，可走到碑亭桥头（现村口碑亭处）天亮了，她以为这是个好兆头，预示自己会有出头之日，于是回家了。可是饥饿难忍，就去取柴烧水，泡茶充饥，看见柴壁里有一只小坛，用手一摸，原来是坛赤豆。她随手抓了一把，煮汤给儿子吃，自己还是吃野菜。第二天见无人来拿，又抓了把赤豆，煮汤给儿子吃。这样一天天过去，一直无人来取赤豆。待这坛赤豆吃完，新谷上市了。当时村人都说，这赤豆是神仙变出来的。以后黄氏一年年苦度日子，等小孩长大成人，黄氏仍克

图 3-37　里杜钦褒节孝碑

勤克俭，购置田产，共买了良田百又十亩，又造了大房子，堪称当时富豪。两个儿子卜大、卜武承继了优良家风，孝敬母亲，敬长爱幼，节俭持家。兄弟间互爱互敬，夫妻间相敬如宾，妯娌相让，和谐相处，宗族绵延。清道光十二年（公元 1832 年），黄氏去世，享年 98 岁。后来，她的事迹上报给朝廷，皇帝非常感动。清光绪十年（公元 1884 年）十月初十，钦命恩赐节孝碑亭，村民就在现碑亭桥头立碑建亭，上刻"一生松筠同操，志坚金石不磨"，以此纪念黄氏。碑亭在"文革"中被毁，1991 年村民找到这块碑石，在原址重建了碑亭以扬后世。此碑也已收录在《诸暨摩崖碑刻集成》一书中，碑亭现已列入诸暨市文保点。

（2）御史第

御史第，始建于清嘉庆十四年（公元 1809 年），坐落于大唐街道里蒋村冠山溪南侧，为纪念里蒋蒋氏第六代太公蒋文旭，由嘉庆帝下旨而建，占地面积 20 平方米，高 4 米有余。除两侧山墙外，皆用青石砌筑而成。原有石柱八根，现存 6 根支撑亭顶。亭中间立有石匾一块，左

图 3-38 御史第

侧刻有"御史第"三字，右侧刻有"奠厥攸居"四字，落款为"嘉庆拾肆年捌月立"，南北四根石柱上分别刻有楷书"阶环白水涵灵秀，门对冠山映画图"和篆书"雾晓采茶渡岭北，月明沽酒过溪南"楹联。被毁石柱上原刻有"尚书门第源何远，御史家风泽更长"对联一副。亭顶皆用石板铺筑，顶部陡板上刻有"圣旨"二字。亭四侧石柱上有石制牛腿四只，饰刻人物、动物图案，部分已毁。门前原有一对精致的石马，现已不复存在。御史第是诸暨目前唯一的清代石亭建筑，已被公布为县级文物保护单位。

（3）节孝牌坊

节孝牌坊，立于同山镇边村村边氏宗祠堂前，建于清乾隆九年（公元 1744 年）。据《暨阳边氏宗谱》记载，清乾隆年间，边村百忍堂敏臣公幼子边永裕之妻王氏从浦江中余嫁到边村，时年 16 岁，王氏出嫁后敬丈夫，孝公婆，邻里

图 3-39　边村节孝牌坊

图 3-40　梅花牌坊

图 3-41　媲美桥

和睦，生下一子，家庭美满幸福。可惜仅一年时间，丈夫病故，儿子夭折，王氏痛不欲生。后王氏冰清玉洁守寡，侄儿过继给她，王氏待侄儿如亲生，培养侄儿读书，侄儿不负继母期望，得了功名，并把继母的事迹向上禀报。清乾隆帝知悉，下圣旨拨银建牌坊，名为"节孝"牌坊。

（4）梅花牌坊

梅花牌坊，坐落于新华村梅岭傅氏宗祠前，始建于清嘉庆九年（公元 1804 年）十一月，为贞节牌坊，系仿木石构，用青石雕刻砌筑，三间四柱三楼，鱼龙高耸，蹲狮雕梁，飞檐翘角，精美端重。"文革"时期被拆毁，2010 年族人组织按原貌重新修建。

2. 古桥

（1）媲美桥

媲美桥，坐落于马剑镇马剑社区与栗金村栗树坪自然村交界的溪头处，建于清光绪三十三年（公元 1907 年），为青石双孔石拱桥，东西横跨在剑溪上。桥长 23.2 米，宽 3.9 米，矢高 5.5 米，西侧设有青石护栏，东侧护栏已毁坏。护栏高 0.6 米，宽 0.25 米，两侧设垂带，现青石桥面已有明显毁损，原有青石台阶皆缺失。桥体左右阴刻"媲美桥"三字。南侧桥体设分水尖。桥西北侧有凉亭一座，亭子进深二柱，面阔一间，亭子屋架为抬梁式。亭内西侧内墙立建桥捐助碑四方，字迹已经模糊不清，还可看清"媲美桥捐碑"及立碑时间"大清光绪三十三年仲春"。光绪三十二年（公元1906年），马剑戴逢琨、西宅沈良福、栗树坪倪光洪等八人为建桥总理，建桥总耗大洋三千一百二十二元，其中栗树坪倪耀如五百元，马剑孝思堂一百元，栗树坪树德堂一百元，一信堂一百元。

（2）三多桥

三多桥，坐落于马剑镇栗金村金家山自然村下首，三主头山东麓，建于民国六年（公元1917年），为双孔青石拱桥，桥长25.8米，宽3.5米，矢高6.6米，桥墩立于江中心，桥墩上方东北面桥面石阴刻"三多桥"字样，桥墩东北侧设分水尖，起分流作用。

图3-42 三多桥

（3）吉庆桥

吉庆桥，坐落于东和乡冯蔡村施家坞自然村口，建于清代，由振五十四公后裔所建，长5米有余，高3米左右，为单孔石拱桥，拱券青石相叠而成，桥面石块阴刻繁体"吉庆桥"三字，依稀可辨。古桥蔓草缠绕，密密匝匝，边上老树的根蔓延到桥上，与桥面融为一体，一幅古桥古树和谐共存景象。

图3-43 吉庆桥

（4）积善桥

积善桥，坐落于东和乡冯蔡村施家坞自然村口，又称尼姑桥，建于清光绪年间，长10米，宽2.6米，高约3米，是一座藤蔓缠绕、青苔遍布、静朴古幽的古单孔石拱桥，拱券用块石垒砌，券面石上阴刻楷书"积善桥"，清晰可辨，积善桥是连接东阳至绍兴古道的一座重要石桥。

图3-44 积善桥

图 3-45 凤涧桥

图 3-46 岭上畈银河桥

图 3-47 魁星阁路亭

（5）凤涧桥

凤涧桥，坐落于赵家镇东溪村，建于清光绪九年（公元1883年），双孔石拱桥，呈南北走向。桥全长18.46米，桥面宽3.36米，桥拱矢高2.47米，为半圆弧形。

（6）岭上畈银河桥

岭上畈银河桥，坐落于大唐街道上余村岭上畈自然村渎溪江银河潭上，建于民国十三年（公元1924年），三孔石板桥，长约30米，宽约1.5米。已被列为三普登录点。

3. 古亭古井

（1）魁星阁路亭

魁星阁路亭，坐落于同山镇唐仁村，建于清嘉庆年间，东西向，是诸暨市现存最完好、工艺最精美的路亭。占地面积34平方米，系重檐楼阁式攒尖顶，顶心覆葫芦形结。共二层，下为路亭，平面成长方形，单间，面阔4米，进深三间8.50米。屋架抬梁式，卷棚顶，卷棚瓜柱作花篮状，檩条浮雕缠枝花、人物、动物纹图案，每檩间用扎牵，雕饰华丽。亭木柱四只牛腿，精雕"四大金刚"像。辟东西向石制券门，驿道穿亭门而过，西侧券门额嵌"珠怀川媚"石匾一块，东侧券门额嵌"玉蕴山辉"石匾。上为方形魁星阁，每边宽3米，四面开窗，东、西两檐下各有"魁星阁"匾额一块，四面翼角起翘，角梁下浮雕人物牛腿。该建筑下层所有露明构件，均经雕刻且工艺精美。

现已被公布为县级文物保护单位。

（2）芝泉亭

芝泉亭，坐落于赵家镇赵家社区芦狮自然村，"介"字状石亭，宽2.3米，深2.38米，四方石柱。亭正面门楣镌刻"芝泉亭"三字，西边石柱对联云："芝草分根华棣萼，醴泉衍派学溯淮阳。"古时诸暨孝感里有张氏三世结庐守墓，长达六十余年，孝迹闻达朝堂，唐玄宗钦赐里曰"孝感"。亭后有一泓醴泉，泉水清澈甘醇，此地又二度重现九节灵芝，张氏裔孙以为吉兆，于南宋开元年间建亭一座，名为芝泉亭。今存芝泉亭重修于清嘉庆二十四年（公元1819年）。芝泉亭已被公布为县级文物保护点。

图3-48　芝泉亭

（3）藏绿井

藏绿井，坐落于五泄镇十四都村藏绿自然村191-192号南侧，井略成方形，长3.36米、宽2.80米，深1.45米，井内东侧设台阶，共八级，上接村道。南侧井沿用条石砌筑，东西两侧井壁用小卵石堆砌，井后壁用青砖叠砌，井东侧设条石台阶七级。2011年1月，藏绿井被公布为省级文物保护单位。

（4）丰秋塘双眼井

丰秋塘双眼井，坐落于璜山镇溪北村，位于新一堂前的丰秋塘右后侧，旁临村道，因其两侧设两个并列圆形石制井栏圈，故名双眼井。双眼井建于清代，井呈长方形，长约2.26米，宽1.8米，其上用青石板铺面，井壁全系块石垒砌。井面所置井栏圈呈圆筒形，直径0.7米，高0.5米，保存完整。双眼井为溪北村仅存的一井，可侧面反映当时的生活状况，具有一定的历史研究价值。

图3-49　丰收塘双眼井

图 3-50　上同源古井

图 3-51　火烧山寿昌鲚鱼化石

（5）上同源古井

上同源古井，坐落于大唐街道冠山村，南宋乾道元年（公元 1165 年），侯公文仲卜居冠山后，追溯侯姓发源地上谷郡，饮水思源，不忘诸姓先贤共同开发之功，故又名"上谷灵泉"。

4.古迹遗存

（1）火烧山寿昌鲚鱼化石

火烧山寿昌鲚鱼化石，分布于马剑镇马益村沈家自然村东火烧山脚、砍头顶以东的塌石岭和黄泥弄冬瓜形一带的缓坡地表一米以下的页岩之中，资源极为丰富。根据浙江大学地质系地质学家应用"同位素测定法"鉴定，此奇石形成于晚侏罗纪（属中生代白垩纪早中期），距今至少已有亿万年历史。凡此显现的鱼化石，为浙江省独有，大者长度有 40 余厘米，小者也有 4-5 厘米，骨架非常清晰。宋人杜绾《云林石谱》曰："古之陂泽，鱼生其中，因山颓塞，岁久，土凝为石而致"，便是此奇石之形成。意指火山爆发，喷出铺天盖地的岩灰将在湖泊中怡然自得的鱼儿压入湖底，窒息死亡，因与空气隔绝，不致腐烂，就将鱼体印在冷却凝固的岩灰之中，并历经亿万年以上地质沧桑变迁，才使鱼化石逐步露出山地中，为今可开采利用。鱼化石具有科考价值，对研究五泄奇特秀丽山水的地质孕育和形成，具有极大的科学价值。1985 年，火烧山寿昌鲚鱼化石被公布为县级文物保护单位。

（2）狮子头奇穴

狮子头奇穴，坐落于马剑镇马益村，马益沈氏祠堂背后洪路山有块悬崖陡壁，其山势整体形象狮子，俗称狮子头。悬崖之中有一洞穴，仅可容一人进去，深不见底。据说从前乡中曾有胆大好奇者秉光入内，至光熄退之，未穷其深。对此，众说纷纭，一曰此洞内曾有铁索残存，为悬棺葬穴；亦有人说此穴为巨蟒之所云云，不一而足。更不得而知的是，洞下有一冷水墩，久旱不涸，墩旁有座小庙基遗迹，不知称什么庙，何时所建，何时被废，已成千古之谜。

表3-4　诸暨历史文化村落中典型建（构）筑物信息一览

序号	名称	类别	基本概况	所在乡（镇、街道）村名
1	尚文大厅	县级文物保护点	始建年代不详，坐北朝南，粉墙黛瓦，徽派马头山墙，砖木结构，三进三开间。主体为单层，局部二层，素有"出诸暨北门三个大厅"之美称。	
2	暨阳蕾山杨氏宗祠	传统建筑	堂号惇伦堂，始建于明嘉靖年间，清同治年间重修。坐北朝南，占地面积800平方米，三进五开间，砖木结构，为杨氏族人祭祀、集会、议事、会见宾客之地。抗日战争时期曾在此创办浣溪乡校，多名共产党员在此任教，祠堂被誉为"诸暨的小抗大"。	大唐街道上下文村
3	杨氏宗祠	传统建筑	堂名敦睦堂，建于清代，占地面积约1500平方米，前后三进，左右侧厢。现辟为红色庄余霞陈列馆。	大唐街道上余村
4	陈氏宗祠	传统建筑	建于清乾隆四十四年（公元1779年），清光绪三十年（公元1904年）重修，占地面积700平方米。现辟为村文化礼堂。	
5	颍川学校	传统建筑	始创于清光绪三十三年（公元1907年），原校址在大花园湾家岭玉泉寺。因陈氏从河南颍川迁入，故称颍川学校，校址离村偏僻。清宣统二年（公元1910年）迁址花园陈氏祠堂内，经乡贤陈澜汀、陈坤山等努力，颇著声誉，为诸暨教育界北乡之冠。因年代久远，校址破旧，难以适应现代教育。旅台族人陈志铭、陈仲奎二君，回乡探亲，目睹校况，慷慨解囊，捐资20万元，建造新校。	浣东街道盛兆坞三村
6	长道地	传统建筑	建于明代，占地面积约10000平方米，有大厅、小厅、抱屋、弄、正屋组抱屋60间，弄62间，落柱1078个，原连贯11个大台门，建筑规模宏大，门坊都由石雕而成，图案精美。	浣东街道白鱼潭古村
7	下殿厅	传统建筑	堂号峻德堂，建于明代，占地面积800平方米，平屋三进，面宽三间，通面宽12米，进深94米。二边各有侧屋十一间。五架抬梁，柱头卷杀，上置一栌斗。用重拱承托檩子，用材粗壮，雕饰华丽。柱础覆盆式，柱顶石呈圆鼓形。	马剑镇相公殿村
8	叙懿厅	传统建筑	堂号敦厚堂，建于明嘉靖年间，气势宏伟，连进三，双抱侧厢。厅堂楼宇齐全，户户相连，楼楼相通。建筑用料讲究，工艺上乘，属古典风范，柱础和柱顶石形状和下殿厅基本相似。	

序号	名称	类别	基本概况	所在乡（镇、街道）村名
9	沈家大厅	传统建筑	沈家大厅与大房厅为三进两层三开间加左右双侧厢各八间，号称"五虎台门"建筑。二房厅为四进二层三开间加左右对称各建双侧厢十一间二弄。三房厅和三份头厅各建二进二层三开间，加五间双或单侧厢。梁、桁条、牛腿等，工艺精良，格调古朴高雅。	马剑镇马益村
10	俞氏宗祠（中和堂）	传统建筑	又称中祠堂，始建于南宋时期，清嘉庆二年（公元1797年）重修，占地面积1535平方米，砖木结构。次坞俞氏第九世祖贵三公与朱熹同朝为官，相交甚笃。朱熹亲写"中和堂"匾额以赠。前厅建有万年台，后厅设祖宗神位。神主阁下有泉水一泓，冬夏不绝，赐名"中和泉"，从暗沟引出墙外，成两水池。	
11	俞氏宗祠（惇裕堂）	传统建筑	又称里祠堂，建于明嘉靖年间，占地面积2000平方米，三进五楹，前厅有万年台。1956年，前厅失火遭毁。之后，因年代久远，后厅倾圮。2010年，修缮中厅。里祠堂现辟为文化礼堂、历史名人馆等。	
12	七马头宅	传统建筑	又称井埠头台门，建于民国，坐西北朝东南，占地面积400多平方米，正楼二层五开间，正屋山墙有七个马头，进深较大。厢房二层，东西各两间。宅院内部门窗栏杆稍事雕饰，但整体仍显朴雅，为目前保存最为完好的民国民居。	次坞镇次坞社区
13	吉宅	传统建筑	建于清末民初，占地面积220平方米，位于次坞村中祠堂道地南侧，与七马头宅组成了次坞古民居最为经典的一景。吉宅本不吉，经高人指点，吉宅主人把入口大门向西而开，并设台阶七档，大门横额上书"卜休恒吉"四个楷体大字，取名和写额的目的是镇宅避邪。	
14	福宅	传统建筑	建于清代，占地面积315平方米，正屋一楹，呈一字形排列，五间二弄。筑五柱九檩，重檐穿斗式。明间设中柱带双步前廊，月梁上刻鸥鱼喷水状。檐柱置牛腿、雀替，雕刻精细，保存完好。建筑保存完整，造作考究，雕刻精致，在次坞村各台门建筑中具有代表性，有一定的历史、艺术保护价值。	

序号	名称	类别	基本概况	所在乡（镇、街道）村名
15	新岭老厅	县级文物保护点	建于明万历年间，由次坞俞氏第二十一世祖经道公所建，占地面积776平方米，砖木结构，坐西朝东，共三进。一进为照墙，民国时期重修，高4.8米，长10.5米。二进是正厅，为明代原木架构，体量高大，用材粗犷，雕刻简洁。三进是后厅，二层七开间。	次坞镇次坞社区
16	俞允之故居	传统建筑	建于民国，占地面积268平方米，坐北朝南，四面围合，由门屋、座楼和东西厢楼组成。门屋三间，进深二柱，单坡屋面造。座楼三间二弄，五柱九檩。重檐硬山造，东西厢楼各二间。故居最具特色的是天井中的两口雕花大缸，中厅的狮子牛腿和雕花窗上的"西湖十景"绦环板。	次坞镇次坞社区
17	俞秀松故居	省级文物保护单位	建于清光绪二十三年（公元1897年），占地面积458平方米，坐北朝南，二层砖木结构，四合院式。一进二层门楼，上为阁楼、下回廊。二进正屋，三间二弄，屋架穿斗式。正屋前侧有檐廊。天井东、西两侧为厢房，二开间。东侧厢房楼上为俞秀松出生地，俞秀松在此度过了他的童年和少年时光。现辟为俞秀松烈士展示馆。	次坞镇溪埭村
18	天宝福	传统建筑	是著名书画家徐功大先生之故居。徐功大（1852-1908），字伟人、河清，号淡仙，别著七十二峰框者，清光绪年间附贡生。始建于清光绪二十四年（公元1898年），占地面积250平方米，砖木结构，对三间四合院，八字台门。青砖黛瓦，石板连基，石雕花窗，木雕工艺精细，天井用青石板筑成，大门上方门额石碑，有浦江书法家黄尚庆用旧毛巾所书"山气夕佳"四字，刚劲有力，饱满圆润，受到书法爱好者一致好评。	应店街镇紫阆村
19	同裕康三层楼	传统建筑	建于清光绪三十四年（公元1908年），占地面积400平方米，砖木结构，八字台门，三层楼。正厅四间，左侧第二间设穿堂，可从堂前走进三层楼。三楼建有前走马楼，用青石条连基，黛瓦盖顶，青砖砌墙，外墙白石灰粉刷，石雕花窗。	应店街镇紫阆村
20	同泰	传统建筑	中国工程院院士徐承恩故居，建于清宣统元年（公元1909年），占地面积3500平方米，砖木结构，四合院。青砖黛瓦，青石板连基，八字台门，牛腿挑梁，雕花精细，石雕花窗，栩栩如生。天井用青石板铺面，屋侧右方可以从弄堂进入，台门上方用青石上刻有"凤鸣朝阳"。	应店街镇紫阆村

序号	名称	类别	基本概况	所在乡（镇、街道）村名
21	张氏宗祠	县级文物保护点	建于清道光年间，坐落于坑西新村枫塘自然村，占地面积948平方米，砖木结构，五间三进两侧厢。祠堂内植有一棵300年以上的桂花树。	牌头镇坑西新村
22	水阁台门	县级文物保护点	俗称"九十九间半"，因台门前东西两座院落建筑在水池之上，故名水阁台门。建于清嘉庆年间，占地面积2116平方米，共四进。正厅五间二弄，侧屋九十九间半，另有借天楼。正房与耳房间筑风火墙，后墙立"泰山石敢当"石碑。台门规模宏大，结构谨严，装饰精美，院落幽静。	赵家镇赵家社区
23	何燮侯故居	县级文物保护点	又称上新屋台门，建于清道光年间，占地面积300余平方米，坐东朝西，面朝黄檀溪，二层砖木结构，四合院式。正屋九间，明间是厅堂，供祭祀、红白喜事之用。正屋门前的南端走廊有边门，出边门有一条东西向的甬道，甬道顶端是一排东西走向的房屋，中间一间过厅与甬道相连，南面大门通向院外，甬道东西二侧各开一门，左边进去为东院落，右边进去为西院落。	赵家镇花明泉村
24	汪寿华故居	县级文物保护单位	建于清代，占地面积120平方米，坐南朝北，重檐式楼屋。正屋面阔三间，屋架穿斗式，筑封护山墙顶，平面布局呈三合院封闭式建筑。	赵家镇泉畈村
25	宣侠父故居	传统建筑	始建于清代，坐落于宣氏家庙南侧，占地面积300余平方米，坐西朝东，二层回廊式砖木结构，是革命烈士宣侠父出生和成长的地方。现辟为宣侠父纪念馆。	店口镇侠父村
26	增美堂	传统建筑	始建于清嘉庆十三年（公元1808年），占地面积501平方米，砖木结构，连进三幢，建筑高大，结构精美。"增美堂"族下之何湘之，其小女嫁于牌头水下涨张城然，其是诸暨革命先烈张秋人的父亲，张秋人自幼在宣何"增美堂"成长。张秋人就义前的最后一次全县党员大会就在"增美堂"召开。2019年，增美堂作全面修缮，基本恢复原貌。	安华镇宣何村
27	大书房	传统建筑	建于清代，占地面积200平方米，坐西北朝东南，三间二弄二层，明、次间在水上，山墙基立于两岸。进深四柱带一前廊，明、次间格扇门并列，左右对称。民国时曾在此设唐仁小学，现为省级非遗"棕编"项目传承教学和展示场所。	同山镇唐仁村

序号	名称	类别	基本概况	所在乡（镇、街道）村名
28	新屋台门	县级文物保护点	建于清代，占地面积 1600 平方米，坐北朝南，前后三进，内有两院。中间厅屋是整组台门建筑中最为精致的部分，木雕、柱础、斗拱丰富多样，惟妙惟肖。厅堂内曾张贴有 20 多张清代捷报，目前保存完好的仍有 6 张，距今已有 100 多年历史。多年前，台门前屋部分曾因一次失火被烧得面目全非，后来才慢慢补建起来。至今，一些被烈火灼烧过的痕迹还能清晰可见。	陈宅镇石壁湖村
29	崇孝楼	县级文物保护单位	又名太保殿，始建于宋，现存建筑为清后期所建，坐东朝西，三间二廊，通面阔 12.5 米，通进深 7 米。明、次间皆为五架抬梁，重檐歇山顶，正脊用小青瓦迭压。二层楼，二楼设檐廊，廊栏处筑鹅颈椅。前檐柱置牛腿，承托挑檐檩以增出檐，牛腿雕琢精美。明间后金柱额枋悬挂"崇孝楼"匾额一块。两内山墙侧绘有精致壁画。解放前夕，此楼曾是中共武装金萧支队的重要联络站。	
30	光裕堂	县级文物保护单位	又名下台门，清乾隆年间建造，坐北朝南，依山而建，由正屋与两厢组成，平面呈 U 形，前砌照墙围护，两侧厢处筑门进出。东西面阔 32.85 米，南北进深 19.8 米，占地面积 670 余平方米。正屋三间二弄，梁架穿斗式，柱间穿枋浮雕花草、几何纹图案，檐廊置天花，檐柱施牛腿，上承檐枋以增出檐，重檐硬山造。侧厢五间一弄，对称结构，梁架穿斗式，花槅门窗，中间为长 14.6 米、宽 10 米的天井。门、窗、牛腿等构件雕琢精细。不设正门而从侧门进出，这在诸暨地方民居建筑中较为少见。	岭北镇岭北周社区
31	洋房	县级文物保护单位	又名六台门，系木结构仿欧建筑，民国初年建造。坐西朝东，前后两进，面阔 22.4 米，进深 27 米，占地约 605 平方米。其外墙、窗框呈欧式风格，而内部梁架、挂落、走马廊等却是中式做法。洋房建筑除部分门窗、木雕构件稍损外，基本完好。	
32	凤岐堂	县级文物保护单位	建于民国，坐北朝南，仅为一厅，次间檐柱设牛腿，牛腿上承挑檐檩，牛腿刻饰人物、花草图案，雕刻精美。	
33	麟振堂	县级文物保护单位	建于民国，坐西北朝东南，目前仅存正厅，整座建筑雕刻精美，小巧精致，施小青瓦，阴阳合瓦，封火山墙顶，对研究民国祠堂建筑有一定的参考价值。	

序号	名称	类别	基本概况	所在乡（镇、街道）村名
34	七份厅	县级文物保护单位	建于清代，坐东朝西，仅为一厅，明间檐柱施牛腿，牛腿刻饰凤凰、花鸟图案，雕刻精美。次间牛腿阴刻锦鸡、花草图案，惟妙惟肖。	岭北镇岭北周社区
35	九如堂	县级文物保护单位	建于民国，坐西北朝东南，明间檐柱施牛腿，牛腿刻饰狮子图案，雕刻精美，次间牛腿阴刻梅花鹿图案。	
36	彝训堂	县级文物保护单位	建于清光绪二十四年（公元1898年），坐西朝东，明间檐柱施牛腿，牛腿上承挑檐檩，牛腿刻饰人物、花草图案，雕刻精美。	
37	篁村陈氏宗祠	县级文物保护单位	堂号永和堂，建于清嘉庆六年（公元1801年），占地面积477平方米。民国十一年（公元1922年），被土匪烧毁，同年数月后祠堂重建，至民国十六年（公元1927年）春祠堂完工。	东和乡友谊村
38	冯氏宗祠	传统建筑	堂号为务本堂，建于清雍正年间，占地面积528平方米，坐西朝东，前厅五间，万年台一座，两边厢房，左右各看楼三间。卵石天井。正厅五间，雕梁画栋，牛腿拱椽，古色古香，别具一格。2018年3月，对主体进行全面整修。粉墙黛瓦，马头高耸，朱漆焕然，青砖砥平。大门上"冯氏宗祠"巨匾高悬，大门两侧麒麟呈祥，庄严整肃，别具一格。现辟为村史陈列馆、红色记忆馆。	东和乡冯蔡村
39	冯蔡新屋台门	传统建筑	为冯绥安故居，建于清代，占地面积711平方米，坐西朝东，意蕴紫气东来，四合院式。此屋相继出了12位博士，因此也被称为博士台门。	
40	吉竹坑金氏民居	传统建筑	建于清代，占地面积735平方米，四合院式，由门楼、座楼、左右厢房组成。门楼三间，进深四柱，居中辟石库门，明间为通道。座楼五间二弄，进深五柱，带一前廊。侧厢三间，进深五柱，带一前廊。	
41	岩畈章氏宗祠	县级文物保护点	堂号柏茂堂，坐落于岩畈自然村，建于清康熙四十年（公元1701年），占地面积720平方米，由门厅、正厅、厢房组成。廊梁精美细腻、牛腿生动传神，水墨淡彩的壁画、威严高大的石柱、平直整齐的石阶、卵石嵌花的天井。门前有清澈的荷池、平旷的田畈连成一片，并有潺潺的溪水临流相随。现辟为诸暨农耕文化博物馆。	东和乡姚邵畈村

序号	名称	类别	基本概况	所在乡（镇、街道）村名
42	邵家坞老祠堂	传统建筑	建于清道光年间，占地面积473平方米，坐西北朝东南，由门厅、正厅、左右两层厢房看台、万年戏台组成。万年戏台前柱左右牛腿各雕有倒挂狮子，栩栩如生。	东和乡姚邵畈村
43	邵家坞新祠堂	传统建筑	建于清代，为纪念金廿五公而造，占地面积300平方米，正厅牛腿均为人物立体雕刻，串柱间壁画颜色至今未褪。	

第四节　民俗风情：道技合一，日用百态

一、特色非遗

诸暨历史文化村落文化积淀深厚、类型丰富，各个村落中共拥有国家级、省级、市级及县级非物质文化遗产代表性项目名录共27项，占全市总量的23.9%。其中，东和乡十里坪村拥有西路乱弹1项国家级非物质文化遗产代表性项目，数量占全市同级别总量的33.3%；拥有同山镇唐仁村同山烧传统酿造技艺、赵家镇花明泉村赵稼拳棒、东白湖镇斯宅村十里红妆、同山镇唐仁村同山棕编、次坞镇次坞打面制作技艺以及应店街镇十二都村南孟祭礼、紫阆黄公糕制作技艺等7项省级非物质文化遗产代表性项目，数量占全市同级别总量的58.3%；拥有绍兴市级非物质文化遗产代表性项目13项，占全市同级别总量的34.2%；拥有诸暨市级非物质文化遗产代表性项目7项，占全市同级别总量的10.8%。历史文化村落中非物质文化遗产项目等级高、种类多，就其历史渊源、艺术表现形式等方面都有较高的艺术欣赏价值和历史研究价值，活化利用与可持续发展具有先天优势和良好市场前景。

表3-5　诸暨历史文化村落非物质文化遗产代表性项目一览

级别	序号	名称（批次）	类别	年代	传承人	传承情况	乡（镇、街道）村名
国家级	1	西路乱弹（3）	传统戏剧	明末清初	卓琳丽	卓氏家庙内设有西路乱弹陈列展示馆，村内组建西路乱弹艺术团	东和乡十里坪村

级别	序号	名称（批次）	类别	年代	传承人	传承情况	乡（镇、街道）村名
省级	1	同山烧酒传统酿造技艺（3）	传统技艺	周朝	寿南灿	建有加工坊	同山镇边村村
						入驻越庄酒坊，展陈酿酒技艺	同山镇唐仁村
	2	赵家拳棒（4）	传统体育、游艺与杂技	清代	何灿友	拳棒表演，组建了花明武术艺术团	赵家镇花明泉村
	3	十里红妆（4）	民俗	南宋	骆东	建有裕昌号民间艺术馆，十里红妆展示馆	东白湖镇斯宅村
	4	南孟祭礼（5）	民俗	宋代	孟南生	建有南孟文化展示馆	应店街镇十二都村
	5	同山棕编（5）	传统美术	现代	寿新灿	建有棕编工作室	同山镇唐仁村
市级	1	冠山石雕（1）	传统美术	明万历年间	余国仁		大唐街道里蒋村
	2	舞龙（板凳龙）（1）	传统舞蹈	清代	－	每年舞龙灯表演	马剑镇石门村、马剑社区
					周长根	参加元宵闹春会	安华镇珠峰村
					－	组建有舞龙队（30人）	岭北镇岭北周社区
	3	竹马舞（1）	传统舞蹈	清代	应将伟	－	马剑镇相公殿村
					孟才信	组建有孟子小学竹马社团	应店街镇十二都村
	4	响叉（1）	传统体育、游艺与杂技	清代	周贞海（已故）		安华镇新一村
	5	麦秆编织技艺（2）	传统技艺	清代	俞朱罗		
	6	过小年（2）	民俗	清代	－	定期举办过小年节日活动	马剑镇马剑社区、栗金村等
	7	斯氏古民居建筑群营造技艺（3）	传统技艺	清代	－	延续至今	东白湖镇斯宅村
	8	礼户元宵棚灯会（6）	民俗	南宋末期	周林荣	建有礼户棚灯展示馆	岭北镇岭顶村
	9	竹编（诸暨竹编）（6）	传统技艺	唐代	周国阳	建有竹编工作室	岭北镇岭北周社区
	10	豆腐包制作技艺（7）	传统技艺	清代	戴剑	有美食制作体验活动	马剑镇马剑社区

级别	序号	名称（批次）	类别	年代	传承人	传承情况	乡（镇、街道）村名
市级	11	紫阆黄公糕制作技艺（7）	传统技艺	元代	徐苗法	有固定场馆，开发系列产品	应店街镇紫阆村
	12	次坞打面制作技艺（7）	传统技艺	明代		建有次坞打面旗舰店1家，示范店15家，次坞镇户籍人员从事次坞打面店数约225家。	次坞镇次坞社区
	13	越红工夫茶制作技艺（7）	传统技艺	民国六年	斯根坤	建有越红博物馆、重组成立现代化茶企越江茶业、承办绍兴市职业技能竞赛评茶员比赛。举办茶主题活动与培训，联合成立越江茶业旗舰店。	东白湖镇斯宅村
县级	1	清明望囡果盘制作技艺（2）	传统技艺	清代	吕彩亚	举办民俗文化活动，看"清明望囡花粿情景剧"	次坞镇次坞社区
	2	诸暨香榧习俗（3）	民俗	唐代	童旺根	建有蜈蚣梯等采摘工具展示	赵家镇榧王村
	3	麦草扇编织技艺（7）	传统技艺	清代	杨新华	举办民俗文化活动，学做一次草扇编制	次坞镇次坞社区
	4	西施团圆饼烹饪技艺（7）	传统技艺	清代	周谷	建有制作工坊，展示中心，实践基地	五泄镇十四都村
	5	刘氏族祭（8）	民俗	宋代	刘良灿	每年传承	陶朱街道刘家山村
	6	马剑馒头制作技艺（8）	传统技艺	清代	戴振宇	有美食制作体验活动	马剑镇马剑社区
	7	诸暨灰汤粽制作技艺（8）	传统技艺	清代	赵招妹		马剑镇状元村

1. 国家级非遗

（1）西施传说

诸暨是"西施传说"发端地。西施，中国古代四大美女之首，中国传统文化中美的象征。"西施传说"产生于春秋末期，经历代民间艺人口耳相传，流传范围大，内容丰富。"西施传说"以吴越争战为历史背景，以西施一生传奇经历为"主干"，以人物传说、地名传说、物产传说、风俗传说等为"枝叶"，从不同角度传颂了西施的美丽、善良和以身许国的奉献精神。如今在江浙大地上，有无数关于西施的地名和传说。为纪念这位传奇女子，诸暨历代均建有西施殿，书圣王羲之手书的"浣纱石"至今仍矗立浣纱江畔。而今天的西施殿已扩建成总面积 1.44 平方公里的西施故里旅游区，成为海内外游客"美之旅"的重要旅游目的地。西施传说的特征：一是历史悠久。自发端流传至今，已有 2500 年的传承历史。二是地域广泛。它不但流传诸暨全境，辐射江浙乃至全国，甚至远播韩国、日本及新加坡等世界各地华人区。三是内容丰富。几乎涵盖了民间文学涉猎的所有领域。四是形式多样。除口耳相传外，还有曲艺、戏剧等传承形式。"西施传说"的价值在于：其一，文学价值。它历来是各种文学样式的热门创作题材，以它为题材的文学作品门类完整，体例丰富；同时，通过多种文学门类的传播，又扩大了"西施传说"的影响，丰富了传说的内容。研究其中相辅相成的关系，对繁荣文学艺术具有重要价值。其二，史学价值。它依附于吴越争战而产生，是对古吴越历史文化的诠释和佐证，对研究春秋史具有重要作用。其三，美学价值。西施作为一个审美符号，她表里俱美，在中华民族审美趋向上具有独一无二的地位。其四，人文价值。它褒扬真善美，崇尚爱国主义和献身精神，这对弘扬优秀的人文精神具有积极作用。2006 年 5 月，西施传说被义化部公布为第一批国家级非物质文化遗产代表性项目。

（2）线狮（草塔抖狮子）

图 3-52　草塔抖狮子

草塔抖狮子是一项将体育、杂技与木偶技巧有机结合的表演娱乐项目。宋末元初，赵氏与杨氏因战乱先后避居诸暨草塔，后彼此一直明争暗斗，尤其是水源灌溉矛盾争斗愈发激烈，直至官府介入才逐渐平息。为消除两族间隙，朱氏（朱熹后裔）受斗岩石狮启发，提议每年二月十九传统庙会之际，台阁迎春龙狮呈祥，以示邻里和睦相处，深受争斗之苦的赵、杨二族也表示赞同，赵氏台阁、杨家舞龙、朱氏抖狮遂由此而来。草塔抖狮子由 1 只狮笼、1 个彩球、5 只狮子和若干纤绳组成。5 只狮子着色艳丽，雄壮威武，饰以黄、绿、蓝、红、褐五色，代表金、木、水、火、土五行。出迎时，前由 1 名会武功的引狮人抛球逗狮，4 个青壮大汉身着民族服装扛笼而行，后有 8 人牵线控制彩狮。彩狮合鼓点翻滚起舞，或跳、或抖、或扭、或举趾搔耳，表演出抖、调、腾、扑等各种姿势。同时，配以女子威风锣鼓吹奏敲打，尽显欢庆气氛。草塔抖狮子地域特色鲜明，文化内涵深厚，寓意极为丰富，具有重要的艺术观赏和历史文化价值。虽在"文革"时期曾一度中断，但在政府和社会有识之士的共同努力下，草塔抖狮子得到了及时、有效的保护，改革开放后重登民间艺术大舞台，传承至今，曾参加省内外各种表演，丰富了群众文化生活，促进社会文明和乡村和谐。2014年11月，线狮被文化部公布为第四批国家级非物质文化遗产代表性项目。

（3）西路乱弹

西路乱弹是明末清初时期南戏在传播中融入诸暨地方官话、民间俚曲衍变而成的乱弹剧种。生活在龙门山和会稽山之间、浦阳江两岸的诸暨人民，拥有山的伟岸豪爽和水的秀丽温柔，逐渐孕育出诸暨西路乱弹这朵戏曲奇葩。诸暨西路乱弹其历史渊源、艺术表现形式等方面都有较高的艺术欣赏价值、历史研究价值及文学品鉴价值。

关于诸暨西路乱弹的产生，至今未有确切的史料加以证明，戏曲史家有不同的看法，主要有两种：其一，南戏衍变说。此种说法认为诸暨西路乱弹属南戏在发展衍变中受昆腔、高腔、京腔、徽戏影响，并融入诸暨本地语言、曲调等的多声腔类乱弹剧种。明清时期，南北剧种相互吸收融合，逐渐扩散，在此期间，融入了诸暨地方语言、诸暨本地曲调，具有本地特色的诸暨西路乱弹孕育而生，并在清乾隆时期发展繁荣。其二，秦腔南下说。此说的主要观点是"西秦腔"南下传入诸暨，与当地语言、音乐、戏曲相结合而发展为诸暨西路乱弹。至清中叶，诸暨西路乱弹迎来鼎盛期，全县有"老长春"等数十个戏班，大多在集镇贸易会市期间演出，被称作"会市戏"。清光绪《诸暨县志》称本县江藻"每岁十月二十四演剧，百货骈集，帆樯相属"，客商远自闽、皖、赣、苏等地，可见集市演戏之盛。至道光年间，盛况未减。其时徽戏流入，西路乱弹兼演徽剧，唱腔则以"三五七""二凡"为主，兼唱徽调、梆子及调腔。除集市演剧外，赛神演剧亦盛，出现文明长春、文明红福等名班。至清末民初，诸暨西路乱弹渐趋衰落，处于停滞不前的境况。抗日战争初期，因社会动荡，诸暨乱弹戏

图3-53　诸暨西路乱弹

班相继倒闭。解放前夕，全县只剩文明红福、文明长春两班。中华人民共和国成立以后逐渐复苏，戏曲班社增多、演出日渐频繁。1955 年以后，诸暨西路乱弹迎来了一个以业余剧团为主体的新发展时期。1960 年 9 月，诸暨县文化部门牵头筹备诸暨西路乱弹剧团。1961 年到 1962 年，由老艺人口授、整理小组记录，共整理传统剧目 9 个，记录曲调 30 多个。1963 年，记录整理传统剧目 5 个，曲调 80 个。同时，以老艺人为主组织半职业剧团，恢复排演大型剧目。1961 年下半年排成全本《双阳公主追狄青》，在城乡演出十余场、获得一致好评。1962 年 4 月，"诸暨西路乱弹剧团"正式成立。王天目任团长，金红满任副团长，李才标任艺委会主任。当年上半年，剧团演出 33 场，观众达 83 万人次。诸暨西路乱弹这一古老的剧种迎来了辉煌的时期。1962 年 7 月，诸暨县文化馆边奠夫、越剧团张健坤两人完成了专著《诸暨西路乱弹简史（初稿）》。书中所记录的都是出自老艺人口中的第一手资料，是诸暨西路乱弹艺术第一次以文字和简谱的形式得以记录在册，具有较高的史料价值和研究价值。1965 年底，诸暨文化部门对戏曲团体进行整编，西路乱弹剧团与诸暨越剧团合并成立诸暨文工团，西路乱弹剧团被编成诸暨文工团第二演出队，但演职员中只有 9 人得以保留。诸暨西路乱弹专业团体至此不复存在。2004 年起，诸暨市开展民族民间艺术资源普查，西路乱弹作为诸暨市唯一的地方戏种受到重视。2007 年开始，诸暨市文化广电新闻出版局和非遗中心投入大量人力物力开展诸暨西路乱弹的非遗项目的申报。2008 年 6 月，诸暨西路乱弹被列入浙江省非物质文化遗产代表性项目名录。同年，老艺人蒋桂凤和陈祖明被批准为诸暨西路乱弹省级传承人。2009 年，诸暨西路乱弹培训班成立。2011 年 6 月，乱弹（诸暨西路乱弹）被文化部公布为第三批国家级非物质文化遗产代表性项目名录。是年，宣美凤、王仲达被批准为诸暨市级传承人。2012 年 6 月，蒋桂凤学生卓琳丽被批准为诸暨市级传承人。2013 年 6 月，在第四批传承人评审中，卓琳丽被批准为绍兴市级传承人，郭幼霞被批准为诸暨市级传承人。

　　诸暨西路乱弹的曲牌与剧目极为丰富，鼎盛时期多达 200 多种，种类大体分为乱弹、徽戏、梆子三类。曾与绍剧、越剧成三家鼎立之势，俗称"宜路（绍剧）打天下，西路做人家，小歌班讨老嬷"，因而被《中国大百科全书》与《中国戏曲志》收录。诸暨西路乱弹伴奏乐器主要有笛子、唢呐、板胡、斗子、三弦、大小锣、大小钹、大小鼓等近 20 种，尤以笛子中的"胖吹"最具诸暨地方特色，音色悠扬婉转，节奏强烈，具有鲜明的民间音乐韵味。诸暨西路乱弹的曲调以"三五七"和"二凡"为主，两者均以笛子和弦索乐器（弹、拉）混合伴奏。剧情需要时也有用唢呐伴奏，称为"梅花三五七""梅花二凡"。二者可以互相转换，紧拉慢唱，音调高亢，旋律快速。

旧时，诸暨西路乱弹班社都是半职业性的封建戏班形式。戏班的组成分为班主、承头、行头主、演员、后场面、箱房及伙头七个部分。班主：即戏班老板，是戏班的所有者，大多为有财势的地主或乡绅，也有一定名望的演员自己组班，而成为班主。承头负责联系演出台基，安排演出、交通和食宿等，相当于现在的经纪人。承头一般具有一定的人脉资源和丰富的营销经验，他的报酬按"承头股"的形式提取。行头主是行头的所有者，主要包括戏服、盔帽、刀枪把子以及道具和旗、伞、桌围等。行头主把行头租给班主，按预先商定的租金收取报酬。也有的班主自办行头，则自兼行头主。演员诸暨西路乱弹旧式班社演员一般为十五六人，男班所有角色全由男演员担任，多为农民出身。民国至中华人民共和国成立初，诸暨西路乱弹戏班主要演员有金晓祥、金培康、梁松泉、王梅堂、王天目、李才标、金红满、王万焕、杨才安、王品臣、念六、陈从龙等。诸暨西路乱弹的演员角色分14个行当，分别为5白脸、4花脸、5包头，表演或高亢雄健、或抒情流畅，丰富多样，大多为讲究唱作的文戏，较少武功。后场面由7人组成，分为鼓板、正吹、副吹、蛇蟒琴、大锣、小锣、二胡。西路乱弹戏班人员极为精简，除了做好本职工作外，有的还要兼管一些舞台杂务。箱房由5人组成，主要管理服装道具。伙头俗称管饭，主要负责伙食。

2.省级非遗

（1）赵家拳棒

赵家拳棒，俗称打拳棒，是赵家镇花明泉村民练功强身的民间武术项目。赵家拳棒历史可追溯至唐末宋初，由檀溪何氏一脉世代相传。清末，花明泉村建造公清堂、承先堂二座武祠，各聘长山师傅、山乃师傅习武，两武祠相互切磋武艺、共揣武学，村中习武之风日盛。赵家拳棒在历史的发展和演变中以宗族血脉为传播途径、以实战应用为主要目的（后又衍生为表演形式）、以"崇武尚德"为思想精髓，不断发展，自我完善，穷尽几十代武师的智慧，融会贯通各地武术的精华，最终形成了庞大、完整、

图3-54　赵家拳棒

独立的武术体系。解放后，花明泉、泉畈两村仍有传承，建有武术培训基地和武术队，经常在各类地区武术比赛和汇演中展露峥嵘。2012年，赵家拳棒被列入第四批浙江省级非物质文化遗产代表性项目名录。花明泉村也被诸暨市人民政府评为"民间艺术特色村"。

（2）同山烧酿制技艺

图3-55　同山烧酿制

同山烧是同山镇唐仁、边村一带村民用高粱古法烧制的一种优质白酒，古称"秫秫烧"或"高粱烧"，同山镇建制后，便以其产地命名，更名为"同山烧"，是同山镇的一大特色农产品。由于同山特殊的地域环境，当地种植的高脚拐糯红高粱品质优良，加上同山一带水源优质，含有丰富的矿物质成分，采用古法烧制技艺，酒气清香芬芳，口感甘醇绵柔，余味爽净悠长，以空杯留香弥久而驰名。酒色红润，倒入酒杯恰如红玉入樽，因此有"酒中君子""江南小茅台"之称，深受周边县市品酒者的喜欢。同山烧的烧制有其特殊的过程，主要工艺流程是"选料－浸泡－蒸制－做掯

图3-56　同山棕编

（发酵）－烧制－着色"。尤其着色，不加任何染色剂，而是将高粱的叶茎直接放入酒中，自然就呈现出红色，这也是同山烧区别其他烧酒的独特标志。2006年，"同山烧"获浙江省农产品博览会金奖。2009年，同山烧酿制技艺被列入第三批浙江省非物质文化遗产代表性项目名录。

（3）同山棕编

棕编是一种集美术、编织于一体的传统技艺，通常利用棕毛、棕皮、棕梗、棕籽等棕的下脚料，创作出棕龙、棕狮、棕象、棕鹰等一系列棕编艺术品。诸暨同山棕编品类丰富，历史悠久，主要有蒲兜箩、小畚斗、青壳蛋以及屹蜢、蜻蜓、小

青蛇等儿童玩具，棕棚、蓑衣、扫帚、拖鞋等生产生活用具。棕编制作技艺分采集、打棕绳构思（打腹稿）、制作（精心编扎，修整上漆）等步骤，通过扎、剪、粘、磨、缝、编等技巧，编制的艺术作品栩栩如生。同山棕编地域特色鲜明，文化内涵浓厚，具有较高的艺术价值和观赏价值。2016年，棕编被列入第五批浙江省非物质文化遗产代表性项目名录。2018年，同山镇唐仁村被列为绍兴市第二批非物质文化遗产传承基地。寿新灿被批准为省级非物质文化遗产代表性项目传承人。

3. 市级非遗

（1）礼户元宵棚灯会

礼户棚灯，名为百子灯，又称太平灯，亦有团结之意，至今已有600多年历史，最早可追溯至南宋嘉定年间。岭北镇礼户村四周山峰像盘龙围绕，地形酷似"燕窝"，俗传"黄龙蟠燕"，为不吉，故从建村开始只迎棚灯不舞龙。从古至今，迎棚灯一直是礼户村民祈求安康、凝聚人心的重要民俗活动。

图 3-57　非遗传承人寿新灿

1947年，由于战事连起等，村里停止元宵迎灯活动，棚灯已近失传。直至1986年，在非遗传承人周林荣、周启龙、周龙彪的带领下，开启了棚灯的传承之路。1990年，筹备了4年之久的棚灯灯会在礼户村恢复举行。2015年，礼户元宵棚灯会被公布为绍兴市第六批非物质文化遗产代表性项目。2018年，在礼户自然村文化礼堂建设了棚灯非遗展示馆。"礼户棚灯"作为人民群众在长期生产生活中形成的风俗习惯，它是人民群众集体智慧的结晶，是弥足珍贵的文化遗产。

礼户祖上定下规矩，迎棚灯为闰年元宵庆贺。因为这一年农时较长，制作棚灯不会耽误农时，还可以将多出来的时间用来迎灯祈福。每逢闰年的正月，礼户家家户户开始制作棚灯，每户家庭至少需制作9盏（即7盏一棚，另有1盏子孙灯和1盏备用灯）。

图 3-58　礼户棚灯

礼户棚灯全由手工制作，工艺极其讲究，从画样、备纸到雕刻、胶圈，需要二十几道工序，完成一盏灯至少需要一天时间。棚灯外形中轴 17.5 厘米，总宽 22 厘米，高不超过 28 厘米。灯壳用彩色纸裱褙，分为针刺灯与刻纸灯。最早的棚灯只有针刺工艺，礼户村几乎家家户户都会制作，灯面图案通常用钢针密密麻麻刺成孔，经过透光留影而成，一旦灯亮，灯光从针孔中透出，图案极为秀丽，显得玲珑剔透、璀璨夺目。刻纸棚灯所有图案及文字用刻刀在纸板上镂空雕刻出来，空间感强，立面变化丰富，结构细腻生动。因传承人周林荣年轻时为木雕艺人，有一定的木雕功底，故将木雕的雕刻技术引用到做灯中，才形成了现在的刻纸棚灯。棚灯由七盏不同颜色的灯悬扎在毛竹上组合而成，故又称"北斗七星灯"，则寓意"七星高照"。每盏棚灯有 54 面 36 个角，寓意"六六大顺"。棚灯四面中间，一般刻字和画图，如吉祥如意、四季平安、状元及第、财源广进等。村民们还会把心愿写在棚灯上，祈求魁星点斗，新年有个好兆头。棚灯一般由大人扛着，孩子再提一盏灯跟在大人身后，称"子孙灯"。子孙灯灯形比棚灯小，一棚棚灯带一盏子孙灯。迎灯过程，每家每户会按抽签顺序在门口做斋祈福，同时把棚灯插于门口。每过一户，队伍中就少一棚灯，至迎灯结束，队伍中不再有棚灯。迎灯活动在正月十三至十五的晚上举行，夜幕下全村亮起近千盏灯，聚集成一片浩浩荡荡的灯海，在喜庆热闹的氛围中，传承着礼户村独有的家风家训。

礼户棚灯迎灯顺序为头牌、大锣、铳、棚灯、蜈蚣旗、令旗、令架、掌仙灯、香亭、魁星、督旗、大锣，以北斗七星为方向，祈求来年好运。礼户棚灯的主体为魁星，亦作奎星，俗称文曲星，由魁星橱、鳌鱼灯、魁星灯组成。《史记》曰："魁，斗第一星也。"东汉纬书《孝经援神契》中有"奎主文章"之说，明朝科举实行"五经取士"，考取头一名者称"五经魁首"。魁星迎进门，子孙读书文，期冀后代多出人才。古时崇尚以读书求取功名，视魁为主宰文章兴衰之神，所绘神像为魁立在鳌鱼背上，手执神笔及金印，多为读书人奉祀。魁星一般由灯盟在腊月十五开始准备制作，扎成后，双眼以红纸封贴，需至正月十四的良辰吉时开光（即"开眼"），而后村民会携祭祀用品至祠堂朝拜，以保子孙后代能中功名及全家吉祥平安，反映了人们对文化、安定、平和之渴望。因魁星有一定重量，且抬魁星难度大，故多为做事稳重威望较高的人抬，也有家有子女要考学的人员，为了祈求家中孩子聪慧灵敏、学业有成而主动要求抬魁星的。

头牌位于整个迎灯队伍的最前端，成对出行，一般高 60 厘米，宽 40 厘米，由木头先做成一个架子，并在透光性极好的白色米纸上写"庆元宵"三个字，再粘糊牢固，内置蜡烛。在迎灯仪式，头牌起到为魁星引路的作用，需要控制整个迎灯队伍的前进速度，故举牌之人多为村中资历较深且做事稳重之人。蜈蚣旗原为护卫之意，在迎灯过程中起到保护魁星出行安全的作用。早先为武器形状，因举旗不便，绘图较难，后慢慢演化为蜈蚣旗的样子，但至今在旗面上仍保留刀、剑等武器图案。蜈蚣旗一般长约 115 厘米，宽 20 厘米，共需 16面，左右各 8 面，旗的外圈镶红、绿两种颜色的边须，红色边须的旗由童男举，绿色边须的旗由童女举。令架的外形和头牌酷似，令架上方需插置令旗，令旗由红色米纸粘糊而成，为红底黑字，上写黑色"令"字。令架一般长 40 厘米，宽 35 厘米，成对出行，左边令架上方插四面令旗，右边令架上方插刀与剑共四把。在迎灯队伍中令旗、令架为魁星发号施令所用，旧时只能由童男来扛举。掌仙灯外形与令架相似，上插一面扇子，扇子中间由竹片做支撑，外糊白纸，形似人的手掌，故又名"掌扇灯"。在迎灯队伍中成对出行，左右各一灯，起到为魁星遮风挡雨的作用。旧时必须由童女来举扛，与前面的令旗、令架形成一柔一刚。香亭的大小与魁星相似，分为上下两层，由木架打底，再用米纸外糊成多面形状，绘上菩萨的图案，亭角还会挂一盏小灯。香亭每一面的菩萨图案代表不同的寓意，一般上层为四个龙王，祈祷全村风调雨顺、五谷丰登；下层为保学有所成的文昌星、仁义忠勇的关老爷、保家安宁的土地公及礼户先祖的领路人朱相公。抬香亭一般为 2 个人，因迎灯仪式较长，故由有一定经验及威望的人带两个年轻人，交替轮流，也起到传承帮带的作用。迎灯结束后，村民会把香亭上的米纸和亭角的灯挂于自家墙上，以求来年家宅安康、风调雨顺。督旗一般长 120 厘米，宽 40 厘米，由木架打底，外糊米纸，并写"国泰民安"四个字。在迎灯过程中，位于迎灯队伍的末端，起到收队任务，让队尾在整个迎灯队伍中整齐有序，与头牌形成一前一后的呼应。

迎棚灯由掌灯人召集组织，掌灯人在岭北叫"灯盟"，灯盟必须是道德品质过硬、邻里和睦，能得到全村一致认可的人。若"灯盟"没有得到村民认可，村民们就不愿参与迎灯会。在迎灯之前，由村棚灯理事会召集选出 50~60 个责任心强、思想品德好、身体素质好的人，来负责迎举头牌、蜈蚣旗、掌仙灯、令旗、令架、督旗等公共物件，礼户人习惯称这个团队为"头首"。迎灯时，以魁星为主体，两块头牌领先，后跟着近百只棚灯，聚集成一片浩浩荡荡的灯海，灯后有 16 面蜈蚣旗，又称青草旗，为本村养牛户所迎，能保牲畜平安健壮；蜈蚣旗后是掌仙灯、令旗、令架、香亭、魁星，最后是督旗。据记载，礼户村最多的一年迎过 110 棚棚灯，可谓壮观。在礼户村迎灯结束后，若有其他村邀请迎灯，因传统规定棚灯不能外借或外卖，所以只能由头首们举头牌、蜈蚣旗、

图 3-59　礼户棚灯非遗传承人周林荣

掌仙灯、令旗、令架、督旗前往，棚灯队伍则不能一同前往。

非遗传承人：周林荣（1956-），主要负责棚灯的图案设计以及整灯的制作。周林荣的爷爷曾是村里棚灯制作领军人物，而到周林荣辈就不曾见过棚灯了。面对父亲周森法的传承托付，周林荣深知让棚灯从光华暗消到大放异彩靠一人之力是远远不够的，于是约上同村周启龙与岭北周村周龙彪（已故），向村里的老人了解当年棚灯的轮廓、形状及制作技艺，又赶去三十多里外的东阳取经，学习当地棚灯的设计。周启龙（1954-），主要负责令旗、令架、魁星、香亭等外框架的制作，在周林荣父亲的影响下参与了棚灯的恢复历程。在村里老者的回忆与口述中寻找当年棚灯的模样，周启龙与师傅们走村串户收集村民废弃或闲置的木材，刨、凿、锯、割、削，反复琢磨，历经一年半时间完成魁星与香亭的雏形，后再通过多次修改，才有了现在我们所看到的魁星。为了更好地复原礼户风格的棚灯，经常挑灯夜战进行比较和研究，最后决定用 16 号铜丝折出魁星的形状，并用棉纸将铜丝包起，再贴纸描图。经过一段时间的制作，站立鳌鱼背、手执神笔及金印的魁星终于呈现在村人面前。陈庭荣（1950-），岭北镇大岭头村人。14 岁便开始学习篾匠，承担香亭制作任务。为做出完美的香亭，并保证篾条的韧性和支撑力，而让灯纸有足够的粘合面与较好的透光度，陈庭荣一入冬便进山寻找 5 年以上的毛竹，晾干后将最外层的青篾制作成 0.5—1 厘米的篾条，再对照以往使用过的旧香亭，通过修复，慢慢开始琢磨其制作工序并进行一比一复制与完善。周远昊，周林荣的侄子，年幼时就对走出千家万户、穿行于山间小路的盏盏棚灯充满了好奇。受大伯周林荣影响，他对棚灯产生了浓厚的兴趣，从单纯的了解棚灯的名字、由来，到后来掌握剪裁、雕刻、粘贴、制作成型等工艺。2017 年，周远昊受邀参加了台湾南投灯会，把这份灯影里的乡情传递给海峡同胞，如今的周远昊，已成为岭顶村礼户棚灯最年轻的传承人之一。

（2）竹马舞

竹马舞俗称"跑竹马"，是一种彩扎与舞蹈相结合的民间艺术。诸暨马剑、应店街一带在明末就有了跳竹马的民间传统，每年从正月初一一直跳到元宵为止。马剑镇相公殿村竹马队最为著名。竹马编制颇费功夫，用竹篾缚成马形，分马首前身和马尾后身两个部分，然后用各色彩纸、彩绸或彩绢裱糊，形成红马、白马、黑马等。竹马舞表演者一般都是十四五岁少男少女，脸上勾画各种脸谱，穿上相应的戏服，将竹马系于表演者前肚、臀后，一人一骑，一般以 16 人为一队，其中 8 人扮四文官：刘备、孔明、曹操，孙权；四武官：关公、张飞、赵云、马超。扮戏文：刘备招亲、桃园结义。竹马队有领队 8 人手执红黄蓝队旗，率马两匹引导穿阵。舞竹马有队形，俗称"阵"，如二角阵、四角阵、六角阵、元宝阵、蟹钳阵、跑满台等。2006 年，竹马舞被列入绍兴市第一批非物质文化遗产代表性项目名录。

（3）舞龙（板凳龙）

龙灯，俗称龙头，亦称板凳龙。板凳龙由龙头、龙段（身）、龙尾三部分组成。龙头高大，以竹木为架，糊以皮纸，描金绘彩。龙身由若干凳板组成，凳板二端有孔，插灯柱联结，一凳一桥，每桥篾扎纸糊，山河亭阁、花草鱼鸟或人物造型，全龙少则十几桥，多则上百桥。龙头制成后，即用纸条封住眼睛，置于祠堂或厅堂，正月十三日，供三牲福礼，拈香插烛，三拜后，揭去龙眼上的纸条，称"开眼"，表示龙眼已开，可以正式开迎。迎灯开始，几十门铁铳齐鸣，震天动地。大锣开道，锣声回荡。龙凤旗领头，迎风招展。迎板凳龙讲究穿阵，阵形有单元宝、双元宝、半九珠、剪刀叉等。龙灯配有旗、锣、伞、铳，龙灯每到一地，均应点香插烛相迎，应给龙头赠红布，称挂红。正月十五为高潮，全村各台门都应迎到，十六日，撕龙头纸片焚化，称送龙上天。骨架搁置厅堂，以后备用。诸暨一带的乡村，每逢春节（正月十三至十六），总要举行规模盛大的舞龙和迎龙灯活动，欢度节日。如安华镇丰江周村板凳龙起始于明隆庆年间，已有 440 多年的历史，是村内一大传统习俗。马剑镇马剑社区、马益村、上和村、相公殿村等村至今也仍流传着舞龙灯的习俗。以往都是男子龙灯，2003 年马剑相公殿村独创了女子龙灯。2006 年，舞龙（板凳龙）被公布为绍兴市第一批非物质文化遗产代表性项目名录。

（4）次坞打面制作技艺

次坞打面是诸暨的传统风味小吃，与草塔羊肉、安华牛淘汤等齐名，并称为诸暨十大传统风味美食，亦是外人知晓次坞的最大招牌。次坞打面起源于南宋时期，而使打面名扬天下的，则与明太祖朱元璋有关。相传，朱元璋未称帝前，征战南北，平定南方割据势力陈友谅后，班师回应天府，途经诸暨次坞时在路旁一小面馆就餐，店主人便以祖传的手工打面招待。朱元璋吃后赞不绝口，连呼此面是吃不厌的"次坞打面"。次坞打面的风味在于"色香味"俱全，更在于面条的"劲道"。纯手工制作的次坞打面依赖厨师干练的擀打摊切、娴熟的抢锅挥勺，每一步都很有窍门。从和面粉开始就颇讲究，要干湿相宜。面条是否劲道，关键就在于一个"打"字。有别于一般的"揉面条"，次坞打面的面团是在案板上擀打出来的，一打便是半个钟头。除了要打得好，还要烧得好。配料雪菜、精肉都要新鲜，根据各人口味喜好再添加各式菜肴。下锅后汤水不宜过多，半汤半干为最佳，所以面条鲜而不涩，油而不腻，咸淡入味，格外有韧劲。近年来，为发扬美食文化、传承传统美食，次坞社区已连续举办多届次坞打面饮食文化节，活动主要内容包括次坞打面现场制作展示、现场烹饪、现场了解次坞打面文化等，吸引了众多诸暨市民和诸暨市外慕名而来的食客，场面尤为热闹。如今，次坞打面店在诸暨的大街小巷遍地开花，杭州、宁波、上海等周边地区有些地方甚至还出现了打面一条街等产业链，俨然成为一道风景线。据不完全统计，光浙江省内就有次坞打面馆 500 余家。各家手底下的打面，更是在保持质朴美味的基础上，幻化出不同的风味，吸引来往食客"闻香下马，知味停车"。

4. 县级非遗

（1）刘氏族祭

陶朱街道刘家山村为汉高祖刘邦后裔血缘聚落。史料记载，汉光武帝刘秀后人刘显仕宋高宗为御史中丞，南渡爵至平国公，醴曰义，卒葬诸暨杨家坞（杨家山村围陇），古墓犹存。南宋时期，其子孙刘千四十公始迁浮邱（刘家山村自然村），距今已 800 余年。2018 年 4 月，刘氏族祭被列入诸暨市第八批非物质文化遗产代表性项目名录。

（2）清明望囡果盘制作技艺

诸暨素有"望囡"习俗，即女儿出嫁后的第一个春节、清明、端午及中秋，作父母者必挑"篮头"到女婿家探望自己的女儿，俗称"望囡"。此习俗始于何时已难稽考，但一代代传承下来，至今盛行不衰，旧有"清明不吃果，到老无结果"和"端午勿兜风，一世勿威风"之说。望囡要挑"篮头"，"篮头"内装上果盘，可谓花式繁多，给人以美的享受。"清明望囡果盘"以清明果为主，再加甘蔗、桂圆、荔枝之类水果。女儿家接受这些东西后，分赠给亲朋好友、左邻右舍享用，以示女儿在婆家邻里和睦、相亲相爱。清明果是诸暨次坞一带清明过节的必备食品。从艺术的角度看，它可列入民间工艺品"粉塑"一类，承载了文化和礼仪的职能。《诸暨县志风俗篇》载："清明时节，邻里互赠清明果，上山祭祖，清明果有青、白二色，咸甜二味。"清明果的制作过程为：籼米掺适量糯米（也有单纯粳米者），碾成粉即米粉，再将米粉用水拌合成一定干湿度，以不粘手为宜，揉之团，再将米粉提成若干小团，用颜料将米团染成红、粉红、绿、黄等多种颜色，用手工捏制成各式形状，常见以人物、动物、花卉为多，如桃花、菊花、樱桃、桃子、万年青及鱼、鸟、鸳鸯、青蛙等多种式样，装入盘中，一般以两盘为宜。

（3）麦草扇编织技艺

诸暨次坞民间素有编制麦草扇的习俗，多以大麦草顶节作扇条，棕榈树叶筋作扇条骨，刺绣为扇心，用毛竹为扇柄制作扇子，并将"端午送扇"沿袭为一种风俗。元代诸暨杨维桢《织妇曲》有"盈盈白面娥，新丝织扇罗"之诗。民间也曾流传着"汤罐水臽臽，六谷饼烤烤，后门头朝朝，麦草扇摇摇"等谚语。每年大麦收割之后，勤劳手巧的婆婶姑嫂就忙着选剪细长白净的大麦草顶节，整理成束，经过淘米水浸洗、煮熟、漂晒等工序，使麦草变得既白又韧。每当下雨天或空暇之时，妇女们在廊下屋檐弄口施展巧技，编织成扇条。扇条一般以 7 根麦草编织，宽约 1.7 厘米，一个直径 25 厘米左右的扇面，约需430—450 厘米长的扇条；花边则由 4 根麦草编织成锯齿状，4 根麦草常常染成两红两绿，亦有其中两根用本色者，待到适当长度，将扇条盘缝成圆扇面。扇面做成之后，又在扇面外圈镶上染有多种色彩的齿状花边，中间用小圆刺绣作扇心，扇心外圈又套有丝绒扎绒，扎绒以浸白的棕榈叶细丝作底，扎以红、绿、蓝等颜色绒线，构成各种图案，先有刺绣，后发展到绘画等。各种刺绣、绘画图案质朴大方，多为花卉、鸳鸯、玉兔图案及"友谊""恩爱""清凉""富贵"等时代特点的祝愿词语，然后装上一根竹制的柄（有的还涂上漆），并在扎线固定处及柄尾级扎上红绿丝线。整把扇子热烈大方、朴素美观，是一件既实用又精致的民间艺术品。麦草扇的制作不仅工艺精美，且具有地方特色，故深受青睐，畅销不衰。

二、风土民情

1. 传说故事

（1）白鱼潭西施传说

传说越国大夫范蠡在诸暨苎萝村（今浣东街道白鱼潭村）为选美寻得西施后，择日亲自送往新都会稽。龙舟由浦阳江顺流而下来到一深潭，潭中的游鱼闻知西施经过此地，都想一睹芳容，便纷纷浮出水面争相来看。由于船高潭水低，尽管鱼儿们拼命蹦跳着，还是看不清，小鲫鱼灵机一动，身子一侧露出鱼肚白，平躺在水面上，一只眼睛朝天看，这下龙舟上的一切看得清清楚楚。别的鱼儿见了，争相效仿，顿时满潭一片银白。西施见此景不禁微微一笑，脱口而出"好一个白鱼潭！"鱼儿闻声，"哗啦"一声，急沉水底，消失得无形无踪。自此，这潭命名为"白鱼潭"。

（2）白马坞传说

诸暨杭坞山西麓有个山坞，坞中云雾缭绕、古木参天，常有一匹白马出没其中，时隐时现，白马坞由此得名。相传这匹白马是匹神马，每当夜幕降临，它便翻越山岭（人称此岭为白马岭）到东边的紫草坞去吃草，次晨天未亮又循原路回来，能见到的人是个好兆头，必将时来运转。有一位书生，守候在岭上，想一睹神马风采，日复一日。果然有天凌晨，东方呈鱼肚白，一片片祥云从晨曦中冉冉升起，忽见一匹白马从紫草坞方向奔腾而来，越过白马岭而去。霎时消失在云雾林中。书生惊喜不已，即兴在白马岭的天鹅峰岩壁上书写"白马呈祥"四个字。这年京考，书生果然金榜题名。人们为纪念他，按字迹将四个字镌刻在岩壁上，引来后人顶礼膜拜，求福降祥。清光绪年间修《诸暨县志》时，特派人去天鹅峰把字迹拓下来，刊印在县志上，并载文曰："白马岭摩崖：正书摩崖，径三对三分，横三尺三寸。无年月书人，在杭坞岭天鹅峰，字迹似井槛瘦鹤，当是齐梁人手笔。"按此推算，这个美丽的故事发生在一千四五百年前，至今仍传诵在次坞镇白马新村一带的村民中，人们盼望着白马再现。

（3）秀才退步上山背胡公传说

马剑镇马益村村东太平山脚有座胡公殿，原有陈家、戴家、沈家3姓氏共建于洋塘明乌龟山顶，后移建于现址。对于为何移建此庙宇？有传说清顺治年间，在沈家有个私塾教书先生，系义乌秀才，他懂风水。一天他到乌龟山顶胡公殿烧香拜佛，看到小山之顶，位于低湖田野之中，四处宽旷，朝南向阳，真是个独好葬坟的风水宝地。从此，他挖空心思，要欲占这个小山岗。趁一个天降大雪之夜，他穿上草鞋袜，偷偷从太平山脚慢慢地一步一步倒退至乌龟山顶胡公殿内，背了胡公佛像，又按原路脚印一步步走向太平山脚放置胡公佛像，再回村睡觉。次日村里众人见此之情，议论纷纷。他趁机散布舆论曰"这脚印有来无去，我懂风水，此地朝南向阳，定是胡公显灵，自己欢喜这地方走来的，不如赶快给他在此造个庙宇，让佛祖安身于此"等等。村人信以为真，于是经与三村族长商妥，就在现今太平山脚重建了胡公殿。过了半年，他向村中提出，要买这乌龟山顶造屋，把家眷从义乌接来安居。村里族宗长辈，视其多年在沈家教书之情，就答应了他的要求。不久，秀才不仅买下了这座山，还将其母的坟墓也迁此安葬。经数年后，秀才后裔果然出了个朝廷命官。从此，每逢清明、冬至，总有坐轿骑马的人陆续来此祭祖上坟，直至解放后土改时，这山才重归沈家所有。

（4）孟蒋联姻

"分水岭畔两源流，孟蒋联姻百世缘。"六百余年来，在诸暨大地，秀丽的分水岭两侧，孟蒋两族一直流传着一幕悲壮的历史剧：蒋文旭与孟蕴动人的故事。北宋末年，金兵南侵，靖康之难，徽、钦两帝北掳。此时，孟相皇后幸免于难，不辞艰险，力挽赵宋王朝，命内侄信安郡王、孟氏第四十七世孙孟忠厚护驾南渡，扶康王赵构在临安称帝。忠厚之子太尉德载公因军功封爵诸暨，于南宋绍兴十七年（公元1147年）择居概浦乡夫概里，从此南孟故里兴旺鼎盛，人才辈出，精英云集。孟太尉择居十二都后，传十世至明洪武年间，孟彦公（第58世孙）有女孟蕴（1378-1470），字子温，号柏楼，大家闺秀，生有异姿，长好读书，工诗赋，善画兰梅。17岁时由父做主许配里蒋村才子蒋文旭，此时起孟蒋两族始结秦晋之约。据《暨阳冠山里蒋上村蒋氏宗谱》记载，冠山蒋氏六世祖御史公文旭（1374-1397），字公旦，天性英敏，知孝让，髫龄时卓荦。年十五，主司选补邑庠弟子员。年二十登贡进士，由太学充试，冠群英。年二十三，官拜河南道监察御史、湖广巡按。其官贵显，其志清约廉谨。在京为朝官，拜大儒方孝孺为师，与师亲善，正学方孝孺先生所赠蒋侯"味菜轩

图3-60　孟蕴像

图3-61　蒋文旭像

记爱志"，传于今人。明洪武三十年（公元1397年），朝中皇储朱标英年早逝，为立储君事，文旭上朝直言忠谏，但有违朱元璋易储意，疏谏忤旨赐死，时年二十四岁。待闺的孟蕴虽聘为文旭妻，但从未会夫面，深为丈夫不平，她立志守节，服丧三年。五年后公婆亡故安葬后，被父母接回娘家，此后独居柏楼。孟蕴誓志守贞，以书为伴，以琴为友，终日作诗言志，琴画自娱，其间著有《柏楼吟》《兰雪集》《梅花百泳》等诗篇200余首，成为明代著名女诗人。明宣德六年（公元1431年），宣宗帝为蒋文旭昭雪平反，时蕴年53岁，奉旨在

孟蒋两地建坊立祠。至今尚存里蒋村"御史亭"与南孟故里孟庙"贞女殿"等，供后人祀奉。孟蕴以梅之节操，度艰贞岁月，冰清玉洁，终生不嫁，享年93岁，葬于诸暨十二都孟子庙西侧梳头盘山。自从蒋文旭与孟蕴联姻结缘后，孟蒋结成姻亲600余年，明清以来代代姻亲，以舞龙灯、跑竹马、祭贞女、迎太尉等民俗文化，互贺新春。两族传承历史文化遗产，礼尚往来不断，分水岭脚，两大望族之间姻亲延续。

2. 民俗文化

（1）状元文化

据传，宋朝年间因为金兵作乱，中原人氏赵禄携家人逃到江南，一直找不到地方落脚，听说诸暨浦江交界一带有片大山，山势嵯峨，重峦迭嶂，竹木繁茂，气清水明。某年八月十三，宋朝风水大师、人称"先知山人"的赖布衣，被国师秦桧追杀，刚好避到这里。赵禄遂请他相地，赖布衣拈着山羊胡子笑眯眯说道："这里到处是状元之地"。于是，赵禄就带着家人定居于此。赵姓后人一直记得赵禄太公定居寺坞（今马剑镇状元村）的功绩，所以尊他为"总管太公"，还把他的神像供在王灵庙里，供后世瞻仰祭祀膜拜。近年来，状元村致力于挖掘崇文修学的状元文化，依托铁皮石斛基地、教育研学基地、王灵尖森林古道三大旅游景点，打造集文化体验、农耕休闲、生态旅游、养生度假、教育研学等为一体的历史文化村落。同时，状元村将"清廉因子"融入辐射多村旅游，举办了各类文体活动，为前来研学的青少年和骑行跑步的参赛者提供崭新的文化体验。

（2）龙二公祭典

农历正月初十，是马剑镇上和村始祖龙二公的诞辰日。上和人以这天作为节日，全村男女老幼皆着新装，喜气洋洋，热闹非凡。只见厅内灯火通明，厅外鞭炮齐鸣，举行祭祖仪式，俗称"拜太公"，历数百年不衰。拜太公仪式沿袭老祖宗代代相传的礼仪规矩，随着时代的变迁，有所调整，渐趋隆重。至龙二公十世，上和按八个房族轮流承办拜太公，依次为：光裕堂、树德堂、小务本堂、崇厚堂、百福堂、怀德堂、务本堂、修德堂。八年一轮，承办的房族称"值年房"。拜太公仪式由值年房精心安排。厅堂正门大开，张灯结彩。厅柱前方上书楹联一副"地当五马同槽卜宅卜居莫忘宗功祖德，时届三阳开泰献觞献爵共庆人寿年丰"，横额"慎终追远"。厅堂正中悬挂始祖龙二公暨杨太夫人画像。正月初十日凌晨，"值年房"子孙以鞭炮为号，将准备好的祭品送往厅堂摆放，称为"盘头"，有水果糕点、南北佳肴、山珍海味、鲜花美酒，更有灵巧手艺制作的十二生肖，福禄寿禧、梅兰竹菊、龙凤呈祥、宝塔元宝等等。最前方供奉沾着红丝棉子的"三牲福礼"——大猪头、活鲤鱼、大公鸡。酒壶、酒盅、蜡烛台一应齐全，音乐阵阵，香烛袅袅。可谓香火旺盛，祥光满堂。摆放定当后，"值年房"子孙按辈分排列，由长辈司仪，点香插烛，三跪三拜，在始祖画像前行礼。天亮后等待各路人马的到来。从早晨开始，上和村各房族及几十支居外裔孙，敲锣打鼓，放炮吹号，抬着烟火、礼炮、香烛等相继赶来跪拜。一房接一房地祭拜礼毕，再由族中长辈敬备祭品，敲锣打鼓，带领祭祖队伍浩浩荡荡来到据顶岗始祖墓地祭拜。下午未时，还要举行"值年房"的交接仪式。下一届值年房长辈率房内子孙来到祭堂，行三跪三拜之礼后，与本届值年房长辈相互对拜，双手跪接始祖画像。其后一路鞭炮一路锣鼓，虔诚接回本房供奉，为来年更出色的祭拜仪式作准备。晚上，锣鼓铿锵，还有社戏开演。年复一年，上和子孙就这样守护着自己的精神家园，血脉永承。

（3）相公殿六月六

农历六月初六日，俗称六月六，是马剑镇相公殿村传统的夏会。在相公殿村凡是夏会或迎龙灯等大事，都由八蓬八轮办，迎夏会是为了祈求风调雨顺，五谷丰收，保平安无灾，太平安康。六月初五日傍晚，接龙王爷、关老爷、张大仙三尊神像于殿内，全村农户都来供祭，祭品装饰讲究。初六日早晨，用佛轿抬诸神（龙王、关帝、张大仙、胡公），在社队（旗、锣伞、铳、锣鼓、执事等组成）沿路地庙迎畈，以保田稻丰收，在板桥头每个迎畈人可得大麻饼两个。是日，亲戚朋友都来做客，亲朋好友来时还客带客，以示该户贵客盈门。中餐十分丰盛。傍晚分别将迎来诸神送至各自庙中。

（4）粮政文化展示馆

粮食虽小，却供养着国祚，维系着民生。农稳社稷，粮定民心。一部悠久的粮政史，就是一部蕴含着中华民族饥饱、荣辱、进退、变迁等多重内容的兴衰史。其中形制各异、不断发展的粮仓粮站，就是呈现这部历史的具象又生动的纸页。民以食为天，德由文化育。暨南街道新胜村粮政文化展

图 3-62　粮政文化展示馆

示馆由新胜片老粮站改建而成，展示馆分为古今粮政、近代战争时期粮食供应保障、新中国粮政和粮食工作史料（粮史钩沉）四个板块，以粮食耕作流程图、农事劳作场景再现、农具展示等形式，直观地展示了农耕文化。

3. 传统技艺

（1）长寿面

诸暨马剑的饮食因其独特的地理位置，博采众长又独树一帜。秋意渐浓，马剑各地的房前屋后，晒出了长长的马剑索面，场面壮观。每到秋冬季节，家家户户开始动手制作，只要天气晴朗，晒场上就会密密麻麻摆满面架。马剑长寿面为手工制作，据说吃了长寿的，所以也叫长寿面。一般来说，祝寿时送索面叫"长寿面"；女子坐月子时庆生，放入鸡蛋，称"诞面"；结婚订亲时男方送女方写着红纸条的索面，称为"喜面"；迎客人入门煮面以示情谊长，为"太平面"。

图 3-63　长寿面

（2）手工草鞋

草鞋是中国人发明的一种鞋，也是马剑镇相公殿村的手工制作特色。它体现了劳动人民的勤劳和智慧，表现了勇气和奋斗，而今它又被寄予了新的文化内涵——环保和资源的再利用。自古以来，无论男女老幼，凡下地干活、上山砍柴、伐木、采药、狩猎等，不分晴雨都穿草鞋。草鞋既利水，又透气，轻便、柔软、防滑，而且十分廉价。特别是夏天走长路，穿上草鞋清爽凉快，软硬适中，步履敏捷，两脚生风，给人一种惬意感；雨天穿着它，既透水，又防滑；冬天内穿一双棕袜子，外套满耳子草鞋，既保暖，又防滑，如遇冰溜子上路，再套上铁制的脚码子，就保无事。

（3）上和豆腐皮制作

豆腐皮，又名豆腐衣，为豆浆表皮凝结而成的薄膜，烘干后薄如膜，色微黄，半透明。李时珍《本草纲目》载："豆腐之法，

图 3-64　上和豆腐皮

始于汉淮南王刘安……其面上凝结者，揭其晾干，名豆腐皮。"马剑镇上和豆腐皮历史悠久，20 世纪 70 年代，上和里厅陈高松将豆腐皮发扬光大，扩成规模。如今这门手艺已传至他的大儿子陈洪明手中，在陈洪明的带动下，全村有 20 多家作坊制作豆腐皮。上和豆腐皮薄如蝉翼，落水不糊，味道鲜美，富有营养。豆腐皮的制作工序颇为讲究，前后有十余道流程，选豆、浸泡、打浆、烧胚、过滤、点浆、挑皮、加浆、烘焙、晾干、成束，最后产出的豆腐皮，白中泛金，筋道韧性。上和豆腐皮产品优质，品牌响亮，供不应求。

（4）冠山青石雕刻

大唐街道冠山村青石雕刻是传统民间工艺，题材多为龙、凤、狮、象等吉祥动物，以及"喜鹊梅花""二龙抢珠""鹤鹿同春""凤采牡丹"及"和合二仙"等传统图案，雕刻栩栩如生，如诗如画。雕刻的方法为浮雕和平雕，其风格不同，产品也各不相同。冠山石雕师傅们雕刻了大量牌坊、墓碑、窗板、磨臼、磨盘、石槽、石凳等实用器皿或建筑构件，写实而尚意，又极具民族风格和浓郁的地方特色。冠山石雕一直都是以家庭作坊为之，直到 1977 年，成立了浙江省首家雕刻厂，随着业务的不断拓展，产品也越来越上乘，从而走向了全国。至 20 世纪 80 年代，石雕艺术得以空前发展，鸡冠山麓建起数十家石雕厂，生产各种精美石雕工艺品，产品远销全国各地，并涌现出一大批石雕工艺家。

三、宗族源流

1. 冯氏溯源

冯氏的历史已有三千年。据《元和姓纂》后汉书等记载，冯氏源自姬姓。周武王封其亲族于冯夷故地，乃称冯，春秋初期被晋国吞并。东周时期（公元前 661 年），晋灭魏，大夫毕万的儿子毕斯魏武子被封魏地。毕万是周文王第十五子，毕公四百年后之后裔，毕万的旁支裔之孙魏长卿冯文孙，食采于冯邑（冯城，今河南省荥阳市西南），子孙才以封邑为冯氏。始祖冯文孙，史称冯氏正宗，是为河南冯氏。冯氏望族居于山东始平郡（今陕西兴平县东南，当时属雍州管辖），称为冯氏始平世系，是冯氏发祥之地。冯文孙的曾孙就是冯蔡家谱中的远祖第一世平公，字君彦，在汉太始二年（公元前 95 年）封为都督郡王，娶雍州胡尚书之女。

冯蔡之始祖第一世百九公，讳子让，字应祥，生于北宋嘉祐七年（公元 1062 年）十月十二日。于南宋绍兴三年（公元 1133 年）由嵊邑西门举家迁入暨阳长宁四十八都冯蔡。其父是先祖二十一世富一公之子贵一公，讳牧之，南宋元祐二年（公元 1087 年），登进士授泉州府太守，配何副使之女，生五子。冯蔡始祖和嵊州冯家潭始祖系嫡亲兄弟。冯家潭始祖排行老三，冯蔡始祖排行第四。冯蔡第二世百九公儿子宣八公，讳望山，字巨宁。生一子端一公，讳起源，字闻远，生于南宋绍兴十六年（公元 1146 年），任台州府黄岩县儒学训导，生三子，葬于白鹅榧树下。

诸暨东和乡冯蔡村人文底蕴深厚，孕育了众多英才。明清时期，出了远近闻名的才子冯兆澜。近代有著名的哲学家与哲学史家冯契、世界著名航天航空学家冯绥安、曾在民国时期任浙江省物资运用委员会主任兼财政厅厅长冯文启、黄埔军校第十期学生冯国生、少将军衔冯许平、对越自卫反击战光荣牺牲的三等功臣冯元永。更令人惊叹的是在这小山村里出了 19 个博士生，成了名副其实的"博士村"。

冯契（1915-1995），原名冯宝麟，笔名冯至、洛丹，民国四年（公元1915 年）出生于诸暨东和乡施家坞村，著名哲学史家、哲学家、美学家、教育家、教授，师从金岳霖、冯友兰等大师。1995 年逝世，享年 80 岁。1935年，冯契考入清华大学哲学系，抗战爆发后，曾赴延安。并辗转山西、河北等地，参加抗日工作。1939 年前往西南联大复学，1941 年毕业。民国三十三年（公元 1944 年），清华大学研究生肄业，先后在云南大学、同济大学、复旦大学执教。1956 年调入华东师范大学，创立哲学系。他提出"化理论为德性"的主张，创造性地建构了"智慧说"哲学思想体系，深刻揭示了中国哲学精神的特点，代表了近现代中国大陆哲学与中国哲学史研究的最高水平。其代表作有"智慧说"三部：《认识世界和认识自己》《逻辑思维的辩证法》《人的自由和真善美》；"哲学史"两部：《中国古代哲学的逻辑发展》《中国近代哲学的革命进程》。著作结集《冯契文集》（十卷本），曾受毛泽东推荐。冯契历任上海社会科学院哲学研究所副所长、上海社会科学院副院长、国务院学位委员会第一届哲学评议组成员、中国哲学史学会副会长、上海市哲学学会会长、上海市逻辑学会会长等职。

冯绥安（1922-1995），美籍华人，著名航天航空学家，民国十一年（公元1922 年）出生，诸暨冯蔡人。1943 年就读于浙江大学龙泉分校，毕业于国立中央大学机械系，1948 年去台，之后留学美国，专攻热工学、流体力学及应用数学，获美国罗斯切大学工程硕士、康奈尔大学科学博士学位。曾先后在德克萨斯理工大学、康奈尔大学、艾文斯维大学、里海大学、南湾大学任教。1995年在美国病逝。冯绥安是美国航天局 1965 年聘请的 10 位航天研究专家之一（也是唯一的亚裔人士），应美国总统号召，参加了"阿波罗登月计划"工作，受聘于加州北美航太公司（后并入洛克韦尔公司），至 1988 年退休。其间参加了"阿波罗"11 号飞船的设计研究及航天飞机和太空站等的策划与研制。他主要从事攻克低温、隔热、散热、流体力学等难题的研究，作出了不少首创性的贡献，成为"阿波罗"登月工程中举足轻重的专家和领导者之一。登月计划的难题之一是飞船在返回地球时因高速进入大气层相摩擦而使船体外壳产生高温，会导致船毁人亡。冯绥安提出在船体外壳外装上"鳞片"，在穿越大气层时把"鳞片"张开，以降低外壳的温度，从而解决了这一难题使它安全返回地球。他还解决了航天器与太空站在宇宙空间对接的方法及其机械设备问题。又和大家一起继续研制完成"阿波罗"12 号至 17 号飞船，并在 1972 年提出的航天飞机计划为美国政府接受。他应我国国家科委之邀回到北京，与著名科学家钱学森等一道研讨我国"七五"期间宇航事业发展方案。冯绥安热爱母校，曾先后 7 次回访母校参加重大典礼及向老师汇报他几十年来在教学、科研上的成就，并捐资设立了奖学金以奖掖后进。

冯奎安（1932-），诸暨东和冯蔡人，冯绥安胞弟，民国三十七年（公元1948 年），随兄去台湾，次年其兄赴美深造。冯奎安在十分艰苦的环境下，以优异成绩毕业于台湾大学，后也赴美国加州大学深造，获热力学博士学位，留校任教授。1979 年 1 月，回国探亲祭祖。1984 年，应邀参加新中国成立 35 周年国庆，顺道返乡至枫桥向学勉中学全体师生做报告，勉励莘莘学子要刻苦学习，胸怀大志，勇攀科学高峰，为祖国作贡献。冯奎安多次回国讲学，先后被聘为南京工学院名誉教授、绍兴市人民政府经济技术顾问，先后受到邓小平、李鹏等党和国家领导人的接见。

2. "姚氏五杰"

"眉山有三苏，浙地出五姚。"北宋苏洵、苏轼、苏辙父子三人名满天下，而"浙地五姚"则指诸暨东和乡姚邵畈村姚家庵太师姚舜明与其子姚宏、姚宽、姚宪、曾孙姚镛一族。清代《诸暨县志》记载："姚家庵藏有姚太师像，下列宏、宽、寓、宪四子，岳武穆赞。"明代诗人郭肇曾有怀念太师诗："寒烟老树掩荒村，寂寞繁华更不闻。日暮牛羊下邱陇，行人犹道太师坟。"清代诗人东岩居士题天马山诗一首："双峰插笔卓天网，雨润淋漓翰墨香。上出重霄无个并，下盘大地有谁情。词林金马西园客，学士凤池东璧郎。莫道遥遥当我面，还疑身住白云乡。"

姚舜明（1070-1135），字廷辉，北宋绍圣四年（公元 1097 年）进士。同年，与诸暨进士张甸之女完婚。遂由嵊县迁诸暨孝义乡姚家庵村定居。先为相州临漳主簿、登州平牟令。北宋政和年间，知平江府昆山、秀州华亭二县，颇著声望。后任河东经略安抚司干办公事。北宋宣和二年（公元1120年）冬，通判婺州，权州事。因于义乌袭击方腊起义军，授直秘阁、提点两浙刑狱及福建路提举茶盐事。宋钦宗即位，升御史中丞。高宗时，知衢州，不久升提点江南东路刑狱公事。南宋建炎三年（公元1129年）冬，奉命屯兵信州（今上饶），并知江州（今九江等地）兼本路安抚制置使。李成叛宋，拥军30万围城，姚舜明布列将士，召募敢死，昼夜接战，生擒其将王林等。池州（今贵池）安抚大使吕颐浩率杨维忠等欲解其围，但在师古败于李部，未能赴援。姚部粮尽援绝，而将士意志益坚，仍举兵决战。南宋绍兴元年（公元1131年），姚舜明任左司郎中，江淮荆浙都督府随军转运使，权户部侍郎。绍兴四年（公元1134年），任集英殿修撰，提举江州太平观，进徽口阁待制，行中书门下省，累阶大中大夫，文安县开国男，食邑三百户，赐紫金鱼袋。绍兴五年（公元1135年），卒于诸暨孝义乡（今东和乡）姚家庵村，赠太师。葬于长宁乡左溪天马山大飞龙山麓。"文革"期间，太师墓遭遇严重破坏，其中出土了墓志三块，这几件宝贵文物现藏于诸暨博物馆。著有诗文集《补楚辞》等。生四子六女，四子宏、宽、寓、宪，俱有声。长女婿莫伯镕，二女婿黄师信，三女婿叶着，四女婿毛叔度，五女婿张云，六女婿何修。孙六人，姚侃等，孙女六人，长孙女婿莫济，其余未嫁。姚舜明夫人张氏（1078-1145），出生于文人士大夫的家庭，曾祖父张慈，为诸暨县主簿，父亲张甸，进士出身，喜论兵，官太仆寺函，居姚家庵。张氏与姚公婚时19岁。张夫人自幼聪明颖悟，能诗词文章，并掌握医药、道教、佛教等方面的知识。

太师尊称为三公之最（即太师、太傅、太保），太师既要教导太子，又要辅佐朝廷政事，自古有了太师，皇帝才有雄才大略而平天下。太师荣誉非常特殊，姚家庵出太师，也是诸暨的骄傲。诸暨历来有耕读家传之风，太师门庭屈指可数，儿孙们个个都是杰出人才，其中：

姚宏，姚舜明长子，字伯声，一字令声。北宋宣和年间中在上庠。建炎年间，任删定官。靖康末年，秦桧上书金帅粘罕，乞求称臣纳币，偏安南方，诱姚舜明共署名。姚将书携回，次日送还，不署。秦桧因姚宏悉知其致书粘罕内情，借更迭之机，贬姚宏于江山县。时江山大旱，姚宏率众祷雨，秦桧诬为妖术惑众，下大理寺狱瘐死。著有《战国策补注》30卷。

姚宽（1105-1162），姚舜明次子，字令威，号西溪，集诗人、文学家、金石学家、哲学家、军事家、发明家于一身。以父荫补官，先为吕颐浩、李光帅江东时幕府。傅松卿继位，召其主管机要，不就。秦桧执政后，以旧怨抑而不用，退隐从事著述。未几，经贺元中、张孝祥推荐，复入仕途，权尚书户部员外郎、枢密院编修。姚宽学识渊博，工诗文，善篆隶，旁及制造之术。为配合抗金，搜集古今用弩及造弩资料，编成《弩守书》。又改进韩世忠制弩旧法，制成"三弓合弹弩"，力甚强。此外，尚有论述古"大驾卤簿指南车"制法之作。所著《玉玺书》《五行秘记》《史记注》《补注战国策》《西溪居士集》《乐府》等均亡佚。惟《西溪丛语》2卷存世。其书考证旧文，纠正谬误，为人所称。

姚宪，姚舜明幼子，字令则。以父任补承务郎。为海盐、龙游、宣城县丞，仁和县令。仁和为赤县，公务繁复，然姚宪敏捷干事，政治修明。任满，升秀州知府。浙西大水，请输粟万斛以赈，继为提举浙西常平司，迁提点刑狱，继以直秘阁知平江府，转任两浙转运判官，进直敷文阁，知临安府。后历工部侍郎，进御史中丞，迁参知政事。以端明殿学士知江陵府。年六十三卒于任。著有《乾道奉使录》。

姚镛（1191-？），姚舜明曾孙，字希声，一字敬庵，号雪蓬。南宋嘉定十年（公元1217年）中进士。南宋绍定元年（公元1228年），为吉州判官。六年，以平寇功知赣州，因忤帅臣贬衡阳。嘉熙元年（公元1237年），始离贬所。景定五年（公元1264年），掌教黄岩县学。有《雷蓬稿》。事见罗大经《鹤林玉露》卷六、明万历《黄岩县志》卷四。姚镛诗，以汲古阁影宋抄《南宋六十家小集雷蓬稿》为底本，与新辑集外诗合编为一卷。

3. 上和陈氏

马剑镇上和陈氏始迁祖龙二公（1349-1406），讳文德，字兴祖，系文渊阁学士陈陵之后。祖讳禄忠公，好学问，性颖悟、品端学茂，文行兼优，登至正乙酉进士。父寿一公，阴行积善，超越前修。公兄弟五人，公行龙二。谊切友，志高尚，淡名利，一生倜傥不羁，喜游山水。凡名山胜境，兴之所至、辄裹粮南游。明洪武十五年（公元1382年），公自乌程（今湖州）苕溪、蜀山迁至浦阳上和，见其地群峦叠翠，列嶂排云，修竹茂林，春青冬绿，平畴膏腴，有"五马同槽"之胜地，遂卜宅卜居，距今已有640多年的历史。公因里人气谊之殷，乃益置生人，产有终焉之计。传曰：非宅是卜，惟邻是卜，其是之谓乎？淑配杨氏，生四子：胜宗、胜美、胜科、胜魁。威以仁厚传家法焉。

上和村自古以来"重教敬学"风尚盛行，陈氏先祖建家园、垦田地、修水利、兴义学，一代代繁衍生息，形成了独特的"耕读传家"传统。清乾隆十六年（公元1751年），由第十四孙陈国瑛独资，在永思堂旁建造了上和村第一所私塾——长吟轩。清咸丰三年（公元1853年），由先辈陈芳椒等人合资，在平定岭脚建造了第二所私塾——南屏山馆。两所私塾共培养出增生、贡生、太学生、邑庠生、举人共45人。其中，武举人陈明钿、南昌进贤县县尹陈克文。先辈们的学业有成，为后辈作出了良好的典范，"重教敬学"在上和村蔚然成风。办学热情高涨，求学心情迫切，学校规模发展迅速，从解放初的初小到1960年代的完小，从1960年代末的戴帽初中到1970年代初的民办高中。全村形成一股以读书为荣、以考入大学为誉的良好风气。全村在解放前，中学以上毕业生达12人。新中国成立后，特别是"文革"以后，大中专毕业生达200多人，其中硕士、博士研究生就有13人，全村从事教师职业（含已退体）达30多人。至今全村有全国各地从政、从教、从医、从商人数约占全村人口的三分之一。上和村的卓著人物，有为抗击粤匪入侵而奋勇杀敌、壮烈殉难的八壮士，其义举流传至今。更有抗日名将陈啸奋和双枪女将吴生平夫妇投笔从军、戎马一生的美誉名垂千秋。还有毅然参加浙东人民解放军金萧支队的陈荣富、陈松鹤，为推翻蒋家王朝、解放全中国而奋战沙场。

4. 冠山蒋氏溯源

诸暨蒋氏族居里蒋村、童村、下度、下蔚、李家磨、古塘、溪右等村，散居至侯村街、板西、紫阆、五云山、章村等20余村，有蒋姓3万人。蒋姓出自姬姓，周朝初年，因周公旦辅佐周成王有勋封七子为国公，三子伯龄封于蒋国（今河南淮滨县期思），春秋时期蒋国被楚所灭，伯龄族以国为姓，避难散居四方，繁衍生息，代代相传。族谱记载，西汉末的蒋横、蒋默、三国的蒋琬、唐朝的蒋俨、蒋冽、蒋乂，都是蒋族先祖，传至后梁时，士宏公从宜兴迁居东阳泰里，至宋仁宗时，朝忠公又西迁浦江横山（今浦江黄宅镇蒋才文村）。南宋绍定五年（公元1232年），冠山始祖昌朝公举家迁住冠山蒋家坞，至今已传三十二世，十二代同堂，子孙繁衍万余人，且人才辈出，精英云集，为浣西名门望族。蒋昌朝（1211-1275），字槐卿，号梅轩，伯廿七，是北宋元祐进士仲统公之孙，大宗九十五世，居浦江县横山里。配大陈陈氏，生一子世奇。里蒋村有蒋姓2000余人（包括外埠），炜一兴辈十代同堂，御史家风，为国尽忠，治家以勤，处世以德，操守以节，交友以义，待众以诚，尊长以孝，布仁四海，人杰地灵。

5. 里蒋王姓族氏溯源

里蒋王氏先祖王佑，河南开封人氏。宋太祖、太宗二朝名臣，历县吏、府尹至兵部侍郎。王佑生前在开封庭院种下三棵槐树，其后裔即"三槐堂"支系。王佑死后追封晋国公，赠太师。世系为王佑–王旦–王秦–王巩–王藻。王藻，开封人，德州刺史，育有一子王欣，一女王氏。北宋元符二年（公元1099年），王氏许配瑞王赵佶，封顺国夫人。次年赵佶继位，是为宋徽宗，册封立为皇后。王皇后生一子赵恒（即宋钦宗），一女为崇国公主。大观二年（公

1108 年）十月，王氏因受嫔妃内斗，遭陷害受气病故，年仅 25 岁。其内弟王欣（即王老相公）随信安郡王孟忠厚掌管朝中户籍、账册。南宋建炎四年（公元 1130 年），金兵入侵汴京，徽、钦二帝掳北受难，康王赵构与孟皇太后南渡江南，后转战暂居绍兴。南宋中兴，建都临安，乱世平和后，孟忠厚之三子德载公，徙居概浦十二都。南宋乾道年间（约公元 1165 年）王欣之子王文定由绍兴徙居灵泉王家坞，至今已有 850 余年族史。王家坞始祖王文定，后裔支分二派：诸暨东坞派，王家坞，约 350 余人；富阳常录派，王全坞，约 250 余人。王文定之女嫁于侯村街侯氏始祖侯文仲，子传十六世至明后期，分瑞昌、瑞宾二房，又传十世：瑞、茂、植、兴、盛、允、康、迎、椿、炳。

6. 暨阳边氏

边姓最早可溯源至商周时期，商朝诸侯国边国君有伯爵封号，其后以边为姓，周朝有大夫亦名边伯。边氏得姓后很长一段时间居住在河南商丘一带，东汉时期名人渐多，有京兆尹边凤、九江太守边让，尚书令边韶，这三人都是陈留人，边姓陈留郡已经形成。暨阳边氏始祖边肃，北宋咸平年间进士，开枢密直学士仁宗赠兵部尚书。北宋靖康元年（公元 1126 年），第六世边应隆官节度副使、扈跸南流，奉命寻海道，居温州松门里（今温岭市松门镇），生三子，幼子边谨，行亿三，承奉郎，性嗜山水，游观暨阳（诸暨），见同山南源境地清秀，遂卜居于斯，历八百余年，子孙绵延三十余代。

同山边村村地处诸暨西南山区，族风崇文尚武，素以剽悍著称，其地一直浸润着古越自强不息、励精图治的血缘基因。边村是浙江边氏的发祥之地，自古多俊杰，文治国，武安邦，人才济济，江南边姓多出于此。边氏家族继承了祖辈优良传统，子孙后代多贤能官吏，俊逸高才。边氏后裔对先祖、对宗族、对国家、对传统文化有着一种强烈的认同、传承、光大的意识。暨阳边氏是全市唯一续修过 26 次宗谱的姓氏，暨阳边氏也是全市唯一没有支派分谱的望族。边村也是全市至今唯一能举办以姓氏名义的全国代表大会的乡村。边氏合族的同心同德、齐心协力精神，一直为大家所推崇，义勇之誉更是声名远播。

边韶，字孝先，汉桓帝时尚书令。边氏宗祠堂前对联"家传经学重先型好眠而非懒，天下才名归太守虽死犹亦生"就来源于边韶"白日眠"。边韶曾经白天假卧，学生们嘲笑道："边孝先，腹便便，懒读书，只想眠。"边韶回答道："边为姓，孝为字。腹便便，《五经》笥。只想眠，思经事。寐与周公通梦，静与孔子同意。师而可嘲，出何典记？"学生们惭愧得无地自容。

7. 兰台赵氏源流

兰台赵氏自古以清廉为誉，一琴一鹤，堪称千载楷模。合赵氏之族，汉唐宋明乃至于今，为世所重、垂名千古者迭出，清流如霁月光风，坦荡澄澈，彪炳古今。

南宋宝祐年间（约1255年前后），燕王德昭（宋太祖赵匡胤次子）十世孙、兰台赵氏始迁祖赵孟良自山阴柯山（今绍兴柯岩）迁诸暨长阜乡兰台（即今赵家）。《光绪诸暨县志》载："兰台里，居民皆赵姓，人文秀出，甲于县东，分上下赵，聚族数百家。村口有兰台古社。"760多年来，兰台赵氏子孙繁衍，聚族而居，成暨东望族。兰台赵家，自古以来清廉为誉、一琴一鹤，堪称千载楷模。自宋元以来，赵家继承先祖重视文教的遗风，设义塾，置学田，耕读传家，书香奕世。明清时期赵家赵氏出了进士1人，举人8人，贡生80人，庠生70人，太学生10人，国学生98人，廪膳生2人，增广生员4人。

造父，嬴姓，赵氏始祖。造父祖先大费（伯益）为白帝少昊裔孙，伯益被帝舜赐姓嬴，造父为伯益的十四世孙，周穆王时为驾车大夫。后受周穆王封于赵城（今山西洪洞县），遂以赵为氏。造父以下七世至叔带，去周如晋，事晋文侯。西汉颍川太守赵广汉，居涿郡（今河北涿州）。北宋开国皇帝赵匡胤、燕王赵德昭。北宋清献公赵下，曾知越州（今绍兴）。南宋吉国公赵希适、枢密使赵与能居山阴柯山（今绍兴柯桥柯岩）。

赵广汉，字子都，西汉涿郡蠡吾县人，中国古代十大清官之一。在颍川郡任太守期间，令手下人制成可入不可出的小口器具，以"受吏民投书"，为中国最早的举报箱。举报箱的发明大大方便了赵广汉了解民情民意，施政执法。赵广汉在担任京兆尹时，京兆地区政治清明，官属和百姓无不交口称赞。赵广汉为官廉洁清明，威制豪强，深得百姓赞颂。《资治通鉴》所记"京兆政清，吏民称不容口"，则是对赵广汉最好的评价。

赵抃（1008-1084），字阅道，号知非子，衢州西安（今衢州柯城区）人，北宋名臣，兰台赵氏先祖。北宋景祐元年（公元1034年），进士及第，出任武安军（潭州）节度推官，治理崇安、海陵、江原三县，迁泗州通判。至和元年（公元1054年），授殿中侍御史。历任睦州知州、梓州、益州路转运使。入为右司谏，论事不当，出知虔州。宋英宗即位后，除天章阁待制、河北道都转运使，以龙图阁直学士、知成都知府，被宋英宗称为"中和之政"。宋神宗即位后，担任右谏议大夫、参知政事。元丰二年（公元1079年），以太子少保致仕。平时以一琴一鹤自随，为政简易，淳良温和。平生不治家产，不养歌伎，抚恤孤寡贫寒之事，不可胜数。在朝弹劾不避权贵，号"铁面御史"。元丰七年（公元1084年）逝世，时年七十七，追赠少师，谥号"清献"。其所著《清献集》，被收入《四库全书》。兰台赵氏宗祠"清献堂"，堂名也从中出。

赵孟良，字可直，宋太祖赵匡胤第十世孙，燕王德昭之后。自幼喜欢读书，熟知经史韬略。曾经跟着父亲出入沙场，表现出优秀的军事才能，受到父亲的赞扬。元兵时常骚扰乡里，孟良公组织民兵进行防御和抵抗，常使元兵望风而逃。后来，孟良公因读书用眼过度，致成目疾，壮志未酬，非常遗憾。孟良公是个至孝之人，因祖宗崇国公、昌国公的墓在暨阳，他就按时前往祭扫。途中常经过长阜乡的兰台里，见其山有仙人便袋形，山势峻秀，风水绝佳，非常喜爱。南宋宝祐年间，孟良公不吝重金在兰台里买田地置房产，创业而居，并把父亲和祖父的棺枢迁葬在大墓山，从此成为暨阳兰台赵氏始迁祖。

第五节 红色文化：峥嵘岁月，初心使命

诸暨拥有十分丰富的红色资源，在革命时期涌现出许多革命烈士，传颂着许多脍炙人口的革命故事，留下了许多革命历史遗迹。诸暨东有"枫桥经验"诞生地、周恩来发表爱国演讲的枫桥大庙，南有中共诸暨县委"一大"会址、同山丽坞底革命烈士陵园，西有马剑镇的新四军金萧支队成立旧址、浙东农民革命军第一大队遗址，北有俞秀松故居及烈士陵园，中有城区的革命烈士纪念碑、纪念馆等。此外，还有璜山黄家店的新四军浙东纵队成立地、大唐上余村庄余霞以及许多革命志士纪念碑（故居）。另外，诸暨闻名全国的革命烈士俞秀松、汪寿华、张秋人、宣侠父、宣中华、朱学勉等，他们在诸暨都留有故居、遗迹。

一、红色遗迹与展馆

1. 中共诸暨县委"一大"会址

中共诸暨县委"一大"会址位于诸暨城南暨阳街道郭叶柏村郭家坞自然村的滴水禅院内。早在1921年7月中国共产党成立之前，就有诸暨籍的共产党人在活动。1920年5月，俞秀松参与了上海共产党组织的创建活动，成为全国最早的5名共产党员之一。1922年初，张秋人在上海加入了中国共产党。在他们的启发和带领下，宣侠父、徐白民、何赤华、赵并欢等一批诸暨籍先进分子纷纷加入了中共党、团组织，并先后回到诸暨开展革命活动。1925年3月，直属于团中央的共产主义青年团诸暨支部成立。1926年12月，诸暨县第一个中共党组织——中共城区支部秘密建立。1927年1月，诸暨第一个农村支部中共丽坞底支部建立。"四一二"反革命政变后，诸暨的共产党人没有被反革命的屠刀所吓倒，继续从事革命活动，中共诸暨地方组织把活动中心转移到农村，秘密开展党的工作，一大批进步青年加入了中国共产党。1927年8月，成立了中共诸暨

图 3-65　中共诸暨县委"一大"会址

临时县委，至 9 月诸暨的中共党组织已发展到 2 个区委、10 多个支部、30 余名党员。中共浙江省委根据诸暨党组织发展比较快的情况，派中共绍兴县委工运部长陈兆龙来诸暨整理党务。同年 9 月，经宣侠父提议，中共诸暨县第一次代表大会召开，20 多名党员代表参加了会议，会议由陈兆龙主持，会上传达了浙江省委关于建立中共诸暨县委的指示和当前工作的方针，并公推宣侠父作形势报告。会议选举产生了第一届中共诸暨县委，选举陈兆龙任县委书记，汪维恒任组织部长，张以民任宣传部长，宣侠父任军事部长，骆子钊任农运部长，杨宗尧任青运部长，金树栋任职工部长。会议原定于城区泰山庙召开，后了解到城内国民政府军警活动异常，就临时换到偏僻的滴水禅院内召开。中国共产党诸暨县第一次代表大会是浙江省召开最早的中共县级代表大会。据浙江省组织史料记载，解放前在县一级召开党代会的全省只有诸暨、余姚两个县，并且诸暨比余姚要早 12 年。

2. 浦江县第一个中共农村党支部

马剑镇马益村沈家自然村是浦江县第一个中共农村党支部——中共沈家村党支部（1967 年划入诸暨县）。1928 年，中共诸暨临时县委前后派委员宣侠父、金昌福、秘书金树栋及小西区委书记金炳禄来马剑沈家村宣传共产党革命理论，开展党组织活动。中共沈家村党支部在沈氏祠堂内成立，选举沈正标任书记，褚杏生任副书记，沈方洪为组织委员，褚金培为宣传委员，时有党员 10 余人。1930 年 4 月 18 日凌晨，在金树栋、金炳禄的领导下，举行青山庙农民武装暴动，以沈家村党支部为核心，立即组织沈家和相公殿等地 100 多人，手执土枪、长矛、木棍先后攻下草塔伪警察所和狮象伪警察分驻所，缴获枪械 9 支，后又赶至狮象藏绿村破仓分粮，把财主的谷米及衣服分给农民。1937 年抗日战争爆发后，沈家村民沈一飞、沈国庆等冒着生命危险担任过给金萧支队送信、征粮、送饭、抬伤员等任务，为支持革命活动立下汗马功劳。1951 年，应抗美援朝需要，家家户户捐资金、送军鞋、缴爱国粮，表现突出，被浦江县人民政府授予全县"拥军之冠"锦旗，以资表扬。

3. 新四军金萧支队成立地

新四军浙东游击纵队金萧支队、浙东人民解放军金萧游击支队（均简称"金萧支队"），是抗日战争、解放战争时期由中国共产党领导的革命游击武装，战斗在浙赣铁路金华至萧山段一带。抗日战争胜利后，为了打破国民党的内战阴谋，表达共产党最大的和平诚意，党中央决定在全国让出八个解放区，新四军苏浙军区浙东游击纵队开辟的浙东抗日根据地为其中之一。根据中共中央和华中局指示，新四军浙东游击纵队北撤，留下少数党员骨干坚持原地斗争。在中共金萧地区特派员马青的领导下，留下的党政军人员依靠当地群众，开展反对国民党"清剿"斗争。1946 年 1 月，建立诸暨县人民自卫队。1947 年 2 月，组建路西人民救国先锋队。1947 年 6 月 30 日至 7 月 2 日，在浦江县上塘坞（今属诸暨）成立中共路西工委，蒋明达任书记，蒋忠、赵子逊为委员。7 月 15 日，路西人民救国先锋队、会稽山抗暴游击队在诸暨同山捣臼湾会师，合编为抗暴游击大队，成立会稽山人民抗暴游击司令部，蒋忠任副司令、蒋明达任副政委、张任伟任参谋长，武装反抗国民党的"八县围剿"。为广泛开展金萧地区游击战争，1948 年 9 月 15 日，经浙东临委批准，在马剑石门村方氏宗祠成立浙东人民解放军金萧支队，张凡任路西工委书记兼支队政委，蒋明达任工委副书记兼支队长。随着金萧工委、浙东行署第三专署和金萧支队的成立，马剑石门村逐渐成为金萧支队的领导中心。金萧地区人民在中共金萧工委领导下英勇奋战，消灭敌人，壮大自己。至 1949 年 3 月，金萧根据地已建立路西、江东、路北、江南、江西等 5 个县政府和江北、严衢、天目等 3 个办事处，金萧支队和地方武装、党政人员发展到 4200 余人，创建了约 12000 平方公里的游击根据地。在南下解放大军到达前，已解放了分水、新登、临安、萧山、桐庐、浦江等 6 座县城，并配合南下大军接管了吴兴、富阳、建德、寿昌、兰溪、金华、义乌等 7 座县城，为金萧地区的解放事业做出了重大的贡献。1949 年 5 月 22 日，金萧支队奉命撤销建制进行整编，光荣地完成了历史使命。2003 年，金萧支队成立 55 周年，石门金萧支队纪念馆在方氏宗祠内开馆。

图 3-66　金萧支队纪念馆

2018年，浙东人民解放军金萧游击支队成立70周年，诸暨市委市政府、马剑镇党委政府，以及社会各界高度重视，在重新翻修方氏宗祠的基础上，多方寻找史料，精心设计布展，以期用革命前辈的先进事迹激励后人，不忘初心，牢记使命，为建设美丽家乡谱写新的篇章。如今，石门村拥有"革命圣地"这张金名片，传承着伟大的革命精神。

4. 浙东农民革命军第一大队成立地

浙东农民革命军第一大队成立地位于马剑镇相公殿村。1930年4月17日，在诸暨县委领导下，由诸暨县委秘书金树栋和沈家党支部书记发动的100多名暴动队员，在青山庙召开动员大会，次日攻打狮象伪警所。19日晨，遭反击，队伍撤至五泄寺。20日，又撤至相公殿，得到应惊浪、应惊淡（金檀）的支持，并联络在平湖一带活动的潘芝山，潘即带领自己的部队40余人，到相公殿会合。21日，在相公殿村应氏宗祠，正式成立了"浙东农民革命军第一大队"，下设三个分队，沈振标任大队长，金树栋任政委。次日进军草塔，部队行至石岭头横板桥时，遇前来镇压暴动的省防军，战斗中褚德亭牺牲，任良洛被捕，在草塔姚毛弄被害。暴动失败。而后，省防军在青山、马剑、相公殿、平湖一带大肆清剿。应惊浪被抓后关进杭州陆军监狱。沈正水被捕后，坚贞不屈，被杀害。沈振标逃至香港，金树栋逃到上海。

5. 红色庄余霞陈列馆

红色庄余霞陈列馆位于大唐街道上余村庄余霞自然村，2015年10月，为传承红色文化，在杨氏宗祠内建成包含革命陈列馆、清廉馆、红嫂馆等三个主题展馆的红色庄余霞陈列馆，分别展示抗战时期的革命事迹、"五清"村居的建设过程、红色文化传递中的红嫂精神，是北京新四军暨华中抗日根据地研究会在全国农村基层设立的第一个"红色文化教育示范基地"，是浙江省第十一批绍兴市唯一的省级爱国主义教育基地。其中，革命陈列馆位于正厅，主要记录庄余霞村在抗日战争和解放战争时期相关革命人物不畏艰险、坚持斗争的革命事迹，中间陈列柜内展示了村中革命老前辈各个时期使用过的历史遗物和勋章。两个侧厢中，一个展览着庄余霞杨氏的来

图 3-67　红色庄余霞陈列馆

历与家训，另一个则是杨石毅军长纪念馆，展陈杨石毅军长半身铜像和他在抗美援朝时期拍摄保存的战地照片，部分材料来自美国哈佛大学。清廉馆位于中厅，陈列出制作精良、寓意不同的庄余霞执事并配以说明。同时，全面展示村落如何推进以"党风清正、作风清新、权利清源、干部清廉、乡风清朗"为主题的"五清"村居建设的过程，深入挖掘传统文化的清廉元素和清廉基因。红嫂馆位于前厅，通过红色村嫂宣言、"三进八出"进出机制、网格化管理等内容，展示了村落"红色村嫂"志愿服务队的发展历程和七大服务内容。红嫂是庄余霞乡村红色文化传承的重要力量，2015 年 10 月，庄余霞村妇女为传扬"革命红嫂"送亲人上前线、站岗放哨送情报的奉献精神、家国情怀，在村党总支的领导、组织下成立了一支 15 人的村嫂护河队。后来她们的活动得到村民们的高度认可，许多原本只顾操持家务的家庭妇女纷纷请求加入。渐渐地，大家开始称这支队伍为"红色娘子军"。到 2016 年底，仅一年时间队伍就发展到了 74人。现在人数已经达到了 92 人。2018 年 1 月更名为"红色村嫂"，并积极投身新时代文明实践工作。"红色村嫂"作为农村妇女的志愿服务组织，服务内容涉及社会治理的方方面面，在红色宣讲、移风易俗、公益关爱、美化绿化环境、调解邻里纠纷、促进乡风文明等方面发挥了重要作用。

6. 宣侠父纪念馆

宣侠父纪念馆位于店口镇侠父村宣侠父故居，坐落在宣氏宗祠南侧，展示内容分"追求真理、投身革命""西北建党、开辟纪元""深入藏区、播火草原""出师北伐、负责政宣""返回家乡、开展农运""著书立书、建功左联""奔走呼号、救亡图存""献身革命、光耀千秋""丰碑永存、精神不朽"，共 9 个篇章，涵盖宣侠父的青少年

图 3-68　宣侠父纪念馆

求学、参加国民大革命、积极抗日救亡、在西安八路军办事处等几个重要时期的革命活动，全面集中地陈列展示了宣侠父烈士光辉事迹和革命精神。2015 年，修建后辟为绍兴市爱国主义教育基地，是宣传、继承和弘扬革命传统和党的优良作风的窗口。

7. 张秋人烈士墓及史迹陈列馆

张秋人烈士墓位于牌头镇同文村水霞张自然村南端，坐北朝南，占地面积

500平方米。墓地平面略呈梯形，四周以2.8米高花窗砖墙围匝，黛瓦盖顶。围墙南侧设重檐门楼，高4米，门台上方镌刻"张秋人烈士墓"。围墙内外四周遍植杜鹃、黄杨、香樟、翠柏等。墓穴呈馒头状，周迭砌块石墓圈，直径4米，通高3米。墓正面立有"张秋人烈士墓"墓碑，墓四周为平坛，边长10米，周设栏板和望柱。平坛前西侧有牌头中学和原牌头公社革委会所立墓碑各一块，记述了张秋人烈士生平。1981年4月，张秋人烈士墓被列入省级文物保护单位。张秋人烈士史迹陈列馆坐落于张秋人烈士墓东侧，内部展陈内容分初试锋芒、播种星火、周报主编、西湖遇险、法庭斗争等主题，展示了张秋人烈士的一生。

图3-69　张秋人烈士墓及史迹陈列馆

8. 俞秀松烈士展示馆

俞秀松烈士展示馆位于次坞镇溪埭村俞秀松故居内，内部展示分为故乡家世、童年启蒙、探索救国、投身革命、参建党团、赴苏深造、新疆岁月、沉冤异国、秀松常青等主题，系统展示了俞秀松烈士的一生。2005年3月，俞秀松故居被公布为省级文物保护单位。现被列为浙江省爱国主义教育基地、绍兴市爱国主义教育基地、诸暨市次坞镇爱国主义教育基地、绍兴市红色旅游点等。

图3-70　俞秀松故居

二、红色人物与事件

1. 红色人物

（1）俞秀松

俞秀松（1899-1939），谱名寿松，字柏青，化名王寿成，诸暨次坞镇溪埭村人，杭州"五四运动"的组织者、中国社会主义青年团创始人之一、中国最早的共产党组织——中共上海发起组成员、中国最早的青年团组织——上海社会主义青年团书记、中国共产党首次出席莫斯科共产国际"三大"和青年共产国际"二大"代表，是共产党最早参加与军阀作战的军事工作者，对创建中国共产党和青年团作出过卓越的贡献。曾任中国社会主义青年团第一任书记、讨伐军阀陈炯明东路军总司令部参谋处一等书记、旅莫斯科支部支委、新疆反帝联合会秘书长、新疆学院院长等职。1939年2月，因受王明、康生诬陷，在新疆被逮捕入狱，转押去苏联，在"肃反"扩大化中被害。1962年，毛泽东主席签发了烈士光荣证书，以表彰俞秀松对革命的功绩。

（2）汪寿华

汪寿华（1901-1927），原名何纪元，字介成，五四运动中改名何金亮，化名松林，诸暨赵家镇泉畈村人，父松寿，清末秀才。汪寿华是中国共产党早期工人运动的杰出组织者和领导人。1917年秋，考入杭州省立第一师范学校。在学校进步氛围的感染下，他的思想随即发生变化。在校期间，汪寿华阅读了大量的《新青年》《星期评论》等进步书刊，开始接受马克思主义。他还联合同学，组织了学生"书报贩卖团"，以"锻炼心身，改造社会"为宗旨，积极推销全国进步书刊。俄国十月革命胜利，开始寻求救国救民的道路。五四运动期间积极参加学校学生自治会工作，领导才能突出。1920年8月入上海外语学校学习俄文。同年9月，经俞秀松介绍，参加了上海社会主义青年团。1921年汪寿华、刘少奇、任弼时、王若飞等人去苏联考察学习，当年被选为赤塔远东职工会中国工人部主任。1922年，被选为海参崴苏维埃委员。1923年，加入中国共产党，以远东职工代表身份出席国际反帝同盟在莫斯科召开的东方局会议。1925年夏，奉命回国参与全国学生联合会领导工作，历任中共江浙区委（上海区委）常委、区委职工运动委员会书记，上海总工会代理委员长，是五卅反帝爱国斗争的主要领导人之一。1926年10月至1927年3月，与周恩来、罗亦农、赵世炎一起先后指挥并领导了上海工人三次武装起义。上海工人第三次武装起义胜利后，被当选为上海总工会委员长。1927年4月11日深夜，被青帮头目杜月笙指使打手活埋于上海城西枫林桥，是"四一二"反革命政变中第一位牺牲的共产党员。

（3）张秋人

张秋人（1898-1928），乳名友表，学名慕翰，笔名秋莼，诸暨牌头镇水霞张人。湖南"三师学潮"组织者、团中央宣传部长、团中央局农工委员、团江浙皖区兼上海地方执委会秘书、中国共产党和社会主义青年团早期著名活动家和杰出的宣传家。1915年，入绍兴越才中学（现建功中学）读书。1917年，转入宁波崇信中学（现宁波第四中学）学习。1920 年在上海结识俞秀松、施存统、沈雁冰、邵力子、陈独秀等人，开始接受马克思主义，参加了早期建党建团活动。1921 年，在上海加入社会主义青年团。1922 年初，加入中国共产党，并在党创办的"平民女校"任英语教员。1922 年夏，经陈独秀推荐，赴长沙会见毛泽东，被聘请为湖南省立第三师范（衡阳）英语教员。1926 年 3 月到广东黄埔军校，继毛泽东、沈雁冰之后，担任《政治周报》编辑和政治教官，讲授《各国革命史》。"四一二"政变后，奉派担任中共浙江省委书记。因黄埔军校学生告密，遭逮捕，1928 年 2 月 8 日被杀害。

（4）宣侠父

宣侠父（1899-1938），原名尧火，号剑魂，藏名扎西才让，诸暨湄池镇（今店口镇）长澜村人。出生于耕读世家，父亲宣铁册，系晚清秀才，塾师，擅诗词、好书法。宣侠父学识渊博，思维敏捷，口才雄辩，书法洒脱，文笔飘逸。宣侠父是中国革命的先驱，是党的民族和统战工作的开拓者。1916 年考入浙江省立特种水产学院，毕业后以第一名的成绩获准公费去日本留学。在日本认真研究马克思主义，积极参加社会活动，被母校停止公费留学待遇。1922 年回国，和共产党人俞秀松、宣中华在杭州、台州等地从事革命活动。1923 年在杭州加入社会主义青年团，不久，转为中国共产党员，曾为"左联"秘密盟员。宣侠父是黄埔一期学生中的特殊人物，因蒋介石破坏以党治军的制度而抗命不从，被蒋介石开除出黄埔。1929 年后，宣侠父在国民党军队中从事兵运工作。抗日战争爆发后，任国民党十八集团军高级参议，从事统战国民党高级将领的工作，因工作卓有成效，招致国民党当局忌恨，1938 年被暗杀于西安。牺牲时任八路军总司令部高级参议。

（5）宣中华

宣中华（1898-1927），原名钟华，乳名洪霖，字广文，笔名伊凡，诸暨牌头中央宣村人。1924 年加入中国共产党，是五四运动时期杭州著名的学生运动领袖，第一次国内革命战争时期浙江杰出的革命活动家。1915 年夏，考入浙江省立第一师范学校。1919 年，五四运动爆发后，被选为杭州市学生联合会执行部理事长，不久又兼任浙江省中等学校以上学生联合会理事长。1921 年春，应陈望道函请，到上海参加马克思主义研究会，不久加入社会主义青年团。年底，赴莫斯科参加共产国际召开的远东各国共产党及民族革命团体第一次代表大会，受到列宁的接见。1924 年 1 月 10 日，加入中国共产党。1926 年 3 月，当选为浙江省党部执行委员会常务委员兼中国国民党浙江省党部党团书记，负责省党部的全面工作。同年 12 月，利用军阀之间的矛盾，与中共杭州地委共同领导浙江人民掀起的自治运动，有力配合了广东革命政府的北伐战争。1927年"四一二"政变期间，中国国民党右派在杭州发动政变，宣中华在中共杭州地委安排下，经铁路工会负责人薛暮桥帮助，化装成货车列车长离杭返沪。4月13日，不幸在龙华车站被特务识破而被捕。4月17日深夜，在上海龙华英勇就义，年仅29岁。

（6）蒋明达

蒋明达（1922-1987），原名蒋德灿，诸暨大唐霞度村人。1938年4月，加入中国共产党，任本村第一任中共支部书记。1939年5月起，历任中共江东区委书记，中共诸暨中心县委委员等职。1944年5月，在诸北斗门村与日伪军战斗负伤。同年8月，兼任金萧支队敌工科长。1945年9月，任中共诸北特派员。1946年1月，创建诸暨人民自卫队。1947年7月起，历任中共路西工委书记，会稽山人民抗暴游击司令部副政委，中共路东县委书记和县长，金萧支队支队长等职。1955年授上校军衔。

（7）朱学勉

朱学勉（1912-1944），原名应瑞贤，化名应启、杨寿明，笔名叶峰、杨明、秋悲，宁海县城关镇耶稣堂西侧应家人，革命烈士。14岁高小毕业，因父去世，家庭经济拮据而辍学，在宁海海林及城内同慰春药店当学徒。1929年到上海中药店当店员，开始接触进步书刊，尤其爱读鲁迅作品，并用笔名"秋悲"发表文章。"九一八"事变后，激于爱国热情，笔触所至，直指社会种种黑暗现象。1934年，在松江地方法院监狱聚事。1937年，抗战爆发后，朱学勉爱国热情更加高涨，常发表抗日救国文章，受邹韬奋赞赏。同年10月，在哥哥应野萍和李守先、王任叔等资助下只身奔赴延安，进陕北公学学习，后加入了中国共产党。1938年5月后，相继任中共鄞县县委书记、宁波中心县委组织部长、余姚中心县委书记、诸暨县委书记、诸暨县特派员。为巩固和发展地方党组织、创建并壮大人民抗日武装而不懈努力。1942年5月，日军发动"浙赣战役"，诸暨沦陷，党的工作重心转入领导抗日游击战争。朱学勉遵照上级党的指示，通过诸北泌湖乡乡长、中共党员何文隆组建诸北泌湖乡抗日自卫队，后又发展为诸北四乡、八乡抗日自卫队，朱学勉兼任一中队指导员。同年11月底，率"八乡联队"去四明山参加浙东第一次反顽自卫战争。1943年12月，朱学勉离开诸暨县委，从事抗日武装斗争，任金萧支队第一大队大队长，带领部队斗顽敌、肃汉奸、缴枪械，威震诸暨南北。其时，朱学勉经常到办在枫桥魏家坞的忠义中学，向师生宣传党的抗日政策和抗日救国的道理，深受师生欢迎。1944年5月27日，驻柯桥的汪伪独立第四旅派蔡廉部队进犯诸北抗日根据地，朱学勉率部在墨城坞抵御，面对强敌、沉着指挥，战斗取得胜利，扭转了人民抗日武装在金萧地区的被动局面。是役，朱学勉壮烈牺牲，长眠于姚江镇梓尚阁村苦竹尖下。朱学勉烈士墓已被公布为县级文物保护单位，列入绍兴市优秀爱国主义教育基地。

（8）周永山

周永山（1899-1978），曾用名周金，诸暨牌头镇三保里村珠村自然村人。1927年，参加革命。7月，加入中国共产党。1928年1月，任诸（暨）北三江口小学支部书记。1930年1月，在诸北五浦头秘密组织农民武装。5月，被捕入狱。1935年12月具保释放。1937年春，重新参加革命。在诸暨牌头中央宣村任小学教师，创办民众夜校，成立战时服务队。12月，正式恢复组织关系。1938年5月，任中共诸南区委书记。1943年，任四明山浙东游击司令部政治交通员。1944年2月，任诸（暨）义（乌）东（阳）办事处民政科长兼交通科长、情报站长等职。1944年3月，任金萧支队诸南办事处主任。1945年8月初，调任中共路西县西南区区委书记兼区长。1945年9月，随军北撤至山东，先后任华野一纵队被服厂保管股股长、华野医院卫生队行政队长。1949年2月，由华中党校回浙东工作，任中共会稽临工委组织部副部长。4月，任诸（暨）义（乌）东（阳）县办事处主任。5月，任东阳县县长。8月，调任金华专署实业科副科长。8月，任省人民法院检查组组长、行政科股长等职。1955年，在肃反运动中受审查。1958年，在审干运动中被作为"叛党分子"清除出党。7月22日，被"开除公职，送农村交群众监督劳动"。1978年8月14日，人民法院《关于周永山同志叛党等问题的复查意见》，恢复周永山的党籍及干部身份。

（9）周芝山

周芝山（1921-1993），诸暨牌头镇三保里村珠村自然村人。抗战爆发后，投身党领导的抗日救亡运动。1939年3月，加入中国共产党。抗战期间，先后担任中共诸南区委委员、中南分区区委书记、金萧支队诸北办事处税务分站站长、中共小西区委书记兼情报联络总站站长、中共诸义东县委璜越区特派员兼区长等职。1945年9月，新四军浙东主力北撤后，周芝山被任命为金萧地区联络员，负责中共金萧地区特派员马青与金萧地区各县特派员的联络工作，坚持金萧地区的游击战争。10月，成立诸义东人民游击队，任队长。1946年1月，根据马青的指示，诸义东游击队与另一支小型武装合编为一支中队，任指导员。2月，任中共金义浦特派员，并联系诸义东工作。1946年11月初，奉命赶赴嵊西，参加和领导了石璜缴枪战斗。12月，会稽山抗暴游击队成立，被任命为队长。7月，会稽山人民抗暴游击队和路西人民救国先锋队合并为一支大队，任大队教导员。后中共浙东临委决定在路东（会稽）地区成立会稽中心县工委，任命周芝山为书记兼路东县人民政府县长，并宣布在会稽地区再建武装，组建浙东人民解放军第二支队第四大队，由周芝山兼任教导员。接受新任务后，带领 9 名同志于 3 月上旬回到会稽地区，领导会稽地区军民，与国民党反动派开展艰苦卓绝的斗争，先后转战 11 个县境，经历了 80 多次战斗，重建主力武装 1200 人，发展地方武装 700 多人，恢复和发展了会稽地区游击队根据地。1949 年 1 月，枫桥解放，浙东人民解放军第二支队成立，任政委。2 月，中共会稽中心县工委改为中共会稽临委，任副书记兼诸暨县人民政府县长。此时，浙东临委、浙东行政公署、浙东第二游击纵队司令部领导机关移师会稽，他率领会稽军民为保卫和保障浙东党政军机关的安全和供给作出了重大贡献。1949 年 5 月，根据浙东临委的部署，与杨亦明率第二支队一部，解放诸暨县城。诸暨解放后，周芝山任中共诸暨县委副书记、县长，领导诸暨人民开展倒匪反霸，发展生产，为巩固新生的人民政权作了大量工作。1950 年 5 月，调任共青团绍兴地委书记。1952 年，调杭州工作，先后任中共浙江大学党委委员兼校团委书记、共青团杭州地委书记、共青团浙江省委副书记、杭州汽轮机厂党委书记兼厂长、中共杭州市委候补委员、杭州市人大常委会委员、中共杭州市委宣传部部长等职。1983 年 11 月离休后，曾抱病参与了《铁马青松》一书的筹划和撰写工作，完成了反映会稽地区游击战争全貌的《荆棘征程》回忆录。

（10）何燮侯

何燮侯（1878-1961），诸暨赵家镇花明泉村人，晚清秀才、著名教育家、书法家何蒙孙之子。清光绪二十三年（公元 1897 年），考入杭州求是学院（今浙江大学）。次年以官费赴日留学，成为中国第一批留日学生，后入东京帝国大学冶金系。光绪三十一年（公元 1905 年）毕业回国，任浙江省矿务局技正。后去北京，历任学部主事、员外郎、工商部矿务司长及京师大学堂监督等职。民国元年（公元 1912 年）11 月，被任命为北京大学校长，严格规章制度，恢复教育秩序，力使学校走上正轨。次年，首先向全国招文、理、工、法四科新生，旋因袁世凯称帝，愤而辞职，赴南洋考察。第一次世界大战爆发，战火波及南洋，何返回祖国，在浙江、江西一带筹办开矿。1932 年，伪满洲国成立，郑孝胥、罗振玉汇巨款诱使其出任"教育部长"，遭拒绝。七七事变后，在乡积极从事抗日民主活动。1939 年 3 月，周恩来自绍兴经枫桥，何燮侯自花明泉村步行至枫桥镇迎接，周恩来对其坚持抗战立场表示赞许。1942 年，何与陈季侃、郑奠、卢临先等在魏家坞创办忠义中学。1946 年 1 月，中共浙东区党委召开浙东抗日根据地各界人民临时代表大会，何应邀出席会议，并当选为浙东敌后抗日根据地临时参议会副会长。同年 8 月，新四军浙东纵队北撤后，何遭到当局逮捕，经陈季侃、周子豪等营救获释，定居余杭。1949 年 9 月新中国成立前夕，应邀参加第一次全国政治协商会议与开国大典。历任华东军政委员会委员、中央人民政府监察委员，第一、二届全国人民代表大会代表、浙江省政协副主席、浙江省人民政府委员、民革浙江省委主任委员等职。

（11）陈啸奋

陈啸奋（1917-1982），原名陈良樾，字孝棻，诸暨马剑镇上和村人。早年就读于定海中学，品学兼优，毕业后就职于上海民族工业巨子刘鸿生公司。1935 年 1 月，与同事周山、乐时鸣、忻元锡、胡世奎等自费创办先进文艺刊物《微明》，为反对剥削、声援暴动盐民发出了声声呐喊。同年 12 月 24 日，为响应中国共产党的号召，要求国民党政府停止内战，共同抗日，参加了上海市各界爱国民众集会游行，与周山、乐时鸣等走在队伍最前面，并被巡捕打伤。1937 年"七七"卢沟桥事变后，他与一批热血青年满怀抗日救国之壮志奔赴皖南，投奔一代名将叶挺，参加新四军。1939 年 12 月加入中国共产党，并一直在军部工作。1941 年 1 月在皖南事变中被俘，囚禁在江西上饶集中营，后在一位任职国民党团部军需钟姓同乡的帮助下，逃离监狱，不幸被抓，受尽严刑拷打，始终坚贞不屈。不久在地下党组织的劫狱中获救，历尽艰辛，回到苏北重新组建的新四军军部，继续从事抗日救国工作。1945 年日本投降后，编入中国人民解放军第三野战军。1946 年起先后担任江苏淮城市公安局副局长、局长。1947 年 9 月，为了适应解放战争形势的变化，统一和加强华中地区党的领导，华东局决定组建中共华中工作委员会，被任命为公安处审讯科科长，至 1949 年 4 月安徽、江苏全境解放。渡江战役前夕，随张爱萍将军组建华东军区海军，被任命为东海舰队情报处处长，具体负责秘密向台湾派遣高级情报员工作，为解放台湾搜集并提供军事情报，并在策反国民党海军重庆号巡洋舰的工作中作出了不朽功勋。6 月，担任原国民党海军人员登记办事处副处长。1950 年 6 月，任华东军区海军情报处副处长。陈啸奋勤军事、清家风、重礼义、工诗文、好体育，不但在诗文、书画上都有很深造诣，而且在体育运动中也很有特长。他戎马一生，两袖清风，担任军队领导干部，仍不以位高而压人，不以权重而谋私，鞠躬尽瘁，死而后已。但在"肃反"和"文革"这两场政治风波中，以莫须有的罪名遭到了不公正的迫害，错过了多次授衔机会，失去了应得的将军享誉。1955 年，因"六二八"组通敌活动而隔离审查多月，幸在时任中国人民解放军副总参谋长张爱萍的干预下，经公安部部长罗瑞卿，国务院副总理、中共中央组织部部长邓小平指示同意总政意见，国防部长彭德怀在军委例会上宣布平反结案。"文革"期间，受到多年羁押和迫害。从 1968 年夏到 1974 年初，先后被关押在香山、秦城监狱和河南信阳，直到 1974 年昭雪平反，到总参谋部二部工作，同年，为了肃清"四人帮"在南京、上海的余孽，任命为军队工作组副组长，纠正冤、假、错案，平反解放老干部，清查"四人帮"残余势力，为革命事业呕心沥血。1982 年，病逝在工作岗位上，享年 65 岁。在革命战争中，陈啸奋与同在粟裕部下的吴生平结为伉俪。吴生平（原名吴桂英）1919 年出生于浙江平阳县（现苍南县），1935 年参加中国工农红军，1937 年 3 月加入中国共产党，是一位参加过南征北战、左右开弓的双枪女将。1948 年任江苏盐城公安局长，解放后先后在东海舰队、天津市司法局、天津市高级人民法院、最高人民法院任领导工作，为正厅级干部。1998 年在上海病逝，享年 79 岁。

（12）边世民

边世民（1908-1930），诸暨同山镇边村人。1927 年，在上海新华艺术大学加入中国共产党。1928 年春，参与组织西南和北区农民秋收暴动。同年 7 月，组建城区党的秘密联络机关，因一次偶然事故暴露身份，被迫撤至上海。1930 年初，党指派其返乡参加地下斗争，被告密遭到逮捕。入狱后，建立狱中特别支部，开展狱中斗争，策反敌人派入的奸细，保护党组织不被破坏。1930 年 8 月 27 日，国民党将陆军监狱的十九名政治犯人集体屠杀，其年仅 22 岁。1949 年，边世民被追认为革命烈士。

2. 红色事件

（1）五指山惨案发生地

安华镇五指山村是革命事件发生地。1942 年，侵华日军屡扰村庄，5 月 26、27 日（即农历四月十二、十三日），大队日寇进村，恣意烧杀掳掠，奸淫妇女。有的村民被当活靶射杀，有的被砍下头颅，有的被绑在树上刺死，有的被泥锹活活凿死，有的被施以狼狗咬、烛火烫的酷刑，有的被绑走。多名妇女被奸后甩入火中活活烧死，邻村也有多人被杀。敌军大肆放火烧屋，外半村几成废墟。日寇的凶残惨不忍睹，单这两天被杀村民共二十七人，伤多人，被杀在外地的也有多人，全村被烧房屋 203 间。日寇暴行激怒了广大村民，个个义愤填膺，怒不可遏，自动组织起来抗击日寇，先后三次击毙敌官兵共四名（两官两兵），伤一名，大长了国人的志气。

（2）傅氏抗战第一家族

诸暨梅岭傅氏族人既有耕读传家的家风，也有尚武尚勇的血性。"七七"事变后，整个傅氏家族涌现了夫别妻、子别父、数位兄弟同出征、高堂送儿上战场、父子携手打东洋的救国热潮。傅氏子弟有的本为军人，有的是学生投笔从

图 3-71 傅氏抗战第一家族

戎，有的是农民成战士，一共有 150 多名。2015 年，为庆祝中国抗日战争暨反法西斯战争胜利七十周年，浙江省发起了"不分党派、不分职业、不分阶层、不分国籍"的"寻找老兵"纪念活动。为了纪念傅氏家族的抗战经历，让后人铭记这一历史。2015 年 7 月，傅海先生于兰田寻得原国军烈士墓碑一块，上书"民国三十年五月立国军七十九师谍报员稽继昌墓浙江德清谍报队同人敬"，广寻其后人无果。2015 年 7 月 24 日，傅海先生等赴浙江安贤陵园递交傅氏抗战官兵名单，商讨入园刻碑之事。2015 年 8 月 28 日，傅氏抗战将士纪念碑在浙江安贤陵园抗战老兵纪念园落成揭碑，主碑名为"诸暨傅氏抗战将士纪念碑"，副碑名为"诸暨傅氏抗战第一家族"。2015 年 9 月 9 日，浙江安贤陵园隆重举办浙江省抗战英烈公祭仪式。梅岭傅氏抗战家族被称为"一门忠烈"，事迹被浙江新闻、搜狐网等多家媒体广泛报道。2015 年 9 月，傅海先生、傅海宝先生陆续寻访，确认了一批梅岭傅氏抗战人员，人数总计 150 名。2015 年 10 月，许君女士开始整理、撰写傅氏梅岭抗战人员事迹。10 月 30 日，与傅海先生等将抗战人员事迹及新增名单送至安贤陵园。2015 年 11 月，傅氏后人傅莹女士向上海基尼斯总部申报诸暨街亭梅岭傅氏抗战家族为"中国第一抗战家族"。其后，诸暨梅岭傅氏家族因参与抗战人数最多而获颁"大世界吉尼斯之最"。

第四章

诸暨历史文化村落保护
利用绩效评价

第一节 价值评价体系构建及应用

价值是标志着人与外界事物关系的一个哲学概念，其内涵是指客体能够满足主体需要的效用。价值系统由一个社会或一种文化中那些获得公认的价值组成，这些价值按其相对的重要性，或者按价值赋值构成等级结构[1]。从价值系统理论分析来看，历史文化村落的价值体系可从物质层面与非物质层面、主观价值与客观价值等多个维度对村落综合价值进行分解研究。具体呈现多个层级序列，即第一层级是价值目标或价值维度（域），第二层级是价值范畴，第三层级是价值特征属性，第四层级是价值表现或表达。

一、价值评价维度

1. "人"：群体意愿共识

"人"是事物发展变化的内生驱动力量。"人"的存在使得历史文化村落具有社会属性，同时深刻影响着村落在时间轴线、空间序列的演进。历史文化村落保护利用是一项持续发展的系统工程，是政府部门"自上而下"与村民群众"自下而上"协同共建共享的空间实践，其推进力度与程度取决于"人"的意愿，最终呈现群体意愿共识之下的物化结果。在新时代历史文化村落保护利用的过程中，基层干部与村民群众是最为重要的利益主体与群体力量。通过考察两者在村落发展过程中发挥的作用，从群体意愿共识到合力共建，为历史文化村落保护利用夯实本源基础，凝聚内生驱动力量。

基层干部是政府部门"自上而下"推进历史文化村落保护利用的中坚力量，保障历史文化村落保护利用工作的持续高效推进。基层干部的工作态度和思路谋划，直接影响历史文化村落保护利用项目实施的成效。对于新时代乡村发展语境和村落现实需求的把握，成为基层干部展开工作的前提和基础，其工作态度体现在日复一日、年复一年的日常工作之中。其思路谋划需要切实解决村民群众现阶段最关心、最直接、最迫切的需求，反映基层干部发现真的问题、真的解决问题的能力与作为。历史文化村落保护利用项目实施，是基层干部落实民生工程、民心工程、德政工程的重要举措。基层干部的工作态度主要体现在工作的系统性、重视度、共识性。系统性体现在梳理村落历史文化内容与特色、总结村落发展要素等；共识性体现在对村民摸底与期望、征求意见与反馈、明确分工与责属且形成记录单；重视度体现在对接上位规划、咨询相关专家、合

1 徐峰，编著. 传统村落的适用性保护与发展 [M]. 北京：中国建筑工业出版社，2022：74.

理排布时序且形成相应报告。基层干部的思路谋划主要体现在工作的可行性和科学性。可行性主要指立足村落实际情况、依托村落资源禀赋、基于村落定位发展形成分层次、分阶段、分环节的工作部署；科学性主要指契合内生机制、结合现实需求、符合未来导向且相应擘画序列图、生长图、节点图。工作态度与思路谋划体现基层干部"实事求是具体问题具体分析"的工作方法和"一切为了群众，一切依靠群众，从群众中来到群众中去"的政治立场。

村民群众是历史文化村落保护利用"自下而上"的主体力量，保障历史文化村落保护利用工作的持续常态推进。通过参与度和认同感来审视村民群众的主体地位。村民群众的参与和认同贯穿村落发展的全过程，安土重迁的家园意识铸就了村民群众对这片土地的深厚情感，长年累月的空间实践积淀了村民群众对这片天地的熟悉熟知，村民群众的参与和认同可以最直观、最朴实、最真实地反映村落发展规律、价值观念、现实需求，参与和认同的过程即历史文化村落保护利用的过程，家园建设承载了村民群众对脚下水土的深情和美好未来的憧憬，既是家园亦是筑梦的地方。村民群众的参与度主要体现在历史文化村落保护利用项目实施的全过程参与，即前期村民群众参与完善村落基础资源普查、生活生产资料整合、房屋土地资源确权等，过程中村民群众自觉参与项目规划与设计、自愿参加部分工程与操作、自发监督各个环节与步骤，后期村民群众主动维护人居环境和公共设施、优化公共服务、发表建设意见等。村民群众的认同感主要体现在文化认同和利益认同。文化认同体现在参与文化遗产保护、从事文化传承、投身文化创意产业的占比；利益认同体现在对既得利益、应得利益、预期利益的评价。文化认同和利益认同双重审视切身反映村民群众对村落规划建设的认同。参与度与认同感直观反映"坚持人民立场坚持人民主体地位"的理念和"为人民服务"的宗旨。

2. "事"：文脉赓续衍生

"事"是"人"在历史文化村落的空间实践中生成的行为活动，作为建构内容存在于村落之中。就村落历史演进而言，历史事件成为村落演进过程中的记忆标志，亦是村落历史发展的重要依据，对于把握村落发展规律具有深远意义。"事"的发生是在时代语境和现实需求的背景下作出的实践选择。正如习近平总书记所讲"从历史长河、时代大潮、全球风云中分析演变机理、探究历史规律，提出因应的战略策略"。同理，在历史文化村落保护利用过程中应该避免"同质化""单一化""碎片化"发展模式，需要从村落历史底蕴和文化资源中把握规律、凝聚特色、赓续迭代，从而建构历史文化村落差异化发展机制。由此，考察、考证、考据村落历史文脉成为应有之义，立足当代村落的文化资源遗存现状，谋求保护利用的发展之道。

历史底蕴是历史文化村落变迁中的文化本底，主要体现在村落生成的历史结构之中，其历史结构是由"事件"建构而成。坚持历史思维，在继承前人的基础上向前发展，既要保存历史底蕴也要凸显地方特色。由此通过完整性和地方性来锚定历史底蕴，需要对村落始建背景进行考察，全面完整了解村落建成与发展历程，厘清村落发展的历史结构，在此基础之上梳理村落的地方性。历史底蕴的完整性主要从历史沿革和遗存信息两方面考察。历史沿革需要从村落族谱方志、保有建（构）筑物、历史事件等方面考证，且互为佐证；遗存信息需要从自然地理条件、社会经济水平、历史人文特质、宗族家族演变等方面归纳，且相互印证。历史底蕴的地方性主要从村落特质、典型人物、体量规格等方面考察。村落特质主要指因商贸驿道、军事防卫、手工生产、红色革命等形成的村落，以及村落入选各类名录、规模大小等；典型人物主要指村落发展中涌现的士、农、工、商等代表性人物以及影响力；体量规格主要指历史建筑的数量和等级、农事的仪式和规模、百工的数量和类型、产业的类型及辐射范围等。完整性和地方性体现"始终坚持唯物史观把握历史规律"的思想和"重视回顾和总结历史、重视借鉴和运用历史经验"的传统。

文化资源是历史文化村落保护利用的重要价值要素，主要体现在村落发展的历史张力之中，其历史张力是由"事件"汇集而成。坚持历史思维，不断从历史经验中汲取前行的智慧和力量，做到知古鉴今、指导实践、远观未来，既要保障传承度也要保有丰富度。由此通过传承度和丰富度两方面铆合文化资源。文化资源生发于村落地方，在百姓日用之间传承延续，经过历史积淀形成村落物质文化遗产和非物质文化遗产，蕴含村民群众集体智慧和历史经验，集中反映村民群众在生产、生活、生态之中生命张力，薪火相传且历久弥新，文化资源的传承度和丰富度是一体两面、互为表里的关系。历史文化资源的传承为新时代文化资源的丰富提供基础与根脉，新时代文化资源的丰富为历史文化资源的传承增添张力与活力。文化资源的传承度主要从行业接续、资源转化、师徒传承三方面考察。行业接续具体指历史文化资源在传统行业的价值体现、新兴行业的价值创造、行业发展的价值转化；资源转化具体指村落对历史文化资源的保护、活化、开发与经营；师徒传承具体指文化遗产的代表性人物和典型性项目，以及传承人数量和传承方式。文化资源的丰富度主要从文创开发、跨界研发等方面体现。文创开发包括文化创意产品及衍生品、品牌包装设计及形象系统设计、文化资源视觉识别设计及导视系统设计；跨界研发体现在文化资源作为文化要素、文化禀赋、文化特色分别融合一二三产。传承度和丰富度体现

"辩证发展地看待事物"的态度和"以史为鉴、开创未来"的实践。

3. "物"：营造构筑共生

"物"是"人"组织、经营、管理"事"的结果，作为实物载体存在于历史文化村落之中。就村落营造空间而言，传统建（构）筑物成为村落营造系统、营造技艺、营造水平的直接佐证，见证村民群众的生活方式、生产方式及其发展演进，直观叙说村落营造空间的功能与作用，折射出村落血缘、地缘、业缘的纲常伦理，体现村民群众生活、生产、生态的共生之道。传统建（构）筑物是历史文化村落的物质载体，也是生活在其中的"人"的共同记忆和身份凭依。历史文化村落中的传统建（构）筑物具有重要的历史价值、社会价值、文化价值、科技价值、艺术价值，为新时代历史文化村落保护利用提供物证依据和历史佐证，对于新时代文化自信具有现实意义和社会价值。

传统建筑物既是历史文化村落的历史、民俗、精神等传统文化的集中显现，亦是村落社会组织形态的活化石。坚持系统观念，用发展的观点分析和解决问题，既要系统全面保护，也要整体统筹利用。由此通过系统性、使用度两方面保护利用传统建筑物。传统建筑物是传统文化的传承载体，不仅彰显历史文脉的"筋骨肉"，而且滋养村落文化的"精气神"。经过长期的演进和沉淀，受到气候条件、地貌特征、自然资源等环境要素的影响，同时被古代哲学思想、伦理观念、礼法制度、文化传统等人文要素浸润，集合了鲜明的民俗风情和地理风貌，具有极高的审美价值，并且是新时代美丽乡村建设汲取养分的对象。通过吸纳借鉴传统建筑元素、运用传统营造理念和技艺、融合地方传统建筑风貌，赓续建设村落美好人居环境。传统建筑物的系统性体现在时间维度、体量规模、结构形制等方面。时间维度具体指传统建筑物建造年代及兴衰历程；体量规模具体指传统建筑风貌与特色、要素与特征、技术指标与保护范围等；结构形制具体指传统建筑营造技艺、结构、构件、装饰等。传统建筑物的使用度体现在功能作用和文化特质。功能作用具体指居住功能、服务功能、产业功能并且满足当代村落生活需求、社会活动需求、产业发展需求；文化特质具体指与村落历史文化、空间格局、历史人物、产业发展等相关联度。系统性和使用度体现"立足整体视域把握事物发展规律"的策略和"通过系统思维分析事物内在机理"的方法。

历史环境要素反映历史文化村落空间实践成果、空间行为结果、空间活动效果的具体呈现，并且成为村民群众在特定空间与时间活动的节点。坚持运用普遍联系的观念，不断实践验证联系的客观性，既要丰富实践也要全面整体。由此通过丰富性、整体性两方面保护利用历史环境要素。历史环境要素是传文化的经典符号，在空间实践中具象表征村民群众的特定行为活动，作为传统建筑物的补充体现村落地方文化特色，散落分布在村落营造空间之中。历史环境要素属于村落营造空间整体的一部分，相较于传统建筑物在生产、生活、生态方面具有异质同构的作用，在村落空间实践中共生共存。由此需要认知理解历史环境要素内涵与外延，进而将其保护利用服务村落发展需求。

历史环境要素的丰富性体现在构筑类型、功能作用、数量规模等方面。构筑类型包括农事、交通、仪式等；功能作用包括满足生产生活的基础设施、支持村落环境的景观节点、作为村落空间的边界标志；数量规模包括历史年代与体量规模、等级层次与价值含量等。历史环境要素的整体性体现在位置、风貌和群落等方面，包括区位与环境、结构与风貌、保护范围与等级、与周边环境的协调度等。丰富性和整体性体现"坚持整体与部分的统一"的观点和"实践是认识发展的根本动力"的观念。

4. "场"：相地布局系统

"场"囊括"人""事""物"的发生、存在、生长，作为一种社会空间，可以被定义为各种位置之间存在的客观构型。就历史文化村落的场域而言，具体由自然场域和文化场域组成。自然场域是"人"在现实需求下适应、同化、顺应既有自然生态环境的结果，人文场域是"人"在社会交往中交换、比较、反复现有历史人文环境的结果，不以村民个体意志为转移，客观存在于人与人、人与自然之间。历史文化村落场域的动态实践过程是由林林总总的"事"构成，"物"作为实践过程的结果，"人""事""物"三者经过长期实践检验，逐渐形成村落场域稳定运转的结构和规律，映射在村落场域之中表现为村落相地布局系统，从建筑到村落的结构和规律投射成为村落形态肌理。乡村空间形态是乡村文化得以存在的物质载体，乡村空间由村落、民居、院落及公共空间等构成[1]。由此通过把握历史文化村落的自然场域和人文场域的结构和规律，进而保有乡村形态肌理，因地制宜综合整治提升人居环境质量，创建宜居宜业和美人居环境。

自然场域体现为人对自然环境要素优化配置的空间格局，亦是人与自然和谐共生的客观写照。人类只有保持对自然的敬畏之心，才能实现人与自然之间的和谐共生关系[2]。通过整体性、向好性两方面解构自然场域，进而接续传承空间格局。空间格局是村落场域中观尺度下投射在大地之上的整体形态，由生存安全、生产便利、生活舒适所需衡量定夺，体现"凭山借水""藏风聚气""负

1　朱启臻.乡土文化建设是乡村振兴的灵魂[J].河南农业，2021（8）：1.
2　周宏春，戴铁军.人与自然和谐共生：中国式现代化的内涵特征与时代意义[J].生态经济，2023（1）：13-24.

阴抱阳""四象五行"等传统智慧，受到自然资源特性、禀赋的影响，由"人"的选择、判断、管理逐步形成稳定持续的自然场域。自然场域的整体性体现在山水骨架、格局方位、系统要素等方面。山水骨架包括山水脉络走向、地形竖向变化、山水植被覆盖及其分布等；格局方位主要指村落布局与山体走向、水体走向、植被覆盖之间的关联；系统要素包括山体自然风貌、水体生态标准、林地生物种类、耕田控制红线等。自然场域的向好性体现在选址趋向和福吉取向等方面，选址趋向具体指资源优化配置、趋利避害方式、应急预案措施等；福吉取向具体指礼乐教化、祈福希冀、子嗣香火等。整体性和向好性体现"顺应自然、尊重自然、保护自然"的思想和"尊重客观规律发挥主观能动性"的方法。

人文场域体现为村落人文环境要素包容兼蓄的空间肌理，亦是人与人之间美美与共的刻画。坚持美美与共，注重和而不同，构建多元共生的大同世界。通过仪式感和秩序感两方面剖析文化场域，进而迭代更新历史文化村落空间肌理。空间肌理是村落场域微观尺度下投射在空间之中的多元肌理，由街巷空间界面和村民行为活动共同组构，在村域平面内贯通宅院建筑、公共空间，承载村民群众日常行为活动的节点与动线；在空间竖向上连接街巷底界面、侧界面、顶界面，折射村民群众生产生活的需求与追求。空间肌理成为人文场域活态样本，蕴含人与人之间美美与共的形形色色和林林总总。人文场域的仪式感体现在街巷交往、界面表征两方面。街巷交往包括邻里之间、家族之间、业缘之间的典型交往活动；界面表征包括日常活动、农事活动、红白喜事过程中街巷界面表征。人文场域的秩序感体现在街巷排布、空间竖向、村落时序等方面。街巷排布主要指自然形态排布、几何形态排布、组团形态排布；空间竖向主要指爬坡而居、逐水而居、择中而居；村落时序主要包括农事节气活动、民俗节庆活动、日常礼俗活动。仪式感和秩序感体现"世界大同天下一家"的主张和"各美其美，美美与共"的理念。

5. "业"：业态格局联通

"业"是历史文化村落社会分工和生产力不断发展的产物，是内因与外因相互作用影响与协调创新的结果，在"人""事""物""场"综合作用下立足当代面向未来。历史文化村落在地产业是内因，外部资源是外因。在地产业发展影响村落的就业、创业，直接作用于村落群众个体和家庭的收益，影响生活质量和水平；外部资源联动影响村落的产业、行业，间接作用于产业渠道、行业发展，影响生产效率和成本。做优做强乡村产业是发展之本、强村之基、富民之源。只有产业兴旺了，才能拓宽就业渠道、实现稳定增收，村落才有生机活力。

通过聚焦在地产业发展激发内生动力，同时注重外部资源协调集成外部条件，实现历史文化村落产业高质高效和村民群众富裕富足的美好愿景。

发展在地产业是从村落内生动能层面的能动实践，提高村民群众实际收益、改善生活质量。通过主导性和集成性两方面考察在地产业。在地产业通过政府主导，搭建平台营造环境，通盘考量产业特点、发挥产业资源禀赋，配套扶持对接市场，同时实行在地产业的集成改革，凝聚村落内生力量，优化产业结构，全力促动内生动能持久发力，进而实现在地产业的高质量持续发展。在地产业的主导性体现在村镇政府职能定位和地方产业资源集聚。村镇政府职能定位具体指扶持重点产业、支持优势产业、引导新兴产业等；地方产业资源集聚具体指优化资源配置、完善配套技术、对接市场规范等。在地产业的集成性体现在村民素质提升、产业结构升级、创业力量强化。村民素质提升具体指培育村民技能技术、优化生产生活空间、强化市场观念等；产业结构升级具体指全力打造地方特色品牌、贯通一二三产融合、发展绿色生态长效机制；创业力量强化具体指助力返乡创业青年发展、拓展在地创业空间、排解创业痛点等。主导性和集成性体现"事物发展的根本是内因"的观点和"充分发挥主观能动性"的传统。

联动周边资源是从村落外部势能层面的协同协作，拓宽村民群众增收渠道、提高价值转化。坚持区域协同协调发展，优势互补取长补短，实现共建共享共赢。通过共生性和前瞻性两方面考察周边资源。联动周边资源是历史文化村落在地产业发展成本低、产能高、见效快的有效路径，村落与周边资源本身存在共生基础，尤其在资源要素的价值转化、产业管理的经营运转、市场平台的机制构建等方面相似相近，伴随新时代经济转型，打破地域藩篱，出现多层次需求、多样化市场，村落在地产业与周边资源需要共生、共建、共享，从而达成共赢未来。周边资源的共生性体现在行业组织共建和产业资源共享。行业组织共建具体指系统性培训、阶段性带动、持续性引导等；产业资源共享具体指推广渠道共享、竞品数据共享、客户资源共享等。周边资源的前瞻性体现在产业创意转化、产业创新创造和产业技术迭代。产业创意转化具体指以文化创意为主的产业、以自然资源为主的产业、以空间体验为主的产业；产业创新创造具体指向收入来源的增长点、创新创业的新模式、产业发展的新支柱；产业技术迭代具体指提高生产效率的传统技艺、提高传播效率的信息技术、提高转化效率的数字技术。共生性和前瞻性体现"统筹兼顾协调推进"的举措和"融会贯通综合创新"的理念。

二、评价体系构建

历史文化村落作为一个整体的、活态的自然和文化空间单元，对其评价不同于一般的文物保护单位或建筑遗迹，只注重单体的、物质性层面的评价，应将评价范围扩展到村落形成发展、整体环境的时空方位中，由历史到现状、由局部到整体、由物质到观念，结合主观感受和客观标准进行权衡考量。笔者通过实地调查、座谈访问等形式发现，诸暨历史文化村落保护利用主要受公众参与程度、历史文化资源、传统建（构）筑物、产业发展基础等因素影响。因此，本书在参考《中国历史文化名镇（村）评价指标体系（试行）》[1]《传统村落评价认定指标体系（试行）》[2] 等评价指标体系的基础上，充分考虑诸暨历史文化村落的实情特点，基于以上对历史文化村落保护利用中"人""事""物""场""业"等维度的阐释，构建形成 10 个价值维度（域），20 个价值范畴，细分 50 个价值特征属性和表现要素的历史文化村落保护利用价值评价体系。

1　注：2003 年 10 月，建设部、国家文物局联合公布了第一批中国历史文化名镇名村名录，标志着我国历史文化名镇（村）保护制度的建立，随后颁布出台了《中国历史文化名镇（村）评价指标体系（试行）》（建村〔2013〕199 号），该指标体系包括价值特色和保护措施两部分，共 13 项指标、24 个分指标，其中价值特色占 70 分、保护措施占 30 分，指标总分值为 100 分。价值特色部分包括历史建筑规模、历史久远度、历史传统建筑（聚落）典型性、文物价值、历史事件名人影响度、空间格局特色及功能、核心区历史真实性、核心区风貌完整性、历史街巷规模、核心区生活延续性等 10 项评价指标；保护措施部分包括规划编制、保护修复措施、保障机制等 3 项评价指标。《评价指标体系》是在分析和挖掘我国历史文化村镇内涵和价值的基础上，以科学全面的体系构建、以指标量化为手段建立的全国性历史文化名镇村保护评价体系。2008 年 4 月，国务院颁布了《历史文化名城名镇名村保护条例》，明确提出具备下列条件的城市、镇、村庄，可以申报历史文化名城、名镇、名村：（1）保存文物特别丰富；（2）历史建筑集中成片；（3）保留着传统格局和历史风貌；（4）历史上曾经作为政治、经济、文化、交通中心或者军事要地，或者发生过重要历史事件，或者其传统产业、历史上建设的重大工程对本地区的发展产生过重要影响，或者能够集中反映本地区建筑的文化特色、民族特色。

2　注：2012 年 4 月，住房城乡建设部、文化部、国家文物局、财政部联合印发了《关于开展传统村落调查的通知》（建村〔2012〕58 号），明确提出传统村落具备的条件为：（1）传统建筑风貌完整：历史建筑、乡土建筑、文物古迹建筑集中连片分布或总量超过村庄建筑总量的 1/3；（2）选址和格局保持传统特色：村落选址具有传统特色和地方代表性，村落格局鲜明体现有代表性的传统文化，且整体格局保存良好；（3）非物质文化遗产活态传承：拥有较为丰富的非物质文化遗产资源、民族或地域特色鲜明。2012 年 8 月，住房和城乡建设部等部门印发了《传统村落评价认定指标体系（试行）》（建村〔2012〕125 号），从定量评估和定性评估两个维度，对村落传统建筑、村落选址和格局、村落承载的非物质文化遗产三部分共 20 个指标进行评价。村落传统建筑包括久远度、稀缺度、规模、比例、丰富度 5 项定量评估指标和完整性、工艺美学价值、传统营造工艺传承 3 个定性评估指标；村落选址和格局包括久远度、丰富度 2 个定量评估指标和格局完整性、科学文化价值、协调性 3 个定性评估指标；村落承载的非物质文化遗产包括稀缺度、丰富度、连续性、规模、传承人 5 个定量评估指标和活态性、依存性 2 个定性评估指标。

表 4-1　历史文化村落价值评价体系构建

价值维度	价值范畴	特征属性	价值表现要素	评价标准	评价依据	评价赋分
A1 基层干部	B1 工作态度	C1 系统性	梳理村落历史文化内容	很好 好 较好 一般 差	村落历史文化资料汇编成册，包括古籍史料、口述资料等	5-1
			总结村落发展要素		村落产业、人才、文化、生态、组织等要素汇编成册	
		C2 共识性	摸底村民实际需求与未来生活期望	很重视 重视 较重视 一般 不重视	台账与记录单	5-1
			征求村民意见与拟解决问题的反馈		台账与记录单	
			明确任务分工与责任归属		部门协同流程、任务与责任记录单	
		C3 重视度	对接上位规划	很高 高 较高 一般 低	上位规划资料综述以及村落发展指标	5-1
			咨询相关专家		主要问题清单以及解决方案报告	
			合理排布时序		明确时间节点和任务清单	
	B2 思路谋划	C4 可行性	分环节推进实施步骤	很好 好 较好 一般 差	实施步骤列表	5-1
			分层次提升村落产业		产业提升列表	
			分阶段推进项目建设		项目建设列表	
		C5 科学性	内生机制	很合理 合理 较合理 一般 差	契合村落特色生成的推导序列图	5-1
			现实需求		结合村民美好生活的树状生长图	
			未来导向		符合多元共生发展的链条节点图	

价值维度	价值范畴	特征属性	价值表现要素	评价标准	评价依据	评价赋分
A2村民群众	B3参与度	C6前期参与	村落基础资源普查	很积极 积极 较积极 一般 消极	调研、访谈视频照片记录	5-1
			生产生活资料整合		台账与记录表	
			居民房屋土地资源确权		村落土地产权登记表、置换表	
		C7过程参与	自觉参与村落规划与设计	很积极 积极 较积极 一般 消极	村民自觉参与规划方案的意见书	5-1
			自愿参加工程实施与操作		村民自愿参加规划作业的记录表	
			自发监督实施过程与步骤		村民自发监督项目实施的过程图	
		C8后期参与	主动维护村落人居环境	很积极 积极 较积极 一般 消极	维护周期、人员、内容的记录	5-1
			主动优化公共服务质量		日常生活审美亮点的记录	
			主动发表村落发展意见		整改意见、实际需求的记录	
	B4认同感	C9文化认同	保护文化遗产	很认同 认同 较认同 一般 不认同	村民参与保护文化遗产的占比	5-1
			传承文化遗产		村民从事传承文化遗产的占比	
			创新文化遗产		村民投身文化创意产业的占比	
		C10利益认同	既得利益	很认同 认同 较认同 一般 不认同	村民对既有利益的认知评价	5-1
			应得利益		村民对应得利益的接受评价	
			预期利益		村民对预期利益的满意评价	

价值维度	价值范畴	特征属性	价值表现要素	评价标准	评价依据	评价赋分
A3 历史底蕴	B5 完整性	C11 历史沿革	村落族谱方志	唐宋元明清	考证村落族谱、方志等文献资料，梳理村落历史沿革，形成文本	5-1
			建（构）筑物		文本、图集、导则	
			历史事件		村落纪实文本	
		C12 遗存信息	自然地理与方位	很丰富 丰富 较丰富 一般 缺乏	测绘勘察报告	5-1
			历史人文与特质		历史人文史料	
			社会经济与规模		社会经济数据报告	
	B6 地方性	C13 村落特质	商贸驿道、手工生产、军事防卫、红色革命等	很好 好 较好 一般 缺乏	实地考察照片、历史信息资料	5-1
			入选各类名录、规模大小等		实地考察、文件资料等	
		C14 典型人物	与村落发展相关的乡贤	很丰富 丰富 较丰富 一般 缺乏	乡贤生平事迹记录	5-1
			与村落农事相关的农民		农民农事活动记录	
			与村落民艺相关的百工		百工传统技艺记录	
			与村落经济相关的商人		商人生意往来记录	
		C15 体量规格	历史建筑体量与等级	很丰富 丰富 较丰富 一般 缺乏	佐证材料与记录	5-1
			农事仪式与规模		佐证材料与记录	
			百工数量与类型		佐证材料与记录	
			产业类型与辐射范围		佐证材料与记录	

价值维度	价值范畴	特征属性	价值表现要素	评价标准	评价依据	评价赋分
A4 文化资源	B7 传承度	C16 行业接续	文化资源在传统行业的价值体现	很好 好 较好 一般 差	现场考察	5-1
			文化资源在新兴行业的价值创造		现场考察	
			文化资源在行业发展的价值转化		现场考察	
		C17 资源转化	文化资源保护空间、范围、方式	很丰富 丰富 较丰富 一般 缺乏	典型项目	5-1
			文化资源利用方法、环节、流程		典型项目	
			文化资源活化路径、策略、机制		典型项目	
		C18 师徒传承	非物质文化遗产传承人数量与传承方式	很好 好 较好 一般 差	纪实影像资料及官方证书	5-1
			非物质文化遗产传承数量与类型		纪实影像资料及官方证书	
			非物质文化遗产传承代表性人物和典型性项目		纪实影像资料及官方证书	
	B8 丰富度	C19 文创开发	文化创意产品及衍生品	很好 好 较好 一般 差	文创产品样品实物	5-1
			品牌包装设计及形象系统设计		产业品牌样品实物	
			文化资源视觉识别设计及导视系统设计		文化资源视觉设计实物和导视系统等	
		C20 跨界研发	文化要素融入一二三产	很好 好 较好 一般 差	实物、照片、视频等资料内容	5-1
			文化禀赋赋能一二三产		实物、照片、视频等资料内容	
			文化特色激活一二三产		实物、照片、视频等资料内容	

价值维度	价值范畴	特征属性	价值表现要素	评价标准	评价依据	评价赋分
A5 传统建筑物	B9 系统性	C21 时间维度	传统建筑建造年代	唐宋元明清	古籍史料、文物鉴定以及梳理记录	5-1
			兴衰历程		古籍史料、维修记录等	
		C22 体量规模	风貌与特色	很好 好 较好 一般 差	建筑立面、材质、功能等	5-1
			要素与特征		建筑面积、占地面积、建筑层高等	
			技术指标与保护范围		建筑本体保护、建筑核心保护区、建筑保护范围等	
		C23 结构形制	营造技艺	很独特 独特 较独特 一般 无特色	包括木作、瓦作、石作等	5-1
			建筑结构		框架完整，包括屋架、梁柱、台基	
			建筑构件		构件完整，包括斗拱、雀替、牛腿、鸱吻等	
			建筑装饰		装饰完整，包括木雕、砖雕、石雕、彩绘等	
	B10 使用度	C24 功能作用	居住功能	很频繁 频繁 较频繁 一般 闲置	通过改造修缮满足现代生活方式	5-1
			展示、教育、科普等功能		承载一定规模的社会活动	
			生产功能		将资源要素转化为市场价值，助力乡村产业发展	
		C25 文化特质	与村落本体文化等关联	很密切 密切 较密切 一般 不密切	实物、照片、视频等资料内容	5-1
			与历史事件人物等关联		实物、照片、视频等资料内容	
			与村落产业发展等关联		实物、照片、视频等资料内容	

价值维度	价值范畴	特征属性	价值表现要素	评价标准	评价依据	评价赋分
A6 历史环境要素	B11 丰富性	C26 构筑类型	农事构筑物（沟、池、井、渠等）	很丰富 丰富 较丰富 一般 缺乏	影像、考证资料等	5-1
			仪式构筑物（牌坊、门楼、戏台等）		影像、考证资料等	
			交通构筑物（桥、亭、廊、道等）		影像、考证资料等	
			其他构筑物（围墙、隧道、古树等）		影像、考证资料等	
		C27 功能作用	满足生产生活的基础设施	很好 好 较好 一般 差	实物、照片、视频等	5-1
			支持村落环境的景观节点		实物、照片、视频等	
			作为村落空间的边界标志		实物、照片、视频等	
		C28 数量规模	历史年代与体量规模	很好 好 较好 一般 差	以唐宋、元、明、清为主，以占地面积、高度层级为主	5-1
			等级层次与价值含量		以国家级、省级、市级、县级为主	
	B12 整体性	C29 构筑物	区位与环境	很完整 完整 较完整 破损 消失	实物、影像、审批文件等	5-1
			结构与风貌		实物、影像、审批文件等	
		C30 构筑群	保护范围与等级	很完整 完整 较完整 一般 缺失	实物、影像、审批文件等	5-1
			与周边环境的协调度		同一范围历史构筑物群体保存类型完整、具有构筑体系主体	

价值维度	价值范畴	特征属性	价值表现要素	评价标准	评价依据	评价赋分
A7 自然场域	B13 整体性	C31 山水骨架	山水脉络走向	很好 好 较好 一般 差	实地勘察测绘图纸	5-1
			地形竖向变化		实地勘察测绘图纸	
			植被覆盖及分布		实地勘察测绘图纸	
		C32 格局方位	村落布局与山体走向的关联	很协调 协调 较协调 一般 不协调	测绘图纸、田野调查、专业认定等	5-1
			村落布局与水体走向的关联		测绘图纸、田野调查、专业认定等	
			村落布局与植被覆盖的关联		测绘图纸、田野调查、专业认定等	
		C33 系统要素	山体自然风貌	很好 好 较好 一般 弱	勘绘图纸和报告,适度合理开发	5-1
			水体生态标准		勘绘图纸和报告,严格管控治理	
			林地生物保护		勘绘图纸和报告,保留生存空间	
			耕田控制红线		勘绘图纸和报告,守护耕地面积	
	B14 向好性	C34 选址趋向	资源优化配置	很好 好 较好 一般 差	包括向阳、避晒、汲水等	5-1
			趋利避害方式		包括防涝、防潮、防火等	
			应急预案措施		包括地震、水涝、干旱等	
		C35 福吉取向	礼乐教化	很好 好 较好 一般 差	包括砚池、文笔峰、笔架山等	5-1
			祈福希冀		包括四水归堂、财源广进等	
			子嗣香火		包括向阳花木、三阳开泰等	

价值维度	价值范畴	特征属性	价值表现要素	评价标准	评价依据	评价赋分
A8 人文场域	B15 仪式感	C36 街巷交往	邻里之间	很好 好 较好 一般 差	典型交往活动的影像资料、访谈调研等纪实记录	5-1
			家族之间		典型交往活动的影像资料、访谈调研等纪实记录	
			业缘之间		典型交往活动的影像资料、访谈调研等纪实记录	
		C37 界面表征	日常活动	很丰富 丰富 较丰富 一般 缺乏	包括茶余饭后、晨钟暮鼓等影像资料、访谈调研等纪实记录	5-1
			农事活动		包括晒桑、晾米、酿酒等活动影像资料、访谈调研等纪实记录	
			红白喜事		包括婚、丧、嫁、娶等影像资料、访谈调研等纪实记录	
	B16 秩序感	C38 街巷排布	自然形态排布	很好 好 较好 一般 差	现场调查、专业认定等	5-1
			几何形态排布		现场调查、专业认定等	
			组团形态排布		现场调查、专业认定等	
		C39 空间竖向	爬坡而居	很好 好 较好 一般 差	田野调查、专业认定等	5-1
			逐水而居		田野调查、专业认定等	
			择中而居		田野调查、专业认定等	
		C40 村落时序	农事节气活动	很好 好 较好 一般 差	影像资料、访谈调研等纪实记录	5-1
			民俗节庆活动		影像资料、访谈调研等纪实记录	
			日常礼俗活动		影像资料、访谈调研等纪实记录	

续表

价值维度	价值范畴	特征属性	价值表现要素	评价标准	评价依据	评价赋分
A9 在地产业	B17 主导性	C41 村镇政府职能定位	扶持重点产业	很好 好 较好 一般 差	访谈调研、数据报表	5-1
			支持优势产业		访谈调研、数据报表	
			引导新兴产业		访谈调研、数据报表	
		C42 地方产业资源集聚	优化资源配置	很好 好 较好 一般 差	专家意见书、产业咨询报告	5-1
			完善配套技术		专家意见书、产业咨询报告	
			对接市场规范		专家意见书、产业咨询报告	
	B18 集成性	C43 村民素质提升	培育村民职业技能	很好 好 较好 一般 差	专业培训、技能手册、操作规范等	5-1
			优化生产生活空间		专业培训、技能手册、操作规范等	
			强化村民市场观念		专业培训、技能手册、操作规范等	
		C44 产业结构升级	打造村落地方特色品牌	很好 好 较好 一般 差	村落产业品牌样本示范	5-1
			贯通村落一二三产融合		村落三产融合典型机制	
			发展绿色生态长效机制		村落绿色生态长效持续机制	
		C45 创业力量强化	助力返乡创业青年发展	很好 好 较好 一般 差	政策、机制、要素	5-1
			拓展在地创业空间		政策、机制、要素	
			排解创业痛点等		政策、机制、要素	

价值维度	价值范畴	特征属性	价值表现要素	评价标准	评价依据	评价赋分
A10周边资源	B19共生性	C46行业组织共建	行业组织系统性培训	很好 好 较好 一般 差	生产、运营、管理等数据报表	5-1
			行业组织阶段性带动		资源、技术、平台等数据报表	
			行业组织持续性引导		模块、模式、规模等数据报表	
		C47产业资源共享	推广渠道共享	很丰富 丰富 较丰富 一般 缺乏	推广渠道的梳理以及成交记录	5-1
			竞品数据共享		竞品数据的梳理以及市场份额	
			客户资源共享		客户资源的梳理以及客户忠诚度	
	B20前瞻性	C48产业创意转化	以文化创意为主的产业	很好 好 较好 一般 差	村民营收、获得红利的数据报表	5-1
			以自然资源为主的产业		村民营收、获得红利的数据报表	
			以空间体验为主的产业		村民营收、获得红利的数据报表	
		C49产业创新升华	村民收入来源的增长点	很好 好 较好 一般 差	典型代表梳理、数据报表、官媒报道等	5-1
			村民创新创业的新模式		典型代表梳理、数据报表、官媒报道等	
			村落产业发展的新支柱		典型代表梳理、数据报表、官媒报道等	
		C50产业技术迭代	提高生产效率	很丰富 丰富 较丰富 一般 缺乏	线下中端体验与实录	5-1
			提高传播效率		线上过程体验与实录	
			提高转化效率		线上线下体验终端与实录	

三、价值评价应用

在全面、深入、系统调研诸暨历史文化村落的基础上，依据历史文化村落保护利用价值评价体系，充分考虑诸暨历史文化村落现状实情，按照

"人""事""物""场""业"五个维度，划分为好、中、差三个等级，对应分值为5、3、1。分别对25个省级历史文化村落保护利用项目村和35个省级历史文化村落保护利用备选村进行分类评价，具体采取量化评分，得出村落综合评价得分。

表4-2 诸暨市历史文化村落价值评价得分

序号	乡(镇、街道)村名	村落类型										综合评分
		人		事		物		场		业		
		基层干部	村民群众	历史底蕴	文化资源	传统建筑	历史环境要素	自然场域	人文场域	在地产业	周边资源	
省级历史文化村落保护利用项目村												
1	大唐街道上下文村	3	5	3	3	1	3	5	5	3	3	34
2	大唐街道里蒋村	5	3	3	3	3	3	3	3	1	3	30
3	暨南街道周村村	3	1	3	1	5	1	3	3	3	3	26
4	马剑镇石门村	5	5	3	5	3	1	3	3	3	3	34
5	马剑镇马剑社区	5	3	5	5	5	3	5	5	3	3	42
6	马剑镇栗金村	1	1	3	3	1	1	1	1	5	3	20
7	应店街镇十二都村	3	3	5	5	1	1	1	1	3	3	26
8	应店街镇紫阆村	5	5	5	3	5	3	5	3	5	5	44
9	次坞镇次坞社区	5	1	5	5	3	3	5	3	3	3	36
10	牌头镇坑西新村	5	3	3	1	1	5	1	3	1	1	26
11	牌头镇金龙塔村	3	1	1	1	1	1	1	3	1	3	16
12	安华镇宣何村	5	5	5	5	5	1	3	3	1	3	36
13	安华镇珠峰村	5	3	3	1	5	1	1	3	1	3	26
14	同山镇边村村	5	5	5	5	5	5	3	3	5	3	44

序号	乡(镇、街道)村名	村落类型										综合评分
		人		事		物		场		业		
		基层干部	村民群众	历史底蕴	文化资源	传统建筑	历史环境要素	自然场域	人文场域	在地产业	周边资源	
15	同山镇唐仁村	3	3	3	3	5	3	3	3	5	3	34
16	五泄镇十四都村	5	5	5	5	5	3	5	3	5	5	46
17	赵家镇赵家社区	5	1	3	3	3	1	1	1	1	3	22
18	赵家镇花明泉村	5	1	1	3	1	1	1	1	1	3	18
19	赵家镇榧王村	3	1	1	1	1	1	1	3	1	3	16
20	赵家镇东溪村	5	3	1	1	1	1	3	3	3	3	24
21	岭北镇岭北周社区	5	5	3	3	5	1	3	1	1	3	30
22	璜山镇溪北村	5	3	3	3	3	3	3	3	1	3	32
23	东白湖镇斯宅村	5	5	5	5	5	3	5	3	5	5	46
24	东和乡冯蔡村	5	1	3	3	1	3	1	1	1	1	20
25	东和乡十里坪村	5	5	3	5	5	5	3	3	5	5	44
省级历史文化村落保护利用备选村												
1	大唐街道桥头村	5	1	1	1	1	3	1	1	1	1	16
2	大唐街道上余村	3	3	3	5	3	5	3	5	5	1	36
3	大唐街道银杏村	3	3	1	1	1	3	1	1	3	1	18
4	大唐街道冠山村	3	1	1	1	1	5	1	3	3	1	20
5	暨南街道新胜村	3	1	1	5	5	3	3	3	3	1	28
6	暨南街道新华村	5	3	3	5	3	3	1	3	5	3	34

序号	乡(镇、街道)村名	村落类型										综合评分
		人		事		物		场		业		
		基层干部	村民群众	历史底蕴	文化资源	传统建筑	历史环境要素	自然场域	人文场域	在地产业	周边资源	
7	暨南街道金杜岭村	5	3	3	3	5	5	5	3	3	3	38
8	暨阳街道郭叶柏村	3	1	1	1	1	1	1	1	1	1	12
9	陶朱街道刘家山村	3	1	5	3	5	1	1	3	1	3	26
10	浣东街道盛兆坞三村	3	1	1	1	1	5	1	3	3	1	20
11	浣东街道白鱼潭古村	5	1	3	1	1	1	1	1	3	1	18
12	马剑镇相公殿村	5	3	3	3	3	3	1	1	1	3	26
13	马剑镇状元村	5	1	3	5	5	1	1	1	3	1	26
14	马剑镇上和村	5	3	1	1	1	1	1	1	1	1	16
15	马剑镇马益村	5	3	5	3	3	3	1	1	1	1	26
16	次坞镇白马新村	5	1	1	3	3	3	1	1	1	5	24
17	次坞镇溪埭村	1	1	3	5	5	1	5	3	1	1	26
18	牌头镇同文村	5	3	1	5	1	5	1	1	3	1	26
19	牌头镇三保里村	3	1	1	1	1	1	1	1	3	1	16
20	安华镇丰江周村	5	5	5	3	3	1	3	1	1	1	28
21	安华镇新一村	3	3	1	3	3	1	1	1	1	1	18
22	安华镇五指山村	5	3	1	1	1	1	1	3	3	3	22
23	赵家镇泉畈村	3	1	1	3	5	1	3	1	3	3	24
24	岭北镇岭顶村	5	3	1	5	1	3	1	1	1	1	22

| 序号 | 乡(镇、街道)村名 | 村落类型 | | | | | | | | | | 综合评分 |
| | | 人 | | 事 | | 物 | | 场 | | 业 | | |
		基层干部	村民群众	历史底蕴	文化资源	传统建筑	历史环境要素	自然场域	人文场域	在地产业	周边资源	
25	璜山镇黄家店村	3	1	1	3	1	1	3	1	1	1	16
26	璜山镇大门村	1	1	1	1	1	3	1	1	5	1	16
27	店口镇侠父村	5	5	3	5	3	1	3	5	5	3	38
28	店口镇何家山头村	3	1	3	1	1	1	1	3	3	1	18
29	姚江镇梓尚阁村	5	3	1	3	3	3	3	3	3	1	28
30	浬浦镇盘山村	5	5	5	5	5	1	3	1	3	3	36
31	陈宅镇石壁湖村	5	3	1	1	1	5	3	3	1	1	24
32	东和乡子和村	5	5	1	1	3	5	1	1	3	1	26
33	东和乡友谊村	5	3	1	1	3	1	1	3	5	1	24
34	东和乡姚邵畈村	5	5	5	5	5	1	1	1	3	5	36
35	东和乡大林村	5	5	1	1	1	1	1	1	5	3	24

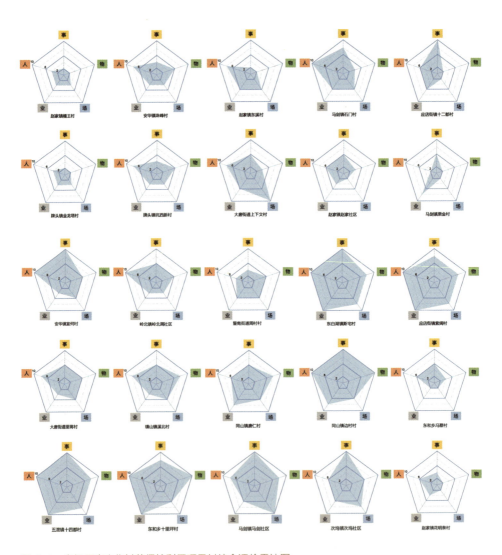

图 4-1　省级历史文化村落保护利用项目村综合评价雷达图

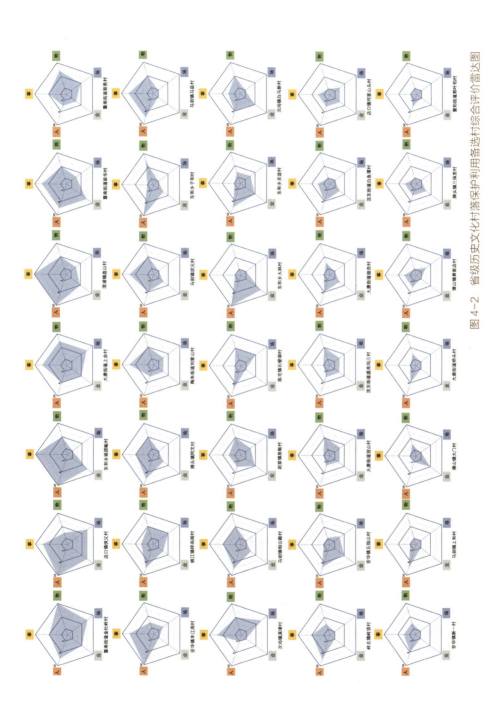

图4-2　省级历史文化村落保护利用备选村综合评价雷达图

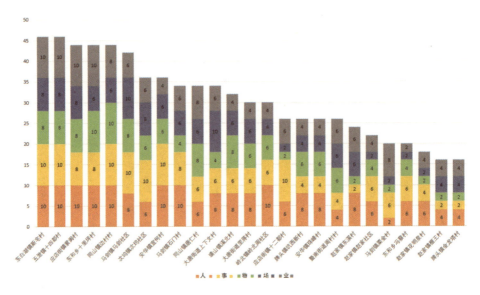

图 4-3 省级历史文化村落保护利用项目村综合评价得分排序

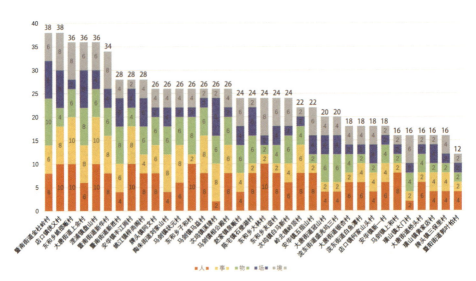

图 4-4 省级历史文化村落保护利用备选村综合评价得分排序

第二节　项目建设绩效

一、规划与建设实绩

本节主要从规划编制、项目建设、资金投入和建设实绩等方面，对诸暨市25个省级历史文化村落保护利用项目村的三年建设情况做分析。

1. 规划编制

从省级部门组织专家规划编制评审打分的结果来看，诸暨市省级历史文化村落保护利用重点村的规划编制总体质量一般，尤其是第5-7批重点村的规划编制不够理想，反映出村落规划存在调研不实、定位不准、举措不细等问题较为突出。

表4-3　诸暨市省级历史文化村落保护利用重点村规划编制省级评审得分及排名一览

批次	村名	得分	全省排名
1	斯宅村	—	—
2	赵家新村	81.58	18/40
3	次坞新村	79.64	14/41
4	十四都村	85.67	5/38
5	溪北村	72	36/40
6	马剑社区	66.57	38/41
7	周村村	75.57	36/43

2. 项目建设完成情况

经过实地调研、台账查阅、数据核实及量化统计，诸暨市前7批省级历史文化村落保护利用重点村总体上能按时按量完成建设任务，建设实效明显。具体完成情况：

（1）古建筑修复。累计完成顶瓦修补30幢，面积20492平方米；墙体加固28幢，面积12294平方米；立面改造30幢，面积18208平方米；构件修复30幢，共569个。前7批一般村累计完成40余幢，面积27723平方米。

（2）与历史风貌有冲突的建（构）筑物整修改造。累计完成立面改造248幢，面积52593平方米；整体拆除面积2126平方米；异地搬迁59户。

（3）村内古道修复改造。累计完成古道修复长5.564公里，面积14610平方米。

（4）搬迁安置区基本公建设施建设。累计完成安置用地52亩，安置户数121户，基本公建设施投资320万元。

表4-4 诸暨市省级历史文化村落保护利用重点村（1-7批）三年建设四大项目得分

序号	村名	古建筑修复	与历史风貌有冲突的建（构）筑物整修改造	村内古道修复改造	搬迁安置区基本公建设施	总分（60分）
1	斯宅村	27.5	5	8	6.5	47
2	赵家社区	25	10	8	11	54
3	次坞社区	28	10.5	10	10	58.5
4	十四都村	28	11	10	9	58
5	溪北村	28	10	10	0	48
6	马剑社区	26.5	10.5	10	4	51
7	周村村	28	10.5	10	0	48.5

表4-5 诸暨市级历史文化村落保护利用重点村（1-7批）建设任务

乡（镇、街道）村名	1.古建筑修复项目（幢、平方米）								2.与历史风貌有冲突的建（构）筑物整修改造项目（幢、平方米）							3.搬迁安置区基本公建设施项目（亩、万元）			4.村内古道修复与改造项目（平方米、公里）		5.项目总投资 万元
	顶瓦修补		墙体加固		立面改造		构件修复		立面改造		结构降层		整体拆除		异地搬迁	公建设施用地面积	安置户数	基本公建设施投资额	面积	里程	
	幢数	面积	幢数	面积	幢数	面积	幢数	个数	幢数	面积	幢数	面积	户数	面积	户数						
东白湖镇斯宅村	1	1200	1	1000	1	2200	1	270	3	1600	1	100	6	2100		15	35	160	3000	1.8	1740
赵家镇赵家社区	1	300	2	500	1	500	1	10	10	3000	0	0	0	100	3	0	0	0	400	0.1	2500
次坞镇次坞社区	5	1539	5	1733	5	1583	5	42	17	1681	0	0	0	0	0	15	30	80	2147	0.764	1500

续表

乡（镇、街道）村名	1.古建筑修复项目（幢、平方米）								2.与历史风貌有冲突的建（构）筑物整修改造项目（幢、平方米）						3.搬迁安置区基本公建设施项目（亩、万元）			4.村内古道修复与改造项目（平方米、公里）		5.项目总投资
	顶瓦修补		墙体加固		立面改造		构件修复		立面改造		结构降层		整体拆除	异地搬迁	用地面积	安置户数	基本公建设施投资额	面积	里程	万元
	幢数	面积	幢数	面积	幢数	面积	幢数	个数	幢数	面积	幢数	面积	面积	户数						
五泄镇十四都村	4	2445	2	260	4	680	4	45	25	5200	0	0	380	20	15	40	80	0	0	2259
璜山镇溪北村	4	1750	4	650	5	1200	5	84	40	5310	0	5	550	8	15	35	50	2745	1.1	2005
马剑镇马剑社区	4	1600	5	2000	4	1350	4	38	87	17400	0	0	292	10	15	38	75	3600	1.2	1500
暨南街道周村村	4	1900	4	1700	4	2500	4	49	12	3000	0	0	0	0	4.8	13	45	1200	0.4	1577
小计	23	10734	23	7843	24	10013	24	538	194	37191	1	105	3422	47	79.8	191	490	13092	5.364	13081
村平均值	3.3	1533.4	3.3	1120.4	3.4	1430.4	3.4	76.9	27.7	5313	0.1	15	488.9	6.71	11.4	27.3	70	1870.3	0.77	1868.7
绍兴地区总量（7批）	318	94664	155	38383	203	66693	170	2962	648	143571	12	2530	28104	135	274.6	636	1899	71792	33.8	42455
地区占比（%）	7.2	11.3	14.8	20.4	11.8	15.0	14.1	18.2	29.9	25.9	8.3	4.2	12.2	34.8	29.1	30.0	25.8	18.2	15.9	30.8
全省总量（7批）	5343	1529678	3975	1025627	4147	1459426	4312	54075	7644	191871	428	86563	508414	2501	3826	8788	42499.3	1200369	461.33	657535.4
全省占比（%）	0.4	0.70	0.58	0.76	0.58	0.69	0.56	0.99	2.54	1.92	0.23	0.12	0.67	1.88	2.09	2.17	1.15	1.09	1.16	1.99

表 4-6 诸暨市省级历史文化村落保护利用重点村（1-7批）建设计划和完成情况

乡（镇）街道/村名	类目	1. 古建筑修复项目（幢、平方米）								2. 与历史风貌有冲突的建（构）筑物整修改造项目（幢、平方米）						3. 搬迁安置区基本公建设施项目（亩、万元）			4. 村内古道修复与改造项目（平方米、公里）		5. 项目总投资
		顶瓦修补		墙体加固		立面改造		构件修复		立面改造		结构降层		整体拆除	异地搬迁	用地面积	安置户数	基本公建设施投资额	面积	里程	万元
		幢数	面积	幢数	面积	幢数	面积	幢数	个数	幢数	面积	幢数	面积	面积	户数						
东白湖镇斯宅村	建设计划	1	1200	1	1000	1	2200	1	270	3	1600	1	100	2100	6	15	35	160	3000	1.8	1740
	完成情况	5	6025	5	5321	5	10250	5	287	45	13500	0	0	679	18	15	37	160	3000	1.8	3060
赵家镇赵家社区	建设计划	1	300	2	500	1	500	1	10	10	3000	0	0	100	3	0	0	0	400	0.1	2500
	完成情况	1	300	2	500	1	500	1	10	10	3000	0	0	100	3	0	0	0	400	0.1	2420
次坞镇次坞社区	建设计划	5	1539	5	1733	5	1583	5	42	17	1681	0	0	0	0	15	30	80	2147	0.764	1500
	完成情况	5	1539	5	1733	5	1583	5	42	17	1681	0	0	0	0	15	30	80	2147	0.764	1132
五泄镇十四都村	建设计划	4	2445	4	260	4	680	4	45	25	5200	0	0	380	20	15	40	80	0	0	2259
	完成情况	4	2450	2	265	4	680	4	45	25	5200	0	0	380	20	15	40	80	0	0	6350
璜山镇溪北村	建设计划	4	1750	4	650	5	1200	5	84	40	5310	5	5	550	8	15	35	50	2745	1.1	2005
	完成情况	4	2015	4	675	5	1315	5	97	40	5310	0	0	655	8	7	14	0	2745	1.1	1310

续表

乡(镇)街道/村名	类目	1. 古建筑修复项目(幢、平方米) 顶瓦修补 幢数	面积	墙体加固 幢数	面积	立面改造 幢数	面积	构件修复 幢数	个数	2. 与历史风貌有冲突的建(构)筑物整修改造项目(幢、平方米) 立面改造 幢数	面积	结构降层 幢数	面积	整体拆除 面积	异地搬迁 户数	3. 搬迁安置区基本建设项目(亩、万元) 用地面积	安置户数	基本公建设施投资额	4. 村内古道修复与改造项目(平方米、公里) 面积	里程	5. 项目总投资 万元
马剑镇 马剑社区	建设计划	4	1600	5	2000	4	1350	4	38	87	17400	0	0	292	10	15	38	75	3600	1.2	1500
	完成情况	7	4989	6	2100	6	1380	6	39	87	18162	0	0	312	10	0	38	0	4200	1.3	3859
暨南街道 周村村	建设计划	4	1900	4	1700	4	2500	4	49	12	3000	0	0	0	0	4.8	13	45	1200	0.4	1577
	完成情况	4	3174	4	1700	4	2500	4	49	24	5740	0	0	0	0	0	0	0	2118	0.5	1964
合计	建设计划	23	10734	23	7843	24	10013	24	538	194	37191	1	105	3422	47	79.8	191	490	13092	5.364	13081
	完成情况	30	20492	28	12294	30	18208	30	569	248	52593	0	0	2126	59	52	159	320	14610	5.564	20094
	完成率	130%	191%	122%	157%	125%	182%	125%	106%	128%	141%	0%	0%	62%	126%	65%	83%	65%	116%	104%	154%
绍兴地区 总量	建设计划	318	94664	155	38383	203	66693	170	2962	648	143571	12	2530	28104	135	274.6	636	1899	71792	33.8	42455
	完成情况	386	86517	191	36279	272	89394	181	12429	642	129188	10	1730	28904	122	174	368	1419.46	69099	36.613	未统计

续表

乡（镇、街道）/村名	类目	1.古建筑修复项目（幢、平方米）								2.与历史风貌有冲突类的建（构）筑物整修改造项目（幢、平方米）						3.搬迁安置区基本建设施项目（亩、万元）			4.村内古道修复与改造项目（平方米、公里）		5.项目总投资
		顶瓦修补		墙体加固		立面改造		构件修复		立面改造		结构降层		整体拆除	异地搬迁	用地面积	安置户数	基本公建设施投资额			万元
		幢数	面积	幢数	面积	幢数	面积	幢数	个数	幢数	面积	幢数	面积	面积	户数				面积	里程	
地区占比（%）	建设计划	7.2	11.3	14.8	20.4	11.8	15	14.1	18.2	28.4	25.9	8.3	4.2	12.2	34.8	29.1	30	25.8	18.2	15.9	30.8
	完成情况	7.8	23.7	14.7	33.9	11	20.4	16.6	4.6	38.6	40.7	0	0	7.4	48.4	29.9	43.2	22.5	21.1	15.2	未统计
全省总量	建设计划	5343	1529678	3975	1025627	4147	1459426	4312	54075	7644	1941871	428	86563	508414	2501	3826	8788	42499.3	1200369	461.33	657535.4
	完成情况	6333	1547665	4397	990854	5154	1367481	4442	99754	9033	2396726	303	5746	593880	2302	4094	5914	未统计	1281118	478.55	未统计
全省占比（%）	建设计划	0.43	0.70	0.58	0.76	0.58	0.69	0.56	0.99	2.54	1.92	0.23	0.12	0.67	1.88	2.09	2.17	1.15	1.09	1.16	1.99
	完成情况	0.47	1.32	0.64	1.24	0.58	1.33	0.68	0.57	2.75	2.19	0	0	0.36	2.56	1.27	2.69	未统计	1.14	1.16	未统计

3. 资金投入执行情况

诸暨市加强省级历史文化村落保护利用工作，充分发挥财政资金"四两拨千金"的作用，撬动民间资本参与历史文化遗存保护，整合精品村建设、"5星3A"创建、未来乡村建设等部门资金，牵引社会工商资本及村民自保自筹等资金，落实省级历史文化村落重点村地方财政配套1000万元、一般村配套70万元的投入。近年来，全市累计投入资金41000万余元，其中民间资本9800余万元。

4. 建设实绩

诸暨市省级历史文化村落保护利用重点村三年建设绩效评价，东白湖镇斯宅村、赵家镇赵家社区、次坞镇次坞社区、五泄镇十四都村、马剑镇马剑社区、暨南街道周村村考核获优秀等级，溪北村考核为良好等级，反映出全市历史文化村落保护利用项目实施效果整体较好。但7个重点村得分排名均未能排进前10名，说明各个村落的总体建设效果和效益还不具有明显优势，建设发展的特色亮点还需加强。

表4-7 诸暨市省级历史文化村落保护利用项目村建设资金投入一览（单位：万元）

序号	乡（镇、街道）村名	政府部门										工商资本	自保自筹				总计
		农办	住建	文物	水利	交通	财政	组织	文旅	其他	小计	资本	村民	民宿	其他	小计	
1	大唐街道上下文村	1500	200		900	1000	400	80			4080	500	70			70	4650
2	大唐街道里溪村	90						50	35		175				150	150	325
3	暨南街道周村村	500								1294	1794		170			170	1964
4	马剑镇石门村	1000					500		50	1349	2899		750		210	960	3859
5	马剑镇马剑社区	1070									1070						1070
6	马剑镇栗金村	70									70						70
7	应店街镇十二都村	70									70						70
8	应店街镇紫阆村	70			700				1000		1770						1770
9	次坞镇次坞社区	1000		10							1010		122			122	1132
10	牌头镇坑西新村	70	130						125		325						325

续表

序号	乡（镇、街道）村名	政府部门										工商资本	自保自筹				总计
		农办	住建	文物	水利	交通	财政	组织	文旅	其他	小计		村民	民宿	其他	小计	
11	牌头镇 金龙塔村							80			80		80			80	160
12	安华镇 宣何村	70		60				50	20		200		80			80	280
13	安华镇 珠峰村	100					50	40	96		286		280		50	330	616
14	同山镇 边村村	200		70	80	30	30	100	80		590				60	60	650
15	同山镇 唐仁村	203							60		263	500	20			20	783
16	五泄镇 十四都村	1500	800		100		150				2550	2000	800	1000		1800	6350
17	赵家镇 赵家社区	770	200		1200	100		50			2320				100	100	2420
18	赵家镇 花明泉村	100			800			25			925				100	100	1025
19	赵家镇 榧王村	50			180	67	150	200		80	727				420	420	1147
20	赵家镇 东溪村	500	1000		70			10			1580			700	18	718	2298
21	岭北镇 岭北周社区	70	1400		90	140	210		20	120	2050	1000		150	200	350	3400

续表

序号	乡(镇、街道)村名	政府部门										工商资本	自保自筹				总计
		农办	住建	文物	水利	交通	财政	组织	文旅	其他	小计		村民	民宿	其他	小计	
22	黄山镇溪北村	500	450	360							1310						1310
23	东白湖镇斯宅村	1000		1000							2000	1000		60		60	3060
24	东和乡冯蔡村	100						50	40		190		53			53	243
25	东和乡十里坪村	900	150		300	300		100	70		1820		26	270		296	2116
合计		11503	4330	1500	4420	1637	1490	835	1596	2843	30154	5000	2451	2180	1308	5939	41093

表4-8 诸暨市省级历史文化村落保护利用重点村（1~7批）三年建设绩效评价得分及排名一览

批次	村名	得分	等级	地区排名	全省排名	前百分比
1	斯宅村	90.5	优秀	1/4	16/40	40%
2	赵家社区	87	优秀	3/5	22/40	55%
3	次坞社区	95.5	优秀	1/3	11/41	26.8%
4	十四都村	90	优秀	1/2	14/40	35%
5	溪北村	85	良好	1/2	24/40	60%
6	马剑社区	93	优秀	1/3	13/41	31.7%
7	周村村	91.5	优秀	1/3	22/42	52.4%

表 4-9 诸暨市省级历史文化村落保护利用重点村（1-7 批）三年建设分项得分

序号	村名	建设实绩	项目和资金管理	规划落实	创新亮点	总分
1	斯宅村	47	10	26.5	7	90.5
2	赵家社区	54	10	20	3	87
3	次坞社区	58.5	10	24	3	95.5
4	十四都村	58	10	19	3	90
5	溪北村	48	8	24	5	85
6	马剑社区	51	10	26	6	93
7	周村村	48.5	10	30	3	91.5

二、项目建设成效

近年来，诸暨市委市政府高度重视历史文化村落保护利用工作，组织出台了相关政策条例，成立工作领导小组，启动规划编制，配置专项资金，明确职责分工，开展村落普查、建档和入库等工作，下达年度重点任务清单，分步实施工程项目，有序推进全市历史文化村落保护利用工作。为了科学指导和有效促进诸暨历史文化村落的整体保护和有效利用，进一步规范实施、发挥特色和总结经验，2021 年 6-7 月，受诸暨市农业农村局委托，浙江理工大学中国美丽乡村研究院、乡村遗产与传统村落研究所组织技术团队，重点对斯宅村、十四都村、周村村等 25 个省级历史文化村落保护利用项目村，开展全面深入的实地调查，系统摸排情况，查找短板问题，研判发展趋势，形成如下意见：

1. 历史文化遗存得到保护与修缮，保护利用成效突显

全市有序开展历史文化村落保护利用项目，斯宅村、赵家社区、次坞社区、十四都村、溪北村、马剑社区、周村村 7 个重点村和 19 个一般村相继完成项目建设，一批具有较高保护利用价值的历史文化村落和重要古建（构）筑物得到有效保护和修缮。其一，着力推进传统建筑和历史环境要素保护修缮。先后修缮了斯宅村"斯盛居""发祥居""小洋楼""华国公别墅""下门前畈屋"，十四都村的"谦吉堂""周氏宗祠"，十里坪村"卓氏家庙"等一批具有较高价值的文保单位和历史建筑，保护修缮了古桥梁 11 座、古井泉 5 座、古田畈 1 处、古驿道 3 处，保护了一大批古树名木，使历史文脉得到有效保存。前七批重点村累计完成古建筑修复项目中顶瓦修补 30 幢、面积 20492 平方米，墙体加固 28 幢、面积 12294 平方米；完成立面改造 30 幢、面积 18208 平方米，构件修复 30 幢、个数 569 个；完成村内古道修复与改造达 5.564 公里、面积 14610 平方米。一般村古建筑修缮累计 40 余幢、面积 27723 平方米。其二，深入实施

传统村落保护发展。斯宅村成功列入国家文物局首批传统村落保护利用实施项目名单，完成斯宅村文保区消防管网工程等 10 个重点项目，于 2018 年 5 月通过了国家文物局组织的现场绩效评估。完成楼家桥遗址等 4 处省级文物保护单位的"四有"（有保护范围、有保护标志、有记录档案和有保管机构）档案建立，启动了第七批省保单位"四有"档案的编制。完成溪北村新一堂、继述堂电力线路整治工程等。

表 4-10　诸暨历史文化村落重要建（构）筑物保护利用一览

乡(镇、街道)村名	序号	重要建筑名称	类别	年代	结构材料	层数	使用情况	占地面积（m²）
大唐街道上下文村	1	尚文大厅	县保点	明清	土木	1	家宴中心	600
	2	暨阳蕾山杨氏宗祠	传统建筑	明嘉靖年间	土木	2	"渎溪乡校"旧址，文化礼堂	800
	3	霞文大厅	传统建筑	明清	土木	2	白事	200
	4	西林禅寺	传统建筑	明末	土木	1	庙宇	300
	5	双柳庵	传统建筑	明末	土木	1	庙宇	100
大唐街道里蒋村	1	御史第	县保单位	清嘉庆十四年（1809 年）	石	1	通行，休憩空间	20
	2	蒋氏宗祠（雍睦堂）	传统建筑	清代	砖木	2	宗族、廉政文化展示；清廉教育基地	200
	3	大会堂	传统建筑	1969 年	砖木	1	文化礼堂；红白喜事	450
大唐街道桥头村	1	明教寺	传统建筑	始建于五代后晋天福七年（942 年），1990 年修建	砖木	1	宗教活动场所	2000
大唐街道上余村	1	杨氏宗祠	传统建筑	清代	土木	2	红色庄余霞陈列馆、文化礼堂、浙江省爱国主义教育基地	1500
大唐街道银杏村	1	宗祠	传统建筑	清代	砖木	1/2	综合文化服务中心、居家养老中心	300
	2	下蔚四院前屋	传统建筑	清代	砖木	2	部分居住、个人书画馆	600

续表

乡(镇、街道)村名	序号	重要建筑名称	类别	年代	结构材料	层数	使用情况	占地面积（m²）
大唐街道冠山村	1	侯氏宗祠	传统建筑	清康熙年间	石木	1/2	居家养老中心	1000
	2	文化礼堂	一般建筑	2015年	砖木	1	文化展示、喜宴场	600
暨南街道周村村	1	周氏宗祠	县保单位	清中期	砖木	1/2	文化礼堂，农家书屋，文艺中心，乡村记忆馆	1130
	2	加工厂	传统建筑	清末	砖木	1/2	游客接待中心	800
暨南街道新胜村	1	文化礼堂	一般建筑	1986年	砖木	1/2	新胜粮政文化展陈馆	300
暨南街道新华村	1	梅岭傅氏宗祠	县保点	清乾隆十七年（1752年）	砖木	2	文化礼堂、抗战纪念馆、清风梅骨厅、村史馆	800
	2	蓝田上新屋	传统建筑	清代	砖木	1	红白喜事场所	400
	3	狮子岩寺庙	传统建筑	始建于元至正二十年（1360年），2017年重建	砖木	1	民间信仰场所	600
暨南街道金杜岭村	1	杜氏宗祠（钦褒节孝碑）	县保点	始建于明天顺四年（1460年），修建于2019年	土木	1/2	文化礼堂、书法展示、乡村图书馆、金杜岭村儿童之家、金杜岭村文化活动中心	1000
	2	里杜车庙	传统建筑	清代	砖木	1	民间信仰场所	200
	3	里杜新庙	传统建筑	清代	砖木	1	民间信仰场所	200
	4	文化礼堂	一般建筑	现代	砖木	1	活动中心	200
暨阳街道郭叶柏村	1	中共诸暨县委"一大"会址	县保单位	1927年	砖木	1	文化展示	40
	2	郭家坞郭氏宗祠	县保点	清代	土木	2	白事场所	700
	3	叶氏祠堂	传统建筑	清代	土木	1	红白喜事场所	450

乡(镇、街道)村名	序号	重要建筑名称	类别	年代	结构材料	层数	使用情况	占地面积(m²)
暨阳街道郭叶柏村	4	宝寿禅寺	传统建筑	唐大中八年(854年)	砖木	1/2	宗教活动场所	1000
	5	滴水禅寺	传统建筑	唐天祐年间	砖木	1/3	宗教活动场所	3000
陶朱街道刘家山村	1	刘氏太公堂	传统建筑	明代	砖木	2	文化礼堂、文化展示	900
浣东街道盛兆坞三村	1	花园自然村陈氏宗祠	传统建筑	清乾隆四十四年(1779年)	砖木	1	文化礼堂、农家书屋、书画院	700
	2	殷家自然村殷氏宗祠	传统建筑	清代	砖木	1	祭祀	300
	3	颍川小学旧址	一般建筑	始建于清光绪三十二年(1906年),2018年改建	砖石	2	文化礼堂	400
马剑镇石门村	1	方氏宗祠(金萧支队成立旧址)	县保单位	清代	砖木	2	金萧支队旧址展览馆、文化礼堂分馆	1000
	2	下山头方家厅	传统建筑	清代	土木	2	"过小年"非物质文化遗产展示馆	600
	3	水口庙	传统建筑	清道光年间	土木	2	道教庙宇	600
马剑镇马剑社区	1	戴氏宗祠(孝思堂)	省保单位	始建于清乾隆二十六年(1761年),同治五年(1866年)重建	砖木	1	历代名人纪念馆,戴良纪念馆、戴思恭纪念馆,革命历史展厅	1946
马剑镇栗金村	1	倪氏宗祠(树德堂)	传统建筑	清雍正二年(1724年)	砖木	2	养老服务照料中心	1380
马剑镇相公殿村	1	应氏宗祠	县保单位	清代	土木	1	文化礼堂、道德讲堂、活动中心、民俗文化展示	1200
	2	殿口庙	传统建筑	明清	砖石	1	祭祀	350
马剑镇状元村	1	赵氏宗祠	传统建筑	民国十年(1921年)	土木	2	文化礼堂(清廉宣讲活动)、耕读、乡贤名人、清廉文化展示	900
	2	农耕博物馆	一般建筑	现代	砖木	1	农耕文化展示、农产品销售	500

乡(镇、街道)村名	序号	重要建筑名称	类别	年代	结构材料	层数	使用情况	占地面积(m²)
马剑镇状元村	3	财源初级小学	传统建筑	1940年代	土木	1	财源学堂、坪顶私塾、中小学研学基地	300
马剑镇上和村	1	增福庵	传统建筑	清康熙四十七年（1708年）	土木	2	上和老年人重阳节等节日活动场所	200
	2	永思堂	传统建筑	清康熙五十七年（1718年），民国十一年（1922年）重修，1959年重修	土木	2	文化礼堂、村民活动中心、家训家规、陈啸奋将军等文化展示	1200
	3	乡村图书馆	一般建筑	1960年代	砖木	1	学生阅读基地、越民生义工团爱心基地、校外德育实践基地、越民生爱心驿站	600
马剑镇马益村	1	沈氏宗祠	县保单位	清光绪二十六年（1900年）	土木	1/2	老年活动室、作家协会、祭祀活动	1200
	2	沈家大厅	县保单位	明代	砖木	1/2	红白喜事场所	3000
	3	胡公殿	传统建筑	清顺治年间	土木	1	祭祀	200
	4	关圣殿	传统建筑	清康熙二年（1663年）	土木	1	祭祀	200
	5	土地山神庙	传统建筑	清末民初	砖木	1	祭祀	100
应店街镇十二都村	1	南孟子庙	县保点	南宋乾道六年（1170年）	砖木	2	传统文化传承展示馆	825
应店街镇紫阆村	1	徐氏宗祠（咸正堂）	传统建筑	始建于明永乐十一年（1413年），清乾隆二十二年重建	砖木	2	村文化礼堂	1400
次坞镇次坞社区	1	俞氏宗祠（中和堂）	传统建筑	始建于南宋，清嘉庆二年（1797年）重建	砖木	2	祠堂	1535
	2	俞氏宗祠（惇裕堂）	传统建筑	明嘉靖年间	砖木	2	文化礼堂、历史名人馆、特色馆	2000
次坞镇白马新村	1	楼氏宗祠	传统建筑	清中期，2005年重修	砖木	1/2	文化礼堂、阅览室、办公室、观影室	700

乡(镇、街道)村名	序号	重要建筑名称	类别	年代	结构材料	层数	使用情况	占地面积(m²)
次坞镇白马新村	2	王氏宗祠	传统建筑	清代	砖木	1/2	初一十五进贡	300
	3	郦氏宗祠	传统建筑	清代	砖木	1/2	养老服务中心	600
	4	香严寺	传统建筑	唐开元十一年(723年)	砖木	1/2	宗教场所	6500
	5	土谷寺	传统建筑	清嘉庆年间	砖木	1	宗教场所	600
	6	白马书院	传统建筑	2020年修建	砖石	2	书画院、疗休养基地	2000
次坞镇溪埭村	1	俞秀松故居	省保单位	清光绪二十三年(1897年)	砖木	2	俞秀松纪念馆	458
牌头镇坑西新村	1	枫塘张氏宗祠	县保点	清道光年间	砖木		文化中心文体图书馆、农家书屋、居家养老服务照料中心	948
	2	蒋家坞陈氏宗祠	传统建筑	清咸丰年间	土木	1	文化礼堂、家宴服务中心	618
牌头镇金龙塔村	1	樟塔大夫第民居(信义堂)	传统建筑	清代	砖木	2	部分自住、家宴服务中心	2500
	2	大会堂	传统建筑	民国	土木	2	寺庙、大礼堂	600
牌头镇同文村	1	农校旧址	一般建筑	1956年	砖混	4-5	影视文化拍摄基地	30000
	2	张秋人烈士墓陈列馆	一般建筑	2013年	砖混	1	张秋人烈士文化展示	120
	3	文化礼堂	一般建筑	2020年	砖混	2	同文艺术团综合活动室、文化展示馆、同文书屋	600
	4	金山寺	传统建筑	明万历三十三年(1605年)	砖混	1/2	庙宇	3000
牌头镇三保里村	1	越王庙	传统建筑	战国时期	砖木	1/2	浙江省民间信仰活动场所	1200
	2	越山寺	传统建筑	战国时期	砖木	1	民间信仰场所	2000
	3	白云观	传统建筑	宋代	砖木	1	民间信仰场所	600

乡(镇、街道)村名	序号	重要建筑名称	类别	年代	结构材料	层数	使用情况	占地面积（m²）
牌头镇三保里村	4	东泉西林山庄	一般建筑	2006年	砖石	1	餐饮	500
安华镇宣何村	1	何氏宗祠	县保单位	清代	砖木	1	祠堂、文化礼堂、居家养老照料中心	650
	2	宣氏宗祠	传统建筑	清代	砖木	1	祠堂	666
	3	增美堂	传统建筑	清嘉庆十三年（1808年）	砖木	1	祠堂	501
安华镇珠峰村	1	邵家塘邵氏宗祠（清门堂）	县保单位	民国	砖木	2	祠堂、乡贤馆、文化礼堂、家族文史馆	890
	2	珠峰孝义堂	县保点	民国	砖木	1	厅堂，用于祭祀	200
安华镇丰江周村	1	周氏宗祠	县保单位	明末	砖木	1	文化礼堂	1200
	2	上庙	传统建筑	明代	砖木	1	民间信仰场所	300
	3	大厅（继裕堂）	传统建筑	明末清初	砖木	1	红白喜事场所	900
	4	花厅	传统建筑	明末清初	砖木	1	居家养老照料中心	900
安华镇新一村	1	古戏台	一般建筑	始建于清代，1990年重建	砖木	1	村民活动场所	100
	2	文化礼堂	一般建筑	2016年	砖混	1	避灾储藏室、理发室、办公室	200
安华镇五指山村	1	周氏宗祠	传统建筑	清康熙年间	砖木	1	文化礼堂	500
	2	中山纪念堂	传统建筑	民国	砖石	1	文化讲堂	1000
同山镇边村村	1	边氏宗祠（敦睦堂）	省保单位	清光绪二十二年（1896年）	砖木	2	文化礼堂、民俗馆	1800
同山镇唐仁村	1	大书房	传统建筑	清代	土木	2	棕编展览馆、棕编研学基地	200
	2	唐仁寿氏维新学校	传统建筑	清中晚期	砖木	2	越庄酒坊	1200

乡(镇、街道)村名	序号	重要建筑名称	类别	年代	结构材料	层数	使用情况	占地面积(m²)
五泄镇十四都村	1	周氏宗祠(萃亲堂)	省保单位	明万历二十八年(1600年)	砖木	2	民俗展馆、文化礼堂、老年协会活动中心、清廉文化展示馆	3150
	2	谦吉堂	省保单位	清道光三十年(1850年)	砖木	2	部分自住,旅游服务中心	8707
	3	敦本堂	传统建筑	清代	砖木	2	树女学堂项目(配套学堂、民宿和文化集市)	1800
	4	崇德堂	传统建筑	清道光二十五年(1845年)	砖木	2	自住、待建(微型博物馆)	10331
	5	贻安堂	传统建筑	清嘉庆年间	砖木	2	自住、待建(莲体验馆)	2800
赵家镇赵家社区	1	赵氏宗祠(清献堂)	县保点	清雍正年间	土木	1	文化礼堂、板凳龙展示、琴鹤文化展陈	1350
	2	兰台古社(赵家大庙)	传统建筑	清嘉庆年间	土木	1/2	老年协会,石柱,内有兰合古社碑	2000
赵家镇花明泉村	1	绍文堂	传统建筑	清乾隆年间	砖木	1	武馆	1000
	2	恈善堂	传统建筑	民国	土木	1	养老院	2100
赵家镇榧王村	1	蔡氏宗祠	传统建筑	清代	土木	2	香榧博物馆	495
赵家镇东溪村	1	张氏宗祠	传统建筑	清嘉庆年间	土木	1	东溪村史馆、老年协会	160
赵家镇泉畈村	1	小庙	传统建筑	清代	砖木	1	祭祀	1000
岭北镇岭北周社区	1	崇孝楼	县保单位	南宋	土木	2	周太尉祭祀、民间信仰活动场所	660
	2	洋房	县保单位	民国	土木	2	家宴中心	589
	3	七份厅	县保单位	清代	土木	1	留守儿童阳光乐园、地域文化陈列馆	200
	4	九如堂	县保单位	清代	土木	1	老年活动	200
	5	彝训堂	县保单位	清光绪二十四年(1898年)	土木	1	家宴场所	200

乡（镇、街道）村名	序号	重要建筑名称	类别	年代	结构材料	层数	使用情况	占地面积（m²）
岭北镇岭顶村	1	礼户周氏宗祠（瓒续堂）	传统建筑	清代	砖木	2	综合文化服务中心、老年活动室	237
	2	礼户周氏宗祠	传统建筑	清代	砖木	1	红白喜事场所	270
璜山镇溪北村	1	新一堂	省保单位	清嘉庆年间	砖木	2	古建筑特色展厅、书画展厅	4602
	2	徐氏宗祠（彝叙堂）	县保单位	始建于清乾隆二十二年（1757年），民国重建	砖木	2	文化礼堂	1800
	3	马氏宗祠（衍庆堂）	传统建筑	清代	土木	2	祠堂	1500
璜山镇黄家店村	1	金萧支队纪念馆	一般建筑	2003年	砖木	1/2	新四军浙东游击纵队金萧支队纪念馆、村部	720
店口镇侠父村	1	宣侠父故居（申泰台门）	传统建筑	始建于清代，2016年重修	砖木	2	浙江省党史教育基地、绍兴市爱国主义教育基地	300
	2	宣氏宗祠	传统建筑	始建于清康熙二十七年（1688年），2017年重建	砖木	2	文化礼堂、文化展示	300
	3	三德寺	传统建筑	唐代	砖木	1/2	宗教场所	6500
店口镇何家山头村	1	大仙庙	传统建筑	明代	土木	1	民间信仰场所	200
	2	烈妇庙	传统建筑	明代	土木	1	民间信仰场所	200
	3	大庙	传统建筑	元代	土木	1	民间信仰场所	200
姚江镇梓尚阁村	1	朱学勉烈士墓	县保单位	2013年重修	－	－	爱国主义教育基地	1000
	2	圣姑殿	传统建筑	南宋	砖木	1/2	民间信仰场所	3000

乡（镇、街道）村名	序号	重要建筑名称	类别	年代	结构材料	层数	使用情况	占地面积（m²）
涅浦镇盘山村	1	涅浦蒋氏宗祠（敦伦堂）	县保单位	清代	土木	2	文化礼堂（统战阵地、居家养老服务照料中心、老年电大教学点、盘山名人馆、文化展示、盘山书画馆、农家书屋）	1060
	2	盘山小学	县保单位	民国二十一年（1932年）	砖木	2	研学基地	5000
	3	石宕庙	传统建筑	清代	土木	1	祭祀	80
陈宅镇石壁湖村	1	潜山庵	传统建筑	明代	砖木	2	古庙	1000
	2	黑龙庙	传统建筑	明代	砖木	2	古庙	1500
东白湖镇斯宅村	1	华国公别墅	国保单位	清道光二十年（1840年）	砖木	2	私塾陈列馆、笔锋书画院	2806
	2	斯宅小洋房	县保单位	民国九年（1920年）	砖木	2	民国史迹陈列馆、张爱玲故居	680
	3	斯民小学	县保单位	民国	砖木	2	小学、斯霞纪念馆	3274
	4	居敬堂	县保点	清咸丰年间	砖木	1	斯民博物馆、民俗馆、文革馆、名人书画馆、紫砂壶馆、古砖古碑馆、高古陶瓷馆	905
	5	裕昌号民间艺术馆	传统建筑	民国	砖木	1	十里红妆展示馆、民宿、民间艺术馆	886
	6	螽斯屋	传统建筑	清代	砖木	2	老年协会、体育协会	600
东和乡冯蔡村	1	冯氏宗祠	传统建筑	清雍正年间	砖木	2	村文化礼堂，村史陈列馆，红色记忆馆	528
	2	金氏宗祠	传统建筑	清代	砖木	2	宗祠	422
	3	冯蔡新屋台门	传统建筑	民国	砖木	2	内有侨胞冯绥安博士故居	700

乡(镇、街道)村名	序号	重要建筑名称	类别	年代	结构材料	层数	使用情况	占地面积(m²)
东和乡十里坪村	1	卓氏家庙	县保单位	清乾隆二十九年(1764年)	土木	2	文化礼堂,国家非遗传承基地,西路乱弹陈列展示馆	730
	2	原学校	传统建筑	2011年修建	砖木	1	游客服务中心	800
	3	卓忠清旧宅	传统建筑	民国三十四年(1945年)	砖木	2	书法创作中心	400
东和乡子和村	1	小坑祠堂	传统建筑	始建于明万历年间,2020年重建	土木	1/2	子和文化礼堂	588
	2	大会场(原戏台)	一般建筑	1962年	砖石	1	小坑大会场、老年活动中心	200
东和乡姚邵畈村	1	岩畈章氏宗祠(柏茂堂)	县保点	清康熙四十年(1701年)	土木	1/2	农耕博物馆、文化礼堂	720
	2	邵家坞老祠堂	传统建筑	清代	土木	1	居家养老服务中心	300
	3	上姚寺庙	传统建筑	清代	砖木	1	信仰场所(中间)、老年活动室(两边)	300
东和乡大林村	1	大林周氏宗祠	传统建筑	始建于清代,部分于2020年新建	土木	2	文化礼堂	900
	2	杜家坞周氏宗祠	传统建筑	清代	土木	2	文化礼堂	518
	3	大林东林禅寺	传统建筑	民国	砖木	1/2	浙江省民间信仰活动场所	4000

2. 优秀传统文化得到传承与弘扬,文化自信阵地筑牢

诸暨市深入开展历史文化资源挖掘、保护与传承工作,一批具有地域文化特色和较高文化艺术价值的非物质文化遗产得到有效保护和弘扬,乡村文化阵地得以筑牢。其一,深入挖掘与传承优秀传统文化资源。通过古建筑修复后的文化业态引入,建立一批具有特色的传统技艺展示馆和体验基地。深入挖掘十里坪村西路乱弹、十二都村南孟祭礼等一批特色传统民风民俗,大力弘扬传统戏曲文化、西施文化、南孟文化等特色文化。其二,深化非遗文化保护传承。结合开展《千村故事》"五个一"行动,建立优秀文化保护传承基地10个、乡村博物馆10余个,完成24个历史文化村落"千村故事"30篇、视频资料24个,保存了一批"乡村记忆"。其三,注重文化宣传和活动举办。举办南孟文化

节、新生代传统手工技艺大赛、非遗传承人讲坛等活动。戏曲舞台艺术片《诸暨西路乱弹系列》在第六届全国市县电视台推优展播活动中获电视栏目类一等奖。草塔抖狮子、赵家拳棒等非遗项目在浙江传统体育展演展评系列活动中获薪传奖、最佳展演奖。编撰出版了《诸暨百个美丽乡村》《诸暨市手工制作技艺》《家谱总目》《诸暨草塔抖狮》等展现诸暨文化特色的书籍，拍摄播出电影《嗨，东白湖》，形成良性保护传承机制。

3. 村庄人居环境得到美化与提升，生产生活条件改善

诸暨市持续开展乡村人居环境整治、美化和提升工作，实施美丽乡村精品村、"五星3A"达标创建村及未来乡村建设项目，村庄人居环境质量和农村生产生活条件得到明显改善。其一，坚持历史文化村落保护与改善村庄人居环境相结合。在保存原有村落风貌的基础上，有序推进村落人居环境综合提升工程，开展与历史风貌有冲突建（构）筑物整修改造，前七批重点村累计完成立面改造248幢、面积52593平方米，整体拆除面积2126平方米，异地搬迁59户；完成搬迁安置区52亩安置用地，共搬迁121户，基本公共基础设施建设投资320万元。因地制宜推进历史文化村落污水、垃圾、厕所"三大革命"，扎实推进"三线"整治工作，切实改变了农村"脏乱差"面貌，农村生产、生活、生态环境得到全面改善。其二，打造"景美人和"的美丽乡村新格局。依托美丽乡村精品村建设，打造西施文化地域特色的"古越风情线"美丽乡村景观带；依托"四边三化、两路两侧、美丽公路"等载体，基本构建"市内连线成环、市外区域互通"的景观网；以历史文化村落保护利用为牵引，建设未来乡村新场景，乡村人居环境更加美丽宜居。

4. 特色产业经济得到融合与发展，经济活力持续释放

诸暨市依托丰富的自然和人文资源，实施内拓外引产业发展路径，打造具有活力的特色产业经济发展模式。其一，有序发展乡村特色旅游。坚持以文促旅、以旅促业，开发设计农业观光游、自然山水游、风情体验游、历史追溯游等旅游产品，着力培育历史文化休闲旅游产业。如东白湖镇斯宅村被评为浙江省美丽宜居示范村和全国特色景观旅游名村，斯宅村千柱屋景区、裕昌号民间艺术馆被公布为国家3A级旅游景区，上下文村、石门村、紫阆村等14个村被评为浙江省3A级景区村庄。其二，大力发展乡村特色经济。有关部门组织竹编、棕编、火烙葫芦、泥塑等40余个非遗项目参加各类大型活动，拓宽非遗产品销路，加大香榧、竹笋、茶叶等特色产业培育力度，推动历史文化村落建设成果向经营成果转化，美丽村落向美丽经济发展。如榧王村依托千年香榧王、仙坪山古榧林、香榧博物馆等景点，乡村旅游、主题民宿发展红火，促进了农

民增收。围绕当地特色资源进行农产品、非遗手工制品生产加工售卖，乡村产业发展模式成功从单一的第一产业转型为复合的三产联动。部分村落依托区位优势，结合周边旅游景区，联合邻近村镇，开展系列节庆活动，开发相关体验项目，做好配套服务工作，丰富游览项目的同时引流景区客源，有效拓展了乡村旅游市场。

表 4-11　诸暨省级历史文化村落保护利用项目村产业经济联动发展一览

乡（镇、街道）名	村名	主要产业发展情况			周边联动
		第一产业	第二产业	第三产业	
马剑镇	石门村	农业：毛竹、茶叶	手工业：造纸、竹编、酿酒、炒茶，粉丝制作	农产品销售：茶叶、笋干、粉丝	结合周边漂流项目的引流，打造古田畈游步道。
	马剑社区	农业：毛竹、茶叶	手工业：高山茶叶、馒头、豆腐包、灰汤粽等传统食品制作	农产品销售：高山茶叶、马剑美食；乡村旅游："万人过小年"活动	联合马剑镇建辉村，开展看马剑花海、品马剑八大碗、游许文强原型故居等民俗特色互动体验项目。
	栗金村	农业：毛竹、铁皮石斛	手工业：羽毛球拍制作	旅游业：秦皇古道、紫薇花湾、跑马场	诸暨市马剑秦皇古道旅游发展有限公司打造推龙湾古道、芳草驿站、秦皇古道3条跑马路线，串联起周边节点。
应店街镇	十二都村	农业：蔬菜	工业：纺织业	旅游业：农家乐、南孟祭礼活动	—
	紫阆村	农业：蓝莓、葡萄、猕猴桃、草莓	手工业：豆糕、茶叶、香榧等制作	旅游业：现有农家乐6家	五泄风景区引流
次坞镇	次坞社区	农业：蔬菜	工业：纺织业手工业：次坞打面、蒸糕等美食制作	个体经营、房屋商铺出租	—

乡（镇、街道）名	村名	主要产业发展情况			周边联动
		第一产业	第二产业	第三产业	
牌头镇	坑西新村	农业：高山茶、猕猴桃、毛竹	手工业：麻糍年糕、番薯粉丝制作	旅游业：猕猴桃基地、葡萄园对外开放	以坑西新村为起点，依托勾乘山建成生态游步道"越国古迹游步道"；合作猕猴桃采摘基地。
	金龙塔村	农业：茶叶、毛竹、猕猴桃	手工业：麻糍年糕	旅游业：猕猴桃基地采摘	
安华镇	宣何村	农业：水稻、水果	手工业：家庭作坊	旅游业：花海游步道	—
	珠峰村	农业：水稻、葡萄	工业：纺织袜业	旅游业：葡萄采摘旅游，袜业工业游	—
同山镇	边村村	农业：枇杷、樱桃、茶叶	手工业：同山烧手工酿制	乡村民宿、水果采摘	—
	唐仁村	农业：樱桃、枇杷、柿子等水果	手工业：同山烧手工酿制	旅游业：水果采摘，亲子游，现有越庄酒坊1家	—
大唐街道	上下文村	农业：蓝莓、茶叶	手工业：清山高粱烧手工制作	旅游业：蓝莓采摘园，农家乐	东接生态休闲游步道；西接洪丰水库、乡贤林
	里蒋村	农业：蔬菜、林业	工业：轻纺、石灰窑、青石板加工	—	
暨南街道	周村村	农业：水稻、小麦、果蔬	工业：手套、服装加工；手工业：麦草扇、黄酱制作	—	周边串联拙园、翰艺轩艺术酒店等景点，开化江游步道
五泄镇	十四都村	农业：荷花	手工业：荷花产品深加工	旅游业：十四都荷花世界博览园、树女学堂项目；山丰人家等民宿3家	五泄风景区引流
东和乡	十里坪村	农业：竹笋、茶叶、毛竹、红薯、玉米	手工业：年糕、青团、粽子制作	旅游业：现有农家乐9家	祥生十里春风小镇
	冯蔡村	农业：香榧、竹笋、茶叶、江南红豆杉	工业：链条加工	—	—

乡（镇、街道）名	村名	主要产业发展情况			周边联动
		第一产业	第二产业	第三产业	
赵家镇	赵家社区	农业：枇杷	工业：纺织布机 手工业：麦草扇制作、根雕	旅游业：樱桃采摘亲子游、香榧会馆，香榧漂流	中国香榧森林公园
	花明泉村	农业：香榧、樱桃、水稻	工业：家庭轻纺10余家	—	—
	榧王村	农业：香榧、茶叶、樱桃	手工业：香榧、茶叶制作	旅游业：现有农家乐10余家	中国香榧森林公园
	东溪村	农业：香榧、茶叶、樱桃	手工业：香榧、茶叶制作	旅游业：东溪十景、樱桃采摘，现有农家乐7家	中国香榧森林公园、樱桃精品园
岭北镇	岭北周社区	农业：茶叶、竹笋	手工业：竹编制品	—	石壁水库
璜山镇	溪北村	农业：葡萄、蔬菜、竹笋	—	旅游业：农家乐1家	—
东白湖镇	斯宅村	农业：香榧、茶叶	手工业：香榧、茶叶制作	旅游业：千柱屋景区、裕昌号民间艺术馆等	—

5. 建设经验模式得到创新与总结，多位一体样板示范

经过近年来持续的历史文化村落保护利用项目实施，诸暨全市涌现出一批可推广、可复制的经验模式，形成较好的辐射带动效益。其一，探索村落活化利用新模式。发挥诸暨区位优势和乡贤资源，积极引入社会工商资本，通过与斯维登集团合作，五泄镇共享山水里（胡润庄园）一期高端美宿休闲区建设——树女学堂项目在第四批重点村十四都村落地。树女学堂项目总投资约2000万，包括树女学堂、精品民宿和文化集市，开启十四都整村活化利用的第一步。其二，加强旅游宣传推广。市文旅、宣传等部门将五泄镇十四都村、东白湖镇斯宅村等文旅资源最好的历史文化村落排入全市旅游精品线路和市外疗休养线路中，使其成为不同线路中的重要旅游节点，提高了历史文化村落的美誉度和知名度。

表 4-12　诸暨省级历史文化村落保护利用项目村建设工作亮点一览

乡（镇、街道）名	村名	建设工作亮点	备注
马剑镇	石门村	1.设立村级关爱基金，成立互助理事会，出台章程进行管理。	央视报道
	马剑社区	1.依托马剑镇域资源，联合周边村落，共同举办"万人过小年"活动，集赏马剑花海、品马剑八大碗、骑双人自行车等民俗活动。	联动发展
	栗金村	1.成立诸暨市马剑秦皇古道旅游发展有限公司，与浙江开元酒店集团合作打造开元芳草地乡村酒店，建设新型农田综合体，烧烤基地，露营基地，骑马古道休闲等旅游项目。	村企合作，联合浙江开元酒店集团
应店街镇	十二都村	1.每年举办"南孟祭礼"，举办"南孟文化节"，召开"南孟文化研讨会"，开辟建立了"南孟文化展示馆"，修缮了"孟子小学"。 2.注重文化梳理及宣传工作，参与出版《南孟文化》等相关图书。	人民网、浙江日报等媒体宣传报道
	紫阆村	1.改造徐氏宗祠为文化礼堂，建设展示厅、民俗文化馆、美食体验中心和乡村大舞台。其中民俗文化馆，设有励志廊、村史廊、文化古迹、村庄风情。 2.成立了排舞队、腰鼓队、男女气排球队，定期举办文化娱乐活动。 3.成立长春书院、图书馆，供人们休闲、学习。	古建活化
次坞镇	次坞社区	1.俞氏宗祠完成复建，布置村级文化礼堂、历史名人馆等特色展馆。 2.围绕次坞民俗文化和美食文化，开展网络文化节、花果制作进校园、编麦草扇比赛等活动，进一步传承非遗文化、提升传统业态，拓展村落知名度。	古建活化、非遗传承
牌头镇	坑西新村	1.建设风水埠、越国古迹游步道等景观节点游线。	游步道、景观节点建设
	金龙塔村	1.修缮樟塔大夫第民居用作家宴服务中心。	
安华镇	宣何村	1.修缮何氏宗祠改造成文化礼堂、居家养老照料中心，展陈旧时老街手绘地图。 2.开辟微信公众号，线上宣传村落历史文化，提高村落影响力与知名度。	古建活化、互联网推广
	珠峰村	1.修缮邵氏宗祠，设置村集体祠堂、乡贤馆、文化礼堂、家族文史馆等功能。 2.全村围绕经济作物葡萄，逐步形成葡萄农家乐采摘游的珠峰模式，结合村袜业生产拓展织袜工业游项目，与上海国际旅行社、捷安特诸暨骑行队等社会组织企业合作，吸引外来游客前来采摘游玩。	产业依托葡萄经济

乡（镇、街道）名	村名	建设工作亮点	备注
同山镇	边村村	1.边氏宗祠内部设置文化礼堂、民俗馆，展陈村史村貌，向村民回收日常生活农具，建设乡村集体记忆馆。	古建活化
	唐仁村	1.修缮唐仁大书房辟为棕编非遗工作室，与诸暨市中小学开展"亲子营"活动，建设市级非遗研学游实践基地。 2.修缮寿氏维新学校，由乡贤投资经营越庄酒坊，举办同山烧封坛节，组织游客体验高粱浸泡、土灶烧酒等同山烧制作环节。	乡贤投资经营酒作坊
大唐街道	上下文村	1.村集体经营蓝莓基地，围绕"山水、古村、蓝莓"三大特色打造生态古村、有机田园、乡野时尚的乡村旅游胜地。 2.依托村党支部书记"全国劳模"活招牌，开展乡村振兴、红色文化教育、党建引领等旅游线，进一步拓宽乡村旅游市场。	产业依托蓝莓经济红色文化旅游
	里蒋村	1.打造大唐鸡冠山游步道支线，打通鸡冠山游步道、后山游步道串联周边村镇，将后山的游步道和五六十种花木相结合，打造"百姓园林"带动乡村旅游。 2.修缮蒋氏宗祠，展陈宗族文化、村落历史变革，建设清廉教育基地。	游步道建设"十大惠民工程"
暨南街道	周村村	1.乡贤回归，打造拙园、翰艺轩等精品民宿、艺术展览馆，丰富乡村旅游项目。	基层治理，乡贤回归
五泄镇	十四都村	1.以乡贤认领的方式集资修缮古建筑。 2.村集体成立旅游服务公司，利用闲置农房与土地，引入"树女学堂"项目，联合途远线下店开发民宿。 3.持续实施提升荷花塘景观工程，做足"荷文化"，研发荷花宴、荷花茶等产品，举办诸暨西施荷花会、荷塘夜市等系列活动。	联合途远线下店，杭州灵隐旅游景区
东和乡	十里坪村	1.与祥生集团合作打造春风十里小镇，以春风十里小镇、西路乱弹非遗传承地为引爆点，村集体以房产入股民宿经济，合作成立诸暨市东和乡旅游管理有限公司，大力发展农家乐为主的民宿经济。	政企合作，联合祥生集团
	冯蔡村	1.冯氏宗祠打造成文化礼堂，设置村史馆、红色记忆馆、非遗戏曲化妆间、村民图书室、文体活动中心，丰富村民日常活动。	古建活化
赵家镇	赵家社区	1.成立老年协会，负责组织村集体活动、监督村庄建设工作，设兰台古社为老年协会活动中心。	古建活化基层治理

乡（镇、街道）名	村名	建设工作亮点	备注
赵家镇	花明泉村	1.村综合楼设置文化讲堂，用于召开村民大会进行政策宣讲、技能培训、文流恳谈。 2.绍文堂改造为养老院，服务村内留守老人。	基层治理
	榧王村	1.修缮蔡氏宗祠打造香榧博物馆。	古建活化
	东溪村	1.筹资成立村补贴基金，由乡贤代表、老年协会、乡政府代表三方监督，用于村民救急、高校学生助学补贴。 2.注重文化梳理及宣传工作，拍摄有历史文化村落保护利用宣传纪录片及参与出版《香榧传奇》等相关图书。	基层治理宣传有效
岭北镇	岭北周社区	1.组织乡贤集资，自报自筹修缮古建，利用七份厅打造地域文化陈列馆、留守儿童阳光乐园。	联合社会组织"红十字协会"
璜山镇	溪北村	1.开展"板凳课堂"，大力推进移风易俗。	基层治理
东白湖镇	斯宅村	1.发挥古建筑资源优势，引入文化业态，建成笔峰书画院、民国陈列馆、私塾展示馆、斯霞纪念馆等多个文化展馆。 2.引入社会资本，打造十里红妆主题展示、民宿与餐饮为一体的裕昌号民间艺术馆。 3.依托千柱屋景区、裕昌号民间艺术馆两处旅游风景区，发展乡村旅游。	古建活化、民俗传承

第三节　总体评价

本节系统判析诸暨历史文化村落的基础现状与发展潜力，归纳各村优势与劣势，进行定量测度和定性分析相结合的分析与研判。

表4-13　诸暨市省级历史文化村落保护利用项目村优劣势分析表

序号	乡（镇、街道）村名	特色文化资源	村落优势	村落劣势
1	马剑镇石门村	红色文化宗教文化	1.拥有周、朱、方三大厅。 2.利用周边旅游资源进行引流，漂流项目易打造成创意网红点。 3.干部积极性高，基层治理模式受央视宣传。	1.自然村合并，位置较散，不集中。 2.零星发展，节点空间布局较为分散，存在后期建设节点串联难的问题。

序号	乡（镇、街道）村名	特色文化资源	村落优势	村落劣势
2	马剑镇马剑社区	国学文化 医学文化 祠堂文化	1.马剑镇政府所在地，地理位置优越，交通便利。 2.古建体量大、数量多。 3.非遗丰富，村落文化底蕴深厚。	1.业态引入缺失，村庄经营发展不足。 2.文化传承、非遗活化不足，村庄建设提升经济效益不足。 3.缺乏顶层规划和发展策划。
3	马剑镇栗金村	宗族文化	1.靠近秦皇古道。历史环境要素多样。 2.交通便利，芳草地乡村酒店、秦皇马场等初具规模。	1.村庄整体风貌控制不佳，与古村风貌冲突的现代建筑数量多，整治改造工作量大。
4	应店街镇十二都村	南孟文化 忠孝文化 廉政文化	1.靠近杭金线，交通便利。 2.文化底蕴深厚，为南孟故里，文化特色明显。	1.村庄缺失历史文化物质遗存，古建资源少，古村氛围不足。
5	应店街镇紫阆村	宗族文化 乡贤文化	1.古建体量大，特色门楼种类丰富。 2.靠近五泄风景区，容易引流。 3.农家乐业态发展基础较好。	1.古建产权私人，未来开发存在困难。 2.古建体量大，修复量大。
6	次坞镇次坞社区	宗族文化 乡贤文化	1.台门古建体量大。 2.古道弄堂多，整体风貌协调，村落格局完整。	1.活化经营有待加强，业态植入较少。活化利用率较低，古建筑多空置状态。 2.文化挖掘不深入，文化展陈形式单一。
7	牌头镇坑西新村	越国古迹文化	1.自然生态环境好。	1.古建、古道等历史文化村落物质资源较少。 2.自然生态资源利用不佳。
8	牌头镇金龙塔村	越国古迹文化	1.自然生态环境好。 2.大夫第民居体量大。	1.现代建筑插花多，风貌破坏较大。 2.大夫第民居破损多，修缮难度较大。
9	安华镇宣何村	宗族文化	1.位于义乌交界处，交通便利，区位优势突出。 2.古建资源丰富。	1.古建分布较为分散，自然村合并，点与点难以串联。 2.原街巷型空间消失。
10	安华镇珠峰村	廉政文化 楹联文化 宗族文化 乡贤文化	1.坐落于G60国道两侧，交通便利。 2.建筑数量众多，石柱特色明显。	1.宗祠分布较散，节点串联存在问题。 2.村内建筑资源摸底不足。

序号	乡（镇、街道）村名	特色文化资源	村落优势	村落劣势
11	同山镇边村村	廉政文化 边氏文化 耕读文化 红色文化 民俗文化	1.边氏宗祠保存完好，构件精美，木雕造型生动，刻画细腻。 2.传统建筑体量大，特色明显。 3."两红一绿"产业特色突出。 4.生态环境基底好。	1.古建核心区的整体风貌控制不够。 2.古建体量大，破损数量多，修缮难度大。
12	同山镇唐仁村	宗族文化 酒文化 民俗文化	1.村落格局完整，古建相对集中。 2.棕编、同山烧等非遗文化突出。 3.产业基础优良，拥有最老的同山烧酒厂，另有一家初具规模的越庄酒坊。	1.古建筑数量多、体量大，维修成本高。 2.古建空置率高，后期运营资金缺口大。
13	大唐街道上下文村	宗族文化 民俗文化 红色文化	1.前期资金投入大，景观节点打造完善，基础优势突出。 2.发展蓝莓经济，目标明确。 3.周边资源丰富，生态环境好，东接生态休闲游步道，西连红峰水库。	1.内生性发展动力不足，村民没有自营能力，服务接待能力有待提高。 2.村庄造血能力不足。
14	大唐街道里蒋村	宗族文化 清廉文化	1.自然环境基底好，靠山沿溪。 2.里下自然村片区古建保留完整，集体收回量多。	1.东坞片区古建量少，多损毁。 2.整体风貌控制不佳，多新建建筑。 3.自然村之间距离较远。 4.建筑修缮不完整。
15	暨南街道周村村	宗族文化	1.交通区位好。 2.工商资本引入较好。 3.古建体量大而完整。 4.古建门头石梁独具特色。	1.风貌协调细节不足，效果不佳。 2.古道不成闭环。 3.工商资本投资对村内效益提升体现不足。
16	五泄镇十四都村	宗族文化 科举文化 清廉文化 莲文化	1.区位优势明显，周边资源丰富，靠近五泄景区。 2.藏绿建筑群特色明显，体量大。 3.历史文化资源挖掘丰富。 4.已有途家线下店营业。	1.节点空间距离远，存在节点串联问题。 2.马鞍山古民居现为多户居民自住，古建体量大，修缮难度大。后续开展活化利用工作存在难点。 3.旅游配套设施建设仍需加强。

序号	乡（镇、街道）村名	特色文化资源	村落优势	村落劣势
17	东和乡十里坪村	民俗文化宗族文化	1.村内古井、古桥、古树等历史环境要素丰富。 2.国家级非物质文化传承基地。 3.临近十里春风旅游基地，具有网红效益。	1.村内旅游服务配套仍需加强。 2.村落资源家底缺少梳理。 3.景观结构不成体系，风貌协调难度大。
18	东和乡冯蔡村	民俗文化乡贤文化红色文化	1.自然生态基底好，古树名木众多。 2.名人辈出，有"博士村"之誉。	1.台门古建破坏多。 2.村落特色文化挖掘不深入，村内特有博士乡贤资源未利用。
19	赵家镇赵家社区	清廉家风琴鹤文化耕读文化乡贤文化	1.集镇中心，交通便利。 2.古建数量多，体量大。 3.古建石柱富有特色。	1.古建破损严重，修建存在难度。 2.老街风貌不佳。 3.重点村建设效益不明显，造血能力不足。
20	赵家镇花明泉村	国术文化	1.水渠、古井等历史环境要素多。 2.省级非遗赵家拳棒传承地。	1.一般村项目未建设，无资金下拨。 2.土地性质制约，限制村庄发展乡村旅游产业。 3.村内家底排查梳理不清晰，16处古建破损，位置不清。 4.村域范围大，风貌破坏严重，整治改造工作量大，古建插在现代建筑中。
21	岭北镇岭北周社区	宗族文化	1.岭北镇政府所在地，地处诸暨、东阳、义乌三市交界处，区位优势明显。 2.自然资源好，靠近水库。 3.古建大多为一字型厅堂建筑，木雕精致。	1.村庄线性布局，内部交通网络不连贯，存在节点串联难的问题。 2.村域范围大，风貌破坏严重，整治改造工作量大，古建插在现代建筑中。 3.古建筑修缮后期缺少统一管理的规章制度。 4.村落文化挖掘不足。
22	赵家镇榧王村	民俗文化	1.靠近香榧国家森林公园，自然生态资源丰富。 2.前期步道建设，有一定的乡村旅游发展基础。 3.拥有香榧采制技艺，为全球重要农业文化遗产组成部分。	1.自然村空间布局分散，相隔一座山，村内流线不连贯。 2.古建资源较少。 3.山地村落土地资源稀缺，村庄发展受限。 4.旅游产品单一，层次低，客流量少。

序号	乡(镇、街道)村名	特色文化资源	村落优势	村落劣势
23	赵家镇东溪村	民俗文化	1.靠近香榧国家森林公园,拥有会稽山古香榧群,自然生态资源好。2.拥有香榧采制技艺,为全球重要农业文化遗产组成部分。	1.古建资源较少。2.村内常住人口少,内生发展动力弱。3.山地村落土地资源稀缺,村庄发展受限。4.旅游产品单一,层次低,客流量少。
24	璜山镇溪北村	宗族文化民俗文化	1.古建资源丰富,砖、木、石雕"三雕"艺术精致。2.创新基层治理模式。	1.古建修缮后活化利用率较低,多空置状态。2.文化传承、非遗活化不佳。3.村落风貌需进一步整治。
25	东白湖镇斯宅村	孝义文化耕读文化古越文化民俗文化	1.地处东白湖水库保护地,村庄生态环境优良。2.古建筑规模大、等级高。3.村落文化业态丰富。	1.村庄分布较散,集聚效应一般。2.旅游产品单一,客流量少。

表 4-14 诸暨市省级历史文化村落保护利用备选村优劣势分析表

序号	乡(镇、街道)村名	特色文化资源	村落优势	村落劣势
1	大唐街道桥头村			1.历史文化遗存较少2.整体风貌格局较差
2	大唐街道冠山村		1.交通区位条件便利2.古银杏树多(诸暨最多)3.生态环境好	1.历史建筑遗存少2.文化资源少3.风貌格局差4.产业基础薄弱
3	大唐街道上余村	红色文化	1.红色文化挖掘传承充分、宗祠建筑保存较好2.历史环境要素丰富	1.古建筑少、破损严重、保存较差2.周边资源较少
4	大唐街道银杏村		1.生态环境好	1.古建破坏严重2.历史底蕴挖掘不深3.产业基础薄弱4.风貌格局差
5	暨南街道新胜村	粮政文化	1.古建筑体量大、等级高、数量多2.特色文化挖掘传承较为充分	1.产业基础较弱2.部分古建筑质量较差

序号	乡（镇、街道）村名	特色文化资源	村落优势	村落劣势
6	暨南街道新华村	宗族文化	1.宗族、红色文化资源挖掘传承较为充分 2.自然生态环境较好 3.有一定农旅产业基础（天府之谷）	1.古建筑遗存较少
7	暨南街道金杜岭村		1.古建资源、环境遗存较多 2.整体风貌较好	1.产业基础薄弱 2.文化资源不多
8	暨阳街道郭叶柏村	宗教文化		1.古建资源少 2.文化挖掘不足 3.风貌格局差 4.产业基础薄弱
9	陶朱街道刘家山头村	宗族文化	1.区位条件好 2.古建资源较多	1.历史文化挖掘不充分 2.整体风貌不协调 3.产业基础较弱
10	浣东街道盛兆坞三村		1.人居环境质量好 2.生态资源好	1.古建筑遗存少 2.历史底蕴不深、文化挖掘不充分
11	浣东街道白鱼潭古村	民俗文化	1.交通区位好	1.历史文化挖掘不充分 2.古建筑资源少
12	马剑镇相公殿村	红色文化	1.生态环境好 2.非遗文化种类多样	1.文化挖掘不够 2.古建筑遗存少 3.风貌格局较差 4.产业基础薄弱
13	马剑镇状元村	状元文化	1.有前期项目基础 2.有特色文化基础 3.有一定产业基础	1.村落分布较散 2.村干部思路谋划不足
14	马剑镇上和村	民俗文化	1.乡贤资源好 2.建有乡村图书馆	1.风貌格局较差，古建破损严重，遗存较少 2.文化资源较差，产业基础差
15	马剑镇马益村	民俗文化	1.沈氏宗祠体量大、特色明显、价值高 2.历史文化遗存多样	1.风貌格局较差 2.文化展陈不到位 3.产业运营不佳
16	次坞镇溪埭村	红色文化	1.村落体量大，古建遗存多 2.红色文化资源深厚 3.前期具有项目基础	1.现行项目中对古建筑立面简单刷白 2.镇村干部不够积极
17	次坞镇白马新村		1.自然生态环境好，古树较多	1.古建筑较少，质量较差 2.风貌格局较差

序号	乡(镇、街道)村名	特色文化资源	村落优势	村落劣势
18	牌头镇同文村	红色文化	1.文化挖掘、展示较好 2.红色革命资源好	1.古建筑资源较少 2.风貌格局较差
19	牌头镇三保里村	民俗文化		1.古建筑资源少 2.人文资源未较好挖掘
20	安华镇丰江周村		1.宗族文化底蕴较好 2.村落格局较好	1.古建筑质量较差 2.文化挖掘展示不足
21	安华镇新一村		1.古建筑遗存较多	1.文化挖掘不够、缺少文化展示 2.古建筑保护较差,人居环境、整体风貌差 3.无产业基础
22	安华镇五指山村	红色文化	1.有省级粮食生产功能区,产业基础较好 2.自然环境较好	1.古建筑资源较少 2.文化资源挖掘不够
23	赵家镇泉畈村	农业文化	1.古建筑数量多 2.文化资源丰富,有桔槔古井工程世界灌溉工程遗产	1.古建筑破坏严重 2.文化挖掘传承不够深入
24	岭北镇岭顶村	非遗文化	1.非物质文化遗产资源传承较好	1.村庄风貌格局较差 2.古建筑保存较差
25	璜山镇黄家店村	红色文化	1.自然生态环境较好 2.有一定的红色文化基础	1.古建筑资源缺乏 2.产业基础薄弱
26	璜山镇大门村		1.自然生态环境好 2.拥有蓝莓庄园,文旅产业有一定的基础	1.古建筑资源少 2.缺少文化资源
27	店口镇侠父村	红色文化	1.革命烈士故居、红色文化挖掘展陈较好 2.旅游业态较好 3.村镇干部工作谋划积极	1.古建筑保存不佳
28	店口镇何家山头村	红色文化	1.有白塔湖景区资源依托	1.古建筑较少 2.文化挖掘较差 3.风貌格局差
29	姚江镇梓尚阁村	红色文化	1.古建筑遗存较多 2.红色文化资源较好	1.古建筑活化利用不足
30	洄浦镇盘山村	宗族文化	1.古建筑遗存较多 2.历史文化资源丰富	1.古建筑质量较差 2.产业基础较弱

序号	乡（镇、街道）村名	特色文化资源	村落优势	村落劣势
31	陈宅镇石壁湖村		1.村庄人居环境较好 2.古建筑质量较好	1.古建筑活化利用不佳、文化挖掘不够 2.村庄发展动力不足
32	东和乡友谊村		1.毛竹产业基础较好 2.古建筑木雕精细	1.整体风貌较差 2.古建筑质量较差
33	东和乡姚邵畈村	农耕文化	1.周边资源好（农家乐、天马山庄、养心谷） 2.文化挖掘较好 3.产业基础较好	1.整体风貌较差 2.古建筑质量差
34	东和乡大林村		1.区位、交通条件好 2.周边资源较好（东白湖景区、香榧森林公园） 3.文化资源较好（佛教文化）	1.整体风貌较差 2.古建筑质量较差
35	东和乡子和村		1.历史环境要素丰富	1.整体风貌较差 2.古建筑质量差 3.文化底蕴不深厚

CHAPTER
5
第五章

诸暨历史文化村落保护
利用策略研究

第一节　诸暨历史文化村落保护利用困境与意义

一、存在问题

1. 理念认识策略短板

一是缺乏先进理念引领。全市历史文化村落保护利用项目的策划、规划、设计与国际组织、国际宪章的保护利用理念衔接还不够紧密，与省内其他县（市、区）好的经验交流不够充分，体现诸暨特色的保护利用理念较为缺失。二是重点村规划引领性不够。从诸暨历史文化村落保护利用重点村规划编制的省级专家评分来看，各批重点村的得分还不高，尤其是第5-7批重点村的规划编制不够理想，规划缺乏系统科学的意识和先进理念的引领，存在调研不够翔实、定位不够精准、策略不太清晰、举措不够细致等问题。各个重点村的规划存在各自为政，相互之间衔接度不够等问题，存在"标准化""同质化"现象。

2. 组织领导推进短板

一是组织运行不太顺畅。在历史文化村落保护利用项目实施中，虽然成立了全市历史文化村落保护利用工作协调小组，但在实际运行中，仍存在牵头部门单打独斗，各部门各自为政、政出多门、合力不足等问题。二是组织实施不够扎实。市级、乡（镇、街道）级还未建立历史文化村落保护利用工作项目组、指挥部，整体工作推进缺乏统筹协调，乡（镇、街道）村的业主意识不够，属地责任落实还不到位。

3. 规建管评协同短板

一是规划编制不够系统。全市虽编制了历史文化保护规划，但只涉及历史文化名镇名村、文保单位（点）的保护，缺少能针对全市历史文化村落总体实情和发展走向作出系统、全面、科学研判的总体性规划。二是项目建设管理不太扎实。历史文化村落保护利用涉及项目建设、制度建设、团队建设等多个方面，项目实施前、中、后各个环节的衔接尤为重要，部分重点村在项目建设管理中未能很好遵循"事前强化制度规范，事中强化工程监管，事后强化专业审查"的模式。三是普查认定不够深入。全市省级历史文化村落保护利用备选村中，一些历史积淀深厚的村落还没有开展深入调研和档案建库，保护利用规划还未编制。

4. 活化利用经营短板

一是经验模式总结不多。全市历史文化村落保护利用的经验模式总结不多，部分好的特色传播力、影响力、美誉度需持续提升，需要呈现更多"各美其美"的创新亮点和乡村品牌，百花齐放的新形态尚未完全形成。二是村庄经营力度不强。省级历史文化村落保护利用重点村的村庄新型业态产业开发不足，未能做精做强特色旅游发展文章，修复后的古建筑空置多、利用少，未形成规模效应。部分村落存在资源碎片化、旅游要素不完备、主题特色不鲜明等问题，产业融合度不高，品牌宣传力度不够，难以满足多层次、多样化和高品位的乡村旅游需求。存在特色农产品、手工制品种类少、同质化现象，存在相邻村镇抢客流、争资源的情况。

5. 政策要素保障短板

一是相关政策制度建设不健全。目前，全市缺少市级层面的历史文化村落保护利用条例、政策和制度等，政策制度保障还不够充分。二是资金保障不到位。全市对历史文化村落保护利用的资金整合渠道单一，多元投入机制欠缺，项目资金配套不足。虽然农业农村、宣传、住建、文旅等部门都有专项资金补助历史文化村落建设，但存在统筹不平衡、不充分，影响资金使用绩效。三是用地保障瓶颈明显。历史文化村落保护利用重点村建设配套有15亩用地指标，但是农村集体土地流转、置换难度大，加上宅基地资源严重缺乏，搬迁安置费用保障不到位，用地指标无法有效落实，已成为省级考核的主要失分点。

6. 学理学术引领短板

一是学理支撑引领不够。目前，全市历史文化村落保护利用工作主要在"自上而下"行政主导式和"由下而下"村级自模式的纵向操作层面，缺失专业研究机构在理念、策略、规范等学术化和学理性等横向层面的支撑与引领。二是技术力量较为薄弱。全市与科研院所、高等学校等专业机构的合作不够，智库资源薄弱，市级层面还没有组建专家库，镇村一级的专业技术力量不足。

二、积极意义

推进诸暨历史文化村落保护利用的策略研究，具有积极的理论、实践和拓宽研究范式等意义。具体在理论层面，将更全面系统评估诸暨历史文化村落的综合价值，拓展历史文化村落保护利用的系统研究，提高诸暨历史文化村落保护利用差异化发展的科学性和创新性；在实践层面，将更因地制宜探析历史文化村落的保护利用路径，提高美丽乡村建设水平和村落活化经营发展效益，有效提升诸暨历史文化村落保护利用的针对性和持续力；在研究体系上，突破以往村落个案研究的架构，力求以全市各类历史文化村落的比较和综合为研究体系，突显历史文化村落保护利用的普遍性与多样性；在研究视角上，聚焦历史文化村落的综合价值评价，并以此为基础探究村落的保护发展与活化经营路径，突显问题导向、目标导向；在研究方法上，突破以往侧重定性描述为主的研究方法，运用系统综合的观点和定性定量结合的方法，挖掘诸暨历史文化村落保护利用的新成果；在应用价值上，促进历史文化村落由政府"输血"转向自我"造血"，提升内生动力和外在引力，为全国其他地区的历史文化村落保护利用提供参考，对实施乡村振兴战略、全面深化美丽乡村建设提供助力。

第二节　诸暨历史文化村落保护利用策略与路径

一、诸暨历史文化村落保护利用对策建议

诸暨市高度重视历史文化村落保护利用工作，经过持续的项目建设实施已取得了一定成效，但还存在理念认识策略仍需深化、组织领导推进不够顺畅、规建管评协同难度较大、活化利用经营尚不充分、政策要素保障不够到位等问题，为进一步提高全市历史文化村落保护利用的整体性、系统性和科学性，需进一步树立"拉长板、补短板"理念与意识，在总结梳理现有经验基础上，充分发挥生态、文化等优势，深化内涵提升，形成长板效益。同时，找准问题不足，总结经验教训，聚焦抓手途径，形成补齐短板机制。

表5-1　诸暨省级历史文化村落保护利用项目村对策建议一览

乡（镇、街道）	村名	对策建议
马剑镇	石门村	1.依托红色文化资源，充分引入主题研学、乡村文创等业态。 2.古建筑分布较散，建议古建筑打包申请文保单位。
	马剑社区	1.充分发挥街巷空间优势，进一步引入古建周边业态，挖掘国学、医药等文化资源，强化古建筑活化利用。 2.梳理"学子榜"资源，建立古建艺术写生基地。
	栗金村	1.依托芳草地旅游项目，打造乡村民宿、田园运动等特色产业。
应店街镇	十二都村	1.推进南孔、南孟联动发展。 2.深入挖掘、传承和弘扬南孟文化。
	紫阆村	1.加快修缮古建筑。 2.建议升格为重点村。
次坞镇	次坞社区	1.部分台门需要修缮。 2.发挥重点建设效应，商业街业态需植入。
牌头镇	坑西新村	1.与金龙塔村联动打造。 2.露天博物馆式保护，部分古建筑可异地搬迁保护利用。
	金龙塔村	1.与坑西新村联合发展。 2.大夫第片区加快修缮。

乡（镇、街道）	村名	对策建议
安华镇	宣何村	1.进一步深挖"驿路"文化，核心区恢复打造街巷格局。
	珠峰村	1.结合农家乐、葡萄采摘，发展乡村旅游。 2.进一步梳理村落历史文化资源。
同山镇	边村村	1.建议升格为重点村。 2.边氏宗祠建议申请全国重点文物保护单位。
	唐仁村	1.联合边村村，推动差异化发展。 2.深入挖掘村落特色文化资源，依托现有越庄酒坊，打造同山烧酒文化产业链。
大唐街道	上下文村	1.依托现有村庄建设成果，创新模式，发展乡村旅游产业。
暨南街道	周村村	1.依托翰艺轩旅游项目，积极引流入村，带动村庄业态发展。 2.提升重点村建设效益，提高古建修缮质量。
五泄镇	十四都村	1.挖掘展示"七十二都"村史地志，进一步丰富展陈内容。 2.进一步加大资金投入，修建旅游基础设施，扩大旅游接待容量。 3.进一步探索"景村合营"模式。
东和乡	十里坪村	1.依托十里春风景区发展旅游经济。 2.深入摸底古建家底，梳理历史环境要素。 3.整体风貌控制，重点打造特色景观节点。
	冯蔡村	1.围绕哲学、博士名人进行文化挖掘与传承。
赵家镇	赵家社区	1.深入挖掘村落特色文化资源。
	榧王村	1.深入挖掘香榧资源，在现有基础上建设好香榧博物馆。
	东溪村	1.民宿、农家乐等产品升级，增加游客体验参与项目。
	花明泉村	1.依托省级非遗赵家拳棒，打造民俗风情型村落。
大唐街道	里蒋村	1.村内沿溪东侧有部分建筑集聚区块，密度高、空置率高，可村集体收回后整体开发。
岭北镇	岭北周社区	1.实施路网打通，加强政策配套。 2.挖掘村落历史文化资源，活化利用古建空间。
璜山镇	溪北村	1.进一步活化利用修缮后的古建筑。
东白湖镇	斯宅村	1.进一步发挥重点村建设效益，增加投入，全域打造成诸暨历史文化村落保护利用和宗族文化特色示范村。

1. 发挥政府部门合力优势，拉长思想共识和组织协调长板

一是加强思想共识。在深刻认识历史文化村落保护利用重要性基础上，要发挥组织领导的引领优势，发挥全市各部门、基层、专家、村民上下协同的合力优势，树立正确的政绩观，普及全员的保护利用意识，强化推动历史文化村落保护利用工作的自觉性，提高村民主体参与度、获得感。二是强化组织协调。建立全市历史文化村落保护利用工作联席会议制度，明确协调事项和工作机制，定期或不定期召开会议。联席会议可由市委市政府分管领导部署，农业农村局

总牵头，住建、文物、财政、自然资源、文化旅游等部门参加，按照各自职责密切配合，以加强全市历史文化村落保护利用工作统筹协调。联席会议可由农业农村局主要领导作为总召集人，召集市级各相关部门分管领导和业务部门负责人参加。

2. 发挥诸暨人文资源优势，拉长特色资源引领长板

一是发挥乡贤人才主体作用。结合"两进两回"机制，发挥诸暨乡贤资源，引导乡贤回村投资，出台人才政策，鼓励青年回乡创业，常态化参与历史文化村落保护利用工作；积极助推借智引力，吸引科技、资金、项目等资源要素投入历史文化村落保护利用工作，修缮传统建筑，植入多元业态。二是发挥文化遗产引领作用。依托诸暨文化遗产资源丰富，尤其是古香榧群全球重要农业文化遗产和桔槔古井灌溉工程世界灌溉工程遗产优势，扩大文化资源特色效应，深入挖掘历史文化村落的故人和故事，实现多元价值转化。如重点推进东溪村、榧王村依托古香榧群、十二都村"南孟文化"、赵家镇桔槔古井灌溉等特色资源，发展乡村特色生态、文化休闲游，扩大乡村文化创意创新创业广度。

3. 发挥乡村生态和经济优势，拉长保护利用有机衔接长板

一是打造保护利用新格局。发挥诸暨乡村人居环境生态优势，以生态优势带动历史文化村落保护利用的可持续发展。结合浙江四条"诗路文化带""五朵金花"组团建设和诸暨古越西施美丽乡村景观带，打造历史文化村落保护利用"点上出彩、线上成景、面上提升，一村一品、串线成链、连片成景"的新格局。如十四都村引入树女学堂、胡润庄园二期项目，激活改造古建筑群，实施民宿、康养、文创等项目。依托"五星3A"游诸暨系列、民宿精品旅游等乡村自驾路线，串联"斯宅村千柱屋－张爱玲故居－裕昌号'十里红妆'民间艺术馆－越红茶博馆""十四都村周氏宗祠－树女学堂－和美西皇－红枫岭瀑布"等旅游线路。二是构建品牌经营新路径。要进一步突出历史文化村落保护利用的当代价值，树立品牌化经营、数字化融合理念，发展美丽经济、促进农民致富，形成活化利用的诸暨模式。如围绕次坞村次坞打面、同山镇同山烧酒、紫阆村黄公糕等制作技艺，研发系列产品，着力打造特色农产品品牌，不断拓宽非遗产品销路，形成规模效应，实现乡村产业连锁化经营、品牌化运作、产业化发展；依托马剑镇"过小年"习俗、十二都"南孟祭礼"仪式，开展系列民俗活动，吸引游客体验传统文化，增强乡村旅游项目的品牌影响力和核心竞争力。三是创新产业经济发展新模式。通过规划引领、科学谋划、分类分层、因村施策，发展乡村旅游、养生养老、运动健康、文化创意、电子商务等项目，推进资源统筹、区域联动的历史文化村落产业发展新模式。如周村村、唐仁村

通过修葺闲置民房，以古建筑为主体，打造精品民宿、特色酒庄，发展乡村新型业态；十四都村、上下文村依托第一产业转型，围绕荷花、蓝莓等基础产业，做足"莲"文章，发展"蓝莓经济"，通过三产联动推动集体经济由"输血"向"造血"转变；十里坪村、十四都村利用乡村闲置土地，引入"春风十里小镇"项目、"途远"装配式特色民宿产品，发展"乡土体验""精品民宿""养生度假""创意集市"等功能于一体的产业发展模式，打造乡村旅游引爆点，进一步带动区域旅游经济。

4. 对标对表先进一流水平，补齐理念方法短板

一是对标先进一流。全市历史文化村落保护利用项目策划、规划与设计要对标国际组织、国际宪章的保护利用理念，借鉴其他县（市、区）好的经验与做法，高标准、高质量、高水平推进全市历史文化村落保护利用工作，形成内外兼修、形神兼备、具有诸暨特色的历史文化村落保护利用理念与策略方法。二是明确建设方向。全市历史文化村落保护利用工作要以内涵提升为导向，要明确建设发展方向，由表及里，向纵深发展、向高标推进。以第三类文化遗产的新定位，提高规划设计的科学性、系统性、动态化。突出统盘规划，多规合一；突出因村制宜，新老风貌协调；突出生态修复、尊重规律和规划专业、刚性执行。

5. 科学制定项目实施计划，补齐机制创新短板

一是合理安排建设时序。全市历史文化村落保护利用项目实施要分类定位、分层组织、分期实施，做好一般村升级、重点村持续投入工作。建议石门村、紫阆村、边村村、十里坪村等一批具有发展潜质的历史文化村落一般村升级成重点村，深入调研普查，进一步做好历史文化村落保护利用项目库的扩容工作。二是创新建设机制模式。构建"规建管评"协同机制、项目实施联动机制，实施动态跟踪评价，成立各级历史文化村落保护利用项目部、指挥部等专班机构，实现历史文化村落保护利用的规划、建设、管理、评价、经营"五位一体"。

6. 加强顶层设计科学谋划，补齐要素保障短板

一是注重规划定位。强化系统思维，整体谋划推进，在深入调研、科学研判的基础上，绘制全市历史文化村落保护利用技术路线图，编制市域历史文化村落保护利用总体规划，进一步做好项目库的普查扩容工作，完善项目立项管理机制，对接省、市要求，实现"十四五"期间保护利用的全覆盖。二是推动政策支持。借鉴金华、台州、丽水等地开展历史文化村落保护立法工作，松阳、龙游、三门等地编制历史文化村落保护利用指导手册等经验，出台诸暨市历史文化村落保护利用条例、制度等，提供政策依据。三是完善要素保障。加大资

金、土地、技术等方面的保障力度，加大对历史文化村落保护利用项目的倾斜力度，各乡（镇、街道）要积极引导乡贤等社会力量投入保护利用工作中，积极鼓励引导社会资金参与历史文化村落保护利用，构建"上下互动、多元投入"的资金保障机制。

7. 加强专业技术力量引培，补齐智库助力短板

一是强化智库建设。通过构建"政地学研"协作模式，加强与科研院所、高等院校的合作，共建专业性研究机构，组建市级历史文化村落保护利用专家库，发挥智库作用，提供高水平研究成果支撑，增强历史文化村落保护利用的学理研究和学术引领。二是完善专业咨询。聘请专业机构负责全市历史文化村落保护利用的决策咨询和业务技术指导服务。建立全市历史文化村落保护利用规划评审、绩效评价、活化利用指导机制。三是建设数字村落。依托时代发展大势，发挥"5G"技术的支撑作用，依托省委省政府把发展数字经济作为"一号工程"来抓的政策优势，借鉴数字乡村和传统村落数字博物馆建设经验，开展全市历史文化村落保护利用数字化建设。

二、基于分类评价的诸暨历史文化村落保护利用发展路径

1. 价值评价方法——K-modes 聚类

归纳整理已有研究数据，采用能够进一步系统处理离散属性数据集、分类型属性数据的 K-modes 聚类算法进行历史文化村落分类评价。

K-Modes Clustering 是一种众数聚类，采用差异度计算两个不同属性数值之间的距离，以数据聚类中的 mode 众数作为聚类中心。将一个样本的属性与聚类中心的属性分别比较，他们的差异度就是不同属性值的个数，即样本点与簇中心的距离。样本点与聚类中心差异度越小，则表示距离越小，反之，距离越大。所有样本点被聚类到离自己最近的，也就是差距度最小的聚类中心。

2. 聚类划分及特征分析

结合马蒂亚等（Mardia,et al.）采用经验法则，即 $k \approx \sqrt{\frac{n}{2}}$，建议分类型数量参考总样本数，其中 n 是待分类的样本数，k 为聚类的类别个数。通过系统地梳理与整合，既定有 20 个评价要素需要进行聚类（表 5-2 中列出的价值范畴为 20 项），$k \approx \sqrt{\frac{20}{2}} = 3.162$，经过要素校核，最终确定将诸暨市历史文化村落划分为 4 类，并得出 25 个村落分类评估的聚类结果。基于 K-modes 的聚类结果和数据可视化校核分析，依据诸暨历史文化村落资源特色和村落共性特征，可分为生态农业型、特色民俗型、建筑景观型及综合发展型四种类型（见表 5-2）。

表5-2　基于K-modes的样本聚类结果及其特征概况表

类型	村名	资源特色	共性特征
生态农业型（6）	榧王村	绍兴会稽山古香榧种植园（全球重要农业文化遗产）	1.得天独厚的生态优势，奠定了良好的生态基底。 2.拥有农业文化遗产或农业生产基地，具备一定科普教育功能。 3.以农业生产为主导产业，近年来发展生态旅游或农业采摘。
生态农业型（6）	东溪村		
生态农业型（6）	金龙塔村	猕猴桃基地	
生态农业型（6）	坑西新村		
生态农业型（6）	上下文村	蓝莓基地	
生态农业型（6）	珠峰村	葡萄园	
特色民俗型（6）	十二都村	南孟文化、竹马舞	1.拥有特色村落文化，民俗文化底蕴深厚。 2.非物质文化遗产类型较多、级别较高。 3.乡村特色文化展示窗口，具有较好的文化产业培育潜力。
特色民俗型（6）	花明泉村	国术文化、赵家拳棒	
特色民俗型（6）	冯蔡村	乡贤文化、博士村	
特色民俗型（6）	栗金村	民俗文化（板凳龙、过小年）、秦皇古道	
特色民俗型（6）	赵家社区	琴鹤文化、桔槔古井灌溉工程	
特色民俗型（6）	石门村	红色文化、金萧支队成立旧址	
建筑景观型（6）	里蒋村	县保单位2处：龙凤花厅、御史第	1.拥有县（市）级及以上级别的文保单位。 2.传统建筑体量大，分布集聚，风貌格局保存相对完整。 3.部分建筑空置率较高，活化利用不佳。
建筑景观型（6）	溪北村	省保单位1处：新一堂、继述堂 县保单位2处：务本堂台门、彝叙堂	
建筑景观型（6）	岭北周村	县保单位2处：高台门古建筑群、岭北周乡土建筑	
建筑景观型（6）	周村村	县保单位1处：周氏宗祠	
建筑景观型（6）	宣何村	县保单位2处：太平天国墙头劝谕、何氏宗祠 县保点1处：宣何公馆	
建筑景观型（6）	唐仁村	县保单位2处：寿氏宗祠、唐仁魁星阁路亭	
综合发展型（7）	斯宅村	国保单位1处：斯氏古民居建筑群 千柱屋景区、裕昌号民间艺术馆	1.交通区位条件优越，靠近风景区，联动发展效益明显。 2.古建筑遗存、文化资源丰富。 3.具备一定旅游接待能力。 4.村落整体风貌保存完整。
综合发展型（7）	十四都村	省保单位1处：藏绿古建筑群 五泄风景区、荷花世界博览园	
综合发展型（7）	十里坪村	春风十里景区、省级传统戏剧村	
综合发展型（7）	边村村	省保单位1处：边氏宗祠 同山烧旅游风情小镇	
综合发展型（7）	次坞社区	次坞景区	
综合发展型（7）	紫阆村	五泄风景区	
综合发展型（7）	马剑社区	省保单位1处：马剑古建筑群 国学文化、秦皇古道	

3. 发展路径

为充分保护与活化利用诸暨历史文化村落，根据样本数据聚类变化，以分类评价为导向，结合同种类型村落生产生活生态的具体情况，提出相应发展路径。

（1）挖潜凝练，价值转化，发挥农业遗产引领作用

生态农业型历史文化村落主要分布在东部山区、西南丘陵地区，自然禀赋优势突出，拥有良好生态基底和悠久农耕历史。东部山区村落依托会稽山古香榧群，有1300多年的香榧栽培历史，构筑鱼鳞坑（坝）、梯田种植香榧，运用间作（套作）茶叶、杂粮、蔬菜、牧草等开展榧林复合经营，创新桔槔古井灌溉工程，建设香榧国家森林公园以发展乡村生态旅游。西南丘陵地区村落土地肥沃，多开设农业生产基地，将农业采摘作为产业转型的目标，具有农业科普教育功能。

生态农业型历史文化村落保护利用应依托得天独厚的生态优势和农业文化遗产特色优势，以文化遗产保护为牵引，扩大文化资源特色效应。围绕会稽山古香榧群、桔槔古井灌溉工程等农业文化遗产，在保护农业遗产原真性的基础上，深入挖掘历史文化村落的故人、故事、故地和故情，实现多元价值转化。如赵家镇东溪村、榧王村区域位置相近、景观特征相似、历史文化背景相同，可依托特色农业遗产资源，建设香榧博物馆，设置灌溉技术体验、生态采摘等活动项目，丰富乡村旅游项目。发挥区域连片的地域优势，发展自然生态游、文化休闲游、教育科考游等乡村旅游产品，扩大乡村文旅融合发展广度。

（2）以点扩面，多元参与，创新古建活化利用模式

建筑景观型历史文化村落的古建等级较高，传统建筑内部木雕、砖雕、石雕构思精巧，富有极高艺术价值，村民建筑保护意识较强，从而维权意识更明显。诸暨古建筑以合院式建筑为主，体量大，隔间多，但建筑空置率较高；建筑分布集聚，格局完整，但保存完整的古建数量不多，建筑活化利用不佳。因此，村集体统一回收租赁，引入多元主体协同治理，以点扩面进行修缮，以此逐步实现整村的打造发展。

在建筑景观型历史文化村落保护利用中通过对祠堂、家庙、闲置古民居等古建筑整修，植入功能业态，打造文化展馆、研学基地、居家养老中心等功能场所，满足村民日常生活或乡村旅游发展需要，凝聚社会力量为古建"添人气"。如岭北周村发动乡贤集资修缮古建筑七份厅后，与当地红十字会等社会组织合作设立爱心书屋和留守儿童阳光乐园，为乡村儿童提供阅读学习空间和社区公益活动场地；宣何村发挥宗族力量，在修缮完整的何氏宗祠中设置家族文

史馆、乡村记忆馆、乡村文化传习站等文化空间，有效利用了古建筑资源。同时，应用虚拟现实技术进行古建筑数字化保护，通过信息采集、模型构建、VR与全景漫游等多维展陈方式，促进古建资源共享应用。

（3）差异发展，双线并行，传承优秀传统文化资源

特色民俗型历史文化村落的文化底蕴深厚，拥有诸暨味道和地域特色的"慈文化""德文化""善文化""孝文化""信文化"等民俗文化，形成村内独特的文化标签，如十二都村的南孟文化、花明泉村的国术文化、赵家社区的琴鹤文化。特色民俗型村落非物质文化遗产类型较多、级别较高，人群关注度、参与度高，具有较好的文化产业培育潜力、文化品牌打造实力。

在特色民俗型历史文化村落保护利用中应深入挖掘乡村民俗、传统文化资源，寻找村落文化标签，将文化差异性表现作为凸显地域性的主要抓手，有效避免同质化创建。探索多元传承途径，一方面，注重人文内涵的物化表达，建立传统手工技艺展示馆、地域文化陈列馆，打造传统文化传承基地，开展系列非遗传承活动。花明泉村围绕赵家拳棒省级非遗，发展国术文化，通过联络"老师傅"，以老带新、口教口、手传手的方式，组建民间武术艺术团，深化传承武术文化与赵家拳棒武术技艺。另一方面，通过线上线下结合的方式，打造文化品牌，形成多元互动的保护传承机制。石门村作为浙东人民解放军金萧支队成立地，村干部积极挖掘并发挥红色文化资源优势，将修缮后的方氏宗祠辟为金萧支队纪念馆，还原支队作战室、英烈室等空间场景，展陈大量作战用品与历史资料，完整展现金萧支队革命先辈的先进事迹与石门村红色文化的发展历程，开展系列党建活动，逐步打造党史学习教育基地。

（4）三产融合，培育品牌，探索特色产业发展模式

综合发展型历史文化村落各项指标分数偏高，样本聚类相对集中，其中至少有一项分值较高。这类村落整体风貌完整，大多经过省级历史文化村落重点村项目建设，基础设施完善，综合实力较强，优势突出特色鲜明。而乡村的可持续发展离不开基础建设后的发展定位，更需多元主体协同营造。其中，政府为主导的招商引资、筑巢引凤新路径是村落发展的主动力，自媒体时代下个体经济自发进行的产品迭代、推广是助推剂。

综合发展型历史文化村落应依托既有资源优势，调整现有产业结构，加快一二三产业融合发展。在三产融合模式基础上引导社会参与，推动传统产业转型升级，实现乡村产业多样化、多元化发展。上下文村创新"合作社＋专业公司＋农户"多元生产经营模式，以蓝莓产业链为抓手，打造蓝莓文化节，开展蓝莓采摘游和蓝莓主题乡村游吸引消费群体。十四都村以乡贤认领的方式集资

修缮古建筑后，由村集体成立旅游服务公司，利用闲置农房与土地，引入"树女学堂"项目，联合途远线下店开发装配式特色民宿产品，配套设置国学课堂、文化集市，打造研学营地，进一步激活村落内生动力。探索乡村品牌经营路径，保留原味开发具有地域特色的农产品、农文旅衍生品，可调动当地手艺人围绕马剑豆腐包、紫阆黄公糕等制作技艺研发系列产品，丰富产品类别，着力打造地域精品。近年来返乡创业的新农人也不在少数，可依托自媒体平台优化农产品产销模式，探索多元化营销渠道，试行"村播"计划，拓宽非遗产品销路，结合马剑镇过小年、南孟祭礼等民俗活动、节日时令，开展主题宣传，发展体验式经济。

（5）优化组团，串点成线，打造保护利用联动格局

根据分类评价指标体系与样本聚类结果，可识别出特色鲜明的同类别村落，结合区域位置，以点串线，从而发挥历史文化村落在区域分布上的特色差异优势，丰富和完善乡村旅游路线。

在诸暨历史文化村落保护利用中发挥乡村生态自然和区域联动优势，带动历史文化村落保护利用的区域联动发展。可结合浙江"四条诗路"文化带、"五朵金花"组团建设和诸暨"古越西施"美丽乡村景观带，依托乡村自驾路线，打造串联斯宅村"千柱屋－张爱玲故居－裕昌号'十里红妆'民间艺术馆－越红茶博馆"，十四都村"周氏宗祠－树女学堂－和美西皇－红枫岭瀑布"等旅游线路。整合打造一村一品、串线成链、连片成景的诸暨特色历史文化村落保护利用新格局，实现资源统筹、区域联动的发展模式，推动集体经济由"输血"向"造血"转变。

CHAPTER

6

第六章

诸暨历史文化村落保护
利用典型村落

第一节　自然山水养心型

一、千柱祥居，于斯为盛：东白湖镇斯宅村

1. 区域位置与经济社会

斯宅村位于诸暨市东白湖镇东南部，处于会稽山脉西麓东白湖饮用水保护区。距镇 10 公里，距诸暨市中心 26 公里。村域面积 10.46 平方公里，由斯宅和蠡斯畈 2 个自然村组成，现有人口 993 户，2701 人，以斯姓为主。村内第一产业以高山茶、板栗、香榧为主要经济收入来源。近年来，乡村旅游产业日益发展。

2. 历史沿革与自然环境

斯宅历史悠久，建制之设，屡有分合。其地古称上林，以五代后汉乾祐二年（公元 949 年）在五指山麓所建之上林院（后改称清凉寺）而得名。《诸暨县志·山水》记载："元嘉三年，母亡，居丧过礼。未葬，为邻火所逼，恩及妻桓氏号哭奔救，邻近赴助，棺椁得免。恩及桓俱见烧死。有司奏改其里为孝义里，蠲租布三世。追赠天水部显亲县左尉。"因此得孝子贾恩而命名孝义乡。斯宅在宋至清代均属孝义乡，清以前有领都四，斯宅分属四十二都和四十三都。民国初（公元 1912 年）设上林乡以及至道乡，1947 年合称斯宅乡。1951 年至 1955 年，分为上林乡、斯宅乡、小东乡等三乡。1956 年至 1958 年，上林乡与小东乡先后并入斯宅乡，并改称东方红公社。1981 年 10 月又分拆为斯宅、小东两公社，又于 1983 年间重新改为乡。1992 年 5 月，斯宅、小东两乡重新合为斯宅乡。2004 年与陈蔡、西岩合并组成东白湖镇。斯宅，即"斯姓宅第"，是一个以"斯姓宅第建筑"命名的地名。东汉建安末年，孙权深感史伟之子史敦、史从其孝、赐姓斯氏，故斯伟（史伟）为斯氏开宗始祖。唐末，第二十五世斯德遂从东阳梵德村迁诸暨上林，为上林三斯开宗始祖。上林三斯即上斯、中斯、下斯，今仍有中斯畈名，后人作蠡斯者，谐"蠡斯衍庆"义也。自后，"暨阳上林三斯，烟火万家，人才蔚起，颇为名邦钦仰"。斯宅村是全国斯姓最大的聚居地。斯姓自唐至今已 60 余世，历 1100 余年，可谓源远流长。2000 年 1 月，斯宅村被列为第二批省级历史文化名村。2012 年 12 月，被列入第一批中国传统村落。2013 年，被列入浙江省第一批历史文化村落保护利用重点村。2017 年，被评定为第一批浙江省 3A 级景区村庄。

"六曲清溪穿上林，斯氏家族潜会稽。"斯宅村地处峰峦林立的山区之中，

东南部有螺蛳峰，海拔 984 米；东北部有湖塘冈，海拔 864 米；南部为诸暨第一高峰太白尖，海拔 1194.7 米；西部有黄箕山，海拔 651.8 米；北部有五指山，海拔 674 米。上林溪由东向西蜿蜒而上，穿村而过，流入村

图 6-1　斯宅村航拍图

西陈蔡水库。村落地势东高西低，西北部地势较为平坦，民居沿蜿蜒的溪水布置，大多为坐北朝南，形成多个团块，整体呈带状分布。浬斯线与上林溪贯穿村落各个建筑，建筑坐山面水，随山形水势，空间发展格局形成了山地、植被、溪流等自然景观廊道。上林溪是斯宅村落特色空间的骨架，构筑了斯宅的山水格局和建筑景观特色。

3. 传统建筑

"元儒千柱驻古村，书香孝义留斯宅。"斯宅村历史遗存丰富，古建筑数目较多、体量较大、等级较高。村内完整保存清代古民居建筑 14 处，且单位建筑面积均在 3000 平方米以上，最大的达到 7400 多平方米。2000 年 2 月，斯宅被浙江省人民政府公布为第二批浙江省历史文化保护区。2001 年 6 月，千柱屋、发祥居、华国公别墅等斯氏古民居建筑群被国务院公布为第五批全国重点文物保护单位。2005 年 3 月，新谭家民居、上新居被浙江省人民政府公布为第五批省级文物保护单位。村内还有上、下门前畈台门、斯民小学、摩崖石刻、百马图等 9 处县级文物保护单位。

斯盛居，位于螽斯畈自然村东首，是斯宅古民居建筑群中气势最恢宏的台门，因屋柱盈，故又名"千柱屋"。建于清代嘉庆三年（公元 1798 年），为当地巨富斯元儒（1753—1822）所建。建筑坐南朝北，通面宽 124 米，纵进深 60 米，占地面积 7440 平方米，砖木结构，气势恢宏。建筑分布 5 条纵轴线，3 条横轴线，为庭院式组群布局，有屋 118 间，弄 32 条，内含 10 个大天井，36 个小天井，各院之间以檐廊相通，四通八达，使整个建筑浑然一体。整座建筑有门楼 5 座，正中大门上方青石浮雕大篆"于斯为盛"为米元章手迹。其余四门全系青石、砖雕制作，镌刻人物、山水图案，皆形象生动逼真，极其精美。环宅数十窗户，窗棂均用青石透雕，花鸟虫鱼，栩栩如生，宅内门、窗、柱、

图6-2 斯盛居

梁、牛腿等雕饰十分华丽，都出自民间建筑工匠之手。位于正屋天井照墙的"百马图"，由21块方砖合成，总长7.2米。其中所雕马匹神形毕肖，人物形态各异，所描山水林木，细致入微，自然得体。或枯或荣，或简或繁，虚实相同，结构严谨，是罕见的砖雕艺术珍品。

发祥居，俗称"下新屋"，建于清嘉庆七年（公元1802年），是斯元儒胞兄斯元仁的住宅，是斯氏古民居建筑群中保存最完好的古民居建筑，因门厅有"长发其祥"门额而名，一直为斯姓族人居住，现仍有30余户住户居住在内。建筑平面布局近似正方形，坐北朝南，东西宽59.4米，南北深54.8米，占地面积3255平方米。平面以中轴为中心，作对称式布局，中轴建筑三进，依次为门楼（屋）、大厅和座楼。左右两侧设东、西厢楼，边门出入。东、西厢楼与中轴各进建筑，既以廊轩互为贯通，又相对独立，形成半封闭院落的格局，造作讲究，尤其是门窗、牛腿、雀替、砖雕、石雕等，工艺高超，精美绝伦，为民居建筑所罕见。

图6-3 华国公别墅

华国公别墅，当地人称新祠堂，位于斯宅村南首的南瓜山南麓，建于清道光二十年（公元1840年），是后人为追念斯华国而建。它是一处学塾与家庙兼容的清代建筑。建筑坐北朝南，依山而建，总面积为2806平方米。共三进，沿中轴线依次为门厅、大厅、后厅，左右两侧配置厢楼及附房。第一进门厅，三开间。前檐砌包墙，明间居中辟石库门，门额镌"华国公别墅"楷书大字。屋檐饰"暗八仙"，为砖雕线砖。后檐置轩廊，施彩绘，雕饰华丽。厅后两侧建厢房三间一弄。第二进中厅名"思诚堂"，为学塾之讲堂。三开间，明间五架抬梁带前后双步，四柱九檩，梁作月梁形，呈鸥鱼喷水状。前、后檐柱均施雕花牛腿，上叠雕花琴枋、坐斗承托挑檐枋。明间后金柱设退堂屏门六扇，两次间穿枋上留有学塾弟子科举中式的"捷报"十余张。中厅两旁设耳房各三间一弄。第三进后厅即家庙，为春秋享堂之所。三开间，作开敞三明式厅，穿斗结构，前槽船篷轩，雕饰华丽。厅两旁向外延展筑座楼各三间，左为"琢玉轩"，右为"漱芳居"。厅前道地外侧有一半月形池塘，名曰泮池。在清规戒律很严的清朝，建造泮池是社会地位的象征。

上新居，与千柱屋隔溪而立，建于清乾隆十五年（公元1750年），坐北朝南，与千柱屋一样是斯元儒所建，占地面积3370平方米，东西面宽67.8米，南北进深49.7米。青石门额上和斯盛居一样刻有"于斯为盛"四个九叠篆大字，取诸《论语》，寓意斯氏由此而兴盛。上新居共三进，沿中轴线依次为门楼、大厅、座楼，各有天井相隔，两侧设厢房，东西对称。上新居木雕、石雕、砖雕装饰工艺精湛，门、窗、梁、壁、马头墙、鱼池石栏上满是雕刻。

新谭家民居，建于清嘉庆年间，坐南朝北，占地面积3008平方米，东西面宽55.6米，南北进深54.1米。共三进七开间，中轴线依次为门楼、大厅、座楼，各有天井相隔，两侧设厢房，东西对称。一进门厅，为二层楼屋，七间二弄，一明六暗。二进中厅，七开间，三明四暗。三进座楼，前檐作廊，上筑双步船篷轩，檐柱置雕花牛腿。明间为祭堂，两侧为二层住宅。

笔峰书院位于千柱屋南侧松啸湾内，为斯元儒子孙读书之处，因书院背靠笔架山而得名。上山石路旁古树名木林立，树龄都在二百年至三百年，沿途而上有白玉兰花树、枫树、罗汉松、黄檀、大叶冬青树、柳杉等。书院门口植龙爪槐（左侧为

6-4　笔峰书院

白象，右侧为青狮）。书院为三层楼的木结构楼房，原院前屋后广栽奇花异草，四季飘香，其中房前有荷花池一座，只开红花不开白花。书院东侧小院为祠堂，院内天井地上用鹅卵石镶有"八卦图"。书院入口处为洪门，原为龙门，取望子成龙之意，后因避皇帝名讳改。书院内古时无楼梯，现有楼梯是文革时所造，原斯元儒子孙在此读书时，早上大人用木梯子送小孩入二层楼读书，中午仆人用梯子将茶饭送入小楼，晚上又用梯子将小孩接下楼，其间不许小孩下楼，可谓诸暨人"耕读传家"、重视教育的物证。

斯民小学创办于 1905 年，由象山民塾发展而来，其前身为斯民家塾。光绪三十年春（公元 1904 年）改办新式小学堂——象山民塾，慕名入学者络绎不绝。校长斯兰馨从长远发展眼光看，提议发动斯姓全族办学，校名改称为"斯民小学堂"。在众人的支持和赞助下，1919 年新校舍落成，康有为题字"汉斯孝子祠"，规模之大为全县小学之冠。百年来斯民小学人才辈出，载入中华名人大词典有中国古生物奠基人、学部委员斯行健，著名儿童教育家斯霞，国际焊接专家斯重遥。另外，史学家斯维至、国民党上将蒋鼎文，都先后在象山民塾、斯民小学读过书。斯民校友遍布海内外，其中有巴西石油巨富斯子林、台湾浙江同乡会名誉理事斯孝坤先生、私营企业家斯国勋先生等商界成功人士，有季英、斯梦飞、斯公才、斯杭生、斯张梅等学术界的精英，浙江武警政治部主任张建中、浙江日报《美术报》主编蔡景富等都是斯民校友。2006 年斯民小学被评为浙江省百年名校。

4. 文化资源

孝义文化。斯姓因孝而得名，孝义文化源远流长。东汉末年，累官至廷尉的史伟博士因不及请示，就擅自赦免了好些罪犯，令孙权震怒而要治史伟死罪。史伟的两个儿子"陈情"吴主，要求以身代父。这事让孙权大为感慨，"子愿代父，孝也；兄弟争代，义也。斯孝子也"。孙权深感其孝，赐姓斯氏，复斯伟原职。孝义在斯氏家族中一直发挥着至关重要的作用，在斯宅可以看到很多带"孝"的牌匾，如立于咸丰十年的"节孝"，年月湮灭的"孝廉"等。

耕读文化。斯宅耕读传家、崇文重教的传统，源远流长。笔峰书屋、华国公别墅、斯民小学等建筑遗存，详尽地展现了从私塾到公塾代新学的教育嬗变。而这种重视教育之风，使斯宅人才辈出，在民国时期出现井喷，涌现了一大批人才。从斯宅走出去的少将级别的有十几人，黄埔军校从 1 期到 21 期，几乎每期都有斯宅人士。斯民小学自 1905 年建校至今，已培养正高职称以上的知识分子超过 130 名。

古越文化。自古诸暨文风蔚然，人文荟萃，能工巧匠代有其人，裕昌号以大量的明清家具、牌匾字画、越秀银器、竹艺锡器及各种木砖石雕等工艺品，充分展现了古越大地"十里红妆"之盛景，展现了优秀的文化遗产之绚丽精致。

民俗文化。斯宅村至今仍保留有春节板龙巡游习俗，龙身由每块长6尺左右的灯板连接而成，每条灯板四周装有雕花木板，上面装饰着亭台楼阁、花草鱼虫、人物禽兽。舞龙队出行时，龙后有"扬扬马"压阵。"扬扬马"的马足装有滑轮，高大魁伟。夜里，马中安有蜡烛，在人群中穿梭，增添许多光彩。

6-5　裕昌号民间艺术馆

5. 建设效益

斯宅村依托东白湖饮用水保护区的生态优势，发挥建筑资源特色，引入文化业态，现已建成笔峰书画院（华国公别墅）、民国史迹陈列馆（小洋房）、私塾展示馆、

6-6　村落空间格局

6-7　村口公共空间

斯霞纪念馆等多个文化展馆。引进社会资本，打造十里红妆主题展示、主题民宿与餐饮为一体的裕昌号民间艺术馆。村里依托当地生态优势，以"乡村旅游"为切入点，2011 年以来，村内千柱屋景区、裕昌号民间艺术馆两家单位先后被评为省级 AAA 级旅游风景区。近年来，斯宅村先后获得第三批全国特色景观旅游名镇村、浙江省生态文化基地、浙江省十大最美乡村、全国生态文化村落等一批荣誉称号。

二、千载福地，写意杜岭：暨南街道金杜岭村

1. 区域位置与经济社会

金杜岭村位于诸暨市暨南街道东部，东邻花厅村，南面浬浦镇陶姚村，西邻里仁村，北靠暨阳街道同乐下村，距暨南街道办事处 8.8 公里，距诸暨市区 11 公里，通村公路贯穿全村。村域面积 7.49 平方公里，其中耕地面积 1537 亩、水田 1402 亩、旱地 867 亩，由金田、沙土岭、里杜、外杜 4 个自然村组成，现有人口 732 户，1925 人。全村经济结构以粮食、茶叶、吊瓜和板栗种植为主，另外里杜自然村以加工藤羹为主。

2. 历史沿革与自然环境

金杜岭村里杜家山杜氏一族与唐代诗人杜甫、杜牧、唐代名相杜如晦同系京兆杜氏一脉，《杜氏族谱》记载，杜氏始祖为汉武帝时御史大夫位列三公的杜周，居京城西安南。自杜周始，至现里杜自然村章字辈子弟，历二千一百多年，共六十七代。五代十国梁唐间，第二十九世祖杜棱南迁至浙，仕吴越累官尚书右仆射，成为浙中新望族。杜棱第三子杜必达，任工部尚书，迁居东阳。里杜

图 6-8　金杜岭村航拍

家山杜氏一族源于东阳岘北杜氏排行千二的杜诛，南宋乾道六年（公元 1170 年），流落至现里杜家山地面，和村落西二里处董家庄董氏女子成婚，定居繁衍，始建村落，至今已延绵二十八代。现存里杜家山《杜氏族谱》系 1949 年续编，称"暨阳花亭杜氏宗谱"。宗谱聚历代先人之心血，承杜氏先贤之厚望，载杜家山自千二公始至德字辈子弟二十五代八百多年延绵不绝之历史。

金杜岭村属丘陵地带，青山绿水环抱，风景秀丽。东有老鹰尖，西有坛中山、金田岭，南有面前山，境内有丰收水库、仙女大肚水库等水库。里杜自然村北侧以玉屏山为靠，山北有绵延不断的山脉为屏障。东有老鹰尖，西有下里坞，两山似手臂环抱，前有河流蜿蜒流过，村南远山为对景。村落基址开阔平整，总体呈现"四面环山、背山面水"的布局形态，与自然环境和谐共处。

3. 传统建筑与历史环境要素

金杜岭村历史悠久，文化底蕴深厚，村内现存传统建筑颇具特色，大部分为清代时期古建筑，并有少量民国时期的建筑。包括杜氏宗祠、旗杆门里、三合大屋、三房门里等，具有一定的保护利用价值。

杜氏宗祠，堂号萃涣堂，始建于明天顺四年（公元 1460 年），由里杜家山杜氏第八世孙排行禧廿七的杜孟寿公发起兴建，坐落于村中央晒场西，旁置一池，以备不虞之需。祠堂坐北朝南，东西横宽 20 米，南北纵深 35 米，占地面积 700 平方米，旧式祠堂有前后三庭。前庭置有戏台，两侧走廊之上建有厢廊，供族人女眷观戏之用；中庭为族人长老议事之所，历百年世变，经明清科闱，中庭高挂牌匾，有"声传武库""义重梓乡""妇杰人师""文魁""明经"

图 6-9　杜氏宗祠

等多块匾额；后庭为祖宗神灵之寄、子孙四季祭祀之所。外观祠堂，则高墙厚瓦、雕甍踞兽，进祠则见柱础盈抱，高槛宽阶，刻桷丹楹，金耀焕目。祠内后庭东侧栽有金桂一株，百年吐香。共和以来，破旧立新，祀事废弛，宗祠失修，祠堂渐显破败。至 20 世纪 90 年代，前面二厅先后坍塌，仅剩之后厅也破败不堪。2018 年，族中有识之士见宗祠失修，忧村风不睦，为复兴祖业，遂募集资金，重修祠堂，杜氏宗祠得以鼎新。2017 年，杜氏宗祠被公布为县级文物保护点，现辟为村文化礼堂。

旗杆门里，建于清代，占地面积 640 平方米，坐西北朝东南，正立面辟五门，以主轴线为中心，左右两侧设辅轴线两条。主轴线上二进，依次为门楼和正屋，中央设天井，左右设内厢楼。内厢楼外侧辅轴线上各设一列外厢楼。第一进门楼，三开间，用二柱，后檐不设廊。第二进正屋，七开间，进深五柱带双步前廊。楼下设格扇门窗。内厢楼二间一弄，进深四柱带前廊。内厢楼外侧各筑外厢楼一列，呈不对称状，其中西侧外厢楼四间一弄，进深五柱带前廊。东侧外厢楼共五间，前三后二排列，中间被弄隔开，弄之一端与座楼前廊相通，另一端辟门通往外界。硬山造，山面筑封火墙。

三合大屋，建于清代，占地面积 684 平方米，坐北朝南，四合院式，共二进，左右设厢房，前、后进之间设天井。第一进门厅，三开间，作开敞式三明厅，用五檩二柱，后檐不设廊。第二进座楼（正屋），七间六弄，进深五柱带双步前廊，步梁作月梁形。厢房二间二弄，进深五柱带前廊双步。除门厅单檐硬山造外，余皆重檐

6-10　旗杆台门

6-11　三合大屋

硬山造，为二层楼屋，楼下设格扇门窗。座楼明次间绦环板上浅浮雕松、鹤、梅花等图案。山面均筑封火墙。天井设鱼池两个，作消防设施用。大屋依山而建，正门铺 10 级台阶，座楼前铺 4 级台阶，整个地势呈步步高之态。另外，从山脚到座楼西侧门，设台阶 108 级，迤逦而上。

三合门里（新），建于清代，占地面积 358 平方米，坐西朝东，二层砖木结构，格局完整。建筑墙体、门窗、廊道保存较好，建筑富有地方特色，在古民居建筑中具有一定代表性和艺术价值。

三房门里，建于清代，占地面积 646 平方米，坐西朝东，二层砖木结构，格局完整。建筑墙体、门窗破损严重，木质门窗、木雕、门头等富有地方特色，在古民居建筑中具有一定代表性和艺术价值。

6-12　三合门里

暨南街道金杜岭村里杜自然村口风水埂上植有两株古樟树，南北矗立，枝繁叶茂，冠大浓荫，遮天蔽日。一株树龄达 300 余年，树高 18 米，胸围 450 厘米，平均冠幅 15.5 米；一株树龄有 410 年，树高 20 米，胸围 553 厘米，平均冠幅 24.5 米。2011 年，乡贤杜震筹资整修风水埂，并在坝上建一凉亭，供村人憩息纳凉。亭名"风沁亭"，"风沁"者，谓自然之风，爽人肌肤，也寓正气之风以入人心耳。

图 6-13　里杜古樟树

第二节 古建遗存特色型

一、三雕集萃，匠心独运：璜山镇溪北村

1. 区域位置与经济社会

溪北村位于诸暨市璜山镇境内西南，距离诸暨市区 20 多公里。因坐落于梅溪（化泉江）之北，故称"溪北"。村域面积 2.2 平方公里，其中耕地面积1246 亩、林地 1853 亩，由溪北、下马宅 2 个自然村组成，全村人口 590 余户，1590 余人，以徐姓为主，另有陈、沈、宣、郭、曹、傅、黄、蔡、史等姓。经济结构以农业生产和外出务工为主，村内主导产业为葡萄、大棚蔬菜、笋干。2016 年，溪北村被列入第四批中国传统村落。2017 年，溪北村被列入浙江省第五批历史文化村落保护利用重点村。2018 年，被列入第二批浙江省 3A 级景区村庄。

2. 历史沿革与自然格局

徐氏祖籍东海郡，传至元泊公时，于汉成帝阳朔二年（公元前 23 年）自江北迁徙至太末县泊鲤（即今龙游县溪口镇灵山），卜居江南，后迁东阳，被奉为徐氏"过江始祖"。明洪武年间，道礼公"自东阳迁诸暨大成坞，成为大成一族共祖"。清康熙五十三年（公元 1714 年），大成徐氏第十二世徐俊（1658-1721），字胜千，行祥十八，率家迁居此地，建宅曰"行五堂"，为溪北徐氏始迁祖。同宗的英十二公为"其仁堂"，又有上马宅同宗筑宅于"其仁堂"之侧，名为"鸿顺堂"，称下溪北。徐俊建学堂、宗祠，合称溪北村。

图 6-14　溪北村航拍

溪北村背山面水，景色秀丽，村后有主山吴峰山，山尖高耸，山势向西南、东北两侧延伸，使村落背有群山环抱之势。东临龙泉溪，前有萃溪从东山下过境，后有龙泉溪流经溪口接纳梅溪之水。

3. 传统建筑

溪北村是诸暨古建筑荟萃之地，以省级文保单位新一堂和继述堂为代表的溪北清代古建筑群，以其规模恢宏、构筑精美、保存完好著称，其石刻木雕、图案嵌镶、蓬橼栅轩、牛腿雀替、门罩石额、重檐廊坡浑然一体，传承了一方水土的历史底蕴和风土人情。

图 6-15　溪北村建筑三雕艺术

新一堂，建于清嘉庆年间，为溪北徐氏第四代徐宁公所建，前临秋丰塘，后倚吴峰山，占地面积 4602 平方米，面阔 89.08 米，进深 51.67 米，坐东朝西，中轴线上依次列门厅、大厅、座楼三进，左右厢房五列。一进门厅面阔七间，五柱七檩，穿斗式结构，上下二层楼，明间设过道，楼下辟石库门，上置门罩

图 6-16　新一堂

和门额，石刻线条流畅，雕刻精细。正中门坊之上有一匾额，上书三个篆体大字"安汝止"，古朴秀丽。二进大厅面阔与门厅相同，四柱七檩，上下二层。楼下作三明四暗状厅，明间五架抬梁，前槽施卷棚轩，前后檐柱置牛腿雀替，以增出檐承托挑檐檩。明间后金柱置屏门一樘六扇，其串枋上悬挂"新一堂"木匾一方。梢、尽间为楼屋。三进为座楼，面阔五间二弄，其左右各配房楼屋三间，皆五柱七檩，穿斗式结构，明间设中柱带双步前廊。座楼明间设祭堂，供奉祖先。前金柱置直棂门窗，其上镶嵌吉祥图案。一、二、三进间均置前后天井，左右两侧，各建重列式厢楼。其中左侧在后期又添置一列，成为三列。东西厢楼作对称式布局，其面阔、梁架、装修完全一致，其开间均为十一间一弄和十二间二弄。屋架穿斗式，前重檐廊坡，后檐封闭，廊坡用双步，置冬瓜梁，各厢楼南端，均辟石库门，上置门革和门额，造作考究。建筑整体格局保存较好，建筑规模宏大，布局严谨，具地方特征。2005 年，新一堂被公布为省级文物保护单位。现辟为特色文化展厅。

图 6-17　继述堂

继述堂，建于清道光初年，为溪北徐氏第五代徐必达所建，占地面积 2511 平方米，坐东朝西，东西面阔 54.65 米，南北进深 45.95 米，分东、中、西三条轴线。中轴线上共三进，门厅已毁。第二进大厅面阔九间，明、次通间，二层楼房，前后重檐，面阔 29.08 米，进深 10.20 米。明间五架抬梁前施单步，后带二单步，五柱八檩，梁架用材硕大。底层前檐施廊轩，牛腿承托撩檐仿出檐，前、后金柱间以冬瓜梁相连，上施斗拱承托搁栅，斗拱形式独特。各露明构件雕饰花卉、人物图案，工艺精细。第三进座楼九间，通面阔 29.08 米，通进深 9.22 米，前檐重檐，五柱七檩，明间不设楼层，作"香火堂"用，进深方向前后单步上设神宗，供奉祖先牌位。座楼两侧置厢楼，面阔 7.55 米，进深 8.36 米，楼地面互为贯通。青瓦屋面硬山造，封火墙高出屋面。东、西两轴线建筑为对称式厢楼，面阔十一间三弄 45.95 米，进深 8.95 米，前作重檐，梁架穿斗式，直棂门窗，裙板素面，工艺简单。2005 年，继述堂被公布为省级文物保护单位。

图 6-18　徐氏宗祠

徐氏宗祠，始建于清乾隆二十二年（公元 1757 年），堂号彝叙堂，占地面积 1800 平方米，原是数间一字屋，民国时期重建。新祠为连三进结构，由门厅、中厅、后厅及左右厢房组成，坐北朝南。门厅面阔七间四弄，筑四柱九檩，前后双步设廊，明次间五架抬梁，前后檐柱置牛腿。中厅面阔七间四弄，四柱九檩，明次间五架抬梁，前后双步。后厅与中厅面阔一致，四柱九檩，前后双步，明次间五架抬梁。一二进设天井，两侧为左右厢房，各三间，上下二层。徐氏宗祠在破土奠基垒墙角之时，因祠堂后右侧墙角系新一堂小房田亩，多次协商无果，最后削角而建。砌墙时根据"借天不借地"的习俗，用石板悬空挑出，在挑角上砌成完整的墙角。徐氏宗祠已被公布为县级文物保护单位。

务本堂，建于清代，左邻新一堂，前靠咸一堂，占地面积1500平方米，台门中轴线上依次列门厅、中厅、座楼三进，其两侧为左右厢房。务本堂是村中唯一坐北朝南的宅院，徐氏先祖在宅前东侧建了一座门楼，门楼两旁的山头用砖砌成半圆形，好似亭台楼阁，从村口进来别具特色。务本堂现已被公布为县级文物保护单位。

图6-19　务本堂

聚智堂，俗称大新屋台门，建于清代，占地面积1800平方米，坐西北朝东南，今存中厅、座楼及左右厢房。中厅面阔五间二弄，五柱九檩，穿斗式结构，上下二层，前檐设廊。明间为厅，后金柱间设屏门六扇，与座楼相通。檐柱置牛腿雀替，以增出檐。中厅前天井两侧各筑左右厢房二间，穿斗式结构。座楼五间二弄，五柱九檩，穿斗式结构，前檐双步设廊，檐柱置牛腿雀替。座楼左右尽间前各设厢房一间，左厢房已改建。聚智堂为第三份六子所建，因屡遭地基挫折，宅院修建时又未能完成连进三透的心愿，只能取消照厅，建造了这座独特的宅院，不知者还以为造屋者别出心裁，实则人多势强，但是实力有余，计谋不足，故名"聚智堂"。2006年，被公布为县级文物保护点。

琢玉轩台门，建于清代，占地面积997平方米，坐西北朝东南，四合院式，由门屋、座楼及左右厢房组成。门屋三间两弄，五柱七檩，穿斗式结构，上下二层，明间楼下辟大门，设过道。后檐设廊，檐柱置牛腿雀替，以增出檐。座楼面阔三间二弄，筑五柱九檩带前后双步，檐柱置牛腿雀替。座楼前天井两侧为左右厢房，各一弄五开间，筑

图6-20　琢玉轩台门

五柱七檩，穿斗式结构，前檐设廊，其东南端各开大门出入。单体建筑皆重檐硬山造，筑封火山墙顶。因第四份人丁渐旺，就在老宅继述堂北侧新建一宅，因此也称下四份。此宅堂名失传，现流传琢玉轩是因此宅办过学塾，老师执教，好似琢玉。

德馨堂，建于清代，占地面积1200平方米，坐西朝东，原为三进，大多数被拆建改造，现后进座楼及左右厢房保存尚好。座楼五间二弄，五柱九檩，穿斗式结构，明间设中柱带双步前廊，上覆盖天花顶，镶嵌乱冰图案木雕，明次间檐柱置牛腿雀替，以承雕花挑檐檩，工艺非常精湛。立面各间均装修通栏落地花格门。座楼明间前后金柱间均置串梁，梁呈月梁形，饰刻鸱鱼喷水图案，座楼左右梢间外，再各筑嵌厢二间二弄。座楼前设小天井，天井两侧为左右厢房，各一间二弄，三柱七檩，前檐楼下设廊，檐柱置牛腿雀替，内厢房外再各筑外厢房三间一弄。单体建筑皆重檐硬山造，筑封火山墙顶。此宅为第四份小房子孙自建新宅，取名"德馨堂"，以此歌颂祖德之芬馨和流芳之久远。

二、至诚至圣，静学周村：暨南街道周村村

1.区域位置与经济社会

周村村位于诸暨市暨南街道，南与长塘村和浬浦镇交界，东邻陈蔡江，西毗璜山江，北接开化江，处于三江交汇处，东面有山，自然山水格局优越。211省道穿村而过，绍诸高速延伸段互通口位于村南100米处，03省道东复线街亭支线直达村口，交通便捷，距诸暨城区5公里。村域面积3.08平方公里，其中耕地面积1180亩、山林2071亩，经济结构以农业为主。现由周村和江口2个

图6-21 周村村航拍图

自然村组成，全村人口 769 户，2203 人，以周、陈、赵、楼四姓为主，周姓人口占 65% 以上，故称周村。2019 年，周村村被列为浙江省第七批历史文化村落保护利用重点村。2020 年，周村村被列为浙江省第六批历史文化名村。

2. 历史沿革与周氏先祖

南宋绍兴十二年（公元 1142 年）初，北宋大理学家周敦颐曾孙周靖（1102-1163）自钱塘隐居诸暨紫岩盛厚里，后子孙繁衍，成为诸暨紫岩始祖。周靖第四

图 6-22　周敦颐、周靖、周仕昂像

代孙周闇，携弟偕兄从紫岩迁诸暨南门三踏步。明永乐初年（公元 1405 年左右），周敦颐第十三代孙周仕昂（1378-？）搬迁街亭之东邬村（即今周村），距今已有六百余年。

周氏先祖周敦颐（1017-1073），又名周元皓，字茂叔，谥号元公，号濂溪先生，北宋道州营道楼田堡（今湖南省道县）人，曾任江南东道南康军刑狱。北宋天圣二年（公元 1024 年），其父病逝三年后，与同母异父之兄卢牧文随母投靠衡州（今衡阳）舅父、龙图阁学士郑向，因他聪慧仁孝，深得郑向喜爱，又酷爱白莲，郑向就在自家宅前西湖凤凰山下构亭植莲，周敦颐负笈其间参经悟道。郑家故宅后改为濂溪周氏宗祠。北宋景祐四年（公元 1037 年），郑向调任两浙转运使，周敦颐离开衡阳随舅迁润州丹徒（今镇江市丹徒区）。庆历六年（公元 1046 年），"二程"的父亲大理寺臣程珀在南安（今江西省大余县南安镇）认识了周敦颐，见他"气貌非常人"，与之交谈，更知其"为学知道"，同他结为朋友，随即将两个儿子程颢、程颐送至南安拜其为师受业。庆历四年（公元 1044 年）冬，移郴之桂阳令（今湖南省郴州市汝城县）。至和元年（公元 1054 年），改授大理寺丞，知洪州南昌县（今江西南晋）。到任时，当本地人得知他就是当年在分宁做官时能辨明疑案的周敦颐，就高兴地说："是能辨分宁狱者，吾属得所诉矣。"嘉祐元年（公元 1056 年），改太子中舍，签书署合州判官。嘉祐六年（公元 1061 年），迁国子监博士，通判虔州。治平元年（公元 1064 年），移任永州通判。熙宁元年（公元 1068 年），转虞部郎中，擢提点广南西路刑狱，次年移知南康军。熙宁五年（公元 1072 年），定居于庐山濂溪书堂。熙宁六年（公元 1073 年）六月中，病死于此，终年 57 岁。周敦颐治学提出许多新问题，并作出新的论断。他所提出的无极、太极、阴阳、五行、动静、至诚、无欲、顺化等理学基本概念，构成理学范畴体系的重要内容，成为宋明理学的开山鼻祖。著有《周元公集》《爱莲说》《太极图说》《通书》。南宋理宗时，诏从祀孔子庙堂，其理学奠基者地位为官方所认。

诸暨周氏始迁祖周靖（1102-1163），周敦颐曾孙，行祥八，字天锡，又字宣平，官太常博士。配山东济州内翰林公之女（一说咸阳世戚，翰林李格非文叔公之女），诰封夫人，卒后，合葬诸暨县北六都大将山（今诸暨祝园村），生二子亥、同（早逝）。靖康之变，思陵南渡。南宋绍兴三年（公元 1133 年），从河南祥符徙居杭州钱塘，后因岳飞遇害，呼天泣曰："忠良之殄，国之祸也，中原终不复矣！"弃官携子（亥）于南宋绍兴十二年（公元 1142 年）初，自钱塘隐居诸暨紫岩盛厚里，后子孙繁衍，成为诸暨紫岩始祖。

3. 传统建筑

周村村中现仍保存有下新屋、三份头、八份头、新八份、前后一字屋、承二房、老屋、克敬堂、上间檐、前后四房、新屋台门、义屋、周村祠堂等 20 处明清古建筑，村内石板小巷，古朴壮观，富有人文底蕴。

图 6-23　周氏宗祠

周氏宗祠，始建于清中期，初为二进，民国初扩建为三进，占地面积 1130 平方米，由门厅、中厅、后厅及前后侧厢组成。一进门厅五开间，明间五架抬梁，三柱七檩，三明两暗。门厅前侧次、梢间三架抬梁，四柱七檩，左右筑封火山墙。前檐施牛腿，雕刻精细，刻饰狮形图案。中厅五开间，结构与门厅同。明间五架抬梁，四柱九檩，用石柱，次间五柱九檩立中柱，前檐卷蓬顶，工艺精细。东西侧厢二层结构，工艺简单。后厅结构与中厅同，保存较好。屋顶硬山造，阴阳合瓦，封火山墙顶。整幢祠堂雕梁画栋，石屋柱到栋梁，规模壮观，气势雄伟。2016 年，祠堂建辟为文化礼堂，成为文化传承、文体娱乐和周村美食品鉴的重要场所。周氏宗祠现已被公布为县级文物保护单位。

新份头，建于清晚期，由周其櫄公（1782-1856）所建，占地面积 837 平方米，二层砖木结构，四合院。正屋七间四弄，侧屋三间两弄，照厅一间两基头。因其榅公与嫡堂兄其楠一样，也有八个儿子，所以他建造的房子俗称新八份。

老屋，建于清代，由周允珍公（1712-1776）所建，占地面积 1014 平方米，坐北朝南，二层砖木结构，四合院。正屋七间两弄，侧屋五间二弄，照厅三间。因允珍公三个儿子其后又新建了三幢房子，故称该屋为老屋。

图 6-24　新份头

三份头，建于清代，由周其椿公（1778-1833）所建，占地面积 1438 平方米，二层砖木结构，四合院。正屋九间四弄，侧屋各五间两弄，照厅三间两基头。建筑高大壮观，精雕细刻，南面窗口全是石雕窗盘，门窗上方，都是磨砖镶嵌拼合装饰的门楣窗楣，所有大门包括门框、门台、门槛、踏步。其椿公生三个儿子，故该房子俗称三份头。

图 6-25　三份头

坑南新屋，建于民国，由周春械公（1885-1959）所建，占地面积 548 平方米，正屋五间两弄，侧屋两间，照厅仅一大门。此屋曾被日寇强占，四周挖掘壕沟，围上铁丝网，作为据点，抗战胜利后收回。

克竣堂，建于清末民初，由周春松公（1868-？）所建，占地面积 1210 平方米，二层砖木结构，四合院。正屋七间两

图 6-26　坑南新屋

图 6-27　克竣堂

图 6-28　承二房

图 6-29　下新屋

弄，侧屋东西各三间两弄，照厅三间。因春松公字克谐，举人出身，所以另立一堂号，故称该屋为克峻堂。

上间檐，建于清中晚期，由周应宏公（1783-1865）所建，占地面积 400 平方米，砖木结构。正屋虽有五间两弄，但侧屋只有两间，照厅只有一大门。天井较小，但房子结构高大宽敞。

承二房，建于清代，由周文鲁公（1744-1802）所建，占地面积 590 平方米，二层砖木结构。屋分南北二幢正屋，西边有侧厢，东面是围墙，结构典雅别致，自成一格，别有生趣。文鲁公，字圣成，是文鳌公的二弟，属二房，故称承二房。

老八份，建于清代，为周其楠公（1760-1840）所建，占地面积 1988 平方米，正屋为七间四弄，侧屋为五间二弄，侧屋外东西向各两幢抱厢，抱厢是七间四弄，照厅三间两弄，内部各立墙头分隔开。因其楠公有八个儿子，后分为八户人家，当地方言称一户人家为一份人家，故称八份头，后来他的嫡堂弟周其橰也生了八子，也建造了一幢房子，所以该房屋又称老八份。

下新屋，建于民国，为周均和公（1870-1938）所建，占地面积 353 平方米，五间两弄两基头。由于位于周村最下面，所以称下新屋。

第三节　文化传承丰富型

一、忠孝处世，南孟故里：应店街镇十二都村

1. 地理位置与经济社会

十二都村位于诸暨市应店街镇东南部，地处十诸线与杭金线交汇处，区位优越，交通便捷。村域面积8.89平方公里，其中水田2996亩、旱地399亩、山林8302亩，由堂楼下、前十、庄院3个自然村合并而成，现有户数1699户，4544人。2016年，十二都村被列为浙江省第四批历史文化村落保护利用一般村。

图6-30　十二都村航拍图

2. 历史沿革

十二都村为儒家文化集大成者、儒学亚圣孟子后裔聚居地，乃南孟故里。据《宋史》《浙江通志》记载，北宋末年，金兵南侵，哲宗孟皇后临朝监国，命内侄信安郡王、亚圣第四十七世孙孟忠厚扈驾南渡，为南孟始祖。南宋绍兴十七年

图6-31　孟相、孟忠厚、孟载像

（公元1147年），孟忠厚幼子孟载择居诸暨夫概里（今十二都），为诸暨孟氏始祖，从此孟子后裔在十二都繁衍生息，历860余年，发瓢二十余村，后裔达两万余众。

3. 孟子后裔

孟相（1077-1135），亚圣四十六世孙，字媚韵，洺州（今河北省永年县）人，眉州防御使兼马军都虞候孟元之孙女，十六岁被选入宫，深得宣仁高太后的宠爱。太后曾赞道："当是亚圣后代，难怪如此文质彬彬，温柔儒雅。"告诫

哲宗"得贤内助，非细事也"。北宋元祐七年（公元 1092 年），孟相被册封为哲宗皇后。高太后崩，宋哲宗赵煦亲政。后宫刘婕妤恃宠傲物，勾结内侍权奸，诽谤诬陷孟相，孟相两度被废，居于瑶华宫三十年。后移居宫外其侄孟忠厚家。北宋靖康二年（1127 年），金兵攻陷都城汴京，将徽、钦二帝、皇室成员及六宫北掳，北宋亡。后金兵退，立张邦昌为帝。张邦昌为笼络人心，将孟相迎入宫中，垂帘听政，临朝监国。孟相长期遭受废黜，但忠于宋朝的心始终不渝。得知徽宗第九子康王赵构未被虏，尚在济州，即遣侄孟忠厚持懿旨到河南商丘劝说赵构当皇帝，同年五月扶康王继承帝位，是为宋高宗，改年号为"建炎"。原已灭亡的赵宋王室恢复国祚。宋高宗因感恩孟相，上尊号为"隆祐太后"。建炎三年（公元 1129 年）三月，因兵变，高宗被迫退位，由魏国公皇子赵旉继位，年号"明受"。孟相再度垂帘听政。面对内外交困，沉着应对，平息兵变，力挽宋室。南宋绍兴五年（公元 1135 年），孟相在越州（今绍兴）病逝，享年59 岁，葬于会稽上皇村宋六陵，上尊号"昭慈献烈皇太后"，后改谥号为"昭慈圣献皇太后"。

孟忠厚（1082-1162），亚圣四十七世孙，字仁仲，洺州人，孟相皇后之侄。曾任宁远军节度使，保宁军节度使，开府仪同三司，醴泉观使，迁枢密使，封信安郡王。北宋靖康二年（公元 1127 年），孟忠厚扈驾南渡，辅佐宋高宗赵构迁都临安（今杭州），史称南宋。高宗之父徽宗北掳后，于绍兴五年（公元 1135 年）在囚禁中病死五国城（今黑龙江省依兰县）。当时宋、金两国处在议和期，宋高宗多次派使者要求金国返还其父徽宗遗骨。绍兴十二年（公元 1142年），孟忠厚以枢密使（宰相）身份，奉高宗之命赴金国迎徽宗梓宫回南宋，返临安之日，高宗摆全副銮驾仪仗，率文武百官行 30 里到临平迎柩。南宋政权建立后，孟忠厚先后任镇江、明州（宁波）、婺州（金华）、绍兴、福州、建康（南京）、平江（苏州）知府，他为官清正，爱民如子，深受百姓爱戴。娶华阳王氏，生四子，王氏于政和年初病故。继娶建邺御史中丞王祖卿之女，生三子。长子充，中散大夫居无锡；次子嵩，直秘阁赠持进居嘉兴清风泾；三子雍，仕宋朝散郎直秘阁居吴郡；四子崇，仕宋为奉直大夫衢州通判居吴；五子德磷，仕为敷文阁大学士封定国公居会稽；六子德懋，封忠顺保定候，初居概浦，明代时子孙徙华岭又徙杭州望仙桥；幼子德载，宋护军使镇诸暨平寇有功，将旨授环卫上将军，封诸暨开国男，赠太尉。孟忠厚病逝于绍兴三十二年（公元 1162年），享年 81 岁，葬无锡惠山孟湾，赠太傅。

孟载（1126-1157），亚圣四十八世孙，又名德载，字仲博，信安郡王忠厚公幼子。孟载幼承庭训，秉圣祖遗风，朴直刚毅，学识渊博，品德高尚，文武双全。时值国多难、民受苦之际，孟载忧国爱民之心常怀于胸。面对金兵犯境，毅然作色曰："堂堂中国，岂无义士，安容胡马冲突至此。"时任护军节度使，身先士卒，与金兵作战，且屡有良策，制敌决胜。金兵每次出战必戒曰"当避此白面将军"。公伤二指，犹奋战，敌莫敢犯。因军功累累，提举金、衢等六处军州马上骑都尉，特旨授环卫上将军，封开国男。后提为兵部侍郎、昭佑候、昭佑明应候（赠太尉），食邑一千三百石，赐金紫鱼袋。南宋绍兴十七年（公元1147年），孟载择居诸暨夫概里（今十二都），为诸暨孟氏始祖。孟载乐善好施，民有难倾囊济之，乡邻有贫乏不能自振者悉分财产膳之。时值饥荒，等待施舍而食者数万家，更出粟煮糜粥济难民，救活万余人。或见卧尸横道叹曰："吾之过也！"令买棺安葬；见有细小损民之事，常戒之，只能为民解忧，而勿扰民损民。孟载曰："使我致治数年，当使天下无冤民。"后人称孟载为概里始祖，功并武穆。孟载生三子一女。长子孟义，封通直郎；次子孟直，封修武郎；幼子孟炎，封承事郎（其子孙迁丽水、义乌）；女贵适富春吏部尚书孙琬。孟载故于绍兴二十七年（公元1157年），葬于十二都大扈塘山。夫人戚氏讳正，字纯德，系苏州戚尚书之女，封绍兴郡君，加封越国夫人，故于绍兴三十年。元书法家赵孟頫赞孟载："邹鲁华胄，世居衮岱。扈驾南巡，族绵夫概。累爵公侯，奕叶不艾。以义兴仁，流光万代。"

4. 南孟祭礼

南孟祭礼是南宋时期迁入诸暨的孟子后裔为更好传承孟子思想、弘扬儒家文化所举行的祭祀礼仪，与山东孟子祭祀典礼一脉相传。南宋嘉定十年（公元1217年），孟氏后裔奉旨在十二都建孟子庙，四时专祀。明代是南孟祭礼的鼎盛时期，多任诸暨县令均筹资修葺孟子庙、大兴祭祀，祀典详备，礼仪隆重。

图6-32　孟子庙

宋时为四时专祀，明清时演变为春秋两祭、诞辰和忌辰祭，20世纪60年代改为每年两祭，以孟子生辰二月初二和忌辰冬至为期祀。主祭祀在孟子庙举行，同时在孟氏宗祠、孟太尉墓、贞女祠等场所举行其他祭祀活动。祭礼形态多样，有祭品、祭乐、祭舞、祭文等。奉祭者多元，有官祭、民祭、宗族祭等。祭祀仪式内容独特，有启户排班、起乐迎圣、敬献贡品、三献礼、恭读祭文、焚祝

图 6-33　南孟祭礼

文、行五传礼、行大礼等，集乐、歌、舞、礼为一体，生动地阐释孟子思想中的"礼乐祭祀"。南孟祭礼传承孟子的核心思想，传扬崇学、仁善、行孝的品行，形成敦亲睦族、和谐相处的新风尚，具有较高的历史文化价值、教育传播价值、民俗研究价值、艺术审美价值和社会和谐价值。2016 年 12 月，南孟祭礼被公布为第五批浙江省非物质文化遗产代表性项目。十二都村也成为省级传统节日保护基地，被誉为"风教之基地，耕读之典范"，并以此为核心，先后辐射到苏、沪、皖、赣、湘等地，南孟祭礼得到了较好的保护和传承。

二、三朝御医，诗意耕读——马剑镇马剑社区

1. 地理位置与经济社会

马剑社区位于诸暨市马剑镇中心位置，是马剑镇政府驻地，属于集镇型村落。马剑社区东邻仁头村，南峙马剑大山，西毗栗树坪，北靠富阳区，距离市中心 30 公里，合环线穿村而过，交通区位优势明显。村域面积 12.3 平方公里，其中耕地面积 1471.7 亩、林地面积 8841 亩，由马剑、金竹坑 2 个自然村组成，现有农户 727 户，1987 人，以戴、沈、陈、王、刘姓为主。马剑产业形式多样，第一产业以农作物种植为主，水稻、毛竹、茶叶、景观苗木、蔬菜为原农业五大支柱产业；村内拥有一处服装加工厂、两处纺织厂和一处家具厂。2018 年，马剑社区被列为浙江省第六批历史文化村落保护利用重点村。2021 年，被列为第五批浙江省 3A 级景区村庄。

2. 历史沿革与自然风貌

清光绪《浦阳建溪戴氏宗谱》载："始祖昭，唐咸通间始居诸暨陶朱乡。昭子堂，再迁浦江建溪，更名其地曰马剑。"唐咸通年间，浙东道五部兵马大元帅戴昭，字德辉，陕西杜岭人，因时势变迁，志移山水，隐居诸暨陶朱，为戴氏迁东南始祖。唐僖宗中和元年（公元 881 年），戴昭次子戴堂，镇越使兼辖概水，由陶朱卜迁浦江建溪（即今马剑），遂成马剑戴氏始迁祖。因其整日驰马试剑，里人曰其居地"马剑"，村而得名。唐时，划都而治，浦江县分七个乡，三十个都。马剑属兴贤乡，马剑上半村和金竹坑属廿九都，下半村和西宅属

三十都。清宣统二年（公元1910年），兴贤乡析兴仁、贤能二乡，马剑属贤能乡。民国二十三年（公元1934年），兴贤乡改称马剑乡，并实行保甲制，廿九都部分属马剑乡第九保，三十都部分属马剑乡第十保。新中国成立后，马剑一直属马剑（公社、乡）镇。2006年12月行政村调整后，金竹坑村并入马剑村。

马剑社区坐落于九灵山南麓，前有马剑大山，源自九灵山的金竹溪穿村而过，汇入村前建溪。四面环山，地势逐渐向西倾斜。村庄选址讲究风水、注重与周边自然环境的结合。村庄由金竹溪西侧起源，而后往金竹溪东侧发展兴盛，最终向南侧延伸。秦皇古道是马剑的主要游览路线，马剑村内的街巷以古街为"脊梁"，统领界区内的街巷走向，街巷以鱼骨式道路相互沟通，纵横交错，主要分为主街、明巷、暗巷三种类型。

图6-34 马剑社区航拍

3. 传统建筑

马剑村历史悠久，拥有众多体量较大、保存完整的明清建筑，分布在马剑老街两侧。其中，马剑古建筑群（包括戴氏宗祠、树德堂、骏德堂、敬义堂）已被公布为省级文物保护单位，惇远堂、永穆堂、葆顺堂被公布为县级文物保护点。另外，村内有古道、古桥、古井、古亭、古树等历史环境要素，与村落所处的山水环境密切相关。秦皇古道别具一格，以马剑戴氏宗祠为起点。

戴氏宗祠，堂号孝思堂，始建于清乾隆二十六年（公元1761年），清咸丰十一年（公元1861年）秋遭兵燹。同治五年（公元1866年）动工修建，次年三月二十二日上梁。其体制规模，悉仍旧贯，惟加高三寸，内挂各类名人匾额30余方。祠堂占地面积1946平方米，坐东北朝西南，三进多天井呈"王"字状。门厅五开间，进深四柱，前槽卷棚顶，施弯椽。明间前檐柱施牛腿，牛腿上承挑檐檩以增出檐，牛腿刻饰仙人童子图案。次间檐柱阴刻动物图案，惟妙惟肖，雕刻精美，明间屋架抬梁式，次间屋架穿斗式。门厅与中厅间设过厅，进深三柱，面宽一间，上设天花，檐柱施牛腿，牛腿上承挑檐以增出檐。中厅比门厅地势略高，以台阶相连，五开间，结构与门厅同，明间屋架抬梁式，次间屋架穿斗式，次间牛腿雕刻龙形图案。中厅与后厅间设后过厅，面宽一间，

图6-35 戴氏宗祠

进深三柱。后厅五间，结构与中厅相同。门厅左右耳房二开间，进深三柱。中厅左右侧厢五间二弄，上下二层，明间深三柱带一前廊，右侧为戴殿泗文化陈列馆和马剑民俗馆，左侧梁架已改，现为金萧支队陈列馆。后厅左侧厢为义祠，面宽二间一弄，进深三柱带一前廊，单檐造。右侧厢为封宦祠。后厅附属房为二间一弄，进深三柱，右侧原为节孝祠，现为戴氏历代名人馆，山墙前立圣旨碑"钦褒节孝"。左侧原为"贤功祠"，现为戴原礼、戴思恭纪念馆。戴氏宗祠规模较大，造作亦好。2014年，戴氏宗祠内开辟马剑历史文化陈列室。2017年，戴氏宗祠被公布为第七批浙江省级文物保护单位。

图6-36 骏德堂

骏德堂，建于清乾隆三十五年（公元1770年），为马剑信房祖戴国佐（1704-1760）长子圣璧（1723-1799）所建，占地面积610平方米，坐东北朝西南，由门台、正厅、右侧厢房组成。门台为墙，居中辟青石石库门，墙顶设砖雕及小青瓦阴阳合瓦顶，砖雕雕刻精美，飞禽走兽。门台与正厅以天井和左右两隔墙相连，隔墙雕刻精美石雕。正厅三开间，进深四柱九檩，前槽卷棚顶，施弯椽，前檐柱施牛腿，牛腿上承挑檐檩以增出檐，牛腿刻饰狮形图案，雕刻精美。明间前金柱间设大型落地格扇门，明间屋架抬梁式，次间屋架穿斗式，用材较大，木雕、石雕工艺精美。明间后金柱间辟大门。右侧厢房进深五柱带一前廊，以前后走廊弄为界前四间一弄。2017年，骏德堂被公布为第七批浙江省级文物保护单位。

永穆堂，始建于南宋淳祐年间，后毁于大火，清代重建。占地面积511平方米，坐东北朝西南，由门台、正厅、左右厢房组成。门台为墙，居中辟门，青石门框，墙顶设砖雕及小青瓦阴阳合瓦顶，砖雕雕刻精美。门台与正厅以天井相连，正厅三开间，进深四柱九檩，前后双步，前后檐柱施牛腿，牛腿上承挑檐檩以增出檐，牛腿刻饰龙形花草图案，明间屋架抬梁式，次间屋架穿斗式，明间后金柱上悬"永穆堂"匾额一方。左右厢房进深三柱带一前廊，板门、格扇门、格扇窗交替使用。建筑皆单檐硬山造，施小青瓦，阴阳合瓦，封火山墙顶。永穆堂为马剑戴姓伯、仲、叔、季、仁、义、礼、智、信九房共祭祀的总厅。永穆堂现已被公布为县级文物保护点。

图 6-37　永穆堂

增德堂，又称大明堂，建于明末清初，占地面积 602 平方米，坐东北朝西南，四合院式建筑，由门台、正房、左右厢房组成。门台三间，居中辟门，设砖罩，明间为通道，现已改建。正房三间二层，进深七柱带一前廊，前廊设月梁，月梁饰刻鸱鱼

图 6-38　增德堂

喷水图案。厢房五间二弄，二层重檐，进深五柱带一前廊，板门、格扇门、格扇窗交替使用。建筑除门台皆重檐硬山造，上下二层，施小青瓦，阴阳合瓦，封火山墙顶，对研究江南地区民居建筑有一定的参考价值。

惇远堂，始建于清康熙年间，咸丰十一年（公元 1861 年）毁于兵燹，宣统元年（公元 1909 年）重建。建筑占地面积 1035 平方米，坐东北朝西南，由正厅、后厅、左右侧厢组成。门厅已毁。正厅三开间，进深四柱九檩，前后双步，明间屋架抬梁式，次间穿斗式。明间后金柱间串枋上悬挂"惇远堂"匾。檐柱施牛腿，上承挑檐檩以增出檐，牛腿阴刻花草图案，柱子皆为石柱。正厅后为天井，后厅与正厅以天井相连，后厅三开间，进深四柱带一前廊，设落地格扇门，与板窗、格扇窗交替使用，明间屋架穿斗式，设神堂。左侧侧厢十间二弄，进深四柱带一前廊，右侧侧厢已改建。

图 6-39 惇远堂

图 6-40 葆仁堂

葆仁堂，俗称进士台门，为清代奉直大夫、晋封中宪大夫、晋赠通议大夫戴殿江宅院，占地面积428平方米，坐东北朝西南，四合院式，由门楼、座楼、左右侧厢组成。门楼三间二弄，进深四柱带一后廊，居中辟石库门，明间为通道。后檐柱置牛腿，上承二层挑楼以增出檐，牛腿饰龙形图案。侧厢一间。座楼三间二弄，进深四柱带一前廊，明间设落地隔扇门六扇。建筑皆重檐硬山造，上下二层，二层设檐下廊，四周屋顶相连，施小青瓦，阴阳合瓦，封火墙。门前道地中心，用百子石铺设骏马状图案。大门两侧立有鼓形旗杆石。

4. 历史名人

马剑历史悠久，地灵人杰，文化昌盛，代有闻人。为官者有知县、知府、道台、省按察使、布政使。马剑戴氏一门有五进士，宋代有戴徽、戴继、戴尧民三进士，清代有戴殿泗、戴聪。元末明初戴良、明代戴思恭、清代戴殿泗、戴聪，四人是谓"马剑四贤"。

戴良（1317-1383），字叔能，自号九灵山人，又号嚣嚣生，诸暨马剑人，元代著名诗人，晚年隐居四明山时更名为方云林。天资秀敏淳朴，性至孝，通经史百家。幼学经于柳贯家十有余年，文肃公殁，至其家持新丧三年。复学文于黄文献公，学诗于余阙。天文、地理、医卜、佛老诸家之书，无不涉略。元至正六年（公元1346年），娶县南赵氏，遂筑室于西隅居焉。辟一轩为读书之所，匾曰"天机流动"，日与同门友宋景濂、胡仲伸、郑仲舒辈讲性理之要，博物洽闻之事。元至正二十一年（公元1361年），顺帝以荐者言，授奉训大夫，任淮南江北省儒学提举。后至吴中，依张士诚。又复泛海至登莱，拟归元军。元亡南还，隐居四明山，和流寓其间的故元耆儒遗老宴集赋诗。明洪武十五年

（公元 1382 年）九月，国朝遣使召自四明客邸，是年十一月二十四日至京师，即日入见，送文渊阁。次日蒙恩赐膳，留会同馆，诏在朝礼部尚书等，咸以师礼待之。年老辞不就仕。次年四月十七日巳时，以疾卒于寓舍。次子乐奉枢火化，函东归，是年冬十一月十五日与夫人赵氏合葬县南十里嘉兴乡南山之原。著有《春

图 6-41　戴氏一门五进士

秋经传考》三十二卷、《九灵山房集》三十卷、《和陶诗》一卷。

戴思恭（1324-1405），字原礼，号肃斋，诸暨马剑人，明代医学家。其父戴士尧（1307-1349）为乡里名医，幼承父业，继向朱震亨（丹溪）学习医术二十余年，潜心医学理论，洞悉诸家奥旨，得其真传，治疾多获神效。历任明洪武帝、建文帝、永乐帝三朝御医，明太祖称其为"仁义"之人。明洪武十九年（公元 1386 年），明太祖朱元璋病，诏戴诊治，治效卓著，深得太祖爱重，召为太医院御医。建文年间擢升太医院使，永乐初以年老辞归。返乡后，思恭病逝，永乐帝得知，亲撰祭文，遣官祭奠于墓，恩至渥也。其医学理论，多能阐明《内经》之旨，开诸家之悟，后人誉为"明代医学之冠"。著述甚丰，著有《证治要诀》《类证用药》《推求师意》等医学专著，《明史》评戴思恭"人谓无愧其师云"。朱国祯称其为"国朝之圣医"。

戴殿泗（1746-1825），字东瞻，号东珊，初时智性拙，数年后文思豁然。清嘉庆元年（公元 1796 年），进士及第，殿试二甲第一名。初授翰林院编修，继上书房行走、日讲起注官。诰授"奉政大夫"。戴殿泗为人外和内刚，襟怀豁达，被嘉庆帝誉为"真读书人"。后辞官返乡，常出游山水间。一生博览诸史，旁通百家之言，以诗文名于世，著有《风希堂诗文集》。卒后，葬于石门天师堂屋后山。

戴聪（1760-1843），字惟宪，号春塘，晚号退庵，别号半园老人，戴殿泗之侄。清嘉庆四年（公元 1799 年），高中进士，殿试二甲第廿一名。初授会典馆则例馆总纂官，升山西按察使，署山西布政使。诰授"通议大夫"。著有《建溪集》，与其叔戴殿泗叔侄双入翰林院，有匾额上书"叔侄同科"之赞誉，京城称"大小两戴"。

清代科举五贡考试，拔贡最难，系十二年选拔一次，自乾隆五十四年（公元1789年）戴聪入拔贡后，清嘉庆六年（公元1801年）戴聘、嘉庆十八年（公元1813年）戴拱辰、道光五年（公元1825年）戴抡元、道光十七年（公元1837年）戴兰畴、咸丰十一年（公元1861年）戴兴湛，几乎连中。可见马剑村"耕读传家，诗礼传承"，代代相传。

5. 特色民俗与非遗

马剑村文化底蕴深厚，非物质文化遗产资源丰富，拥有舞龙（板凳龙）、过小年以及豆腐包制作技艺3项绍兴市级非物质文化遗产代表性项目，马剑馒头制作技艺1项县级非物质文化遗产代表性项目。

图6-42　马剑舞龙

马剑舞龙，俗称板凳龙，是一项历史悠久的民俗活动。板凳龙头高大威猛，形象逼真。龙头以竹木为架，皮纸糊底，外贴鳞片，描金彩绘。龙头制成后，即用纸条封住龙眼，置于祠堂或厅堂中。正月十三日，供三牲福礼，拈香插烛，三拜后揭去龙眼上的封纸，称"开眼"，表示龙灯正式开迎。龙身一节称一桥，每桥是一块长米半、板凳一样宽的板，板两头凿圆孔，迎龙灯时两板用一根刀柄粗、上头带节的木栓拴住。桥板上头是竹篾做骨架，外表纸糊的龙身。板凳龙少则十几桥，多则上百桥。板凳龙讲究穿阵，阵形有单元宝、双元宝、半九珠、剪刀叉等。正月十五元宵节达到高潮，龙灯每到一地，均应点香插烛相迎，给龙王献红布，称"挂红"。十六日夜，撕龙灯纸片焚化，称"送龙上天"。骨架搁置厅堂，以备后用。

马剑过小年，农历六月十五，俗称六月半，马剑有过小年的习俗。每年夏至一过，"稻头齐，廿日上道地"，田地里的粮食丰收在望。经过半年的辛勤劳作，热情好客的马剑人此时有一丝闲暇时间，于是四面八方请来亲戚好友，过起了小年。旧时，马剑小年在六月十三就在祠堂供祀土地神、胡公、朱老相公"三公"，村民要置三牲福礼进行祭祀，六月十五早晨，族人抬出三神迎畈，前有"肃静""回避"两牌开道，八面大锣、大小龙凤旗帜、宫灯等随后，三尊神像在黄罗伞遮蔽下缓缓前行，下午在祠堂前还要翻台，目的是镇邪祈福。如今习俗渐变，马剑各村会各自选择六月的一天过节。小年节日清晨，家庭男主人早早起床，用小托篮盛酒、肉、饭及元宝等简单供品，携锄来到田头，来祭田公田母。感谢土地爷给予百姓丰稔年景，盼望下季更大丰收。早饭之后，家中女人们都开始忙碌起来，而丈夫、儿子都身着新装，出门去接老亲新眷，远朋近友，到家共度小年。如今过小年就像过年一般热闹，家家户户宾朋满座，菜肴丰盛，谁家宾客多，说明人缘好，是一种体面和荣光。

马剑美食在诸暨独树一帜，是一道独特的风景。有马剑馒头、马剑豆腐包、马剑灰汤粽、马剑长寿面、马剑豆腐皮、马剑三鲜、马剑乌肉、马剑石斑鱼，俗称马剑八大碗，都是马剑的传统食品，也是马剑民俗文化的重要载体。

马剑馒头，原称浦江馒头（因马剑原属浦江县）。清末徐珂《清稗类钞》记述："馒头，一曰馒首，屑面发酵，蒸熟隆起成圆形者。无馅，食时必以肴佐之。"马剑馒头是马剑八大碗之首，选用酒酿发酵，色泽鲜亮，形状丰满，口感松软，韧劲中带有一丝酒香。将马剑馒头用力捏成一团，手松开后，馒头仍能恢复原样。马剑馒头的传统吃法是中间掰开，夹上红烧肉一起吃，别具一番滋味。

马剑豆腐包，色泽白皙，柔软丰满，素淡的豆腐和鲜美的瘦肉互补，老小咸宜。马剑豆腐包有包馅和不包馅两种，曾入选"绍兴市特色餐饮十大名菜"。

第四节　产业发展突出型

一、藏绿深宅，爱莲新说：五泄镇十四都村

1. 地理位置与经济社会

十四都村位于诸暨市西部五泄镇境内，紧邻国家 5A 级五泄风景区，距主景区 2 公里，距诸暨市区 15 公里。东与大唐街道灵水村、杨家楼村相邻，东南与大唐街道上余村接壤，南与青山水库毗连，西南连五泄镇西皇村，西界红枫岭村，西北接五泄村，北与江滨村交界。村域面积 4.63 平方公里，其中耕地面积 1523 亩、山林坡地 4472 亩，由藏绿、狮象、前庄畈、塘头 4 个自然村合并而成，现有人口 959 户，2437 人，以周姓为主。2016 年，十四都村被列为浙江省第四批历史文化村落保护利用重点村。2016 年，被列为第四批中国传统村落。2018 年被列为第二批浙江省 3A 级景区村庄。

2. 历史沿革与传统建筑

十四都村是我国宋代大理学家周敦颐裔孙聚居村落。十四都村藏绿周氏源

出古代姬姓，后迁河南汝南郡，因秦灭周，遂以国为姓。传至北宋周敦颐，为守母墓迁居江西九江庐山莲花峰下，而后子孙分徙各地。元至正十九年（公元1359年），周敦颐第十五世孙周琪璋（1337-1404）为避寇迁于姚江浒山（今慈溪）西门外梅川里，为浒山始迁祖。明正德十五年（公元1520年），周敦颐第二十四世孙、藏绿周氏始迁祖周廷琮（清三公）由浒山迁居诸暨，为藏绿始祖。至第五世明万历朝开始向外迁徙五泄塘头、狮象、前庄坂、霞庄，至第十、十一世乾隆嘉庆年间，十四都古村落遂形成，至今已有五百年历史。

图6-43　十四都村航拍

十四都村藏绿古建筑群，宗祠恢宏而古朴，台门高大而细静，马头墙高低错落，石门窗雕工精美。藏绿古建筑群由大小2个宗祠和29座偌大的台门组成。周氏宗祠（萃亲堂）以其结构完整、功能齐备而闻名远近。小宗祠又名"敦本堂"，则有以厚道诚恳为本的寓意。

众多的台门中以"谦吉堂"为代表，一个台门就是一房活动起居、祭祀聚会的场所。除"谦吉堂"外，还有"崇厚堂""乐循堂""善述堂""福佑堂""光霁堂""崇德堂"等28座。这些台门堂号，无不脱俗高雅，寓意深长，明显地带有文化印记。

图6-44　周氏宗祠

周氏宗祠，堂名萃亲堂，始建于明万历二十八年（公元1600年），占地面积3150平方米。宗祠前后三进，渐次登高，依次为栅门、门廊、大门（分左中右三扇）、前厅（含万年台），前天进和左右厢房及穿廊、中厅、穿堂（过厅）和左右小天井及穿廊、后厅（寝室）。宗祠大门前有上下两级道地，道地两侧有罩墙。上道地原有二十个旗杆石，左、右两个高墩旗杆。清乾隆三十三年（公元1768年），第七世睦堂公周梦彪（1689-1768），为邑之首富，临终告三子须重修扩建宗祠。公三子不忘父亲遗命，由长子醇庵公周殿忠（1717-1803）独资重修并扩建宗祠，于清乾隆四十年（公元1775年）竣工，重修扩建后的宗祠前左右两侧新建了"义仓"和"义学"，三间三弄，纵深分前、中、后三进。又在后寝室两侧加之"广孝祠"和"聪彝祠"，遂成今日之规模。堂内正门前东西两壁挂有"诗书世泽""忠孝诒谋"石匾，昭示着族人曾经的重教兴学之气。周氏宗祠现已辟为民俗文化展馆、清廉文化展示馆。2012年，周氏宗祠被公布为第六批浙江省级文物保护单位。

谦吉堂，又名马鞍山古民居，建于清道光三十年（公元1850年），坐落于前庄畈自然村，坐东面西，占地面积8707平方米。建筑连进七抱，因堂右为马鞍山，相对于左边较空，因此建造者有意在左边多加了一抱，成为左抱四右抱三，整体建筑因此显得协调有致。建筑面阔131米，进深66米，落

图 6-45　谦吉堂

地木柱890根，有两层房间205间。正面有大门10扇，后墙门9扇，两侧边门各2扇。谦吉堂的创建者是藏绿周氏十世祖周桂（1801—1859），字惊芳，号虚谷，族人尊称为虚谷太公。2012年，谦吉堂被公布为第六批浙江省级文物保护单位。

崇德堂，建于清道光二十五年（公元1845年），占地10331平方米，坐落于前庄畈自然村。崇德即主张人要推崇高尚的品德，德为人之本。1941年4月23日，前厅被日寇炸毁，其余建筑21世纪初经民间集资修缮一新。

光霁堂，建于清代，占地面积487平方米，依山势而建，建筑渐次递进五层，气势雄伟。坐落于藏绿自然村，现部分完好。光霁堂堂名来自宋黄庭坚称颂周敦颐"胸中洒落如光风霁月"之句。光风，雨后初晴时的风；霁月，雨雪停止时的月色，形容雨过天晴，万物明净的景象，也比喻开阔的胸襟心地。

图 6-46　敦本堂

敦本堂，即周氏小宗祠，建于清代，占地面积 1800 平方米，坐落于藏绿自然村。敦本务实，即注重根本。敦为厚道、笃厚；本为草木的根，事物的根源。"立德惟敦本"，唐孟郊《蓝溪元居士草堂》诗："读书业虽异，敦本志亦同。"敦本堂现辟为树女学堂。

3. 产业经营

十四都村依托省级历史文化村落保护利用项目，统筹各类资金，整合多元资源，分期实施生态文旅项目。一期项目依托村落优越的区位条件、优美的田园风光和深厚的"莲"文化资源，打造荷花世界博览园和稻田艺术建设项目，配套建设观景平台、通勤观景桥、七彩高空丛林漂流、七彩滑道、高空秋千等设施。二期项目引进斯维登集团负责开发运营，并招募本地投资主体落实项目投资 2000 万元，引进树女学堂、精品美宿、文化市集等功能业态。将敦本堂（前庄畈周氏小祠堂，又称麻车学堂）改建为集教育、培训、辅导、亲子等为一体的青少年教育学校。利用树女学堂旁村级闲置土地，设置精品零售、农家商业、特色餐饮、创意工坊、休闲广场等文化市集功能区，为整个项目提供文化休闲配套。利用树女学堂后占地 4.3 亩的村级闲置土地布设斯维登集团旗下途远装配式建筑产品——星宿和满庭芳，建设面向年轻群体的新型精品美宿产品。同时，盘活村内三层楼闲置农房 21 间，8 套公寓房（建筑面积 800 平方米）以及闲置厂房 3 幢（建筑面积 11000 平方米），实现年经营收入近 500 万元，年导入客流近 2 万人的美丽成绩。

4. 人才辈出

岁月悠悠，世事沧桑。长期以来，藏绿周姓族人上承濂溪公"仁义中正"的理念，自奉"忠义孝悌"的族训，敬祖睦族、耕读传家、好学上进、至诚至善。曾经是科甲蜂联、人才辈出，出仕为官者甚多。史料记载，至清道光，藏绿周姓一族计出从一品 1 人、正二品 2 人、进士 4 人、翰林 4 人，举人 25 人、贡生 58 人、太学生 128 人，另有监察御史、户部侍郎、内阁中书、太守及知州、知府、知县等 70 余人。清一代，藏绿周氏宗祠前置有旗杆石 18 块。其中高墩旗杆 2 块。藏绿周氏宗祠内，挂有各类匾额 96 块，其中 10 块为当时皇帝（总统）所赠。另据《国朝三修诸暨县志》和藏绿周氏宗谱记载，在清代，藏绿一族计出"合邑义人"1人，孝子4人。近现代，藏绿周姓一族计出中将1人、少将5人、国民政府部长1人、中国工程院院士1人、《辞海》大字典编委1人。

5. 西施团圆饼

西施团圆饼，俗称葱油饼，十四都村是西施团圆饼的发源地。据说春秋时，西施被献给吴王后，思念家乡和父母，不禁潸然泪下。吴王知明缘由后，同意让西施给家人做好"葱油饼"，遣快马送到越国西施的娘家，以尽孝道。西施家人收到吴国送来的"葱油饼"，乐赞西施的一片孝心。后来人们逐渐把"葱油饼"叫作"西施团圆饼"。西施团圆饼以纯正精细的面粉或荞麦粉作皮子，用山地土产香脆萝卜、青葱、香椒与鲜猪肉拌和为馅，手工包制而成，以文火煎烤而食，其味爽而不腻，辣而不重，又香又鲜，深受当地百姓的喜爱。每至逢年过节、婚嫁寿庆，酒席间少不了这道点心。许多外地宾客，一到此地，品尝佳点，必定大快朵颐，久不忘怀。西施团圆饼烹饪技艺已被列为县级非物质文化遗产代表性项目。

二、十里春风，国遗源地——东和乡十里坪村

1. 地理位置与经济社会

十里坪村位于诸暨市东和乡西北部，距离诸暨市区25公里。村域面积6.4平方公里，由卓溪和朱村2个自然村组成，现有人口850户，2543人，有卓、王两姓。2012年，十里坪村被列为第一批中国传统村落。2013年，十里坪村被列为浙江省第一批历史文化村落保护利用一般村。2019年，被列为第三批浙江省3A级景区村庄。

图6-47 十里坪村航拍

2. 历史沿革与传统建筑

据《战国策》所载，春秋时楚威王之子名公子卓，其后有卓氏。裔孙卓滑，为楚国大夫。又据《通志·氏族略》，蜀郡卓氏，本赵人，以冶铁致富，迁居至临邛。后汉太傅卓茂，南阳宛人。北宋年间，有卓姓商贾来浙经商，定居诸暨

图 6-48　卓氏家庙

枫桥长宁乡（今东和乡）左溪，逐渐发展成卓氏大族。卓氏家族重农尚文、耕读传家。

卓氏家庙，堂名宽厚堂，始建于清乾隆三十五年（公元 1770 年），清咸丰七年（公元 1857 年）重修。左溪卓氏由应官翰林学士由成都迁于越州，至万九公卓棣迁至诸暨左溪，万九公以宽厚仁义传承子孙，故卓氏家庙，又称宽厚堂。建筑占地面积 730 平方米，坐北朝南，由门厅、过厅、后厅和左右厢房组成。一进门厅，面阔五间，作三明二暗状，明间五架抬梁，前后双步，次、梢间三柱五檩，前后双步。侧厢三开间，三柱五檩。后厅五开间，明间抬梁式结构，前后双步，次间穿斗式，前檐柱牛腿雕刻精细，龙形纹饰，上承挑檐檩。门厅与后厅有过厅相连接，过厅设戏台。祠内各单体建筑，均单檐硬山造，山面除后厅外，其余皆筑封火山墙顶。建筑布局严谨，格局保存完好，用材考究，对研究清代宗祠建筑有一定参考价值。卓氏家庙现已辟为诸暨西路乱弹陈列展示馆，已被列入县级文物保护单位。

卓溪桥，建于清光绪十三年（公元 1887 年），为双孔梁石拱桥，长约 10 米，宽约 2 米，上建桥廊保存基本完好，为村民纳凉避暑、休闲娱乐场所。现列入绍兴古桥名录，已被列入县级文物保护点。

图 4-49　太平桥

太平桥，始建于清乾隆五十八年（公元 1793 年），为双孔石拱桥，长 10 余米，宽约 2 米，保存完好。桥头苦槠、榔榆古树群，树龄两百多年。

块木桥，建于清咸丰元年（公元 1851 年），为双孔梁古石桥，长约 10 米，宽约 2 米，至今保存基本完好，方便村民通行。

3. 产业经营与文化传承

十里坪村风景秀丽，自然生态环境优越，物产丰饶，资源优势明显，组织凝聚力强。近年来，十里坪村依托春风十里特色小镇项目，围绕生态旅游休闲胜地的发展定位，以"和风十里·十分有戏"为主题，紧扣东和"和"文化、西路乱弹非遗文化、网红景区春风十里小镇，保

图6-50　春风十里文旅项目

护村落古朴风貌，挖掘特色民俗文化，传承非遗文化艺术，全力打造"人和、景美、共富"的历史文化村落保护利用典范，走出一条富有文化、内外兼修的先行之路。

一是紧扣研学产业，打造十里坪研学营地。十里坪村从打造研学基地向发展研学营地升级，整合研学资源和食宿配套，让研学游从走马观花式的参观升级为深入沉浸的中短期研学。加强基础配套设施建设，提升改造境见·和客栈、卓溪饭堂等食宿单位，盘活升级卓溪小区内的民宿农家乐，连接以西路乱弹演艺中心、卓氏家庙为核心的非遗文化研学，以百合农场为核心的农耕文化研学，以境见·竹里秘境为核心的竹产业研学。同时加强诸暨中小学研学定点单位、浙江农林大学社会实践基地、党建联建合作单位等研学资源整合，制定覆盖、贯穿小、中、大学以及社会单位的全方位、多层次的研学方案，让研学团队实现从走进来到住进来的转变，从而激活研学产业的变现和业态发展动力。

二是紧扣景区发展，做强十里坪景区产业。以春风十里景区和浙江省3A级景区村庄为抓手，联通景区和村庄旅游资源，全面发展旅游经济，进一步扩大十里坪乡村品牌影响力。贯穿十里坊街、亲水平台、西路乱弹演艺中心、百合农场旅游线路，逐步增加沿线吃、住、行、游、购、娱业态发展。通过强村公司，引进新兴业态将整村资源分区发展，形成包含田园牧歌观光区、山林健步运动区、春风十里景区、千亩茶田产业区、百合农庄休闲区、山林种植产业区、数字生活宜居区等多个板块为一体的新业态乡村。同时，在文旅、农旅方向共同发力，丰富非遗文化、农耕文化旅游场景，深耕乡村网红农旅IP，推进十里坪有机茶叶、象牙笋等农产品品牌建设。优化百合农场网红产业链，通过微信、抖音、小红书等线上平台加强宣传，制定乡村旅游助农电商、农旅直播方案，吸引更多游客认

领一亩田，沉浸式体验农耕生活。加强节日推广，紧扣时节引流，在周末节假日、亚运会等重要节点，开展"我和春天有个约会"、十里坪村农场音乐节、炒茶节、挖笋节等主题活动，全面实现稳定可观的游客流量。

图 6-51 西路乱弹文化空间

三是紧扣非遗传承，筑牢十里坪文化阵地。十里坪村是国家级非物质文化遗产"西路乱弹"传承基地。2011 年 10 月，十里坪村"西路乱弹"艺术团正式成立，演艺人员达 50 余人，聘请非遗省级传承人蒋桂凤、陈祖明等到艺术团担任艺术指导。十里坪艺术团代表作品《梨园竞辉绽芬芳》先后入选浙江卫视影视频道和央视戏曲频道，非物质文化遗产保护成果得以与社会共享。2011 年 12 月，十里坪村被诸暨市文化广电新闻出版局命名为"国家级非物质文化遗产传承基地"，诸暨西路乱弹研习所和传承基地正式建立。

第五节 名人故里文明型

一、红色圣地，侠父故里：店口镇侠父村

1. 地理位置与经济社会

图 6-52 侠父村航拍图

侠父村位于诸暨市店口镇西南部，地处诸暨北部门户位置，暨北之屏杭坞山省级森林公园就在村域内，地理位置得天独厚。东临浦阳江，西跨越坑坞山，南接直埠镇，北邻次坞镇，茅湄公路穿村而过。村域面积 8.7 平方公里，其中耕地 2817 亩、山林 7255 亩，由长澜、

姚家墩、陈姜 3 个自然村组成，现有人口 1327 户，3722 人，以宣、石两姓为主。村落第一产业以种植业为主，第二产业以针织业为主，第三产业以发展红色旅游业为主。2019 年，侠父村被列为第三批浙江省 3A 级景区村庄。

2. 历史沿革与传统建筑

侠父村是革命烈士宣侠父故里，也是抗日战争时期金萧支队诸北抗日根据地，因宣侠父而得名。其中，长澜自然村曾是诸北重要的物资集散中心，明代以前称"下浦"，因来自浦阳江、杭坞山的洪水长期不退，明代之后称之为"长澜浦"。长澜始祖姓氏为邵、时、罗、宣、俞等，现俞姓尚存少数，宣姓曾发为望族，石姓后来居上，现人口已占半数以上。

图 6-53　长澜老街

长澜老街，距今已有 1000 多年历史，历史上是金华通往杭州的必经之路，古时商贸流动频繁，当铺、药店、米店、铁铺、豆腐店、南货店、饮食店、烟店、布店等各类商号林立，十分繁华。长澜老街长百余米，街路用石板铺路，从下市头九板桥到上市头上王家桥。古时因路能同时容纳五匹马齐头并进，故被称为"五马大路"。据《乾隆县志》记载，长澜老街在诸暨各街排行第三，清咸丰年初达到巅峰，长澜也因此成为千灶之村。如今的长澜老街仍保持着古朴、恬淡、苍凉之感，承载着村落的历史变迁。

侠父村现保存较好的古民居主要集中在长澜老街两侧，多为清末民初建筑。宅院格局大多以三合院、四合院为主，少量一字屋。村落内屋宇相连，门户相通，巷道错落，四通八达。

宣氏宗祠，始建于清康熙二十七年（公元 1688 年），占地面积约 300 平方米。原为连进三透，中厅设万年戏台。台前有观戏大厅，上有翻兜巨盖连续蔽雨。后厅"神堂"用于

图 6-54　宣氏宗祠

图 6-55 宣侠父故居

供奉宣氏五房之神位，其中包括抗日英烈宣侠父所属的华八房（属积八公香火）。古时，长澜宣德仁（时任湖广掌印都司）督标解粮，因贼人夺粮而以身殉国，奉诏赐金头厚葬。赐"宣氏家庙"门额和"报国忠臣"横匾各一块。祠堂因年久失修，面临坍塌，于2017年修缮完工。现辟为村文化礼堂，集中展示侠父村历史文化。

宣侠父故居，始建于清代，位于宣氏宗祠南侧，占地面积300余平方米，坐西朝东，二层回廊式砖木结构，是革命烈士宣侠父出生和成长的地方。现辟为宣侠父纪念馆，作为浙江省级党史教育基地和绍兴市级爱国主义教育基地，传承红色文化。

一大台门，建于清光绪初年，占地面积2500余平方米，全屋为清一色横山杉木构成，属徽派建筑风格。长澜老街古时有九房，一大台门为九房之首，也是抗日中将石俊人故居，石俊人和革命烈士宣侠父幼时经常在这儿嬉戏玩耍。

三德台门，建于清朝末年，位于长澜当铺道地旁，占地面积1500余平方米。长澜老街一带古时繁华，商贾云集，当铺林立，重商崇德。自祖辈以来，长澜人崇尚道德，世代相传"于国于民于家皆不理德"，简称"三德"，因此得名。

三房台门，建于清朝末年，位于长澜老街中部，占地面积1000余平方米。台门木雕、石雕工艺精美，院内白墙乌瓦，黑白分明，富有韵味。解放后，由于百姓生活幸福美满，故又曾改名为"幸福台门"。

图 6-56 三房台门

四房台门，建于清朝末年，占地面积约700平方米。由于民国时期对其进行了改造，故该台门风格具有现代风格，曾为长澜老街休闲娱乐场所。

小房台门，建于清朝末年，位于长澜老街中部，占地面积600余平方米，古时为长澜医馆、书院。

3. 特色创建

2018年以来，侠父村结合绍兴市"五星3A"创建，充分挖掘红色基因和旅游资源，依托革命烈士宣侠父红色资源、杭坞山生态公园、长澜人文历史古迹等资源，着力打造红色旅游、长澜老街、千年古寺三张"名片"，以长澜老街、宣侠父故居、宣氏宗祠、沿溪坑景观带、村口公园、美丽庭院等为示范点，推进浙江省3A级村庄创建工作将侠父村打造成一个有历史、有文化、有风情、有民趣的综合性旅游度假区，实现乡村振兴。2021年，侠父村被列为清廉村居示范点建设村，进一步对宣侠父故居、宣氏宗祠、民风广场、长澜老街、杭坞山等自然人文节点的提升与串联，打造"清廉侠父、红色文旅"主题精品线，深入展示典型人物、家风家训、村庄治理等内容，成为新时代文化建设宣传主阵地。

二、将士云集，筑魂盘山：浬浦镇盘山村

1. 地理位置与经济社会

盘山村位于诸暨市浬浦镇西面，东邻浬浦村，南临外浦村，西接陶姚村，北临花厅村，诸东线村旁穿过，距诸暨市区16公里，交通便捷。村域面积5.81平方公里，其中水田1154亩、旱地

图6-57　盘山村航拍

500亩、林地4500亩，现有人口815户，2099人，以蒋姓为主。

2. 自然风貌与传统建筑

盘山村依山傍水、风景秀丽，陈蔡江穿村而过，因村后之山形如石磨，又似仰放的盘子，故名磨石山村，新中国成立后改名为盘山村。

蒋氏宗祠，堂号敦伦堂，建于清代，占地1060平方米。已辟为文化礼堂、盘山名人馆、盘山书画馆等。现已被公布为县级文物保护单位。

图 6-58　蒋氏宗祠

盘山小学，建于民国二十一年（公元 1932 年），由国民政府军政要人蒋鼎文出资委托同宗乡人蒋作舟、蒋伯荣具体筹建校舍，学校仿制当时厦门、苏州两所高等学校的图纸式样，结合地形修改设计而成。因校址在磨盘山下，故名盘山小学。盘山小学校舍在当时可谓豪华，占地 60 多亩，10 多幢校舍，有礼堂、图书室、仪器室、实验室、男生宿舍、食堂饭厅等，标准足球场、篮球场、400 米跑道，各类体育器材一应俱全。教学楼之间的花园，为学生的植物实习园地。每个教室都是独立的，各教室同时上课，声音互不干扰。各幢教学楼和宿舍楼之间有高大宽敞的走廊连通，下雨天可不走湿路往返。当时校内绿化种植有不少名花异草，珍稀树果，花的品种一年四季齐备，绿化地有级园、校园之分，还有假山石洞、人工池塘、曲径庭院等供学生嬉戏玩耍。蒋鼎文亲自担任校长，开学盛况空前，当时党政首脑社会名流六部要人无不书匾相贺，如蒋介石之"乐育群英"、孙科之"百年树人"、邵元冲之"知难行易"、廖承志之"承志育才"，还有戴季陶、居正、林森、何应钦等五院六部要员挥毫题写寄语。至今，国民党元老、全国闻名的书法家于右任的手笔"盘山小学"四个大字和沙孟海先生于 1932 年所题写的碑记（目前发现的沙孟海最早的碑记题刻）还尚存校内。其余惜已俱毁。当时，蒋鼎文亲自撰写"互助"的匾额，作为盘山小学的校训，同时又聘请原浙江省立宁波中学音乐教师王玄明作曲，制作盘山小学校歌。又为了照顾求学困难的学子，蒋鼎文又立下一条规矩，凡品学兼优但家贫无力继续培养的毕业生，由校务主任推

图 6-59　盘山小学

荐，蒋鼎文之弟蒋鼎五考察核实，再由蒋鼎文全额资助继续深造。蒋鼎文着意延揽贤能聘请教师，学校教育质量堪称一流，在当时已成为诸暨对外交流学校的代表，直至新中国成立后，诸暨全县性的校运会还多次在盘山小学举行。在盘山小学历届优秀校友中，冯绥安博士是其中的杰出代表。1965 年在美工作的冯博士应美国总统的邀请，参加"阿波罗"登月计划，作出了许多首创性贡献，成为此计划举足轻重的专家与领导者之一。1952 年，盘山小学由人民政府改为公立盘山小学，后又在盘山校舍的基础上扩建成浬浦盘山初级中学。在"文革"中，校舍遭到严重破坏。2006 年 6 月 1 日，诸暨市人民政府将尚有原始风貌的盘山小学校舍作了修缮，并将其公布为县级文物保护单位。

3. 盘山名人

盘山自古钟灵毓秀，承暨阳耕读传家之乡风，山水灵秀孕育出一批在中国近代史上有举足轻重地位的名人志士。如国民党"五虎上将"蒋鼎文；日寇酷刑下宁死不屈的国民党上将蒋伯诚；抗日殉国名垂青史的国民党中将蒋志英，等等。盘山村的历史与中华民族的复兴历程紧密交融。

图 6-60　盘山名人墙

民国年间，盘山走出了 9 位将军、39 名黄埔军校毕业生，参加抗战爱国志士更是达到 95 人，村里向来流传着"七十二根横皮带"的说法。中华人民共和国成立后，盘山人更是勤勉治学，文化兴村，崇学求真之风更盛，涌现出不少政界、学界名人。

参考文献

一、志史与著作

[1]诸暨市文化广电旅游局，诸暨市政协文化文史和学习委员会编.南孟文化[M].杭州：浙江人民美术出版社，2019.

[2]诸暨市乡村志编纂委员会，编.侠父村志[M].长春：吉林文史出版社，2020.

[3]周增辉，编.藏绿周氏志[M].杭州：浙江古籍出版社，2018.

[4]赵校根，主编.赵家村志[M].2015.

[5]周泉渊，主编.丰江周村志[M].2013.

[6]郭梦霞，礼赞.马剑村[M].绍兴：诸暨市乡土文化协会，2020.

[7]何仲尧.何家山头[M].绍兴：诸暨市乡土文化协会，2017.

[8]周光荣，骆冠军，主编.香榧传奇[M].北京：大众文艺出版社，2010.

[9]石乾惕，编著.宣侠父[M].杭州：浙江古籍出版社，2019.

[10] Hill M.Rural settlement and the urban impact on the countryside[M]. London: Hodder & Stoughton, 2003.

[11]屠李.皖南传统村落的遗产价值及其保护机制[M].南京：东南大学出版社，2019.

[12]国家文物局，等，编.国际文化遗产保护文件选编[M].北京：文物出版社，2007.

[13]魏秦.浙江聚落[M].北京：中国建筑工业出版社，2022.

[14]徐峰，编著.传统村落的适用性保护与发展[M].北京：中国建筑工业出版社，2022.

二、学术论文

[1]Trevor Hart.Introduction to rural planning[J]. Journal of Environmental Planning and Management, 2008(6): 875-876.

[2]Howard A J, Challis K, Holden J, et al. The Impact of Climate Change on Archaeological Resources in Britain: A Catchment Scale Assessment[J]. Climatic Change, 2008(3-4): 405-422.

[3]David Shiers et al. Implementing new EU environmental law: The short life of the UK Site Waste Management Plan Regulations[J]. Journal of Environmental Planning and Management, 2014(7): 1003-1022.

[4]Naohiro Nakamura. Towards a Culturally Sustainable Environmental Impact Assessment: The

Protection of Ainu Cultural Heritage in the Saru River Cultural Impact Assessment[J]. Japan. Geographical Research, February, 2013(1): 26-36.

[5]Alan Bonddeng. Dealing with the cultural heritage aspect of environmental impact assessment in Europe[J]. Impact Assessment and Project Appraisal, 2004(1): 37-45.

[6]Jerpasen G B, Larsen K C. Visual impact of wind farms on cultural heritage: A Norwegian case study[J]. Environmental Impact Assessment Review, 2011(31): 206-215.

[7]Dupont L, Van Eetvelde V. Assessing the potential impacts of climate change on traditional landscapes and their heritage values on the local level: Case studies in the Dender basin in Flanders, Belgium[J]. Land Use Policy, 2013(35): 79-191.

[8]Purcell A T,Nasar J L.Experiencing other people's houses: A model of similarities and differences in environmental experience[J]. Journal of Environmental Psychology, 1992(3): 199-211.

[9]Beeho A J,Prentice R C. Conceptualizing the Experiences of Heritage Tourists: A Case Study of New Lanark World Heritage Village[J]. Tourism Management, 1997(2): 75-87.

[10]J.F.Coeterier. Lay people's evaluation of historic sites[J]. Landscape and Urban Planning, 2002(59): 111-123.

[11]Lepp A. Residents'Attitudes Towards Tourism in Bigodi Village, Uganda[J]. Tourism Management, 2006(3): 876-885.

[12]Sim Loo Lee. Urban conservation policy and the preservation of historical and cultural heritage[J]. Cities, 1996(6): 399-409.

[13]Eva S. Consuming nature-producing heritage: Aspects on conservation,economical growth and community partici-pation in a forested, sparsely populated area in Sweden[J]. International Journal of Heritage Studies, 2009(6): 540-559.

[14]王立军，卢江海."八八战略"：科学发展观在浙江的探索与实践[J].中共宁波市委党校学报，2004（6）：53-57.

[15]郭占恒."两山"理念的科学内涵与生动实践——纪念习近平"两山"理念提出实施15周年[J].观察与思考，2020（7）：53-64.

[16]张晓冬，石径溪.乡村振兴战略视野下我国农村经济与生态环境协同发展研究[J].农业经济，2019（8）：24-26.

[17]秦昌波，苏洁琼，王倩，等."绿水青山就是金山银山"理论实践政策机制研究[J].环境科学研究，2018（6）：985-990.

[18]张森年.习近平生态文明思想的哲学基础与逻辑体系[J].南京大学学报（哲学·人文科学·社会科学），2018（6）：5-11.

[19] 范桂生，王健."两山理论"义利之辨思想研究[J].南京林业大学学报（人文社会科学版），2020（4）：56-63.

[20] 王金南，苏洁琼，万军."绿水青山就是金山银山"的理论内涵及其实现机制创新[J].环境保护，2017（11）：13-17.

[21] 袁家军.高质量推进农村人居环境提升 全力打造现代版"富春山居图"[J].农村工作通讯，2018（10）：12-13.

[22] 林健东.持续深化"千万工程"高水平建设美丽乡村[J].农村工作通讯，2019（1）：14-15.

[23] 罗瑜斌，肖大威.珠江三角洲历史文化村镇的类型及特征研究[J].华中建筑，2009（8）：204-208.

[24] 汪睿，王彦辉.苏南村落空间形态的在地性研究[J].现代城市研究，2019（11）：68-75.

[25] 杨小军，顾宏圆，丁继军.浙江历史文化村落保护利用建设绩效评价及运用[J].创意与设计，2022（1）：43-55.

[26] 黎洋佟，田靓，赵亮，等.基于K-modes的北京传统村落价值评估及其保护策略研究[J].小城镇建设，2019（07）：22-29.

[27] 朱彬，马晓冬.苏北地区乡村聚落的格局特征与类型划分[J].人文地理，2011（4）：66-72.

[28] 单勇兵，马晓冬，仇方道.苏中地区乡村聚落的格局特征及类型划分[J].地理科学，2012（11）：1340-1347.

[29] 郭晓东，马利邦，张启媛.陇中黄土丘陵区乡村聚落空间分布特征及其基本类型分析——以甘肃省秦安县为例[J].地理科学，2013（1）：45-51.

[30] 李伯华，尹莎，刘沛林，等.湖南省传统村落空间分布特征及影响因素分析[J].经济地理，2015（2）：189-194.

[31] 杨忍，刘彦随，龙花楼，等.中国村庄空间分布特征及空间优化重组解析[J].地理科学，2016（2）：170-179.

[32] 刘淑虎，樊海强，王艳虎，等.闽江流域传统村落空间特征及相关性分析[J].现代城市研究，2019（9）：17-25.

[33] 岳邦瑞，李玥宏，王军.水资源约束下的绿洲乡土聚落形态特征研究——以吐鲁番麻扎村为例[J].干旱区资源与环境，2011（10）：80-85.

[34] 潘莹，卓晓岚.广府传统聚落与潮汕传统聚落形态比较研究[J].南方建筑，2014（3）：79-85.

[35] 许建和，严钧，徐海燕.土地资源约束下的湘南乡上聚落选址特征分析[J].建筑学报，2015（2）：102-105.

[36]孔亚暐，张建华，赵斌，等.新型城镇化背景下的传统农村空间格局研究——以北方地区泉水村落为例[J].城市发展研究，2015（2）：44-51.

[37]王恩琪，韩冬青，董亦楠.江苏镇江市村落物质空间形态的地貌关联解析[J].城市规划，2016（4）：75-84.

[38]高俊阳，储梁，刘合林.传统农区山地乡村聚落空间形态认知的核心与层次——基于生产生活视角[J].小城镇建设，2021（6）：32-39.

[39]韩非，蔡建明.我国半城市化地区乡村聚落的形态演变与重建[J].地理研究，2011（7）：1271-1284.

[40]陶伟，陈红叶，林杰勇.句法视角下广州传统村落空间形态及认知研究[J].地理学报，2013（2）：209-218.

[41]宋玢，赵卿，王莉莉.城市边缘区传统村落空间的整体性保护方法——以富平县莲湖村为例[J].城市发展研究，2015（6）：118-124.

[42]郭鹏宇，丁沃沃.集群建筑类型和村落形态研究——以山西阳城上庄村为例[J].建筑学报，2017（5）：80-86.

[43]王通，杨瑞祺，尚书棋，等.鄂西武陵山区乡村聚落景观营构传统研究[J].风景园林，2021（5）：107-113.

[44]马航.中国传统村落的延续与演变——传统聚落规划的再思考[J].城市规划学刊，2006（1）：102-107.

[45]朱启臻，芦晓春.论村落存在的价值[J].南京农业大学学报(社会科学版)，2011（1）：7-12.

[46]王小明.传统村落价值认定与整体性保护的实践和思考[J].西南民族大学学报（人文社会科学版），2013（2）：156-160.

[47]鲁可荣，胡凤娇.传统村落的综合多元性价值解析及其活态传承[J].福建论坛（人文社会科学版），2016（12）：115-122.

[48]汪瑞霞.传统村落的文化生态及其价值重塑——以江南传统村落为中心[J].江苏社会科学，2019（4）：213-223.

[49]蒋雪峰，杨大禹.文化生态学视域下传统聚落诺邓村空间形态演进研究[J].建筑与文化，2020（3）：206-209.

[50]赵志远，姚本伦，陈晓华，等.传统村落多维价值评价及遴选——以歙县35个传统村落为例[J].安徽建筑大学学报，2017（5）：64-71.

[51]李馨.基于价值的保护范式的起源、发展和反思[J].自然与文化遗产研究，2022（6）：58-67.

[52]王秀，冯维波.山地传统村落保护评价研究[J].西部人居环境学刊，2015（4）：103-109.

[53]黄家平，肖大威，贺大东，等.历史文化村镇保护规划基础数据指标体系研究[J].城市规划学刊，2011（6）：104-108.

[54]邵甬，付娟娟.历史文化村镇价值评价的意义与方法[J].西安建筑科技大学学报（自然科学版），2012（5）：644-650，656.

[55]何艳冰，张彤，熊冬梅.传统村落文化价值评价及差异化振兴路径——以河南省焦作市为例[J].经济地理，2020（10）：230-239.

[56]徐峰，易子涵，叶菲.传统村落评价认定指标体系地域化研究[J].中外建筑，2021（2）：4-11.

[57]王淑佳，孙九霞.中国传统村落可持续发展评价体系构建与实证[J].地理学报，2021（4）：921-938.

[58]单彦名，赵天宇，马慧佳.传统村落价值评价指标体系探讨——以义乌传统村落为例综[J].古建园林技术，2020（2）：84-88.

[59]张小燕，杨小军.基于景观价值评价的山地传统村落空间设计研究[J].美术教育研究，2021（23）：108-110，113.

[60]朱晓明.试论古村落的评价标准[J].古建园林技术，2001（4）：53-55.

[61]杨丽婷，曾祯.古村落保护与开发综合价值评价研究——以浙江省磐安县为例[J].地域研究与开发，2013（4）：112-116，122.

[62]窦银娣，谢双喜，李伯华.传统村落多维价值评价及实证研究[J].中南林业科技大学学报（社会科学版），2020（1）：77-83.

[63]唐子清，石谦飞.一种活态的可持续村落遗产研究——以韩国城邑村为例[J].建筑与文化，2021（11）：99-101.

[64]康晨晨，黄晓燕，夏伊凡.传统村落文化遗产价值分级分类评价体系构建及实证——以陕西省国家级传统村落为例[J].陕西师范大学学报(自然科学版)，2023（4）：1-13.

[65]周详.日本街区保全型社区营造的发展与实践[J].景观设计学，2017（5）：10-25.

[66]陈聪，王军.传统村落乡村旅游建设空间研究——以清水村为例[J].华中建筑，2021（12）：102-106.

[67]杨震，伍秋橙.历史住区风貌保护与更新——以美国波士顿比肯山排屋住区为例[J].城市规划，2021（5）：103-114.

[68]任伟，韩锋.建成遗产保护、城市再生与可持续发展——以英国牛津城堡为例[J].建筑遗产，2021（1）：126-133.

[69]樊海强.古村落可持续发展的"三位一体"模式探讨——以建宁县上坪村为例[J].城市规划，2010（12）：93-96.

[70]吴晓庆，张京祥，罗震东.城市边缘区"非典型古村落"保护与复兴的困境及对策探讨——以南京市江宁区窦村古村为例[J].现代城市研究，2015（5）：99-106.

[71]李宁，周勇.精明增长视野下的传统村落发展路径[J].规划师，2015（S2）：162-166.

[72]陈栋，阎欣，丁成呈.淮盐文化传统村落保护与可持续发展的地域化路径——以江苏盐城市草堰村为例[J].规划师，2017（4）：89-94.

[73]张天洁，张璐，岳阳.企业介入的传统村落保护实施探讨——以天津蓟县西井峪村为例[J].城市规划，2018（4）：119-124.

[74]余侃华，王超，蔡辉，井晓鹏.生活变迁视角下传统村落复兴路径及规划应对探究——以富平县莲湖村为例[J].现代城市研究，2021（4）：105-112.

[75]邵艳丽，郑皓昀.传统乡村治理的柔软与现代乡村治理的坚硬[J].现代城市研究，2015（4）：8-15.

[76]张宏，胡英英，林楠.乡村规划协同下的传统村落社会治理体系重构——以广东省碧江村为例[J].规划师，2016（10）：40-44.

[77]徐瑾，万涛.由"村外人"到"新乡贤"的乡村治理新模式——以H省G村为例[J].城市规划，2017（12）：65-72.

[78]张紫鹇，李永浮，王子璇.多中心治理视野下乡村治理模式研究——以浙江省三门县横渡镇为例[J].上海城市规划，2021（6）：36-42.

[79]朱启臻.乡土文化建设是乡村振兴的灵魂[J].河南农业，2021（8）：1.

[80]周宏春，戴铁军.人与自然和谐共生：中国式现代化的内涵特征与时代意义[J].生态经济，2023（1）：13-24.

三、学位论文

[1]谢崇实.西南地区历史文化村镇保护规划编制研究[D].重庆：重庆大学，2011.

[2]程明翔.江西省级传统村落评价指标体系研究[D].南昌：江西师范大学，2016.

[3]王慧.传统村落旅游开发潜力评价研究[D].杭州：浙江工商大学，2017.

[4]王留青.苏州传统村落分类保护研究[D].苏州：苏州科技学院，2014.

[5]杨锋梅.基于保护与利用视角的山西传统村落空间结构及价值评价研究[D].西安：西北大学，2014.

[6]程明翔.江西省级传统村落评价指标体系研究[D].南昌：江西师范大学，2016.

[7]陈胜尧.传统村落的价值评价及可持续利用模式探讨[D].福州：福建农林大学，2014.

[8]王林.传统村落的价值分析及保护探究[D].郑州：郑州大学，2015.

[9] 曹紫佳.基于文化基因视角下的湖南宗族型传统村落研究[D].天津：天津大学，2017.

[10] 段贝丽.海岛传统村落价值评价研究：舟山案例[D].舟山：浙江海洋大学，2016.

[11] 沈雪琴.以价值为导向的浙江山地丘陵地区传统村落的发展模式探讨[D].杭州：浙江大学，2019.

附　录

附录1：诸暨市乡（镇、街道）行政村（社区）一览表

序号	乡（镇、街道）	现有行政村（社区）	现有行政村（社区）名单
1	暨阳街道	21（0）	同乐上村、同乐下村、东三村、诸东村、金三角村、宜东村、宜南村、马村村、邱村村、城南新村、安家湖村、郭叶柏村、孙家村、赵家村、五浦头村、双福村、浦阳新村、江龙村、袁家村、侣东村、赵石新村
2	陶朱街道	16（3）	城西新村、祝桥头村、西湖村、唐山村、青龙谷村、丰兴村、西苑村、宋家畈村、五蓬新村、刘家山村、开义村、红门村、白门上村、白门下村、汪阁村、联合村、红联社区、城山社区、三都社区
3	浣东街道	21（0）	诸中村、城东村、双桥村、浣东新村、里联村、火烧吴村、章金新村、黄徐村、太和村、东兴村、高湖村、廿里牌村、李村一村、李村二村、盛兆坞一村、盛兆坞二村、盛兆坞三村、白鱼潭古村、浦东新村、詹徐王村、汤家店村
4	大唐街道	20（8）	灵水村、杨家楼村、上余村、龙珠里村、南山村、蒲岱村、杭金七村、溪南村、张家村、桥头村、兴隆村、上下文村、屏坞村、青山村、大地村、柱峰村、马店新村、银杏村、里蒋村、冠山村、草塔社区、纯塘社区、朱家社区、黎明社区、路西社区、箭路社区、柱嵩社区、柱山社区
5	暨南街道	34（3）	三江新村、新旭村、祝家村、城新村、暨南村、新合村、洋湖村、五中村、淀荡畈村、凤仪村、关湖村、三和村、后陈村、凉风洞村、新图村、箬山黄村、千秋桥古村、沿江新村、沿山新村、新南村、外陈村、宜联村、许村村、新毛家村、茅塘山村、新胜村、龙山村、新联合村、里仁村、周村村、金杜岭村、花厅村、董村村、新华村、新光社区、王家井社区、街亭社区
6	店口镇	29（5）	渔村村、南联村、侠父村、三江口村、俞姚村、鲁戈村、白沥畈村、沥山湖村、七里村、朱家站村、金家站村、何家山头村、斗门村、中里村、横阔村、亭凉树下村、金岭村、王殿畈村、绿源村、上畈村、青山岭村、兰岭村、包村村、视北村、桃园村、视南村、潘家坞村、檀溪村、大白浦村、湄池社区、杨梅桥社区、阮市社区、湖西社区、祝家坞社区

序号	乡（镇、街道）	现有行政村（社区）	现有行政村（社区）名单
7	枫桥镇	23（6）	梅苑村、新东坞村、全堂村、屠家坞村、大干溪村、四联村、东三新村、马岭村、乐山村、齐东村、大溪村、霞朗桥村、西奕村、杜黄桥村、三江村、先进村、泂村村、魏廉村、枫源村、栎桥村、新择湖村、永宁村、阳春村、陈家社区、楼家社区、枫一社区、钟山社区、海角社区、永安社区
8	牌头镇	26（1）	新乐一村、九霞村、新乐村、下岭脚村、新五村、同文村、新升村、牌一村、牌头村、斗岩村、中华村、双高村、义井村、西山下村、兴埠村、靖江村、小砚石村、山下周村、长潭街村、王劳军村、前山新村、楼稼坂村、越峰村、三保里村、坑西新村、金龙塔村、牌上社区
9	次坞镇	20（1）	白马新村、大桥村、大儒村、大院里村、道林山村、古竹院村、红旗村、凰桐村、里亭村、吕家村、上连村、沈河村、石马坞村、汪阮家坞村、吴高坞村、溪埭村、新回头村、新民村、新徐坞杨村、珠桥村、次坞社区
10	山下湖镇	9（2）	新长乐村、詹家蛟村、广山村、枫江村、东江新村、新桔城村、泌湖村、解放村、赐绯庙村、山下湖社区、西杨龙社区
11	璜山镇	14（2）	五新村、读山村、开三村、和平村、大门村、溪北村、姚王村、寺下村、黄家店村、龙泉村、徐家坞村、化泉村、齐村村、桐巢村、璜山社区、桥下社区
12	应店街镇	26（1）	板西村、诸阳村、伍堡畈村、留下庄村、灵山坞村、洋渔山村、五云村、崇柱村、寨头村、巽坞村、飞跃村、仕坂坞村、杨家坞村、扎箕坞村、丁徐村、云溪村、大石岭村、双龙村、大马坞村、十二都村、幸福村、三应村、上游村、紫阆村、上山坞村、丰周村、应店街社区
13	安华镇	16（2）	丰江周村、新一村、新州村、五指山村、珠峰村、勤荣村、三联村、霞丽村、球山村、浣丰村、湖头村、蔡家畈村、矿亭村、宣何村、勾乘山村、长林村、河杨社区、安华社区
14	姚江镇	21（2）	东江村、钱池村、吴墅村、草湖江口村、墨城坞村、梓尚阁村、江丰村、壁玉村、汪王村、山汀村、浦西村、渔江村、上联村、孙郭村、祝谢村、霞浦村、紫草坞村、赵源村、新桌山村、姚公埠村、巨堂村、江藻社区、直埠社区
15	浬浦镇	11（1）	陶姚村、盘山村、外浦村、廊下村、马郦村、枫林村、兼溪村、白杜坞村、上周坞村、五美村、梅西村、浬浦社区

序号	乡（镇、街道）	现有行政村（社区）	现有行政村（社区）名单
16	东白湖镇	18（1）	上泉村、斯宅村、里四村、上家湖村、殿南村、小东村、东白山村、廖宅村、新东村、五峰村、湖山村、孝义村、琴察村、雄踞村、西岩村、娄东村、上英村、日溢村、陈蔡社区
17	五泄镇	7（1）	十四都村、红枫岭村、西皇村、洋塘村、古塘村、泄峰村、江滨村、五泄社区
18	岭北镇	7（1）	梅坞村、岭顶村、金山湖村、三洲村、金湾村、水带村、孚家湖村、岭北周社区
19	陈宅镇	10（1）	绿化村、开化村、枫树头村、石壁湖村、巽迪陈村、东蔡村、大罗村、东升村、棠里坞村、湖田村、陈宅社区
20	同山镇	13（1）	唐仁村、南源村、边村村、西源村、中源村、王沙溪村、丽坞底村、同兴村、布谷村、吉水坑村、临江村、绿剑村、三新村、高城头社区
21	赵家镇	12（1）	花明泉村、泉畈村、上京村、大柳仙村、保安新村、潘村村、新绛霞村、东溪村、相泉村、东庄村、椆王村、宣家山村、赵家社区
22	东和乡	12（0）	王家宅村、子和村、友谊村、冯蔡村、三坞村、十里坪村、姚邵畈村、章梅塔村、施坞闸桥村、大林村、凤联村、龙溪村
23	马剑镇	12（2）	庆丰和村、建辉村、状元村、上和村、马益村、石门村、双江村、狮源村、栗金村、金沙村、相公殿村、龙门村、平阳社区、马剑社区
合计		398（45）	

附录 2：诸暨市文物保护单位（点）一览表

级别	序号	名称	地址	批次	备注（历史文化村落内）
全国重点文物保护单位	1	斯氏古民居建筑群（斯盛居、发祥居、华国公别墅）	东白湖镇斯宅村	5	▲
	2	东化成寺塔	枫桥镇钟瑛村紫薇山	7	
省级文物保护单位	1	何文庆故居	赵家镇泉畈村	1	▲
	2	张秋人烈士墓	牌头镇水霞张村	2	▲
	3	边氏宗祠(敦睦堂)	同山镇边村村	3	▲
	4	上新居、新谭家民居	东白湖镇斯宅村	5	▲
	5	枫桥大庙	枫桥镇和平路	5	
省级文物保护单位	6	俞秀松故居	次坞镇溪埭村	5	▲
	7	继述堂、新一堂	璜山镇溪北村	5	▲
	8	楼家桥遗址	次坞镇道林山村	6	
	9	吕家吕氏宗祠	次坞镇吕家村	6	
	10	藏绿乡土建筑（周氏宗祠、马鞍山古民居、霞塘庙、藏绿井等）	五泄镇十四都村	6	▲
	11	绍兴会稽山古香榧种植园（赵家古香榧林）	赵家镇榧王村一带	6	▲
	12	天元塔	大唐街道杨家楼村	7	
	13	新胜古建筑群（前新屋、太和堂）	暨南街道新胜村	7	▲
	14	马剑古建筑群（戴氏宗祠、树德堂、骏德堂、敬义堂）	马剑镇马剑村	7	▲
县级文物保护单位	1	下檀印纹陶窑址	店口镇下檀村	1	
	2	茅漾山古墓葬群	牌头镇金家山头村、水霞张村一带	1	▲
	3	浣纱石	暨阳街道苎萝山下浣纱江畔	1	
	4	骆家桥青瓷窑址	枫桥镇骆家桥村瓶罍山、南山、庙山一带	1	
	5	小天竺	枫桥镇钟瑛路紫薇山西麓	1	
	6	艮塔	暨阳街道艮塔公园内	1	
	7	聚星塔	暨南街道许村琴山	1	
	8	墙头劝谕	安华镇宣何村	1	▲
	9	朱学勉烈士墓	姚江镇尚武村苦竹尖山	1	▲
	10	寿昌中鲚鱼化石	马剑镇沈家村	2	▲

级别	序号	名称	地址	批次	备注（历史文化村落内）
县级文物保护单位	11	水口山文化遗址	璜山镇读山村水口山	2	
	12	柁山坞印纹陶窑址	店口镇柁山坞村前山嘴	2	
	13	大鹏坞山陶瓷窑址	店口镇三江口村大鹏坞山南麓	2	
	14	排山坞青瓷窑址	浣东街道大联村排山坞	2	
	15	孤坟仓山青瓷窑址	浣东街道廿里牌村孤坟仓山	2	
	16	城墙遗址	暨阳街道浣江公园(浣纱路)	2	
	17	杨肇泰故居	暨阳街道光明路107弄5号	2	
	18	进士第	浣东街道高湖沿村	2	
	19	陈洪绶故居遗址及光裕堂	枫桥镇陈家村	2	
	20	鹰毛坞山摩崖石刻	山下湖镇龙止口村鹰毛坞山	2	
	21	何氏宗祠	安华镇宣何村	2	▲
	22	陈遹声陵墓石牌坊	赵家镇上京村狮子岩头山	2	
	23	南路岭摩崖石刻	东白湖镇斯宅管理区斯宅村南路岭	2	▲
	24	汪寿华故居	赵家镇泉畈村	2	▲
	25	民众图书馆	山下湖镇西斗门村	2	
	26	西施殿	暨阳街道苎萝山	3	
	27	中共诸暨县委"一大"会址	暨阳街道郭家坞村	3	▲
	28	俞秀松烈士陵园	次坞镇溪埭村	3	▲
	29	高台门古建筑群(崇孝楼、光裕堂、洋房)	岭北镇高台门村	5	▲
	30	斯民小学	东白湖镇斯宅管理区斯宅村	5	▲
	31	宝珠桥	大唐街道宝珠桥村后淀溪江支流之上	5	
	32	巽离亭	大唐街道下三房村南	5	
	33	盘山小学	浬浦镇盘山村	5	▲
	34	周氏宗祠（大兼溪）	浬浦镇大兼溪中村	5	
	35	沈氏宗祠	马剑镇沈家村	5	▲
	36	魁星阁	同山镇唐仁村南	5	▲
	37	溪圆桥	原大唐镇和草塔镇之间的五泄江上	5	
	38	御史第	大唐街道里蒋村	5	▲
	39	吕升墓	次坞镇吕家村大村	5	
	40	花厅张氏宗祠（崇本堂）	暨南街道花厅村	6	
	41	三江口抗战殉难军民合墓	店口镇三江口村绿苑山之东南坡	6	

续表

级别	序号	名称	地址	批次	备注（历史文化村落内）
县级文物保护单位	42	里市坞清代避暑山庄遗址（包括"小沧浪"摩崖石刻）	店口镇中里村里市坞自然村猪下巴山南麓	6	
	43	大溪周氏宗祠	枫桥镇大溪村	6	
	44	青山头摩崖	枫桥镇枫源大悟村青山头北约1里的田螺头岩	6	
	45	葛村梅苑学校	枫桥镇梅苑葛村	6	
	46	潘村王泰垣夫妇合葬墓	赵家镇潘村村	6	
	47	汪王王氏宗祠	姚江镇汪王村	6	
	48	石佛孙氏宗祠	暨阳街道诸东石佛村	6	
	49	赵家赵氏宗祠	暨阳街道赵家村	6	
	50	沈家大厅	马剑镇马益村沈家自然村	6	▲
	51	相公殿古建筑群（应氏宗祠、山脚下总厅、大房厅）	马剑镇相公殿村	6	▲
	52	唐仁寿氏宗祠	同山镇唐仁村唐仁自然村16号	6	▲
	53	石壁脚后新屋台门	陈宅镇石壁湖村石壁山脚村	6	▲
	54	斯宅小洋房	东白湖镇斯宅村	6	▲
	55	下门前畈台门	东白湖镇斯宅村	6	▲
	56	石角许氏宗祠	璜山镇齐村石角村	6	
	57	"齐村惨案"烈士纪念碑	璜山镇齐村西面西林寺山东麓	6	
	58	黄畈阳徐道政故居	璜山镇东庑黄畈阳村	6	
	59	崇新庵上厅古民居	安华镇勤荣崇新庵村	6	
	60	邵氏宗祠（清门堂）	安华镇珠峰邵家塘村	6	▲
	61	东和卓氏宗祠	东和乡十里坪卓溪村	6	▲
	62	浬浦蒋氏宗祠	浬浦镇盘山下村	6	▲
	63	斯宅大生精制茶厂	东白湖斯宅村斯宅自然村	7	▲
	64	杨氏宗祠	枫桥镇全堂村全堂自然村	7	
	65	金萧支队成立旧址（方氏宗祠）	马剑镇石门村上头山自然村	7	▲
	66	王氏龙凤花厅	大唐街道里蒋村东坞自然村	7	▲
	67	张氏宗祠	应店街镇洋渔山村洪里坞自然村	7	
	68	后马桥	东白湖镇雄踞村砚田自然村	7	
	69	玉锁桥	暨南街道凤仪村凤仪楼自然村	7	
	70	清潭桥	东白湖镇雄踞村吴子里自然村	7	
	71	周氏宗祠	暨南街道周村自然村	7	▲
	72	毛氏宗祠	枫桥镇毛家村毛家自然村	7	

级别	序号	名称	地址	批次	备注（历史文化村落内）
县级文物保护单位	73	周氏宗祠	安华镇丰江周村丰三自然村	7	▲
	74	务本堂	璜山镇溪北村溪北自然村	7	▲
	75	徐氏宗祠（彝叙堂）	璜山镇溪北村溪北自然村	7	▲
	76	岭北周乡土建筑（凤岐堂、麟振堂、七份厅、九如堂、彝训堂）	岭北镇岭北周村岭北周自然村	7	▲
县级文物保护点	1	璜山溪北古建筑群（继志堂、聚智堂、新一堂、继述堂等）	璜山镇溪北村	1	▲
	2	四眼井	暨阳街道光明路	2	
	3	中山纪念塔	暨阳街道人民医院内	2	
	4	落马桥	浣东街道丁严王村	2	
	5	惇远堂、永穆堂	马剑镇马剑村	2	▲
	6	张黄张氏宗祠	姚江镇张黄村	2	
	7	龙王殿	牌头镇斗子岩	2	
	8	宣中华烈士墓	牌头镇中华村	2	
	9	宣何公馆	安华镇宣何村	2	▲
	10	沈氏宗祠	同山镇沈宅村	2	
	11	同山桥	同山镇沈宅村	2	
	12	何赤华烈士墓	店口镇何家山头村	2	▲
	13	育婴堂	店口镇阮市村	2	
	14	宁绍特委会议旧址	赵家镇柳仙村	2	
	15	何燮侯故居	赵家镇花明泉村	2	▲
	16	卓溪桥	东和乡卓溪村	2	▲
	17	江口义塾	大唐街道江口村	2	
	18	王厚之墓	璜山镇姚王村	2	
	19	千兔岭路亭	东白湖镇螽斯坂村	2	▲
	20	梅岭傅氏宗祠	暨南街道新华村	3	▲
	21	下董张氏宗祠	暨南街道董村	3	
	22	新岭老厅	次坞镇次坞新村	3	▲
	23	联坞石氏宗祠	店口镇南联村	3	
	24	南塘圆粮仓	店口镇南联村	3	
	25	谭头诗书传家民居	店口镇湄东社区	3	
	26	谭头"爱得我所"台门	店口镇湄东社区	3	
	27	汤村汤氏宗祠	枫桥镇全堂村	3	
	28	奕村魏氏宗祠	枫桥镇西奕村	3	
	29	魏家坞太廉堂	枫桥镇魏廉村	3	

级别	序号	名称	地址	批次	备注（历史文化村落内）
县级文物保护点	30	吴墅卢家祠堂	姚江镇吴墅村	3	
	31	塔塘贞节碑	东和乡章梅塔村	3	
	32	篁村陈氏宗祠	东和乡新篁村	3	▲
	33	霞丽五代堂	安华霞丽村	3	
	34	三洲村悦常厅	岭北镇三洲村	3	
	35	下田坊周氏宗祠	岭北镇金湾村	3	
	36	大马坞五云桥	应店街镇大马坞村	3	
	37	涓坞宣氏宗祠	大唐街道大地村	3	
	38	坎头杨氏宗祠	大唐街道青山村	3	
	39	杨焕沈氏祠堂	大唐街道兴隆村	3	
	40	上文大厅	大唐街道上下文村	3	▲
	41	洋塘龙凤厅	五泄镇洋塘村	3	
	42	马剑葆顺堂	马剑镇马剑村	3	▲
	43	郭家坞郭氏宗祠	暨阳街道郭叶柏村	3	▲
	44	流霞畈四房台门	璜山镇桥下村	3	
	45	绛霞杨氏宗祠	赵家镇绛霞村	3	
	46	源潭黄氏宗祠	姚江镇赵源村	3	
	47	芝泉亭	赵家镇赵家新村芦狮自然村	4	▲
	48	居敬堂	东白湖镇斯宅村螽斯畈自然村	4	▲
	49	花厅门里	东白湖镇新上泉村	4	
	50	赵氏宗祠	赵家镇赵家新村	4	▲
	51	王氏宗祠	姚江镇巨堂村	4	
	52	张氏宗祠	暨南街道新毛家村兴隆自然村	4	
	53	孙氏宗祠	姚江镇孙郭村萍溪自然村	4	
	54	陈氏宗祠	陈宅镇陈宅村	4	
	55	刘氏宗祠	陈宅镇开化村下吴自然村	4	
	56	鼎二公祠	陈宅镇棠里坞村棠一自然村	4	
	57	张氏宗祠	牌头镇坑西新村枫塘自然村	4	▲
	58	楼氏宗祠	暨南街道风仪村	4	
	59	陈氏宗祠戏台	店口镇店口社区上二自然村	4	
	60	吴大宗祠	东白湖镇雄踞村吴子里自然村	4	
	61	赵二水阁楼台门	赵家镇赵家新村赵二自然村	4	▲
	62	钱氏宗祠	姚江镇银江村钱池自然村	4	
	63	朱氏宗祠	璜山镇桐巢村桐树林自然村	4	
	64	何氏宗祠	店口镇亭凉树下村西何自然村	4	
	65	崇本堂	枫桥镇阳村村	4	

级别	序号	名称	地址	批次	备注（历史文化村落内）
县级文物保护点	66	杜氏宗祠（钦褒节孝碑）	暨南街道金杜岭村里杜自然村	4	▲
	67	汤氏宗祠	姚江镇桌山村桌东自然村	4	
	68	杨曙霞周氏宗祠	牌头镇靖江村杨曙霞自然村	5	
	69	宣中华故居	牌头镇中华村	5	
	70	周都周氏宗祠	同山镇绿剑村周都自然村	5	
	71	邵家塘"爱棠遗风"台门	安华镇珠峰村邵家塘自然村	5	▲
	72	鼎茂堂	安华镇珠峰村杨茂岭自然村	5	▲
	73	珠峰孝义堂	安华镇珠峰村周家自然村	5	▲
	74	琴山许氏宗祠	暨南街道许村琴山自然村	5	
	75	巽溪陈氏宗祠	陈宅镇巽迪陈村巽溪自然村	5	
	76	陈宅陈氏宗祠（陈侯祠）	陈宅镇陈宅社区陈宅自然村	5	
	77	石壁脚新屋台门	陈宅镇石壁湖村石壁脚自然村	5	▲
	78	石壁脚村二层厅（中厅）	陈宅镇石壁湖村石壁脚自然村	5	▲
	79	姚坪姚氏宗祠	璜山镇姚王村姚坪自然村	5	
	80	上涅浦吴氏宗祠	涅浦镇外浦村上涅浦自然村	5	
	81	盘山村新屋台门	涅浦镇盘山村	5	▲
	82	盘山民国水塔	涅浦镇盘山村	5	▲
	83	云淡坞张氏宗祠	应店街镇渔山村云淡坞自然村	5	
	84	南孟子庙	应店街镇十二都村	5	▲
	85	泄溪杨氏宗祠	五泄镇池峰村泄溪自然村	5	
	86	李士豪墓	浣东街道李村一村李四自然村	5	
	87	岩畈章氏宗祠	东和乡姚邵畈岩畈自然村	5	▲

附录 3：诸暨市非物质文化遗产名录一览表

级别	序号	非遗名称	类别	项目属地	传承人	批次	备注（历史文化村落内）
国家级	1	西施传说	民间文学	暨阳街道	陈祖明、周煦凤	1	
	2	乱弹（诸暨西路乱弹）	传统戏剧	暨阳街道、陶朱街道、东和乡十里坪村	陈祖明、蒋桂凤、宣美凤、王忠达、卓琳丽、郭幼霞、蔡铁萍	3	▲
	3	线狮（草塔抖狮子）	传统体育、游艺与杂技	草塔镇朱家村	朱维法(已故)、赵伯林、朱国祥、朱伟泰、赵军	4	
省级	1	西施传说	民间文学	暨阳街道	陈祖明、周煦凤	2	
	2	乱弹（诸暨西路乱弹）	传统戏剧	暨阳街道、陶朱街道、东和乡十里坪村	陈祖明、蒋桂凤、宣美凤、王忠达、卓琳丽、郭幼霞、蔡铁萍	2	▲
	3	同山烧传统酿造技艺	传统技艺	同山镇唐仁村	寿国信（已故）、寿南灿、谢小义、寿建伟、沈牡琴	3	▲
	4	青口皮纸制作技艺	传统技艺	五泄镇泄峰村	杨志义	3	
	5	线狮（草塔抖狮子）	传统体育、游艺与杂技	草塔镇朱家村	朱维法(已故)、赵伯林、朱国祥、朱伟泰、赵军	4	
	6	赵家拳棒	传统体育、游艺与杂技	赵家镇花明泉村	何灿友、何夫明	4	▲
	7	十里红妆	民俗	东白湖镇斯宅村	骆建松、骆东	4	▲

级别	序号	非遗名称	类别	项目属地	传承人	批次	备注（历史文化村落内）
省级	8	枫桥香榧采制技艺	传统技艺	枫桥镇	—	4	
	9	棕编	传统美术	同山镇唐仁村	寿新灿	5	▲
	10	南孟祭礼	民俗	应店街镇十二都村	孟南生、孟信忠	5	▲
	11	次坞打面制作技艺	传统技艺	次坞镇次坞社区	—	6	▲
	12	紫阆黄公糕制作技艺	传统技艺	应店街镇紫阆村	徐苗法	6	▲
市级	1	越歌	民间文学	诸暨市	—	1	
	2	绍兴打夯号子	传统音乐	诸暨市	—	1	
	3	十番	传统音乐	枫桥镇陈家村、浣东街道盛兆坞一村	陈炳全、阮忠尧	1	
	4	鼓亭	传统音乐	店口镇店口社区、山下湖镇西杨龙村、店口镇（原阮市镇）金岭村	陈金祥、何燕燕、王望尧	1	
	5	竹马舞	传统舞蹈	马剑镇相公殿村、应店街镇十二都村	应将伟、孟才信	1	▲
	6	舞龙（板凳龙）	传统舞蹈	同山镇、璜山镇桐巢村、陈宅镇湖田村、大唐街道（原草塔镇）杨家楼村、枫桥镇齐东村、应店街镇吴堡畈村、马剑镇石门村、马剑社区、安华镇珠峰村、岭北镇岭北周社区	寿友信、张浩、吕锡根、杨岳培、毛月贤、孟祝林、徐丰山、周长根、周国权	1	▲
	7	舞狮	传统舞蹈	璜山镇读山村、璜山村、枫桥镇枫一村	黄新元、陈福堂	1	

级别	序号	非遗名称	类别	项目属地	传承人	批次	备注（历史文化村落内）
市级	8	高跷	传统体育、游艺与杂技	诸暨市	—	1	
	9	越剧	传统戏剧	诸暨市	—	1	
	10	响叉	传统体育、游艺与杂技	安华镇新一村	周贞忠（已故）	1	▲
	11	石雕	传统美术	浣东街道、大唐街道（原大唐镇）里蒋村	余国仁、郑建江、陈建光、戚行长	1	▲
	12	圆木制作技艺	传统技艺	浬浦镇枫林村、山下湖镇	黄珊卿、魏松涛	1	
	13	绍兴端午习俗	民俗	诸暨市	—	1	
	14	麦秆编织技艺	传统技艺	安华镇新一村	俞朱罗	2	▲
	15	过小年	民俗	马剑镇马剑社区	—	2	▲
	16	后溪霸王鞭	传统舞蹈	安华镇后溪村	宣善民（已故）	2	
	17	竹刻	传统美术	岭北镇周村村	周兆龙、周永敢	2	
	18	岭北大莲花	曲艺	岭北镇	—	3	
	19	斯氏古民居建筑群营造技艺	传统技艺	东白湖镇斯宅村	—	3	▲
	20	三江口水灯节	民俗	店口镇店口社区	田斌	4	
	21	诸暨鹦哥调	曲艺	暨阳街道	舒恒兴	4	
	22	蛋雕	传统美术	店口镇（原阮市镇）阮家埠村	何永江	5	
	23	越王剑古法铸造技艺	传统技艺	浣东街道高湖村	余龙江	5	
	24	东白山七夕传说	民俗	东白湖镇	—	5	
	25	拳棒（全堂拳棒）	传统体育、游艺与杂技	枫桥全堂	—	6	

级别	序号	非遗名称	类别	项目属地	传承人	批次	备注（历史文化村落内）
市级	26	螳螂拳	传统体育、游艺与杂技	暨南街道（原王家井镇）王家井村	丽妍娣	6	
	27	碑刻技艺	传统美术	诸暨市	黄良起	6	
	28	刀画	传统美术	陶朱街道潭俞村	俞福均	6	
	29	毛笔制作技艺	传统技艺	同山镇高城头村	许渭满	6	
	30	佛像塑造技艺	传统美术	大唐街道	戚桂良、寿利剑	6	
	31	礼户元宵棚灯会	民俗	岭北镇礼户自然村	陈锡林、周正元、周林荣	6	▲
	32	竹编（诸暨竹编）	传统技艺	岭北镇岭北周社区、浣东街道、应店街镇幸福村	吴龙生、袁建虎、孟知达	6	▲
	33	次坞打面制作技艺	传统技艺	次坞镇次坞社区	—	7	▲
	34	越红工夫茶制作技艺	传统技艺	东白湖镇斯宅村	斯根坤	7	▲
	35	紫阆黄公糕制作技艺	传统技艺	应店街镇紫阆村	徐苗法	7	▲
	36	豆腐包制作技艺	传统技艺	马剑镇马剑社区、岭北镇	戴剑	7	▲
	37	火烙画葫芦	传统美术	璜山镇	王继达	7	
	38	吴氏中医经脉挑治法	传统医药	东白湖镇	吴伟良	7	
县级	1	草塔庙会仪仗	传统体育、游艺与杂技	大唐街道（原草塔镇）杨家楼村	杨吉夫、杨昌南	1	
	2	太平马	传统舞蹈	璜山镇望烟社区、陈宅镇陈宅村、东和乡施坞村	黄新潮、蔡正梅、周维山	1	
	3	火流星	传统体育、游艺与杂技	赵家镇	赵校根	1	
	4	珍珠串缀	传统美术	山下湖镇	何海峰	1	
	5	舞龙（竹龙）	传统舞蹈	岭北镇三洲村	吴梦亮	1	

续表

级别	序号	非遗名称	类别	项目属地	传承人	批次	备注（历史文化村落内）
县级	6	舞龙（布龙）	传统舞蹈	暨阳街道三江新村、枫桥镇枫一村	蔡仲庆、俞根达、陈理原	1	
	7	剪纸	传统美术	暨阳街道 牌头镇	宣丽清、陈小碧	2	
	8	根雕	传统美术	诸暨市	—	2	
	9	木雕	传统美术	东白湖镇 马剑镇田东村	斯柏旺、周树金	2	
	10	擂狮	传统舞蹈	陈宅镇 陈宅村	蔡正梅	2	
	11	荷花被制作技艺	传统技艺	岭北镇	吴志祥	2	
	12	清明望囡果盘制作技艺	传统技艺	次坞镇 次坞社区	吕彩亚	2	▲
	13	诸暨香榧习俗	民俗	赵家镇 榧王村	童旺根	3	▲
	14	古琴制作与修复技艺	传统技艺	暨阳街道金鸡山后村	陈磊	4	
	15	东山武术	传统体育、游艺与杂技	陈宅镇 堂里坞村	俞国中	5	
	16	岭北盐焗鸡	传统技艺	岭北镇	—	6	
	17	挑治法治痔疮	传统医药	璜山镇	—	7	
	18	墨城坞鲶鱼龙灯	传统舞蹈	姚江镇（原江藻镇）	—	7	
	19	江藻抬阁	传统舞蹈	姚江镇（原江藻镇）	—	7	
	20	西路乱弹	传统戏剧	东和乡	—	7	
	21	霉干菜传统制作技艺	传统技艺	东和乡	李悦美	7	
	22	同山向天龙	传统舞蹈	同山镇	—	7	
	23	枫桥拳术	传统体育、游艺与杂技	枫桥镇	—	7	
	24	弹棉絮技艺	传统技艺	暨南街道	—	7	
	25	竹笠制作技艺	传统技艺	暨南街道（原王家井镇）	—	7	
	26	洋湖坛制作工艺	传统技艺	暨南街道（原王家井镇）	—	7	

级别	序号	非遗名称	类别	项目属地	传承人	批次	备注（历史文化村落内）
县级	27	羊角琉璃灯制作工艺	传统技艺	大唐街道（原大唐镇）	—	7	
	28	西施豆腐烹饪技艺	传统技艺	暨阳街道	—	7	
	29	西施团圆饼烹饪技艺	传统技艺	暨阳街道、五泄镇十四都村	—	7	▲
	30	麦草扇编织技艺	传统技艺	次坞镇次坞社区	杨新华	7	▲
	31	竹马舞	传统舞蹈	次坞镇	—	7	
	32	草塔年糕糍烹饪技艺	传统技艺	大唐街道（原草塔镇）	赵侃钰	7	
	33	仁亲堂龟版胶制作技艺	传统医药	大唐街道（原草塔镇）	赵建仕	7	
	34	青山高粱酒酿制技艺	传统技艺	大唐街道（原草塔镇）	—	7	
	35	冻米糕制作技艺	传统技艺	牌头镇	—	7	
	36	木船建造技艺	传统技艺	姚江镇（原直埠镇）	—	7	
	37	微雕	传统技艺	枫桥镇	—	7	
	38	岭北玉米饼烹饪技艺	传统技艺	岭北镇	朱松菊	7	
	39	岭后吴氏灯头	民俗	陈宅镇	—	8	
	40	"西施银芽"（石笕茶）制作技艺	传统技艺	陈宅镇	—	8	
	41	什锦锣鼓	传统音乐	暨南街道（原街亭镇）	—	8	
	42	街亭黄酱制作工艺	传统技艺	暨南街道（原街亭镇）	—	8	
	43	刘氏族祭	民俗	陶朱街道	—	8	▲
	44	鲍同顺酱醋酿造技艺	传统技艺	陶朱街道	—	8	
	45	鲍同顺糕点制作技艺	传统技艺	陶朱街道	—	8	
	46	次坞花馃	民俗	次坞镇	—	8	

级别	序号	非遗名称	类别	项目属地	传承人	批次	备注（历史文化村落内）
县级	47	诸暨灰汤粽制作技艺	传统技艺	马剑镇	—	8	
	48	马剑馒头制作技艺	传统技艺	马剑镇马剑社区	—	8	▲
	49	草塔二月十九庙会	民俗	大唐街道（原草塔镇）	—	8	▲
	50	同山烧酒药制作技艺	传统技艺	同山镇	—	8	
	51	铁器锻造技艺	传统技艺	牌头镇	—	8	
	52	珍珠养殖技术	传统技艺	山下湖镇	—	8	
	53	木雕	传统美术	璜山镇	—	9	
	54	锦灰堆	传统美术	店口镇	—	9	
	55	祖宗像绘制技艺	传统美术	次坞镇	—	9	
	56	传统女红	传统美术	暨阳街道	—	9	
	57	麻糍制作技艺	传统技艺	陶朱街道	—	9	
	58	牛陶汤制作技艺	传统技艺	安华镇	—	9	
	59	诸暨年糕制作技艺	传统技艺	枫桥镇、浬浦镇、大唐街道	—	9	
	60	打铁技艺	传统技艺	浬浦镇、暨南街道	—	9	
	61	草塔三鲜烹饪技艺	传统技艺	大唐街道	—	9	
	62	观音豆腐制作技艺	传统技艺	陈宅镇	—	9	
	63	枫桥台阁市	民俗	枫桥镇	—	9	
	64	"望冈"习俗	民俗	大唐街道	—	9	
	65	水龙节	民俗	姚江镇	—	9	

注：名录数量统计以就高原则计。

附录 4：诸暨历史文化村落基本概况表

乡（镇）街道）村名	建村年代	村域面积（km²）	特色景观	姓氏	类型	格局	典型特征	人口	物质文化遗产（批次）	非物质文化遗产（批次）	基础产业	引进项目、周边资源	入选名录（批次）	自然村（核心）打造*
大唐街道上下文村	明嘉靖年间	3.53	半月塘、花海	杨	自然生态型	块状	"小抗大"红色文化发源地	456 户 1275 人	县保点 1 处：上文大厅（3）	无	种植业：蓝莓、茶叶 手工业：青山手工业：高粱烧	300 亩蓝莓基地	中国传统村落（6）省历史文化村落保护利用一般村（3）浙江省 3A 级景区村庄（1）	上文、下文
大唐街道里裸村	南宋绍定五年	8.22	冠山溪	蒋为主，王、孟等	历史古建型	条状		855 户 2380 人	县保单位 2 处：龙凤花厅（7）、御史第（5）	市级非遗 1 项：石雕（1）	工业：经纺、织布、窗帘	鸡冠山	省历史文化村落保护利用一般村（4）	里上、里下、东均
大唐街道桥头村	五代后晋	6.2	明教寺	杨、寿、蒋为主	自然生态型	条状		892 户 2574 人	无	无	种植业：茶叶、高粱、苗木 手工业：酿酒	青山水库（饮用水保护区）		*明教、菁山
大唐街道上余村	清代	5.32	"红色庄余霞"陈列馆、庄余霞樟树古树群	杨、赵、霍	红色文化型	块状	金萧支队队长故里	1114 户 2775 人	无	无	种植业：水稻 手工业：袜子、轻纺	无		*庄余霞、岭上畈
大唐街道银杏村	明末	6.3	侯氏老街、千年古银杏古树群	侯、蒋	自然生态型	鱼骨状		800 户 2280 人	无	无	种植业：水稻 手工业：织布	鸡冠山		*左溪、霞度、下蔚
大唐街道冠山村	南末乾道元年	6.5	侯氏老街、千年古银杏古树群	侯、蒋	自然生态型	块状		794 户 2080 人	无	无	种植业：水稻 手工业：纺织、青石雕	鸡冠山		*侯村街、童村

续表

乡（镇、街道）村名	建村年代	村域面积（km²）	特色景观	姓氏	类型	格局	典型特征	人口	物质文化遗产（批次）	非物质文化遗产（批次）	基础产业	引进项目、周边资源	入选名录（批次）	自然村（核心打造*）
暨南街道周村村	明永乐初年	3.08	明清古建筑群	周为主，陈、赵、楼等	历史古建型	块状		769户 2203人	县保单位1处：周氏宗祠（7）	无	种植业：水稻、小麦 手工业：手套加工	拙园、翰艺轩	省历史文化村落保护利用重点村（7）省级历史文化名村（6）	*周村、江口
暨南街道新胜村	明末	11.52		许、陈、傅、杨等	历史古建型	鱼骨状	集镇村	1410户 3817人	省保单位1处：新胜古建筑群（大和堂、前新屋）（7）		种植业：水稻、象牙笋	粮政文化展示馆	省级历史文化名村（6）	*新胜村
暨南街道新华村	明嘉靖六年	5.29	狮子岩寺庙	傅为主，许、陈	红色文化型	条状	中国抗日第一家族	430户 1130人	县保点1处：梅岭傅氏宗祠（3）	无	种植业：水稻、竹笋	天府之谷农庄		*梅岭、蓝田
暨南街道金杜岭村	南宋乾道六年	5.79		陈、杜为主	历史古建型	条状		732户 1925人	县保点1处：杜氏宗祠（钦褒节孝碑）（4）	无	种植业：茶叶 手工业：米线、粉丝	蓝莓、猕猴桃采摘基地	省级历史文化名村（6）	*里杜、外杜、金田、沙土岭
暨阳街道郭叶柏村	清末	2.8	滴水禅寺、宝寿寺	郭、叶、马等	红色文化型	块状	中共诸暨县委"一大"会址	720户 1780人	县保单位1处：中共诸暨县委"一大"会址（3）县保点1处：郭家坞郭氏宗祠（3）	无	种植业：蔬菜、水果 手工业：织袜业	无		郭家坞、叶家坞、柏树
陶朱街道刘家山村	南宋	3.14		刘为主	历史古建型	块状		779户 1856人	无	县级非遗1项：刘氏族祭（8）	种植业：水稻、油菜 手工业：纺织、印刷	海亮学校		*浮邱、山塔、江山

续表

乡（镇）街道）村名	建村年代	村域面积（km²）	特色景观	姓氏	类型	格局	典型特征	人口	物质文化遗产（批次）	非物质文化遗产（批次）	基础产业	引进项目、周边资源	入选名录（批次）	自然村（核心*打造*）
浣东街道盛兆坞三村	清乾隆四十四年	5.8	荷塘100亩	陈、殷	自然生态型	块状		667户1788人	无	无	工业：绣花机	无		*横塘、花园、殷家
浣东街道白鱼潭古村	明成化元年	1.89	浦阳江穿村而过	方	民俗风情型	条状		597户1583人	无	无	种植业：马兰头	浙江省现代农业园区		*斗门、白鱼潭
马剑镇石门村	清代	15.1	古田畈	陈、朱、戴、方等	自然生态型	组团	金萧支队旧址所在地	491户1491人	县保单位1处：金萧支队成立旧址（方氏宗祠）（7）	市级非遗1项：舞龙（板凳龙）（1）	种植业：茶叶 手工业：造纸、竹编、粉丝芋干等农产品	金萧支队成立地纪念馆	省历史文化村落保护利用一般村（3）省级传统村落（1）浙江省3A级景区村庄（4）	永新、上山头、石门
马剑镇马剑社区	唐代	12.3	马剑老街	戴为主，沈、陈、王等	历史古建型	块状	集镇村	727户1987人	省保单位1处：马剑古建筑群（戴氏宗祠、树德堂、骏德堂、敬义堂）（7）县保点3处：惇远堂、永穆堂（2）、马剑荣顺堂（3）	市级非遗3项：过小年（2）、豆腐包制作技艺（7）、*舞龙（板凳龙）（1）县级非遗1项：马剑馒头制作技艺（8）	种植业：茶叶 手工业：炒茶	秦皇古道、开元芳草地乡村酒店项目	省历史文化村落保护利用重点村（6）浙江省3A级景区村庄（5）	马剑、金竹坑

乡（镇）、街道）村名	建村年代	村域面积（km²）	特色景观	姓氏	类型	格局	典型特征	人口	物质文化遗产（批次）	非物质文化遗产（批次）	基础产业	引进项目、周边资源	入选名录（批次）	自然村（核心、打造*）
马剑镇栗金村	清顺治年间	6.2	九巷一街	倪为主，徐、楼、程、朱	民俗风情型	块状		532户 1551人	无	无	手工业：制作羽毛球拍	秦皇古道、开元芳草地乡村酒店项目	省历史文化村落保护利用一般村（5）；省级传统村落（1）	栗树坪、古楼、岭干、塔脚、金家畈、山坞等
马剑镇相公殿村	明正德年间	9	壶源江（3.2公里在村内）	应为主	历史古建型	鱼骨状		329户 867人	县保单位古建筑群（应氏宗祠、山脚下总厅、大房厅）（6）	市级非遗1项：*竹马舞（1）	种植业：水田、茶园、竹林 手工业：草鞋、竹编	无		相公殿
马剑镇状元村	北宋年间	8.94		赵、陈、胡等	民俗风情型	块状		571户 1688人	无	县级非遗1项：诸暨灰汤粽制作技艺（8）	种植业：铁皮石斛 手工业：灰汤粽、农产品加工	状元文化坑乡文博览馆、坪阳顶私塾	省级传统村落（1）；浙江省3A级景区村庄（2）	*寺坞坪、塘坞
马剑镇上和村	明洪武十五年	6	乡村图书馆	陈	历史古建型	块状		324户 938人	无	无	种植业：水稻、茶园	无	省级传统村落（1）	上和
马剑镇马益村	明正德年间	7.6	火烧山寿昌鲟鱼化石	沈、戴、徐、寿等	历史古建型	块状	浦江第一个农村党支部：中沈家共产村党支部	649户 1701人	县保单位3处：沈氏宗祠（5）、沈家大厅（6）、寿昌鲟鱼化石（2）	无	种植业：茶叶 手工业：袜子包装	五泄景区	省级传统村落（1）	*沈家、中坑、洋湖

乡（镇）、街道 村名	建村年代	村域面积（km²）	特色景观	姓氏	类型	格局	典型特征	人口	物质文化遗产（批次）	非物质文化遗产（批次）	基础产业	引进项目、周边资源	入选名录（批次）	自然村、（核心）打造*
应店街镇十二都村	南宋绍兴十七年	8.89	无	孟	民俗风情型	块状	南孟圣地	1699户 4544人	县保点1处：孟子庙（5）	省级非遗1项：南孟祭礼（5）市级非遗1项：竹马舞（1）	手工业：纺织	无	省历史文化村落保护利用一般村（4）	堂楼下、前十、庄院
应店街镇紫阆村	北宋天僖年间	8.1	明清古街、明清古建筑群	徐为主，杨、蒋、苏等	历史古建型	块状	集镇村	1241户 3230人	无	市级非遗1项：阆黄公糕制作技艺（7）	种植业：蓝莓、葡萄、猕猴桃、草莓 手工业：豆糕、茶叶	五泄风景区	省历史文化村落保护利用一般村（5）省级历史文化名村（6）浙江省3A级景区村庄（4）	*紫阆、栖鹤、建国
次坞镇次坞社区	唐天祐三年	4.31	明清古街	俞	历史古建型	块状	集镇村	975户 2840人	县保点1处：岭老厅（3）	市级非遗1项：次坞打面制作技艺（7）县级非遗2项：清明望图果盘制作技艺（2）、麦草扇编织技艺（7）	手工业：纺织、打面	无	省历史文化村落保护利用重点村（3）中国传统村落（4）	*次坞、新庵桥、上蒋、新岭

续表

乡（镇、街道）村名	建村年代	村域面积（km²）	特色景观	姓氏	类型	格局	典型特征	人口	物质文化遗产（批次）	非物质文化遗产（批次）	基础产业	引进项目、周边资源	入选名录（批次）	自然村（核心）打造*
次坞镇白马新村	清代	7.48	红马坞村枫香古树群	楼、郦、王等	自然生态型	块状		1151户3087人	无	无	种植业：水稻	杭坞山森林公园、白马书院		*红马坞、明庄、赵公、新岭脚、黄坭
次坞镇溪埭村	明成化十六年	8.14		俞	红色文化型	块状	名人故里	771户2365人	省保单位1处：俞秀松故居（5）县保单位1处：俞秀松烈士陵园（3）	无		俞秀松烈士陵园土展示馆		*溪埭、岭下
牌头镇杭西新村	明洪武二十四年	6.35	风水堰、"双龙穿溪"	楼、陈、何、张	自然生态型	块状		886户2320人	县保点1处：张氏宗祠（4）	无	种植业：高山茶、猕猴桃、竹	猕猴桃基地、葡萄园、勾嵊山藏国古迹游步道	省历史文化村落保护利用一般村（3）省级传统村落（1）	*峰啸、蒋家坞、坑西
牌头镇金龙新村	清乾隆年间	7.5	大殿基水库、樟塔大夫第民居群	许为主、何、周、陈等	自然生态型	条状		759户2092人	无	无	种植业：茶叶、毛竹	猕猴桃基地、寺龙山庄、勾嵊山越国古迹游步道	省历史文化村落保护利用一般村（8）	寺龙、金坑、樟塔
牌头镇同文村	明代	3.16	张秋人烈士墓、碉堡、日本铁桥	张、金、周、马等	红色文化型	块状	革命烈士墓所在地	857户2248人	省保单位1处：张秋人烈士墓（2）县保单位1处：茅渎山古墓群（1）	无	种植业：水稻	张秋人烈士史记陈列馆、文化礼堂展示馆		*水霞张、金家山头、马家莘

乡（镇、街道）村名	建村年代	村域面积（km²）	特色景观	姓氏	类型	格局	典型特征	人口	物质文化遗产（批次）	非物质文化遗产（批次）	基础产业	引进项目、周边资源	入选名录（批次）	自然村（核心打造*）
牌头镇三保里村	东周末年	9.49	越王庙	周、何为主	红色文化型	条状		795户 2018人	无	无	种植业：水稻	东泉山林山庄		*珠村、梅溪、后充岭
安华镇宣何村	南宋乾道八年	5.17	宣何古街	何、宣、赵	历史古建型	组团		768户 2084人	县保单位2处：太平天国墙头谕(1)、何氏宗祠(2) 县保点1处：宣何公馆（锡绥堂）(2)	无	种植业：水稻 手工业：袜子	无	省历史文化村落保护利用一般村(6)	宣一、宣二、赵宅
安华镇珠峰村	北宋靖康元年	1.92	古树名木群、珠岭禅寺	周、邵	历史古建型	组团		612户 1890人	县保单位1处：邵家塘邵氏宗祠（清门堂）(6) 县保点3处：邵家塘"爱荣堂"风(5)、合门(5)、鼎茂堂(5)、珠峰孝义堂(5)	市级非遗1项：*舞龙（板凳龙）(1)	种植业：水稻 葡萄 手工业：袜子	傲岭山庄、楚越山庄、葡萄采摘园	省历史文化村落保护利用一般村(5)	邵家塘、周家村、杨茂岭、方家坞
安华镇丰江周村	元延祐七年	3.01	明清古建筑群	周为主，钟、王、陈	历史古建型	块状		845户 2224人	县保单位1处：周氏宗祠(7)	无	种植业：水稻 水果	浦阳江畔		丰一、丰二、丰三自然村
安华镇新一村	明代	3.04		周、陈、曹等	历史古建型	块状		926户 2507人	无	市级非遗2项：响叉(1)、麦秆编织技艺(2)	种植业：橘子、葡萄、水稻 水产业：鱼种场生产基地	江边公园建设中，安华水库		*江水沿、湖塘沿、绍佳泉

续表

乡（镇）街道）村名	建村年代	村域面积（km²）	特色景观	姓氏	类型	格局	典型特征	人口	物质文化遗产（批次）	非物质文化遗产（批次）	基础产业	引进项目、周边资源	入选名录（批次）	自然村（核心打造*）
安华镇五指山村	宋代	2.45	粮食功能生产区、五指山	周为主，曹、寿、陈、王等	自然生态型	块状		503户，1226人	无	无	种植业：水稻、葡萄 手工业：蜜饯	省级粮食功能生产区、汤江岩旅游景区		五指山村、大地塔、石塘
同山镇边村村	南宋初年	3.2		边	自然生态型	组团		1042户，3000人	省保单位1处（边氏宗祠（敦睦堂）（3）	省级非遗1项：*同山烧酒酿造技艺（3）	种植业：枇杷、樱桃、茶叶 手工业：同山烧	茶山	省历史文化村落保护利用一般村（2）、省级传统村落（1）	南旦、上边、下边、王宅畈、仙家岭
同山镇唐仁村	南宋	4.1	唐仁老街	寿	历史古建型	块状		850户，2400人	县保单位2处：唐仁寿氏宗祠（6）、魁星阁（5）	省级非遗2项：棕编（5）、同山烧酒酿造技艺（3）	种植业：樱桃、柿子等水果 手工业：同山烧	越庄酒坊、同山烧非遗古法酿造体验项目、诸暨市同山高粱酒厂	省历史文化村落保护利用一般村（4）	殿前村、唐仁村
五泄镇十四都村	明正德十五年	4.63	十里荷塘、藏绿古建筑群	周	历史古建型	组团	周敦颐后裔聚集地	959户，2437人	省保单位1处：藏绿乡土建筑（周氏宗祠、教山古民居、霞塘庙、藏绿绿井等）（6）	县级非遗1项：西施团圆饼施团圆饼烹饪技艺（7）	种植业：荷花 手工业：荷花产品深加工 旅游业：民宿3家	树女学堂项目、胡润园二期项目、五泄景区	省历史文化村落保护利用重点村（4）、中国传统村落（4）、浙江省3A级景区村庄（2）	前庄畈、狮象、藏绿

续表

乡（镇、街道）村名	建村年代	村域面积（km²）	特色景观	姓氏	类型	格局	典型特征	人口	物质文化遗产（批次）	非物质文化遗产（批次）	基础产业	引进项目、周边资源	入选名录（批次）	自然村（核心、打造*）
赵家镇赵家社区	南宋宝祐年间	9.6	蘭台古街、菩提寺、芝泉亭	赵	历史古建型	块状	集镇村	1621户4500人	县保点3处：赵氏宗祠（4）、芝泉亭（4）、赵二水阁楼台门（4）	无	种植业：枇杷 手工业：纺织	国家级香榧森林公园	省历史文化村落保护利用重点村（2）省级传统村落（1）	赵一、赵二、赵四、菩提、芦狮、上下均
赵家镇花明泉村	南宋	6.44	鹫山水库、黄潭溪	何	民俗风情型	块状	名人故居	1314户3481人	县保点1处：何娄侯故居（2）	省级非遗1项：赵家拳棒（4）	种植业：香榧、樱桃、蓝莓	古井梧棒灌溉工程	中国传统村落（6）省历史文化村落保护利用一般村（2）省级传统村落（1）	花明泉、夏湖、后京
赵家镇榧王村	隋唐年间	6.02	香榧博物馆	骆为主、蔡	自然生态型	组团		608户2060人	省保单位1处：绍兴会稽山古香榧种植园（赵家古香榧林）（6）	县级非遗1项：诸暨香榧习俗（3）	种植业：香榧、茶叶、樱桃	国家级香榧森林公园	省历史文化村落保护利用一般村（1）省级传统村落（1）	西坑、钟家岭
赵家镇东溪村	唐永徽二年	10.45	黄潭溪、东溪十景	何、韩、王、张	自然生态型	条状		667户1980人	无	无	种植业：香榧、茶叶、樱桃	香榧森林公园、樱桃精品香榧园、文化园	省历史文化村落保护利用一般村（1）省级传统村落（1）浙江省3A级景区村庄	皂溪、东张坞、丁家坞

续表

乡（镇、街道）村名	建村年代	村域面积（km²）	特色景观	姓氏	类型	格局	典型特征	人口	物质文化遗产（批次）	非物质文化遗产（批次）	基础产业	引进项目、周边资源	入选名录（批次）	自然村（核心打造*）
赵家镇泉畈村	南宋年间	8.68	全球重要农业遗产：古井桔槔灌溉工程	何、赵、吴	历史古建型	块状	名人故居	1250户3338人	省保单位1处：何文庆故居（1）县保单位1处：汪寿华故居（2）	无	种植业：樱桃	香榧公园人口	浙江省3A级景区村庄（3）	*泉一、泉二、泉三、泉四、檀岙、山口
岭北镇岭北周社区	唐开元十四年	16.6	"一河一路"	周为主	历史古建型	组团		1358户3725人	县保单位2处：高台门古建筑群（崇孝楼、光裕堂、洋房）（5）；岭北周乡土建筑（凤岐堂、麟振堂、七份厅、九如堂、训堂）（7）	市级非遗2项：编（诸暨竹编）（6）、*舞板凳龙（板凳龙、彝龙）（1）	种植业：茶叶、竹笋	无	省历史文化村落保护利用一般村（2）	岭北周、下新屋、高台门、桐坑、西周、船山
岭北镇岭顶村	明洪武年间	4.46		周、陈	民俗风情型	块状		463户1242人	无	市级非遗1项：礼户元宵棚灯会（6）	种植业：香榧	漂流项目		*礼户、大岭头、西山头、大恬

续表

乡（镇）街道）村名	建村年代	村域面积（km²）	特色景观	姓氏	类型	格局	典型特征	人口	物质文化遗产（批次）	非物质文化遗产（批次）	基础产业	引进项目、周边资源	入选名录（批次）	自然村（核心打造*）
璜山镇溪北村	清康熙五十三年	2.2	古建筑群	徐为主，陈、沈、宣等	历史古建型	块状		590户 1590人	省保单位1处：新一堂、继述堂（5）；县保单位2处：务本堂（7）、徐氏宗祠（7）；县保点1处：璜山溪北古建筑群（聚智堂、继志堂）（1）	无	种植业：葡萄、蔬菜、竹笋	无	省历史文化村落保护利用重点村（5）；中国传统村落村（4）；浙江省3A级景区村庄（2）	溪北、下马宅
璜山镇黄家店村	明代	23.1	古梯田、枫香古树群	黄、严、叶等	红色文化型	条状	金萧支队成立地	386户 1044人	无	无	种植业：水蜜桃 加工业：农副产品 旅游业	红色爱国主义教育基地	浙江省3A级景区村庄（5）	*黄家店、半丘、茅塘
璜山镇大门村	北宋天禧四年	9.2		翁、杨、王等	自然生态型	块状		750户 2187人	无	无	种植业：高粱、水稻、蓝莓	大门蓝莓庄园		*上三贩、翁家山、下坞、杨庄、杨松、溪竹
店口镇侠父村	北宋末	8.7	宣家祠堂、宣侠父故居、长澜老街	石、宣为主	红色文化型	块状	名人故居	1327户 3722人	无	无	种植业：水稻 工业：五金加工	海亮集团（老总是宣侠父孙）康养项目	浙江省3A级景区村庄（3）	*长澜、姚家墩、陈姜

乡（镇、街道）村名	建村年代	村域面积（km²）	特色景观	姓氏	类型	格局	典型特征	人口	物质文化遗产（批次）	非物质文化遗产（批次）	基础产业	引进项目、周边资源	入选名录（批次）	自然村（核心打造*）
店口镇 何家山头村	南宋	6.3	白塔湖湿地公园	何、陈、姚、王等	自然生态型	块状	紧邻湿地	1604户 4287人	县保点1处：何赤华烈士墓（2）	无	种植业：水稻、水果 旅游业：农家乐15家	红色革命教育基地	浙江省3A级景区村庄（4）	佳山、新中、新华、何家塔
姚江镇 梓尚阁村	宋代	5.31	古树名木群、朱学勉烈士墓、佛地圣姑殿	王为主、张、盛、钱等	红色文化型	块状	革命烈士墓所在地	1012户 2643人	县保单位1处：朱学勉烈士墓（1）	无	种植业：草莓、葡萄、花木	雁宿湖、梓云山居		*江阁、梓里、尚武
道浦镇 盘山村	宋代	5.81	陈蔡江、盘山小学	蒋	历史古建型	块状	名人故居	815户 2099人	县保点2处：盘山新屋台门（5）、盘山民国水塔（5）；县保单位2处：道浦蒋氏宗祠（6）、盘山小学（5）	无	种植业：黄桃、西瓜	镇域文旅基础较好、盘山小学旅游项目洽谈中		盘山
陈宅镇 石壁湖村	明嘉靖年间	7.23	石壁水库、明代古建筑群	蔡	历史古建型	块状		485户 1325人	县保单位1处：石壁脚后新屋台门（6）；县保点2处：新屋台门（5）、二房厅中厅（5）	无	种植业：水稻	无		*石壁脚、新联、理家

乡（镇、街道）村名	建村年代	村域面积（km²）	特色景观	姓氏	类型	格局	典型特征	人口	物质文化遗产（批次）	非物质文化遗产（批次）	基础产业	引进项目、周边资源	入选名录（批次）	自然村（核心、打造*）
东白湖镇斯宅村	五代后汉乾祐二年	10.46	千柱屋、斯氏古民居建筑群	斯	历史古建型	组团	全国斯姓最大聚居地	985户 2692人	国保单位1处：斯氏古民居建筑群（千柱屋、下新屋、华国公别墅）（5）；省保单位1处：上新居、新譬家（5）；县保单位5处：南路岭摩崖石刻（2）、下门前贩台门（6）、斯宅大生精制茶厂旧址（7）、斯宅小洋房（6）、斯民小学（5）；县保点2处：干兔岭路亭（2）、居敬堂（4）	省级非遗1项：十里红妆（4）；市级非遗2项：斯氏古民居建筑营造技艺（3）、斯宅越红工夫茶制作技艺（7）	种植业：香榧、茶叶；旅游业	裕昌号民间艺术馆	省历史文化村落保护利用重点村（1）；中国传统村落（1）；省级历史文化名村（2）；浙江省3A级景区村庄（1）	斯宅、斯畈
东和乡冯蔡村	南宋绍兴三年	8.22	古桥群、古树群	冯、金、楼、蔡	自然生态型	条状	名人故居	585户 1675人	无	无	种植业：香榧、竹笋、茶叶、江南红豆杉；手工业：链条加工	走马岗古道	省历史文化村落保护利用一般村（6）	冯蔡、施家坞、吉竹坑、上蔡

续表

乡（镇、街道）村名	建村年代	村域面积（km²）	特色景观	姓氏	类型	格局	典型特征	人口	物质文化遗产（批次）	非物质文化遗产（批次）	基础产业	引进项目、周边资源	入选名录（批次）	自然村、（核心、打造*）
东和乡十里坪村	北宋	6.4	卓氏家庙，古树古桥，十里坪茶园	卓、王	民俗风情型		传统戏剧村	850户 2543人	县保单位1处：东和卓氏宗祠（6）；县保点1处：卓溪桥（2）	国家级非遗1项：乱弹（诸暨西路乱弹）（3）	农业：笋、茶叶、毛竹、玉米；旅游业：现有农家乐9家	红春风十里小镇项目	中国传统村落（6）；省历史文化村落保护利用一般村（1）；省级传统村落（1）；浙江省3A级景区村庄（3）	卓溪、朱村
东和乡子和村	明初	2.49		朱、唐、邵等	历史古建型	块状		405户 1028人	无	无	种植业：香榧；手工业：建筑业、竹器加工	无		*小坑、凤山
东和乡友谊村	明代	8.7		陈、赵、金、王等	自然生态型	鱼骨状		811户 2363人	县保点1处：篁村陈氏宗祠（承和堂）（3）	无	种植业：竹笋、绿橘、茶叶；手工业：竹加工、轻纺	省级毛竹精品园区、国家级有机食品基地、金家湾水库		*篁村、王六、金王、新桥头、外婆沟、里婆沟
东和乡姚部畈村	北宋	6.28	农具博物馆	姚、邵、章	民俗风情型	鱼骨状		972户 2800人	县保点1处：岩畈章氏宗祠（5）	无	种植业：象牙笋、茶叶、水果；加工业：轻纺	祥生春风十里、尧舜度假养心谷		*岩畈、邵家坞、上姚、下姚

续表

乡(镇、街道)村名	建村年代	村域面积(km²)	特色景观	姓氏	类型	格局	典型特征	人口	物质文化遗产(批次)	非物质文化遗产(批次)	基础产业	引进项目,周边资源	入选名录(批次)	自然村(核心打造*)
东和乡大林村	明初	5.98	枫桥江、西湖、炉湾、金钗荫、老书房、魔剑坪	周为主	历史古建型	条状	集镇村	784户 1970人	无	无	种植业:茶叶、竹笋 手工业:竹加工、织布	周边东白湖景区、香榧森林公园		*大林、杜家坞、上梧岗

附录 5: 诸暨历史文化村落简介表

序号	村名	简介
1	大唐街道上下文村	上下文村位于诸暨市大唐街道西南部,地处青山革命老区,山青水秀,民风淳朴。村域面积 3.53 平方公里,其中水田 497 亩、旱地 155 亩、山林 3921 亩,由上文、下文 2 个自然村组成,现有人口 456 户,1275 人,以杨姓为主。上下文村从 2010 年开始,对村民土地进行流转,因地制宜发展蓝莓产业,积极开展蓝莓基地和种苗培育中心建设。截至目前已成功建成 150 亩高标准蓝莓示范基地,蓝莓品牌效益持续壮大。
2	大唐街道里蒋村	里蒋村位于诸暨市大唐街道西北 10 公里处,与陶朱街道、应店街镇交界,杭金公路、冠山溪穿村而过。村域面积 8.22 平方米,其中山林 8000 余亩、田地 1000 余亩,由里上、里下、东坞 3 个自然村组成,现有农户 855 户,2380 人,以蒋姓为主,另有王、孟、顾、陈、戚、章等其他姓氏。里蒋村历史悠久,南宋绍定五年(公元 1232 年),蒋氏始祖昌朝公见浣西鸡冠山麓灵泉环绕,源远流长,更兼凤凰座踞,即举家迁而居之,传三十二世,十二代同堂,子孙繁衍万余人,且人才辈出,精英云集,为浣西名门望族。
3	大唐街道桥头村	桥头村位于诸暨市大唐街道西南面,地处渎溪江源头,东南毗邻同山镇,西北与兴隆村相邻,距大唐街道 15 公里。村域面积约 6.2 平方公里,其中耕地总面积 1201 亩、山林面积 6126 亩,由明教、蕾山 2 个自然村组成,现有人口 892 户,2574 人,有杨、寿、蒋等姓氏。以高粱、茶叶、苗木种植为主要产业。
4	大唐街道上余村	上余村位于诸暨市大唐街道,村域面积 5.32 平方公里,由庄余霞、岭上贩 2 个自然村组成,现有人口 1114 户,2775 人,有杨、赵、霍等姓。相传清朝时庄余霞杨氏始祖由杨家楼迁此定居,素以祥和为贵,三百年有余,子孙绵延。原名樟树下,后改名为庄余霞。
5	大唐街道银杏村	银杏村位于诸暨市大唐街道,村域面积 6.3 平方公里,由左溪、霞度、下蔚 3 个自然村组成,现有人口 800 余户,2280 人,以侯、蒋姓为主。
6	大唐街道冠山村	冠山村位于诸暨市大唐街道北侧杭金公路(03 省道)旁,村域面积 6.5 平方公里,其中耕地 1175 亩、旱地 126 亩、山林 6439 亩,由侯村街、童村 2 个自然村组成,现有人口 794 户,2080 人,主姓侯、蒋。村民以农为主,纺织为辅。冠山村因地处鸡冠山麓,因而得名。村居坐落于 03 省道两旁,可谓"鸡冠山顶罩云雾,村中公路车穿梭"。相传南宋乾道元年(公元 1165 年),侯氏祖先侯文仲从洛阳迁移至此,将原灵泉村更名侯村,随着繁衍发展,形成街面,遂以侯村街传承至今,已有 850 余年历史。
7	暨南街道周村村	周村村位于诸暨市暨南街道,东面有山,南北有璜山江和陈蔡江,汇聚而成开化江,自然山水格局优越。交通便捷,211 省道穿村而过,绍诸高速延伸段互通口位于村南 100 米处,03 省道东复线街亭支线直达村口,距诸暨城区 5 公里。村域面积 3.08 平方公里,由周村、江口 2 个自然村组成,现有人口 769 户,2203 人,以周、陈、赵、楼四姓为主,周姓人口占 65% 以上。北宋大理学家周敦颐第七代孙周闇,携弟偕兄从紫岩迁诸暨南门三踏步。明洪武二十八年(公元 1395 年),周敦颐第十三代孙周仕昂搬迁街亭之东邬村,即今之周村。

序号	村名	简介
8	暨南街道新胜村	新胜村位于诸暨市暨南街道南端，为原新胜乡乡政府所在地，街新线、璜八线公路穿村而过，105 路、212 路公交车直达村口。村域面积 11.51 平方公里，由姜村、恒慕、黎明、板桥、花明 5 个自然村组成，是暨南街道规模最大的行政村之一，现有人口 1410 户，3817 人，有许、陈、傅、杨等姓氏。村落群山环抱，峰峦秀俏，碧水如玉，沿途杉树成荫，风景秀丽，具有独特的山水风光。新胜村历史悠久，文化底蕴深厚，以耕读传家，勤劳节俭为立家之本，民风淳朴，美名远播。省内闻名的历史文化遗产、国家二级文物《梅岭课子图》真迹亦在此被发现。
9	暨南街道新华村	新华村位于诸暨市暨南街道东南，接壤璜山镇，距镇政府驻地 10 公里。村域面积 5.29 平方公里，其中山林 5402 亩、水田 809 亩、旱地 116 亩，由梅岭、蓝田 2 个自然村组成，现有人口 430 户，1130 人，以傅姓为主，另有许、赵、陈等姓。百家姓记载，殷商武丁时期宰相名说，隐居傅岩处，在访贤中得知，任为相世称傅说，其后代以傅为姓。后傅熹自河南南阳为东宁将军，平定乱党后，其子孙傅天七公来义乌芦陵。明嘉靖六年（公元 1527 年），傅氏第十一代子孙鑑百七公傅良相自义乌杜门迁居梅岭一带，为梅岭傅氏始迁祖，子孙繁衍，烟居稠密，至今已有 500 余年历史。
10	暨南街道金杜岭村	金杜岭村位于诸暨市暨南街道东部，东邻花厅村，南面泄浦镇陶姚村，西邻里仁村，北靠暨阳街道同乐下村，距诸暨市区 11 公里，通村公路贯穿全村。村域面积 7.49 平方公里，其中，耕地面积 1537 亩、水田 1402 亩、旱地 867 亩，由金田、沙土岭、里杜、外杜 4 个自然村组成，现有人口 732 户，1925 人。金杜岭村里杜家山杜氏一族与唐代诗人杜甫、杜牧、唐代名相杜如晦同系京兆杜氏一脉，《杜氏族谱》记载，杜氏始祖为汉武帝时御史大夫位列三公的杜周，居京城西安南。自杜周始，至现里杜自然村章字辈子弟，历二千一百多年，共六十七代。五代十国梁唐间，第二十九世祖杜棱南迁至浙，仕吴越累官尚书右仆射，成为浙中新望族。杜棱第三子杜必达，任工部尚书，迁居东阳。里杜家山杜氏一族源于东阳岘北杜氏排行千二的杜诛，南宋乾道六年（公元 1170 年），流落至现里杜家山地面，和村落西二里处董家庄董氏女子成婚，定居繁衍，始建村落，至今已延绵二十八代。
11	暨阳街道郭叶柏村	郭叶柏村位于诸暨市暨阳街道城南，距离市区 3 公里，交通方便。村域面积 2.8 平方公里，其中水田 800 亩、旱地 300 亩、林地 1508 亩，由郭家坞、叶家坞、柏树 3 个自然村组成，现有人口 720 户，1780 人。村经济结构以农业与袜业为主，全村企业有 41 家。
12	陶朱街道刘家山村	刘家山村位于诸暨市陶朱街道西部，东与三都村、唐山村相连，南与开义村相连，西与五蓬新村相邻，距市中心 8 公里。村域面积 3.14 平方公里，其中耕地 1671 亩、山林 2500 亩，由浮邱、山塔、江山 3 个自然村组成，现有人口 779 户，1856 人，以刘姓为主。

序号	村名	简介
13	浣东街道盛兆坞三村	盛兆坞三村位于诸暨市浣东街道，地处城乡接合部、浣东工业园区旁，地理位置十分优越。村域面积 5.8 平方公里，其中水田 840 亩、旱地 130 亩、山林 4412 亩，由花园、横塘、殷家 3 个自然村组成，现有人口 667 户，1788 人，以陈、殷两姓为主。村民主要以绣花机、农业、手工业为生，集体经济以矿山开采为主。清乾隆四十四年（公元 1779 年），盛兆坞三村陈氏一族自颍川（今河南许昌）迁居于此。
14	浣东街道白鱼潭村	白鱼潭村位于诸暨市浣东街道西北部，东与汤家店村毗邻，北与李村一村相邻，西与暨阳街道相接，南与浦东新村相连，距市区 3 公里。村域面积 1.89 平方公里，其中水田 1047 亩、旱地 265 亩、山林 632 亩，由白鱼潭、斗门 2 个自然村组成，现有人口 597 户，1583 人，以方姓为主。
15	马剑镇石门村	石门村位于马剑镇东北部，距马剑镇约 6 公里，龙门山脉环抱，沿美丽的石门水库边公路进来，绕过几个弯到了依山而建、山清水秀的石门村。村域面积 15.1 平方公里，由永新、上山头、石门 3 个自然村组成，现有人口 491 户，1491 人，有陈、朱、戴、方等姓。村内青山耸立，翠竹森森，山路蜿蜒，涧水畅流，庄稼盈道，绿色连绵，行踪其间让人觉得真正走进了原生态的山乡自然境地。
16	马剑镇马剑社区	马剑社区位于诸暨市马剑镇中心位置，是马剑镇政府驻地，东邻仁头村，南峙马剑大山，西毗栗树坪，北靠富阳区，距离市中心 30 公里，合环线穿村而过，交通区位优势明显。村域面积约 12.3 平方公里，其中耕地面积 1471.7 亩、林地面积 8841 亩，由金竹坑、马剑 2 个自然村组成，现有人口 727 户，1987 人，以戴姓为主，另有沈、陈、王、刘等姓。村内田园资源丰富，第一产业以农作物种植为主，水稻、毛竹、茶叶、景观苗木、蔬菜为原农业五大支柱产业。村内拥有一处服装加工厂、两处纺织厂和一处家具厂。马剑自唐代戴氏定居后，始有史料记载。唐代末年，浙东道兵马大元帅戴昭，其子堂，镇越使兼辖概水，因时势变迁，由陶朱卜迁浦江建溪。因其整日驰马试剑，里人曰其居地"马剑"，村而得名。
17	马剑镇栗金村	栗金村位于诸暨市马剑镇西部，距马剑镇 1 公里。村域面积 6.2 平方公里，由栗树坪、古楼、岭干、塔脚畈、金家山 5 个自然村组成，现有人口 532 户，1551 人，以倪、徐姓为主，另有楼、程、朱等姓。
18	马剑镇相公殿村	相公殿村位于诸暨市马剑镇西部，地处壶源江畔，距市中心 27.5 公里，交通十分便利。东至塘坞岭，南靠分金坞口与官山，西邻东坞岭，北靠后坞里，三面环山，壶源江 3.2 公里流经村内，自然生态环境良好。村域面积 9 平方公里，其中耕地 1304 亩、水田 819 亩、旱地 485 亩、现有人口 329 户，867 人，以应姓为主，另有邱、陈、潘等姓。明正德年间，应姓始祖讳胜，字广会，由永康可投迁于浦北兴贤乡登高里稠根殿后应家庄。当时后坞里山有一殿宇，是为人们尊敬的陈老相公所建，名曰"稠根殿"，故村名称为相公殿。
19	马剑镇状元村	状元村位于诸暨市马剑镇西南部，东邻庆丰和村，南邻上和村，西邻浦江王灵村，北邻塘坞，距马剑镇区 8 公里，距诸暨市区 35 公里，交通方便。村域面积 8.94 平方公里，其中水田 835 亩、旱地 1354 亩、林地 637 公顷，由寺坞坪村、塘坞 2 个行政村合并而成，现有人口 571 户，1688 人，有赵、陈、胡等姓。

序号	村名	简介
20	马剑镇上和村	上和村位于诸暨市马剑镇之东的诸暨、浦江交界处，是壶源江、孝溪的源头。村域面积 6 平方公里，其中水田 686 亩、旱地 212 亩、茶园 450 亩、林地面积 6320 亩，现有人口 324 户，938 人，为陈氏血缘聚落。村内产业以种养为主，历史悠久的豆腐皮是上和的特产，远销江浙沪。明洪武十五年（公元 1382 年），上和陈氏始迁祖龙二公，讳文德（因兄弟中排行第二，故称龙二公）自乌程（今湖州）苕溪、蜀山迁至浦阳上和，见其地群峦叠翠，列嶂排云，修竹茂林，春青冬绿，平畴膏腴，有"五马同槽"之胜地，遂卜宅卜居，距今已有 630 多年的历史。据《上和陈氏宗谱》载最早有何姓所居，名上何，后因何氏逐渐衰败。陈氏人丁兴旺，太公将上何改为上河。清光绪四年（公元 1878 年）由陈筱堂等人共议改上河为上和，含"上善若水、和谦如玉"之意。
21	马剑镇马益村	马益村位于诸暨市马剑镇东部，紧邻国家 4A 级风景名胜区五泄景区，距诸暨市区 25 公里，双金线在境内通过，交通便捷。村域面积 7.6 平方公里，其中水田 1348 亩、旱地 460 亩、山林 9024 亩，由沈家、洋湖、中坑 3 个自然村组成，现有人口 649 户，1701 人，有沈、戴、徐、寿等姓氏。茶叶是村庄支柱产业。
22	应店街镇十二都村	十二都村位于诸暨市应店街镇东南部，地处十诸线与杭金线交汇处，区位优越，交通便捷。村域面积 8.89 平方公里，其中水田 2996 亩、旱地 399 亩、山林 8302 亩，由堂楼下、前十、庄院 3 个自然村组成，现有人口 1699 户，4544 人。十二都村为亚圣孟子后裔聚居地，乃南孟故里。亚圣第四十七世孙孟忠厚扈驾南渡，为南孟始祖。南宋绍兴十七年（公元 1147 年），第四十八世孙孟载择居诸暨夫概里（今十二都），为诸暨孟氏始祖，从此孟子后裔在十二都繁衍生息，历 860 余年，发瓢二十余村，后裔达两万余众。
23	应店街镇紫阆村	紫阆村位于诸暨市西北应店街镇，地处五泄景区后门，距杭金公路 8 公里。村域面积 8.1 平方公里，由栖鹤、紫阆、建国 3 个自然村合并而成，现有人口 1241 户，3230 人，以徐姓为主，另有杨、蒋、苏、章等多个姓氏。据《紫阆徐氏宗谱》记载，紫阆自然环境优越，四面高山环绕，阆山峙立，常年景色岚光苍紫，故名"紫阆"。据说，自宋代前紫阆就有杨氏、赵氏、佘氏散居，宋儒袭英候承诏公因探五泄之胜，羡紫阆山水，于北宋天僖年间自萧山重庆里（今楼塔徐家店）迁居于此，耕筑田庐，繁衍昌盛。
24	次坞镇次坞社区	次坞社区位于诸暨市次坞镇北部，地处诸暨、萧山、富阳三市（区）交界地带，距诸暨市区 21 公里，距萧山国际机场 38 公里。村域面积 4.31 平方公里，由次坞、新庵桥、上蒋、新岭 4 个自然村组成，现有人口 975 户，2840 人。次坞社区为次坞俞氏发祥地，因村坐落于山坞内而得名。唐天祐三年（公元 906 年），因遭"五季之乱"，俞氏始祖孟仁公迁至萧山楼塔镇路下院村（原名大坞）。而后，孟仁公次子又转栖螺峰之东定居，至今已逾千年。次坞背山面水、负阴抱阳，取山川形胜之灵，得人文风俗之胜。村内次坞老街，石板铺道，沿街建有清末民初的建筑，呈"下店上宅"或"前店后宅"格局。村内屋宇相连，巷道错落，四通八达。

序号	村名	简介
25	次坞镇白马新村	白马新村位于诸暨市次坞镇东南部,地处杭坞山森林公园天鹅峰下,凰桐江上游,毗邻应店街镇,村前市级公交从凰桐直达诸暨城关,村西03省道复线,村北2公里处有杭金衢高速公路道口,交通便捷。村域面积7.48平方公里,其中水田1701亩、旱地143亩、山林5475亩,由明庄、红马坞、赵公、黄坭、新岭脚5个自然村组成,现有人口1151户,3087人,有楼、郦、王等姓氏。
26	次坞镇溪埭村	溪埭村位于诸暨市次坞镇中部,距镇政府2.5公里,北接杭州市萧山区。村域面积8.14平方公里,由溪埭、岭下2个自然村组成,现有人口771户,2365人,以俞姓为主。溪埭古称城山里,溪埭俞氏为次坞俞氏最大的分支。明成化十六年(公元1480年),溪埭俞氏始迁祖孝子公俞滔(1436-1502),字世则,行羲二十六,由次坞迁居于此,距今已有近600年的历史。溪埭三面环山,风景秀丽,早在清光绪年间编修的《国朝三修诸暨县志》中,就收录了诸暨店口籍文人冯为撰写的《溪埭山水记》一文。
27	牌头镇坑西新村	坑西新村位于诸暨市牌头镇东南部,距牌头镇9公里,东至金龙塔,南邻道人山,西靠勾乘山,北接茅草山冈和三保里。村域面积6.35平方公里,其中耕地1864亩、山林5924亩,由枫塘、蒋家坞、坑西3个自然村组成,现有人口886户,2320人,有楼、陈、何、张等姓。自枫塘张氏肇基者第十世始祖燧十四公爱山、燧十九公仰山建村,已历450余年。
28	牌头镇金龙塔村	金龙塔村位于诸暨市牌头镇东南部,地处古越国战场勾嵊山脚,与义乌、璜山、街亭毗邻,距牌头镇9公里,东与桐树林村相连,南与道人山接壤,西与坑西新村相邻,北与街亭镇许村相接。村域面积7.5平方公里,其中水田1170亩、山林6048亩,由寺龙、金坑、樟塔3个自然村组成,现有人口759户,2092人,以许姓为主,另有周、何等姓,寺龙多数为何姓,金坑则以许姓和周姓为主,樟塔则以许姓和陈姓为主。
29	牌头镇同文村	同文村位于诸暨市牌头镇的东南面,坐落在浦阳江旁,与牌头集镇相近,交通便捷。村域面积3.16平方公里,其中水田1268亩、旱地109亩、林地1088亩,由水霞张、金家山头、马家弄3个自然村组成,现有人口857户,2248人,有张、金、周、马等姓氏。水霞张村,据传在五百年前有一诗人从浦阳江西边乘竹排路过此地,喝酒微醉,诗兴大发,题"秋水落霞"一诗,为此取名水霞庄,因当地张姓为多,故名水霞张。马家弄村,以马姓为主,故名马家弄。金家山村,原名金山,因有重名,1981年更名为金家山头。金氏祖先约600年前随战乱迁入,因住在小山头旁,故名金家山头。
30	牌头镇三保里村	三保里村位于诸暨市牌头镇东南,距镇区6.5公里,距诸暨市区17公里,诸齐线穿村而过。村域面积9.49平方公里,其中水田1380亩、旱地300亩、林地10000亩,由珠村、梅溪、后充岭3个自然村组成,现有人口795户,2018人,以周、何两姓为主,另有宣、张、钱、陈、王等姓氏。东周时期,朱姓已在此定居,后越王勾践在村旁勾乘山作战,为志纪念,在"朱"姓旁加了个"王"为珠,并以此为村名。

序号	村名	简介
31	安华镇宣何村	宣何村位于诸暨市安华镇，地处勾乘山南麓，善坑岭之阴，与义乌接壤。村域面积5.17平方公里，由宣一、宣二、赵宅3个自然村组成，现有人口768户，2084人。南宋乾道八年（公元1172年），宣何村何氏始祖何易公从龙泉迁至善溪，距今已有800余年。
32	安华镇珠峰村	珠峰村位于诸暨市安华镇西南部，东临大陈江，南北接壤五指山村、勤荣村，西接浦江县，距诸暨市区25公里，G60高速、杭金线穿村而过，交通便利。村域面积1.92平方公里，由邵家塘、周家村、杨茂岭、方家坞4个自然村组成，现有人口612户，1890人，以周、邵、陈姓为主。珠峰村后珠峰山顶是两山间的一座圆形小山峰，呈龙珠状，村名因此而得名。
33	安华镇丰江周村	丰江周村位于诸暨市安华镇，村域面积3.01平方公里，由丰一、丰二、丰三3个自然村组成，现有人口845户，2224人，以周姓为主，另还有宣、钟、朱、陈、王、潘、杨、赵、何等姓。元延祐七年（公元1320年），丰江周村的祖先就在这块土地上繁衍生息，历尽艰辛，开垦荒地，造就村落距今有近700年的历史。诸暨南门周氏五十一世祖，行序五，讳魁，赘塘头宣，卜宅丰江，是为丰江周始祖。生子行良七，讳圣安，良生性一、性二、性三、性五，性三公迁居下丰江。丰江周村名是以江为名。浦阳江安华段原名叫丰江，流入浣江。安华水库地方原叫丰江弄。明隆庆进士任袁州、常州推官南阳氏周继夏在明万历九年（公元1581年）仲春撰写的《横水堰记》一文中叙述："暨南去县治五十里丰山之旁，周氏聚族居焉。村落绵亘三里许，其前野名金霞畈，阡陌纵横，亩计二千有奇，地势高旷，遇旱虐岁比不登，农者窃以为苦……公思伸前志，曳杖步浣水上游，登金鹅、覆斗之麓，两山对峙如咽喉，然环视者久之，恍然曰：'得之矣！浦水滚滚横流注东，曷不截此水而为堰乎？'于是役丁壮聚沙筑堤，不日而堰成，遂名曰横水堰。金霞一畈藉此灌溉，且由歉而转丰，故名其江亦为丰江。"
34	安华镇新一村	新一村位于诸暨市安华镇西北面，地处浦阳江与大陈江交汇处，距诸暨市区20公里，西山渠道沿村山地而过，杭金衢高速、杭金公路穿村而过，交通发达便捷。村域面积3.04平方公里，其中耕地1602亩、山林1749亩，由湖塘沿、江水沿、绍佳泉3个自然村组成，现有人口926户，2507人，有周、陈、曹等姓。湖塘沿自然村东靠江山沿，南临浦阳江，西接绍佳泉，北接丰江周。东西边有大小湖塘两个，祖先定居时，村址在湖塘边，故而得名。有姓氏11个，以周、徐两姓为主，系丰江周一世祖周魁之后，传八世至宋丹，明朝时迁居湖塘沿。徐祖友三，清同治年间，由绍兴蒋家楼逃荒至此定居。江水沿自然村东南临浦阳江，西临湖塘沿，北接丰江周。据传，原浦阳江、大陈江自南而下在该村旁汇合，江山深宜泊，系上至浦江、义乌，下至诸暨、杭州的船舶通航要道，最重要的货物集散之地，原住俞家滩的祖先遂向江边发展，故名江水沿。有姓氏46个，以周姓为主，系丰江周一世祖周魁之后，明万历二年时迁居于此。绍佳泉自然村东接湖塘沿，南临浦阳江，西靠安华水库。相传，因浦阳江穿村而过（后江水改道），村中多泉水，村北山脚有邵姓居住，因而名邵佳泉。后邵姓绝迹，由于当时属绍兴府治，故改名绍佳泉。有姓氏51个，以周姓为主，系丰江周一世祖周魁之后，传八世至周守弦，明朝时居绍佳泉。

序号	村名	简介
35	安华镇五指山村	五指山村位于诸暨市安华镇西面，与汤江岩旅游景区毗邻，距离安华镇3公里，东至03省道，西至杭金衢高速公路，距诸暨市区24公里。村域面积2.45平方公里，由五指山、大地塔、石塘3个自然村组成，现有人口503户，1226人，以周姓为主，另有曹、寿、陈、王等姓。因村后山巅有岩柱六支，一支稍离而短大，形似一拳，另五支排列整齐，形同手掌，五指逼真，故名五指山村。诸暨曾是吴越之争的古战场，勾嵊山是吴越王允常、勾践父子俩建都屯兵之山，五指山离勾嵊山只有十余里之遥。相传在春秋时期，五指山村就见证了"吴越之争"。到了宋朝，村中居住者甚多，至今尚存遗迹——里厅屋。明洪武年间，五指山周姓始迁祖周仕昇（辉五公）从诸暨南门三踏步徙居于此。周仕昇是宋代理学家周敦颐第十三世孙。
36	同山镇边村村	边村村位于诸暨市同山镇西南面，距离诸暨市区30公里，村域面积3.5平方公里，其中耕地面积341.8亩、山林面积3856亩，由南日、上边、下边、王宅畈、仙家岭5个自然村组成，现有人口1042户，3000余人。边村村主要农作物有水稻、小麦、油菜等；水果有樱桃、枇杷、桃子、李子、提子等，素称"水果之乡""高粱酒之乡"。北宋靖康元年（公元1126年），宋室南渡时，节度副使边隆扈驾抵杭，后为保护海疆至温州松门里（今温岭县松门镇），在松门居住下来，生三子，幼子边谨，行亿三，承奉郎，性嗜山水，游观暨阳，见同山南源境地清秀，遂乔迁边村。800多年过去，边氏子孙绵延三十余代，已繁衍成一个大族。
37	同山镇唐仁村	唐仁村位于诸暨西南部同山镇，地处六峰山下，村域面积4.1平方公里，由唐仁、殿前2个自然村组成，现有人口850户，2400人，以寿姓为主，是同山镇最大的寿姓聚居地。自宋室南渡，寿姓先祖迁居于此，已有近千年的历史。
38	五泄镇十四都村	十四都村位于诸暨西部五泄镇，紧邻国家5A级五泄风景区，距主景区2公里，距诸暨市区15公里。村域面积4.63平方公里，其中耕地面积1523亩、山林坡地4472亩，由藏绿、狮象、前庄畈、塘头4个自然村组成，现有人口959户，人口2437人，以周姓为主。十四都村是我国宋代大理学家周敦颐裔孙聚居村落。明正德十五年（公元1520年），周敦颐第二十四世孙、藏绿周氏始祖周廷琮（清三公）由余姚浒山迁居于此，以万金买邻，筑藏绿居焉，至第五世明万历朝开始向外迁徙五泄塘头、狮象、前庄坂、霞庄，至第十、十一世乾隆嘉庆年间，十四都古村落遂形成，至今已有500年历史。

序号	村名	简介
39	赵家镇赵家社区	赵家社区位于诸暨市赵家镇南部,绍诸高速东侧约 6 公里,西邻枫桥镇,距绍兴市区、诸暨市区均不到 30 分钟车程,区位优越、交通便捷。村域面积 9.6 平方公里,其中耕地面积 2503 亩,由赵一、赵二、赵三、赵四、菩提、芦狮、上下坞 7 个自然村组成,现有人口 1621 户,4500 余人。村经济结构以农业为主,家庭轻纺为辅,发展现代旅游服务业。南宋宝祐年间,燕王德昭(宋太祖赵匡胤次子)十世孙、兰台赵氏始迁先祖赵孟良自山阴柯山(今绍兴柯岩)迁诸暨长阜乡兰台。现存赵家宗庙内的《兰台古社碑记》记载:"暨阳之东六十里,里曰兰台,有孟良公于南宋宝祐中自山阴柯山,负其祖父吉国公枢密使二柩,来窆于檀溪之西,卜居守墓特建土谷祠。"760 多年来,兰台赵氏子孙繁衍,聚族而居,成暨东望族。据《光绪诸暨县志》载:"兰台里,居民皆赵姓,人文秀出,甲于县东,分上下赵,聚族数百家。村口有兰台古社。"赵家宋时为长阜里,兰台之名,始设于元代,民国年间改为赵家,是诸暨东部赵姓集聚地。
40	赵家镇花明泉村	花明泉村位于诸暨市赵家镇,地处五鹫山麓西侧,黄檀溪畔,北毗连千亩良田,距赵家镇政府 0.5 公里。村域面积 6.44 平方公里,由花明泉、夏湖、后京 3 个自然村组成,现有人口 1314 户,3481 人。花明泉村历史悠久,何姓祖先由南宋江淮庐江郡迁徙定居于此,至今已有 800 多年。花明泉村山川秀美,文化昌盛,地灵人杰,民风淳朴,耕读传家,人才辈出。著名书法家、教育家何蒙孙、地方绅士何晚孙、爱国民主人士何燮侯、爱国将领何竞武、武术大师何长海等一大批先贤俊才均出自花明泉村。
41	赵家镇榧王村	榧王村位于诸暨市赵家镇东南部,地处会稽山麓,距诸暨市区 32 公里,距绍兴市 35 公里,平均海拔 500 米以上。村域面积 6.02 平方公里,其中香榧林 3000 亩、茶园 1545 亩、耕地 494 亩,由西坑、钟家岭 2 个自然村组成,现有人口 608 户,2060 人,以骆、蔡姓为主。作为诸暨香榧主产区,榧王村是远近闻名的香榧专业特色村。村落掩映于古香榧林中,全村共有百年以上树龄的香榧树 1.6 万棵,可谓榧林蔓茂、古树森森。
42	赵家镇东溪村	东溪村位于诸暨市赵家镇东南部,地处国家级香榧森林公园入口处,上谷溪南北贯穿村落,故名东溪。村域面积 10.45 平方公里,现由皂溪、东张坞、丁家坞 3 个自然村组成,现有人口 667 户,1980 人,有何、韩、王、张等姓。
43	赵家镇泉畈村	泉畈村位于诸暨市赵家镇,地处会稽山山麓,香榧森林公园入口。村域面积 8.68 平方公里,其中耕地 2929 亩、林地 1000 亩,由泉一、泉二、泉三、泉四、山口和檀岙 6 个自然村组成,现有人口 1250 户,3338 人,有何、赵、吴等姓氏。泉畈因井灌而得名,泉上有畈、畈中有泉、泉在畈中的意思,泉畈古井,及井上之拗,历史悠久,规模庞大,因井水充盈,形成泉畈独特的农耕文化和生活方式。何、赵祖先自南宋迁居至此,垦田凿井以事耕读,人口渐繁,并成当地望族。泉畈村是太平天国将领何文庆、五卅运动主要领导人之一汪寿华的故里,村内保留有省级文物保护单位何文庆故居和诸暨市文物保护单位汪寿华故居。

序号	村名	简介
44	岭北镇岭北周社区	岭北周社区位于诸暨市岭北镇，村域面积 16.6 平方公里，其中耕地面积 1372 亩、山林面积 21193 亩，由岭北周、下新屋、高台门、桐坑、西周、船山 6 个自然村组成，现有人口 1358 户，3725 人，以周姓为主。岭北周自然村内保存有凤岐堂、彝训堂、九如堂、七份厅、麟振堂等乡土建筑，已被公布为县级文物保护单位。高台门自然村内保存有崇孝楼、光裕堂、洋房等古建筑，也已被公布为县级文物保护单位。
45	岭北镇岭顶村	岭顶村位于诸暨市岭北镇西南角，村域面积 4.46 平方公里，其中耕地 283 亩、山林 5848 亩，由大岭头、西山头、大恬、礼户 4 个自然村组成，现有人口 463 户，1242 人，以周、陈两姓为主。明洪武年间，礼户自然村周氏始迁祖道智公，字仁，排行老三，又称仁三公，自东阳玉山迁居而来，历史悠久。
46	璜山镇溪北村	溪北村位于诸暨市璜山镇西南，距离诸暨市区 20 多公里。东临龙泉溪，前有萃溪从东山下过境，后有龙泉溪流经溪口接纳梅溪之水，西有吴峰山，蜿蜒向北环抱。因坐落于梅溪（化泉江）之北，故称"溪北"。村域面积 2.2 平方公里，其中耕地面积 1246 亩、林地 1853 亩，由溪北、下马宅 2 个自然村组成，现有人口 590 余户，1590 余人，以徐姓为主，另有陈、沈、宣等姓。经济结构以农业生产和外出务工为主，村内主导产业为葡萄、大棚蔬菜、笋干。清康熙五十三年（公元 1714 年），大成徐氏第十二世徐俊（1658—1721），字胜千，行祥十八，率家迁居此地，建宅"行五堂"。同宗的英十二公为"其仁堂"，又有上马宅同宗筑宅于"其仁堂"之侧，名为"鸿顺堂"，称下溪北。徐俊建学堂、宗祠，合称溪北村，今有陈、沈、宣、郭、曹、傅、黄、蔡、史等姓氏同居一村。
47	璜山镇黄家店村	黄家店村位于诸暨市璜山镇西南部，毗邻东阳和义乌，距镇中心 15 公里。村域面积达 23.1 平方公里，是诸暨最大的行政村，由半丘、茅塘、黄家店 3 个自然村组成，现有人口 386 户，1044 人，有黄、严、叶等姓氏。半丘自然村，相传明代时严氏祖先从东阳严国移居此落宅，原大溪也有两坵田，一丘在溪东，一丘在溪西，方称伴丘，后来演变成半丘；茅塘自然村，相传元时叶氏祖先从义乌杜门移居此地，该地当时茅草丛生，还有一个浆塘，故得名茅塘。又因坐落在山上，又称茅塘山顶；黄家店自然村原系杨姓故居，因地处诸义东三县通衢，在明清中叶，黄氏祖先从浬浦外庄迁入此地，营业开店，故名黄家店。黄家店是金萧支队成立地，也是"风车口惨重"发生地，建有金萧支队纪念馆，属绍兴市党史教育基地。
48	璜山镇大门村	大门村位于诸暨市璜山镇东南角，地处璜山、东白湖、陈宅三镇交界点，距璜山镇集镇 6 公里。村域面积 9.2 平方公里，由上三畈、翁家山、下坞、杨庄、杨松、溪竹 6 个自然村组成，现有人口 750 户，2187 人，有翁、杨、王等姓氏。

序号	村名	简介
49	店口镇侠父村	侠父村位于诸暨市店口镇西南部，东临浦阳江，西跨越坑坞山，南接直埠镇，北邻次坞镇，茅湄公路穿村而过。村域面积8.7平方公里，其中耕地2817亩、山林7255亩，由长澜、姚家墩、陈姜3个自然村组成，现有人口1327户，3722人，以宣、石两姓为主，因革命烈士宣侠父而得名。侠父村地理位置得天独厚，暨北之屏杭坞山省级森林公园就在村域内。长澜自然村曾是诸北重要的物资集散中心，明代以前称"下浦"，因来自浦阳江、杭坞山的洪水长期不退，明代之后称之为"长澜浦"。长澜始祖姓氏为邵、时、罗、宣、俞等，现俞姓尚存少数，宣姓曾发为望族，石姓后来居上，现人口已占半数以上。
50	店口镇何家山头村	何家山头村位于诸暨市店口镇中南部，东连大白浦村，南接阮家埠村，西临广山村，北靠朱家站村，距诸暨市区25公里。村域面积6.3平方公里，其中耕地4152亩、山林2081亩，由佳山、新中、新华、何家塔4个自然村组成，现有人口1604户，4287人，有何、陈、姚、王等姓氏。
51	姚江镇梓尚阁村	梓尚阁村位于诸暨市城北姚江镇境内，东邻江藻村杜月坞，南接浣东街道盛兆坞，西连浦阳江，北接墨城坞村，距姚江集镇6公里，距诸暨市区12公里，诸店公路穿村而过，水陆交通便利。村域面积5.31平方公里，其中水田1576亩、旱地1250亩、山林4300亩，由江阁、梓里、尚武3个自然村组成，现有人口1012户，2643人，以王姓为主，另有张、盛、钱等姓。梓尚阁村三面环山，一面临水，浦阳江似一条玉带飘柔而过。大洋山、九江山、大岭岗等群山环抱，古木参天，风景秀丽，环境优美。
52	浬浦镇盘山村	盘山村位于诸暨市浬浦镇西面，东邻浬浦村，南临外浦村，西接陶姚村，北临花厅村，诸东线村旁穿过，距诸暨市区16公里，交通便捷。村域面积5.81平方公里，其中水田1154亩、旱地500亩、林地4500亩，现有人口815户，2099人，以蒋姓为主。盘山村依山傍水、风景秀丽，陈蔡江穿村而过，因村后之山形如石磨，又似仰放的盘子，故名磨石山村，新中国成立后改名为盘山村。
53	陈宅镇石壁湖村	石壁湖村位于诸暨市陈宅镇境内，距诸暨市区30公里。村域面积7.23平方公里，由石壁脚、理家、新联3个自然村组成，现有人口485户，1325人，为蔡姓集聚之地。石壁脚自然村因村后山南有岩石崭绝，壁立百仞，村处山脚，故名。石壁蔡氏为周文王五子叔度后裔，叔度封蔡国，后以国为姓，其后繁衍世居洛阳。唐天宝年间，毕方公为江南东道采访宜使任会稽官署，子蔡本居绍（为绍蔡氏世祖），后与子蔡源后共返洛中，第六世孙蔡宏居乌岩为乌岩世祖，乌岩蔡氏第13代庆八十一公蔡本，字廷化，定基石壁，为石壁世祖，源于明代。石壁蔡氏属乌岩蔡氏一脉，与乌岩蔡氏同谱。

续表

序号	村名	简介
54	东白湖镇斯宅村	斯宅村位于诸暨市东白湖镇东南部，处于会稽山脉西麓东白湖饮用水保护区。距东白湖镇 10 公里，距诸暨市中心 26 公里。村域面积 10.46 平方公里，由斯宅和鑫斯畈 2 个自然村组成，现有人口 993 户，2701 人，以斯姓为主。村内第一产业以高山茶、板栗、香榧为主。近年来，乡村旅游产业日益发展。斯宅村地处峰峦林立的山区之中，东南部有螺蛳峰，海拔 984 米；东北部有湖塘冈，海拔 864 米；南部为诸暨第一高峰太白尖，海拔 1194.7 米；西部有黄箕山，海拔 651.8 米；北部有五指山，海拔 674 米。上林溪穿村而过流入村西陈蔡水库。村落西北部地势较为平坦，民居沿蜿蜒的溪水布置，大多为坐北朝南，形成多个团块，整体呈带状分布。
55	东和乡冯蔡村	冯蔡村位于诸暨市东和乡东部，会稽山南麓，距离市区 28 公里。村域面积 8.22 平方公里，其中水田面积 494 亩，耕地 443 面积，竹林面积 9000 余亩，由吉竹坑、上蔡、冯蔡、施家坞 4 个自然村组成，现有人口 585 户，1675 人，冯姓诸多，次为金、楼、蔡姓。冯姓，主要在冯蔡、施家坞自然村。始祖讳子讓，字應祥，南宋绍兴三年（公元 1133 年），由嵊邑西门迁入。其父牧之，在北宋元祐二年（公元 1087 年），登进士第授泉州府太守。蔡姓，主要在冯蔡自然村。宋时由石壁乌岩蔡迁入，与上步溪、蒲里坞共祖宗，至今已有约 800 余年历史。始祖千八公尧正，南宋淳祐二年（公元 1242 年），登进士第授左司谏历官、荆南府尹。蔡尧正父宗鼎，字宏卿，中进士，刑科给事，南宋德佑元年（公元 1275 年）卒，享年 92 岁。宗鼎父元二公，皇帝封以子贵赠刑科给事，其母冯商公之女，也以子贵封恭人。尧正至曾祖父四代为官。金姓，主要在吉竹坑自然村。自东阳迁徙而至，距今有 400 余年历史。此姓原为刘姓，据《吴越备史》所载：五代十国时期的吴国君主钱镠，为避"镠"和"刘"的名讳，下诏将吴越国中的刘氏族人皆改为金氏。世代相传至今，也就是"活金死刘"之传说的典故。楼姓，分布于上蔡自然村。夏禹原姓姒，受舜禅即天子位，南巡狩崩于越，葬会稽东十二里许其陵也，传至履癸被放。二子仲和、仲礼奔隐会稽，依禹陵居焉。改姓"娄"。待到汉灭商后，武王授封先代帝后，追求夏裔隐居会稽得三十六世孙。讳云衢，诏入谨见，封于杞高其行谊，赐号东楼，自后子孙仍以祖号为氏，而姓于楼。所以说"姒姓、娄姓、楼姓"亦同一姓也。上蔡楼姓是枫桥开先堂迁徙而至，是夏禹第一百二十五世孙，至今已有近 400 年历史。
56	东和乡十里坪村	十里坪村位于诸暨市东和乡西北部，距离诸暨市区 25 公里。村域面积 6.4 平方公里，由卓溪、朱村 2 个自然村组成，现有人口 850 户，2543 人，有卓、王两姓。是国家级非物质文化遗产"西路乱弹"传承基地。
57	东和乡子和村	子和村位于诸暨市东和乡境内，村域面积 2.49 平方公里，其中水田 378 亩、旱地 571 亩、山林 1533 亩，由小坑、凤山 2 个自然村组成，现有人口 405 户，1028 人，有朱、唐、李、周等姓氏。全村除水稻外，茶叶、香榧、竹笋、竹制品也是村民的主要经济来源。

序号	村名	简介
58	东和乡友谊村	友谊村位于诸暨市东和乡东部，地处走马岗山脚下，金王公路穿村而过。村域面积8.7平方公里，其中水田591亩、旱地665亩、林地7384亩，由篁村、王六、金王、新桥头、外娄沟、里娄沟6个自然村组成，现有人口811户，2363人，有陈、赵、金、王等姓氏。友谊村四周群山环绕，河流清澈，风景如画，竹海连绵，素有"竹乡"之称，是国家级有机食品基地、省级毛竹精品园区，盛产春笋、冬笋、象牙笋、鞭笋、笋干、绿柿、茶叶等特色农产品。
59	东和乡姚邵畈村	姚邵畈村位于诸暨市东和乡境内，村域面积6.28平方公里，其中水田1517亩、旱地1677亩、林地4161亩，由上姚、下姚、邵家坞、岩畈4个自然村合并组成，现有人口972户，2800余人，以姚、邵、章三姓为主，另有卓、冯、周、毛、谢、李、骆、何、楼、王、张、吴、杜等，是一个多姓氏的村落。姚邵畈村是东和乡最大的象牙食用笋基地，另外传统农业主要种植水稻、玉米、番薯、豆类等。北宋时期，姚氏始迁祖姚舜明从嵊县迁居姚家庵坞里，后官拜太师，丁齿日繁。其后部分外姓居民陆续迁入，人口越来越多。宋末元初，邵家坞邵氏始祖万二公，讳子远，自布谷岭迁居于此，历经700余年，传28代。明初，岩畈章氏先祖迁居于此。
60	东和乡大林村	大林村位于诸暨市东和乡东南部，距乡政府所在地5公里。村域面积5.98平方公里，其中水田735亩、旱地1365亩、山林3571亩，由大林、杜家坞、上梧岗3个自然村组成，现有人口784户，1970人，以周姓为主，另有郭、宣、吴、朱、蔡等姓氏。

附录6: 诸暨历史文化村落航拍图

1. 上下文村

2. 里蒋村

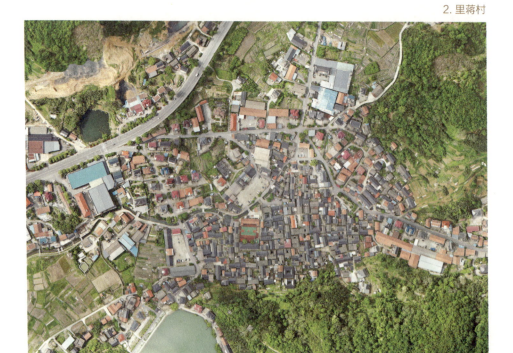

3. 桥头村

4. 上余村

5. 银杏村

6. 冠山村

7. 周村村

8. 新胜村

9. 新华村

10. 金杜岭村

11. 郭叶柏村

12. 刘家山村

13. 盛兆坞三村

14. 白鱼潭村

15. 石门村

16. 马剑社区

17. 栗金村

18. 相公殿村

19. 状元村

20. 上和村

21. 马益村

22. 十二都村

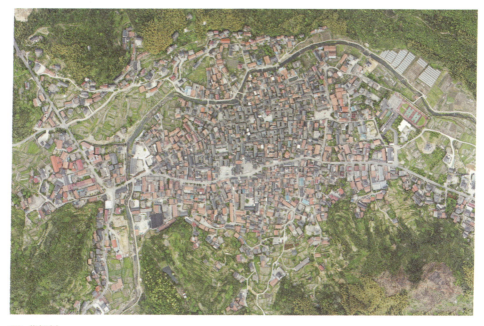

23. 紫阆村

24. 次坞社区

25. 白马新村

26. 溪埭村

27. 坑西新村

28. 金龙塔村

29. 同文村

30. 三保里村

31. 宣何村

32. 珠峰村

33. 丰江周村

34. 新一村

35. 五指山村

36. 边村村

37. 唐仁村

38. 十四都村

39. 赵家社区

40. 花明泉村

41. 榧王村

42. 东溪村

43. 泉畈村

44. 岭北周社区

45. 岭顶村

46. 溪北村

47. 黄家店村

49. 侠父村

50. 何家山头村

51. 梓尚阁村

52. 盘山村

53. 石壁湖村

54. 斯宅村

55. 冯蔡村

56. 十里坪村

57. 子和村

58. 友谊村

59. 姚邵畈村

60. 大林村

附录 7：诸暨历史文化村落重要建（构）筑物一览表

乡（镇）街道）名	村名	序号	古建筑名称	类别	年代		结构材料	层数	使用情况	占地面积（m²）
	上下文村	1	尚文大厅	县保点	明清		砖木	1	家宴中心	600
		2	暨阳蕾山杨氏宗祠	传统建筑	明嘉靖年间		砖木	2	"淡溪乡校"旧址，文化礼堂	800
		3	霞文大厅	传统建筑	清代		砖木	2	闲置，白事	200
		4	西林禅寺	传统建筑	明末		砖木	1	庙宇	300
		5	双柳庵	传统建筑	明末		砖木	1	庙宇	100
		6	尚文"三房冷水井"	历史环境要素	清代		砖石	1	古井	–
		7	霞纹"村前井"	历史环境要素	清代		砖石	1	古井	–
		8	尚文祠堂桥	历史环境要素	清雍正年间		砖石	1	通行	14M
大唐街道	里浦村	1	龙凤花厅	县保单位	南宋乾道年间		砖木	1	空置	206
		2	御史第	县保单位	清嘉庆十四年（1809年）		石	1	通行，休憩空间	20
		3	雍睦堂	传统建筑	清代		砖木	2	宗族，廉政文化展示	200
		4	乐安桥	历史环境要素	清宣统年间		石板	–	通行	6M
		5	七房桥	历史环境要素	清代		石板	–	通行	6M
	桥头村	1	明教寺	传统建筑	始建于五代后晋天福七年（942年），1990年修建		砖木	1	宗教活动场所，"诸暨市五好宗教活动场所"	2000
		2	古厅堂	传统建筑	清代		砖木	1/2	部分居住	800

续表

乡（镇、街道）名	村名	序号	古建筑名称	类别	年代	结构材料	层数	使用情况	占地面积（m²）
	桥头村	3	墅畈大厅	传统建筑	清代	砖木	1/2	部分居住	500
		4	古井	历史环境要素	—	—	—	水井	—
	上余村	1	杨氏宗祠	传统建筑	清代	砖木	2	红色庄余霞陈列馆	1500
		2	庄余霞古民居1	传统建筑	清代	砖木	2	居住	2000
		3	庄余霞古民居2	传统建筑	清代	砖木	2	居住	300
		4	庄余霞古民居3	传统建筑	清代	砖木	2	居住	500
		5	太公墓	历史环境要素	清康熙五十三年（1714年）	砖混	—	古墓	300
		6	岭上畈银河桥	历史环境要素	民国十三年（1924年）	石拱桥	三孔	通行	45
大唐街道		7	庄余霞樟树古树群（29株）	历史环境要素	—	—	—	古树	—
	银杏村	1	蒋明达故居	传统建筑	清代	砖木	2	空置	100
		2	霞度古民居	传统建筑	清代	砖木	2	居住	500
		3	宗祠	传统建筑	清代	砖木	1/2	综合文化服务中心、居家养老中心	300
		4	左溪古民居1	传统建筑	清代	砖木	2	部分居住	1000
		5	左溪古民居2	传统建筑	清代	砖木	2	居住	200
		6	左溪古民居3	传统建筑	清代	砖木	2	居住	500
		7	下蔚四院前屋	传统建筑	清代	砖木	2	部分居住、个人书画馆	600

续表

乡(镇、街道)名	村名	序号	古建筑名称	类别	年代	结构材料	层数	使用情况	占地面积(m²)
大唐街道	冠山村	1	侯氏宗祠	传统建筑	清康熙年间	石木	1/2	居家养老中心	1000
		2	古民居1	传统建筑	清代	砖木	2	空置	300
		3	古民居2	传统建筑	清代	砖木	2	空置	600
		4	古民居3	传统建筑	清代	砖木	2	空置	300
		5	路亭(得中道地亭)	历史环境要素	明万历年间	砖石	-	通行、休息	20
		6	上同源古井	历史环境要素	南宋乾道元年(1165年)	-	-	水井	-
暨南街道	周村村	1	周氏宗祠	县保单位	清中期	砖木	1/2	文化礼堂(农家书屋、文艺中心、乡村记忆馆)	1130
		2	上间檐	传统建筑	清晚期	砖木	1/2	部分居住	400
		3	克峻堂	传统建筑	清末民初	砖木	2	部分居住	1210
		4	新八份	传统建筑	清晚期	砖木	2	部分居住	837
		5	承二房	传统建筑	清代	砖木	2	部分居住	590
		6	老屋	传统建筑	清代	砖木	2	空置	1014
		7	老八份	传统建筑	清代	砖木	1/2	空置	1988
		8	坑南新屋	传统建筑	民国	砖木	2	空置	548
		9	下新屋	传统建筑	民国	砖木	2	空置	353
		10	三份头	传统建筑	清代	砖木	2	部分居住	1438
		11	前后四房	传统建筑	清代	砖木	2	部分居住	800

续表

乡（镇、街道）名	村名	序号	古建筑名称	类别	年代	结构材料	层数	使用情况	占地面积（m²）
暨南街道	新胜村	1	新胜古建筑群（大和堂）	省保单位	清光绪年间	砖木	2	部分居住	1678
		2	新胜古建筑群（前新屋）	省保单位	清咸丰年间	砖木	2	部分居住	3196
		3	古民居	传统建筑	清代	砖木	1/2	部分居住	300
		4	郦陈桥	历史环境要素	清代	石拱桥	单孔	通行	18
	新华村	1	傅氏宗祠	传统建筑	清乾隆十七年（1752年），2009年重修	砖木	2	文化礼堂（抗战纪念馆，清风梅骨厅、村史馆）	800
		2	蓝田上新屋	传统建筑	清代	砖木	1	红白喜事场所	400
		3	狮子岩寺庙	传统建筑	始建于元至正二十年（1360年），2017年重建	砖木	1	民间信仰场所	600
		4	梅花牌坊	历史环境要素	清嘉庆九年（1804年）	石	—	牌坊	10
	金杜岭村	1	杜氏宗祠	县保点	始建于明天顺四年（1460年），修建于2019年	砖木	1/2	文化礼堂（书法展示、乡村图书馆，金杜岭村儿童之家，金杜岭村文化活动中心）	700
		2	山王老宅	传统建筑	清代	砖木	1/2	部分居住	300
		3	杜五老宅	传统建筑	清代	砖木	2	居住	200
		4	杜干门里	传统建筑	清代	砖木	2	部分居住	600
		5	杜有佐屋	传统建筑	民国	砖木	2	居住	300
		6	杜鼎学屋	传统建筑	清代	砖木	2	居住	200
		7	黄盂忠老宅	传统建筑	清代	砖木	2	居住	300

续表

乡（镇、街道）名	村名	序号	古建筑名称	类别	年代	结构材料	层数	使用情况		占地面积（m²）
暨南街道	金杜岭村	8	山合老宅1	传统建筑	清代	砖木	1/2	空置		500
		9	山合老宅2	传统建筑	民国	砖木	2	部分居住		300
		10	里杜车庙	传统建筑	清代	砖木	1	庙宇		200
		11	里杜新庙	传统建筑	清代	砖木	1	庙宇		200
		12	钦褒节孝碑	历史环境要素	清光绪十年（1884年）	石	1	古碑		10
		13	古井	历史环境要素	—	—	—	水井		—
暨阳街道	郭叶柏村	1	中共诸暨县委"一大"会址	县保单位	1927年	砖木	1	文化展示		40
		2	郭家坞郭氏宗祠	县保点	清代	砖木	2	白事场所		700
		3	叶氏祠堂	传统建筑	清代	砖木	1	红白喜事		450
		4	宝寿禅寺	传统建筑	唐大中八年（854年）	砖木	1/2	庙宇		1000
		5	滴水禅寺	传统建筑	唐天祐年间	砖木	1/3	庙宇		3000
陶朱街道	刘家山村	1	刘氏太公堂	传统建筑	明代	砖木	2	文化展示		900
		2	刘氏宗祠下祠堂	传统建筑	明清	砖木	1	空置		1000
		3	刘尧臣老屋	传统建筑	明末清初	砖木	2	居住		800
		4	刘忠信老屋、刘先根老屋	传统建筑	明末清初	砖木	2	空置		1400
		5	刘国尧老屋	传统建筑	明末清初	砖木	2	空置		400
		6	刘国江老屋1	传统建筑	明末清初	砖木	2	居住		500
		7	刘国江老屋2	传统建筑	明末清初	砖木	2	居住		600
		8	刘杨波老屋	传统建筑	明末清初	砖木	2	空置		500

续表

乡（镇、街道）名	村名	序号	古建筑名称	类别	年代	结构材料	层数	使用情况	占地面积（m²）
陶朱街道	刘家山村	9	刘继平老屋	传统建筑	明末清初	砖木	2	空置	300
		10	刘天平老屋	传统建筑	明末清初	砖木	2	居住	300
		11	刘彰禄老屋	传统建筑	明末清初	砖木	2	居住	500
		12	刘国贤老屋	传统建筑	明末清初	砖木	2	空置	700
		13	刘海洋老屋	传统建筑	明末清初	砖木	2	空置	400
		14	刘先根老屋	传统建筑	清初	砖木	2	居住	500
		15	中央窗门香火	传统建筑	清初	砖木	2	空置	600
		16	古墓	历史环境要素	南宋	—	—	古墓	—
浣东街道	盛兆坞三村	1	陈氏宗祠	传统建筑	清乾隆四十四年（1779年）	砖木	1	文化礼堂（农家书屋、书画院）	700
		2	殷氏宗祠	传统建筑	清代	砖木	1	祭祀	300
		3	横塘新七间老七间	传统建筑	清末明初	砖木	2	部分居住	1500
		4	殷家村古民居	传统建筑	清代	砖木	2	部分居住	200
		5	颍川小学旧址	一般建筑	始建于清光绪三十二年（1906年）	砖石	2	文化礼堂	400
	白鱼潭古村	1	斗门村长道地	传统建筑	明代	砖木	2	部分居住	8000
马剑镇	石门村	1	方氏宗祠	县保单位	清代	砖木	2	金萧支队旧址、文化礼堂分馆	1000
		2	朱家大厅	传统建筑	清代	砖木	2	居住	1500
		3	上山头方家厅	传统建筑	明末清初	砖木	1	空置	600
		4	周家大厅（仁义堂）	传统建筑	清代	砖木	2	居住	1200

续表

乡(镇、街道)名	村名	序号	古建筑名称	类别	年代	结构材料	层数	使用情况	占地面积(m²)
马剑镇	石门村	5	下山头方家厅	传统建筑	清代	砖木	2	"过小年"非物质文化遗产展示	600
		6	水口庙	传统建筑	清道光年间	砖木	2	庙宇	600
	栗金村	1	倪氏宗祠(树德堂)	传统建筑	清雍正二年(1724年)	砖木	2	养老服务照料中心	885
		2	百岁堂	传统建筑	清雍正十二年(1734年)	砖木	2	空置	1123
		3	带经堂	传统建筑	清雍正十二年(1734年)	砖木	2	空置	161
		4	三友堂	传统建筑	宋代	砖木	2	空置	1250
		5	锄经堂	传统建筑	清末	砖木	2	空置	215
	马剑社区	1	马剑古建筑群(戴氏宗祠)	省保单位	始建于清乾隆二十六年(1761年),同治五年(1879年)重建	砖木	1	历代名人纪念馆、戴良纪念馆、戴思恭纪念馆,革命历史展厅	1946
		2	马剑古建筑群(树德堂)	省保单位	清乾隆三十三年(1768年)	砖木	1	居住	2026
		3	马剑古建筑群(骏德堂)	省保单位	清代	砖木	2	非遗文化展示	610
		4	马剑古建筑群(敬义堂)	省保单位	清乾隆三十一年(1766年)	砖木	1	红白喜事	1150
		5	惇远堂	县保点	清宣统元年(1909年)	砖木	1	空置	1550
		6	永穆堂	县保点	清初	砖木	1	空置	520
		7	马剑荣顺堂	县保点	清嘉庆年间	砖木	1	空置	430
		8	广义祠	传统建筑	清康熙末年	砖木	1	空置	250
		9	大明堂	传统建筑	明末清初	砖木	2	居住	602

续表

乡（镇、街道）名	村名	序号	古建筑名称	类别	年代	结构材料	层数	使用情况	占地面积（m²）
马剑镇	相公殿村	1	相公殿古建筑群（应氏宗祠）	县保单位	清代	砖木	1	文化礼堂、道德讲堂、活动中心、民俗文化展示	1200
		2	相公殿古建筑群（山脚下总厅）	县保单位	明代	砖木	1/2	空置	1100
		3	相公殿古建筑群（大房厅）	县保单位	明代	砖木	2	居住	1000
		4	殿口庙	传统建筑	明清	砖石	1	祭祀	350
		5	古桥	历史环境要素	清代	石	—	通行	—
	状元村	1	赵氏宗祠	传统建筑	民国十年（1921年）	砖木	2	文化礼堂（耕读、清廉文化展示）	900
		2	胡氏宗祠	传统建筑	清代	砖木	2	空置	1000
		3	老坞底厅	传统建筑	明末清初	砖木	1/2	居住	2000
		4	上村老厅	传统建筑	明末清初	砖木	1	居住	4000
		5	里村老厅	传统建筑	明末清初	砖木	1	居住	2000
		6	塘坞畈老厅	传统建筑	明末清初	砖木	1	居住	3000
		7	寺坞敬睦堂	传统建筑	明末清初	砖木	2	居住	1500
		8	寺坞上新屋	传统建筑	明末清初	砖木	2	居住	2000
		9	寺坞横畈	传统建筑	明末清初	砖木	2	居住	3000
		10	坪顶艳清堂	传统建筑	明末清初	砖木	2	居住	1000
		11	才源小学	传统建筑	1940年代	砖木	1	坪顶私塾、中小学研学基地	300
		12	寺坞老中间	传统建筑	明末清初	砖木	1/2	居住	1200
		13	坪顶老厅	传统建筑	清代	砖木	1/2	居住	2000

续表

乡（镇）街道名	村名	序号	古建筑名称	类别	年代	结构材料	层数	使用情况	占地面积（m²）
马剑镇	上和村	1	树德堂	传统建筑	清嘉庆二十四年（1819年）	砖木	2	部分居住	4200
		2	增福庵	传统建筑	清康熙四十七年（1708年）	砖木	2	老年活动场地所	200
		3	永思堂	传统建筑	建于清康熙五十七年（1718年），1959年重建	砖木	2	文化礼堂（村民活动中心、陈嘴备将军史迹展示）	1200
		4	长吟轩	传统建筑	清乾隆十六年（1751年）	砖木	1	旧址	150
		5	南屏山馆	传统建筑	清咸丰六年（1853年）	砖木	1	空置	200
		6	修德堂	传统建筑	清乾隆二十九年（1764年）	砖木	2	部分居住	3600
		7	光裕堂	传统建筑	明正德十四年（1519年）	砖木	2	部分居住	1230
		8	小务本堂	传统建筑	清嘉庆年间	砖木	1/2	部分居住	1500
		9	务本堂	传统建筑	明万历二年（1574年）	砖木	1/2	部分居住	2400
		10	百福堂	传统建筑	清嘉庆十八年（1813年）	砖木	2	部分居住	2200
		11	崇厚堂	传统建筑	清嘉庆二十三年（1818年）	砖木	2	部分居住	300
		12	怀德堂	传统建筑	清道光元年（1821年）	砖木	2	部分居住	1600
	马益村	1	沈氏宗祠	县保单位	清光绪二十六年（1900年）	砖木	1/2	宗祠、老年活动室、作家协会	1200
		2	沈家大厅	县保单位	明代	砖木	1/2	红白喜事	3000
		3	寿昌鲸鱼化石	县保单位	晚侏罗纪	—	—	—	—
		4	大房厅	传统建筑	清代	砖木	1/2	红白喜事、居住	2900
		5	二房厅	传统建筑	清代	砖木	1/2	空置	4600
		6	三房厅	传统建筑	清代	砖木	1/2	空置	2800
		7	西山沿大厅	传统建筑	清代	砖木	2	空置	400
		8	三份头中厅	传统建筑	清代	砖木	1/2	红白喜事、居住	2300

续表

乡（镇、街道）名	村名	序号	古建筑名称	类别	年代	结构材料	层数	使用情况	占地面积（m²）
	马益村	9	四份头厅	传统建筑	清代	砖木	2	红白喜事、居住	2200
		10	山脚下厅	传统建筑	清代	砖木	2	红白喜事、居住	2500
		11	小房厅	传统建筑	清代	砖木	2	红白喜事、居住	2500
		12	后新屋厅	传统建筑	清代	砖木	2	红白喜事、居住	1880
		13	文述公故居	传统建筑	明代	砖木	2	空置	300
		14	沈正岳等住房	传统建筑	民国	砖木	2	居住	400
		15	沈正银等住房	传统建筑	建国以后	砖木	2	空置	200
		16	沈正行等住房	传统建筑	民国	砖木	2	空置	300
马剑镇		17	沈水明等住房	传统建筑	清代	砖木	2	居住	280
		18	寿正巨等住房	传统建筑	清代	砖木	2	居住	500
		19	刘保泉全等住房	传统建筑	清代	砖木	2	居住	500
		20	胡公殿	传统建筑	清顺治年间	砖木	1	祭祀	200
		21	关圣殿	传统建筑	清康熙二年（1663年）	砖木	1	祭祀	200
		22	土地山神庙	传统建筑	清末民初	砖木	1	祭祀	100
		23	沈家八古井	历史环境要素	—	—	—	水井	—
		24	猪槽岭古驿道	历史环境要素	宋代	—	—	通行	500M
		25	羊越岭古驿道	历史环境要素	宋代	—	—	通行	600M
应店街镇	十二都村	1	南孟子庙	传统建筑	南宋乾道六年（1170年）	砖木	2	传统文化传承展示馆	825
		2	圣旨碑	历史环境要素	清乾隆二十五年（1760年）	石	—	古碑	—

续表

乡（镇、街道）名	村名	序号	古建筑名称	类别	年代	结构材料	层数	使用情况	占地面积（m²）
		1	徐氏宗祠（咸正堂）	传统建筑	始建于明永乐十一年（1413年），重建于清乾隆二十二年（1757年）	砖木	2	文化礼堂	1400
		2	天宝福	传统建筑	清光绪二十四年（1898年）	砖木	2	居住	250
		3	葆和堂	传统建筑	清同治十二年（1873年）	砖木	2	居住	500
		4	裕隆	传统建筑	清光绪十四年（1888年）	砖木	2	居住	750
		5	官地泰和堂	传统建筑	清乾隆五十二年（1787年）	砖木	2	居住	300
		6	同泰（中科院院士故居）	传统建筑	清宣统元年（1909年）	砖木	2	空置	3500
		7	七房门堂（徐自强将军宅）	传统建筑	清乾隆五十八年（1793年）	砖木	2	居住	500
应店街镇	紫阆村	8	同裕康三层楼	传统建筑	清光绪三十四年（1908年）	砖木	3	居住	400
		9	秋记留余堂	传统建筑	清宣统元年（1909年）	砖木	2	居住	600
		10	济生堂	传统建筑	明代	砖木	2	居住	500
		11	老元隆	传统建筑	清宣统元年（1909年）	砖木	2	居住	400
		12	胜贤房	传统建筑	明代	砖木	2	居住	1000
		13	同茂	传统建筑	清代	砖木	2	居住	350
		14	小三元	传统建筑	清代	砖木	2	居住	1000
		15	六房老宅	传统建筑	明代	砖木	2	居住	600
		16	后书房	传统建筑	清代	砖木	2	居住	300
		17	上二房	传统建筑	明代	砖木	2	空置	750
		18	中二房	传统建筑	清末	砖木	2	居住	1100
		19	下二房	传统建筑	清末	砖木	2	居住	1100

续表

乡（镇、街道）名	村名	序号	古建筑名称	类别	年代	结构材料	层数	使用情况	占地面积（㎡）
		20	九大	传统建筑	清末		砖木	2	居住	700
		21	尚书门第	传统建筑	明代		砖木	2	居住	650
		22	乾泰	传统建筑	清代		砖木	2	居住	300
		23	三元	传统建筑	清代		砖木	2	居住	980
		24	方家	传统建筑	明代		砖木	2	居住，仅剩门楼	250
		25	廿四房	传统建筑	明代		砖木	2	居住	840
		26	老年四房	传统建筑	明代		砖木	2	居住	1300
		27	楼家	传统建筑	清末		砖木	2	居住	800
		28	钱家	传统建筑	清末		砖木	2	居住	680
		29	天家	传统建筑	明代		砖木	2	居住	800
应店街镇	紫阆村	30	西贩	传统建筑	清末		砖木	2	居住	760
		31	江东贩	传统建筑	明代		砖木	2	居住	300
		32	老屋门堂	传统建筑	清末		砖木	2	居住	600
		33	老三兴三楼	传统建筑	清末		砖木	3	居住	350
		34	丁隆	传统建筑	明代		砖木	2	居住	840
		35	赵家老宅	传统建筑	明末		砖木	2	居住	350
		36	下窗门	传统建筑	清代		砖木	2	空置	880
		37	杨家园老宅	传统建筑	清代		砖木	2	居住	350
		38	下大庙	传统建筑	明代		砖木	2	居住	250
		39	国武门堂	传统建筑	清代		砖木	2	居住	800
		40	何家	传统建筑	明代		砖木	2	居住	150
		41	官地	传统建筑	明代		砖木	2	居住	300

续表

乡（镇、街道）名	村名	序号	古建筑名称	类别	年代	结构材料	层数	使用情况	占地面积（m²）
次坞镇	次坞社区	1	新岭老厅	县保点	明万历年间	砖木	2	空置	776
		2	六户台门	传统建筑	清代	砖木	2	空置	1000
		3	俞氏宗祠（中和堂）	传统建筑	始建于南宋，清嘉庆二年（1797年）重建	砖木	2	文化礼堂（历史名人馆、特色民俗馆）	1535
		4	里祠堂（惇裕堂）	传统建筑	明嘉靖年间	砖木	2	祠堂	820
		5	俞庆房台门	传统建筑	清末民初	砖木	2	空置	302
		6	俞宗凡故居	传统建筑	民国三十六年（1947年）	砖木	2	居住	302
		7	井埠头民居	传统建筑	清代	砖木	2	居住	300
		8	柳桥民居	传统建筑	清末民初	砖木	2	居住	302
		9	花厅园里	传统建筑	清代	砖木	2	居住	250
		10	次坞村206—209号民居	传统建筑	清代	砖木	2	居住	200
		11	福桂堂	传统建筑	民国	砖木	2	居住	330
		12	锡家台门	传统建筑	明末清初	砖木	2	空置	1200
		13	吉宅	传统建筑	清末民初	砖木	2	空置	220
		14	福宅	传统建筑	清代	砖木	2	空置	315
		15	井埠头台门	传统建筑	民国二十九年（1940年）	砖木	2	居住	302
		16	俞凤池故居	传统建筑	清代	砖木	2	居住	600
		17	泰和号	传统建筑	民国三年（1914年）	砖木	2	空置	600
		18	新厅	传统建筑	清代	砖木	2	空置	1000
		19	七马头宅	传统建筑	民国	砖木	2	空置	400
		20	俞允之故居	传统建筑	民国	砖木	2	空置	268
		21	荷花塘	历史环境要素	清嘉庆年间	—	—	水塘	—

续表

乡（镇、街道）名	村名	序号	古建筑名称	类别	年代	结构材料	层数	使用情况	占地面积（m²）
次坞镇	白马新村	1	楼氏宗祠	传统建筑	清中期	砖木	1/2	文化礼堂	700
		2	王氏宗祠	传统建筑	清代	砖木	1/2	祠堂	300
		3	郦氏宗祠	传统建筑	清代	砖木	1/2	养老服务中心	600
		4	香严寺	传统建筑	唐开元十一年（723年）	砖木	1/2	庙宇	10亩
		5	土谷寺	传统建筑	清嘉庆年间	砖木	1	庙宇	600
		6	棠樣镜秀	传统建筑	清代	砖木	2	居住	100
	溪埭村	1	俞秀松故居	省保单位	清光绪二十三年（1897年）	砖木	2	俞秀松纪念馆	458
		2	俞氏宗祠（敦厚堂）	传统建筑	清代	砖木	2	宗祠	300
		3	顾水华宅	传统建筑	清代	砖木	2	居住	300
		4	大门堂	传统建筑	清代	砖木	2	部分居住	500
		5	大板道地	传统建筑	清代	砖木	2	居住	2000
		6	于优汀、翁杭生、俞伟光宅	传统建筑	清代	砖木	2	居住	300
埠头镇	坑西新村	1	张氏宗祠	县保点	清道光年间	砖木	1	文化礼堂（文体图书馆、农家书屋、居家养老服务照料中心）	948
		2	坑西老宅（孝友堂）	传统建筑	清顺治十三年（1656年）	砖木	2	部分居住	725
		3	蒋家坞陈氏宗祠	传统建筑	清咸丰年间	砖木	1	文化礼堂、居家养老服务中心	618
		4	合津桥	历史环境要素	民国十三年（1924年）	石拱桥	—	通行	10m
		5	坑西老桥	历史环境要素	明崇祯十七年（1644年）	条石	—	通行	10m

续表

乡（镇、街道）名	村名	序号	古建筑名称	类别	年代	结构材料	层数	使用情况	占地面积（m²）
牌头镇	抗西新村	6	狭山桥	历史环境要素	清顺治年间	石拱桥	—	通行	10m
		7	枫塘风水埂	历史环境要素	清顺治年间	—	—	古树群五株（古樟树、苦楮树、枫香树、女贞树）	—
	金龙塔村	1	樟塔大夫第民居（信义堂）	传统建筑	清代	砖木	2	部分居住、家宴服务中心	2500
		2	大会堂	传统建筑	民国	砖木	2	寺庙、大礼堂	600
		3	周氏宗祠	传统建筑	清代	砖木	1	空置	400
		4	北坞庙	传统建筑	清代	砖木	2	居住	680
	同文村	1	茅漾山古墓葬群	县保单位	—	—	—	古墓	—
		2	金山寺	传统建筑	明万历三十三年（1605年）	砖混	1/2	庙宇	3000
		3	日本碉堡	历史环境要素	1942年	砖木	—	空置	60
		4	苏联碉堡	历史环境要素	1945年	砖木	—	空置	60
		5	日本铁桥	历史环境要素	1942年	钢铁水泥	—	桥梁	800m
	三保里村	1	越王庙	传统建筑	战国时期	砖木	1/2	民间信仰活动场所	1200
		2	越山寺	传统建筑	战国时期	砖木	1	庙宇	2000
		3	白云观	传统建筑	宋代	砖木	1	道观	600
		4	周芝山老厅	传统建筑	清代	砖木	2	空置	80
		5	张家老厅	传统建筑	清代	砖木	2	居住	1200
		6	春米老厅	传统建筑	清代	砖木	2	居住	900

续表

乡（镇、街道）名	村名	序号	古建筑名称	类别	年代	结构材料	层数	使用情况	占地面积（m²）
牌头镇	三保里村	7	宣家老厅	传统建筑	清代	砖木	2	居住	1000
		8	珠村老厅	传统建筑	清代	砖木	2	居住	1000
		9	均底老厅	传统建筑	清代	砖木	2	居住	700
		10	古墓群	历史环境要素	宋代	–	–	古墓	–
安华镇	宣问村	1	太平天国墙头劝谕	县保单位	清咸丰十一年（1861年）	砖墙	1	–	2.1
		2	何氏宗祠	县保单位	清代	砖木	1	祠堂、文化礼堂、居家养老照料中心	650
		3	宣问公馆（锡绥堂）	县保点	明万历十二年（1584年）	砖木	2	部分居住	2300
		4	宣氏宗祠	传统建筑	清代	砖木	1	祠堂	666
		5	宣问大新屋	传统建筑	明末清初	砖木	2	居住	460
		6	洋房	传统建筑	民国初年	砖木	2	空置	250
		7	宣问村208号	传统建筑	清末民初	砖木	2	空置	250
		8	宣问村278号	传统建筑	清末民初	砖木	2	部分居住	300
		9	宣问村371号	传统建筑	清末民初	砖木	2	部分居住	400
		10	增美堂	传统建筑	清嘉庆十三年（1808年）	砖木	1	祠堂	501
	珠峰村	1	邵家塘邵氏宗祠（清门堂）	县保单位	民国	砖木	2	祠堂、文化礼堂（乡贤馆、家族文史馆）	890
		2	珠峰孝义堂	县保点	民国	砖木	1	祭祀	200
		3	邵育镜四合院	传统建筑	民国四年（1915年）	砖木	2	居住	775
		4	珠峰村周氏宗祠	传统建筑	清代	砖木	2	空置	200
		5	邵家塘新屋合门	传统建筑	民国三年（1914年）	砖木	2	居住	628
		6	邵家塘后面合门	传统建筑	民国	砖木	2	居住	880

续表

乡(镇、街道)名	村名	序号	古建筑名称	类别	年代	结构材料	层数	使用情况	占地面积(m²)
安华镇	珠峰村	7	郜以证四合院	传统建筑	清末民初	砖木	2	部分居住	500
		8	金友台门	传统建筑	清末民初	砖木	2	空置	400
		9	三祝堂	传统建筑	清嘉庆年间	砖木	2	空置	360
		10	香火堂	传统建筑	明嘉靖年间	砖木	2	空置	400
	丰江周村	1	周氏宗祠	县保单位	明末	砖木	1	文化礼堂	1200
		2	上庙	传统建筑	明代	砖木	1	民间信仰场所	300
		3	大厅(继裕堂)	传统建筑	明末清初	砖木	1	红白喜事	900
		4	花厅	传统建筑	明末清初	砖木	1	居家养老照料中心	900
		5	门楼下	传统建筑	明末清初	砖木	1	居住	2000
		6	九日房	传统建筑	明末清初	砖木	1	居住	2000
		7	小房(周伯涛故居)	传统建筑	明末清初	砖木	1	居住	1000
		8	大房	传统建筑	明末清初	砖木	1	居住	1000
		9	江滩门里	传统建筑	明末清初	砖木	1	居住	1200
		10	后新屋	传统建筑	清代	砖木	1	部分居住	2000
		11	前新屋	传统建筑	清末	砖木	1	居住	1200
		12	粮库(周志樵宅第)	传统建筑	清末	砖木	2	居住	1200
		13	小花厅	传统建筑	明末清初	砖木	1	空置	250
		14	明楼	传统建筑	明末清初	砖木	1	空置	400
		15	蚕种场(周煦恩宅第)	传统建筑	清代	砖木	1	空置	1000
	新一村	1	古祠堂	传统建筑	清代	砖木	2	空置	1000
		2	江水沿新屋门里	传统建筑	清代	砖木	2	居住	300
		3	古民居1	传统建筑	清代	砖木	2	部分居住	300

续表

乡（镇、街道）名	村名	序号	古建筑名称	类别	年代	结构材料	层数	使用情况	占地面积（m²）
安华镇	新一村	4	古民居2	传统建筑	清代	砖木	2	部分居住	400
		5	古民居3	传统建筑	清代	砖木	2	空置	400
		6	古民居4	传统建筑	清代	砖木	2	空置	300
		7	古民居5	传统建筑	清代	砖木	2	居住	300
		8	四合院	传统建筑	清代	砖木	2	空置	500
		9	川媚台门四合院	传统建筑	清代	砖木	2	居住	1000
		10	戏台	一般建筑	始建于清代，1990年重建	砖木	1	村民活动场所	100
	五指山村	1	周氏宗祠	传统建筑	清康熙年间	砖木	1	文化礼堂	500
		2	周兆棠厅	传统建筑	清代	砖木	2	部分居住	300
		3	博爱亭	环境要素	民国	砖石	1	休憩	30
		4	翠亨亭	环境要素	民国	砖石	1	休憩	30
		5	中山纪念堂	传统建筑	民国	砖石	1	文化讲堂	1000
		6	忠恕斋	历史环境要素	民国	青石	–	门扇	–
		7	记事碑	环境要素	2016年	青石	–	石碑	–
同山镇	边村村	1	边氏宗祠（敦睦堂）	省保单位	清光绪二十二年（1896年）	砖木	2	文化礼堂，民俗文化馆	1800
		2	仙下老屋	传统建筑	清光绪年间	砖木	2	居住	560
		3	仙下新屋	传统建筑	清代	砖木	2	居住	700
		4	仙下屋下	传统建筑	清代	砖木	2	居住	480
		5	仙下相对（里）	传统建筑	民国	砖木	3	空置	280
		6	仙下相对（外）	传统建筑	清代	砖木	2	居住	280
		7	南日厅堂	传统建筑	清代	砖木	2	空置	240

续表

乡（镇、街道）名	村名	序号	古建筑名称	类别	年代	结构材料	层数	使用情况	占地面积（m²）
同山镇	边村村	8	大会堂	一般建筑	解放初	砖混	2	空置	800
		9	珠园堂	传统建筑	清代	砖木	2	部分居住	1732
		10	小祠堂	传统建筑	明末	砖木	2	空置	90
		11	当铺	传统建筑	明末清初	砖木	2	空置	400
		12	百忍堂	传统建筑	清代	砖木	2	部分居住	1240
		13	秩田厅	传统建筑	清代	砖木	2	部分居住	1712
		14	张阴山下	传统建筑	清代	砖木	2	红白喜事	600
		15	节孝牌坊	历史环境要素	清乾隆年间	石	—	牌坊	15
	唐仁村	1	寿氏宗祠	县保单位	清道光年间	砖木	1	祠堂	2500
		2	魁星阁路亭	县保单位	清嘉庆年间	砖木	2	休憩	34
		3	大书房	传统建筑	清代	砖木	2	棕编展览馆，棕编研学基地	200
		4	郎贵第（留耕堂）	传统建筑	宋代	砖木	1	部分居住	2500
		5	延陵旧德	传统建筑	南宋	砖木	2	空置	600
		6	三省堂	传统建筑	清道光年间	砖木	2	部分居住	1500
		7	唐仁寿氏维建新学校	传统建筑	清中晚期	砖木	2	越庄酒坊	1200
		8	唐仁老街	历史环境要素	唐代	石板卵石	—	古道	500m
五泄镇	十四都村	1	藏绿乡土建筑（周氏宗祠）	省保单位	明万历二十八年（1600年）	砖木	2	祠堂、民俗展馆、老年协会活动中心、清廉文化展示馆	2150
		2	藏绿乡土建筑（马鞍山古民居）	省保单位	清道光三十年（1850年）	砖木	2	部分居住，旅游服务中心	8707

续表

乡（镇、街道）名	村名	序号	古建筑名称	类别	年代	结构材料	层数	使用情况	占地面积（m²）
五泄镇	十四都村	3	藏绿乡土建筑（霞塘庙）	省保单位	清中期	砖木	2	空置	500
		4	藏绿乡土建筑（藏绿井）	省保单位	清代	砖石	—	水井	—
		5	敦本堂	传统建筑	清代	砖木	2	树女学堂（配套学堂、民宿和文化集市）	1800
		6	崇德堂	传统建筑	清道光二十五年（1845年）	砖木	2	居住、待建（微型博物馆）	10331
		7	光霁堂	传统建筑	清代	砖木	2	居住	487
		8	贻安堂	传统建筑	清嘉庆年间	砖木	2	居住、待建（莲体验馆）	2800
		9	耕读堂	传统建筑	清乾隆年间	砖木	2	居住	2500
		10	佑启堂	传统建筑	清乾隆年间	砖木	2	居住	4500
赵家镇	赵家社区	1	赵氏宗祠（清献堂）	县保点	清雍正年间	砖木	1	文化礼堂（板凳龙展示、琴鹤文化展际）	1350
		2	芝泉亭	县保点	唐代	石	—	亭、祭祀	10
		3	水阁台门（九十九间半）	县保点	清嘉庆年间	砖木	2	居住	2500
		4	兰台古社（赵家大庙）	传统建筑	清嘉庆年间	砖木	1/2	老年协会	2000
		5	兰台世泽	传统建筑	清末民初	砖木	2	空置	1476
		6	兰台古街	历史环境要素	清代	石板	—	通行	1000余m

续表

乡（镇、街道）名	村名	序号	古建筑名称	类别	年代	结构材料	层数	使用情况	占地面积（m²）
赵家镇	花明泉村	1	何燮侯故居	县保点	清道光年间	砖木	2	部分居住	300
		2	绍文堂	传统建筑	清乾隆年间	砖木	1	武馆	1000
		3	何氏宗祠（擘莘堂）	传统建筑	民国	砖木	1	养老院	2100
		4	花明泉121号	传统建筑	清代	砖木	2	部分居住	600
	椒王村	1	蔡氏宗祠	传统建筑	清代	砖木	2	香榧博物馆	495
		2	大田台门	传统建筑	清代	砖木	2	居住	300
	东溪村	1	张氏宗祠	传统建筑	清嘉庆年间	砖木	1	东溪村史馆	160
		2	张氏古宅（东溪村19、16、21、88号）	传统建筑	清代	砖木	2	部分居住	500
		3	太平桥	历史环境要素	民国	石拱桥	单孔	通行	15m
		4	凤涧桥	历史环境要素	清光绪九年（1883年）	石拱桥	双孔	不常通行	18.46m
	泉畈村	1	何文庆故居	省保单位	清代	砖木	2	部分居住	240
		2	汪寿华故居	县保单位	清代	砖木	2	展示、部分居住	120
		3	六房祠堂	传统建筑	清代	砖木	1	空置	1200
		4	小庙	传统建筑	清代	砖木	1	祭祀	1000
		5	泉畈古民居	传统建筑	清代	砖木	1/2	部分居住	1500
岭北镇	岭北周社区	1	高台门古建筑群（崇孝楼）	县保单位	南宋	砖木	2	祭祀	660
		2	高台门古建筑群（光裕堂）	县保单位	清代	砖木	2	居住	800

续表

乡(镇、街道)名	村名	序号	古建筑名称	类别	年代	结构材料	层数	使用情况	占地面积(m²)
岭北镇	岭北周社区	3	高台门古建筑群(洋房)	县保单位	民国	砖木	2	家宴中心	589
		4	岭北周乡土建筑群(凤岐堂)	县保单位	清代	砖木	1	空置	200
		5	岭北周乡土建筑群(七份厅)	县保单位	清代	砖木	1	留守儿童阳光乐园、地域文化陈列馆	200
		6	岭北周乡土建筑群(九如堂)	县保单位	清代	砖木	1	老年活动中心	200
		7	岭北周乡土建筑群(彝训堂)	县保单位	清光绪二十四年(1898年)	砖木	1	家宴场所	200
		8	岭北周乡土建筑群(麟振堂)	县保单位	清代	砖木	1	空置	200
	岭顶村	1	礼户周氏宗祠(赓续堂)	传统建筑	清代	砖木	2	综合文化服务中心、老年活动室	237
		2	礼户周氏宗祠	传统建筑	清代	砖木	1	红白喜事	270
		3	大悟陈氏宗祠	传统建筑	清代	砖木	1	空置	300
		4	礼户小宗祠(追德堂)	传统建筑	清代	砖木	1	空置	233
璜山镇	溪北村	1	新一堂	省保单位	清嘉庆年间	砖木	2	古建筑特色展厅、书画展厅	4602
		2	继述堂	省保单位	清道光年间	砖木	2	居住	2511
		3	务本堂	县保单位	清代	砖木	2	居住	2056
		4	徐氏宗祠(彩叙堂)	县保单位	清乾隆二十二年(1757年),民国重建	砖木	2	文化礼堂	1800
		5	聚智堂	县保点	清代	砖木	2	居住	1800

续表

乡（镇、街道）名	村名	序号	古建筑名称	类别	年代	结构材料	层数	使用情况	占地面积（m²）
璜山镇	溪北村	6	继志堂	县保点	清代	砖木	2	居住	1668
		7	琢玉轩	传统建筑	清代	砖木	2	居住	997
		8	德馨堂	传统建筑	清代	砖木	2	居住	1200
		9	致和堂	传统建筑	清代	砖木	2	居住	1150
		10	行五堂	传统建筑	清代	砖木	2	居住	1050
		11	马氏宗祠（衍庆堂）	传统建筑	清代	砖木	2	祠堂	1500
	黄家店村	1	半丘上新屋台门	传统建筑	清代	砖木	2	部分居住	900
	大门村	1	黄氏宗祠	传统建筑	清代	砖木	1	空置	800
		2	上三贩老厅	传统建筑	清代	砖木	2	部分居住	1500
		3	下坞老厅	传统建筑	清代	砖木	2	居住	1500
		4	石青庙	传统建筑	清代	砖木	2	空置	1500
东白湖镇	斯宅村	1	华国公别墅	国保单位	清道光二十年（1840年）	砖木	2	私塾陈列馆、笔锋书画院	2806
		2	斯盛居（千柱屋）	国保单位	清嘉庆三年（1798年）	砖木	2	居住	7440
		3	发祥居（下新屋）	国保单位	清嘉庆七年（1802年）	砖木	2	居住	3255
		4	上新居	省保单位	清乾隆十五年（1750年）	砖木	2	居住	2996
		5	新谭家民居	省保单位	清代	砖木	2	居住	3396
		6	斯宅小洋房	县保单位	民国九年（1920年）	砖木	2	民国史迹陈列馆	680
		7	斯民小学	县保单位	民国	砖木	2	小学	3274
		8	斯宅大生精制茶厂旧址	县保单位	民国	砖木	1	空置	583
		9	下门前畔台门	县保单位	清代	砖木	2	居住	2404

续表

乡（镇、街道）名	村名	序号	古建筑名称	类别	年代	结构材料	层数	使用情况	占地面积（m²）
		10	南路岭摩崖石刻	县保单位	清代	—	—	石雕	—
		11	蠡斯干兔岭亭	县保点	民国	砖木	1	古亭	43
		12	居敬堂	县保点	清咸丰年间	砖木	1	斯民博物馆（民俗、名人书画、古砖古碑、陶、紫砂壶、瓷等）	905
		13	上门前畈台门	传统建筑	清代	砖木	2	居住	1477
		14	裕昌号民间艺术馆	传统建筑	民国	砖木	1	十里红妆展示馆、民宿、民间艺术馆	886
		15	蠡斯屋	传统建筑	清代	砖木	2	老年协会、体育协会	600
		16	小房民居	传统建筑	清代	砖木	2	居住	1333
东白湖镇	斯宅村	17	大房民居	传统建筑	清代	砖木	2	居住	3346
		18	二房民居	传统建筑	清代	砖木	2	居住	4308
		19	祠堂沿台门	传统建筑	清代	砖木	2	居住	762
		20	小房台门	传统建筑	清代	砖木	2	居住	2040
		21	牌轩门里	传统建筑	清代	砖木	2	居住	3734
		22	笔锋书院	传统建筑	清代	砖木	2	居住	874
		23	东泉岭路亭	传统建筑	民国	砖木	1	居住	55
		24	斯宅后寺	传统建筑	民国	砖木	2	居住	666
		25	百马图	历史环境要素	清嘉庆三年（1798年）	砖	—	砖雕	5
		26	乐善好施坊	历史环境要素	清道光十二年（1832年）	砖	—	砖雕	30

续表

乡(镇、街道)名	村名	序号	古建筑名称	类别	年代	结构材料	层数	使用情况	占地面积(m²)
店口镇	侠父村	1	宣侠父故居	传统建筑	始建于清代，2016年重修	砖木	2	浙江省党史教育基地、绍兴市爱国主义教育基地	300
		2	宣家宗祠	传统建筑	始建于清康熙二十七年(1688年)，2017年修建	砖木	2	文化礼堂、文化展示	300
		3	姚家璈祠堂	传统建筑	清代	砖木	1	空置	500
		4	一大台门	传统建筑	清光绪年间	砖木	2	居住	2500
		5	二房台门	传统建筑	清末	砖木	2	居住	600
		6	三房台门	传统建筑	清末	砖木	2	居住	1000
		7	四房台门	传统建筑	清末	砖木	2	居住	700
		8	小房台门	传统建筑	清末	砖木	2	居住	600
		9	三德台门	传统建筑	清末	砖木	2	居住	1500
		10	上三德寺	传统建筑	唐代	砖木	1/2	庙宇	6670
		11	宣家井	历史环境要素	—	—	—	水井	—
	何家山头村	1	赵家台门	传统建筑	明代	砖木	2	居住	300
		2	四义台门	传统建筑	明代	砖木	2	居住	1000
		3	四稽台门	传统建筑	明代	砖木	2	居住	1500
		4	大仙庙	传统建筑	明代	砖木	1	庙宇	200
		5	烈妇庙	传统建筑	明代	砖木	1	庙宇	200
		6	大庙	传统建筑	元代	土木	1	庙宇	200

续表

乡（镇、街道）名	村名	序号	古建筑名称	类别	年代	结构材料	层数	使用情况	占地面积（m²）
姚江镇	梓尚阁村	1	江阁台门（王国尧等户）	传统建筑	清代	砖木	2	居住	1000
		2	勤俭建国台门（王乃成等户）	传统建筑	清代	砖木	2	居住	1000
		3	自力更生台门（王芝铭等户）	传统建筑	清代	砖木	2	居住	1000
		4	江阁台门（王林母等户）	传统建筑	清代	砖木	2	居住	650
		5	尚武台门（张剑春等户）	传统建筑	清代	砖木	2	部分居住	650
		6	梓里台门（王文光等户）	传统建筑	清代	砖木	2	居住	650
		7	湖角台门（周国松等户）	传统建筑	清代	砖木	2	居住	500
		8	梓里台门（王水良等户）	传统建筑	清代	砖木	2	居住	500
		9	圣姑殿	传统建筑	南宋	砖木	1/2	庙宇	3000
		10	应江岸祠堂	传统建筑	清代	砖木	2	空置	800
		11	尚武祠堂	传统建筑	清代	砖木	2	空置	850
		12	供销社	传统建筑	清代	砖木	1	空置	1500

续表

乡（镇、街道）名	村名	序号	古建筑名称	类别	年代	结构材料	层数	使用情况	占地面积（m²）
次坞镇	盘山村	1	蒋浦蒋氏宗祠	县保单位	清代	砖木	2	文化礼堂（盘山名人馆、文化展示、盘山书画馆、农家书屋等）	1060
		2	盘山小学	县保单位	民国二十一年（1932年）	砖木	2	研学基地	5000
		3	盘山村新屋台门	县保点	清代	砖木	2	部分居住	4000
		4	盘山民国水塔	县保点	民国	砼	—	闲置	5
		5	旗杆台门	传统建筑	明末清初	砖木	2	部分居住	3000
		6	为先台门	传统建筑	明末清初	砖木	2	部分居住	1600
		7	朝二房台门	传统建筑	民国	砖木	2	空置	4000
		8	新山下台门	传统建筑	明末清初	砖木	2	部分居住	2000
		9	东升台门1	传统建筑	民国	土木	2	空置	2000
		10	东升台门2	传统建筑	民国	土木	2	空置	600
		11	蒋鼎文故居	传统建筑	清代	砖木	2	空置	250
		12	石岩庙	传统建筑	清代	砖木	1	祭祀	80
陈宅镇	石壁湖村	1	后新屋台门	县保单位	明万历年间	砖木	2	部分居住	2000
		2	新屋台门	县保点	明代	砖木	2	部分居住	2000
		3	二房厅（中厅）	县保点	明代	砖木	2	部分居住	1000
		4	老厅	传统建筑	明代	砖木	2	部分居住	2000
		5	祠堂前	传统建筑	明清	砖木	2	部分居住	500
		6	后山炮	传统建筑	明清	砖木	2	部分居住	500
		7	东祠堂横头	传统建筑	明清	砖木	2	部分居住	500
		8	西祠堂横头	传统建筑	明清	砖木	2	部分居住	500

续表

乡（镇、街道）名	村名	序号	古建筑名称	类别	年代	结构材料	层数	使用情况	占地面积（m²）
陈宅镇	石壁湖村	9	上道地	传统建筑	明清	砖木	2	部分居住	200
		10	前道地	传统建筑	民国	砖木	2	部分居住	200
		11	潜山庵	传统建筑	明代	砖木	2	庙宇	1000
		12	黑龙庙	传统建筑	明代	砖木	2	庙宇	1500
东和乡	冯蔡村	1	冯氏宗祠	传统建筑	清雍正年间	砖木	2	村文化礼堂（村史、红色记忆馆）	528
		2	金氏宗祠	传统建筑	清代	砖木	2	宗祠	422
		3	吉竹坑金氏民居	传统建筑	清代	砖木	2	居住	735
		4	冯蔡新屋台门（冯绥安故居）	传统建筑	清代	砖木	2	空置	711
		5	冯水妥故居	传统建筑	清代	砖木	2	部分居住	550
		6	吉竹坑高丘田台门	传统建筑	民国	砖木	2	居住	400
		7	吉竹坑大台门	传统建筑	清代	砖木	2	居住	720
		8	冯蔡祠堂踏步脚台门	传统建筑	清代	砖木	2	居住	700
		0	冯蔡后山一字屋	传统建筑	清代	砖木	2	居住	240
		10	吉庆桥	历史环境要素	清代	石拱	单孔	通行	5m×2m
		12	积善桥	历史环境要素	清光绪年间	石拱	单孔	通行	10m×2.6m
		13	玉溪桥	历史环境要素	清代	石拱	—	通行	5m×2m
		14	尼姑桥	历史环境要素	清代	石拱	—	通行	5m×2m

续表

乡（镇、街道）名	村名	序号	古建筑名称	类别	年代	结构材料	层数	使用情况	占地面积（m²）
东和乡	十里坪村	1	卓氏宗祠	县保单位	始建于清乾隆二十九年（1764年）	砖木	2	文化礼堂（国家非遗传承基地，西路乱弹陈列展示馆）	1006
		2	卓溪桥	县保点	清光绪十三年（1887年）	石	双孔	廊桥，通行	10m×2m
		3	俞家老台门	传统建筑	明清	砖木	2	居住	615
		4	朱村四醮齐老台门	传统建筑	明清	砖木	2	居住	636
		5	洋房台门	传统建筑	民国二十九年（1940年）	砖木	2	部分居住	300
		6	卓忠清旧宅	传统建筑	民国三十四年（1945年）	砖木	2	书法创作中心	400
		7	朱村新屋台门	传统建筑	清末民初	砖木	2	部分居住	360
		8	朱村高坎头台门	传统建筑	清末民初	砖木	2	部分居住	600
		9	朱村上台门	传统建筑	明清	砖木	2	部分居住	600
		10	太平桥	历史环境要素	清乾隆三十年（1765年）	石	双孔	通行	10m×2m
		11	块木桥	历史环境要素	清咸丰元年（1851年）	石	双孔	通行	10m×2m
	子和村	1	小坑祠堂	传统建筑	始建于明万历年间，2020年重建	砖木	1/2	文化礼堂	588
		2	小坑四合老台门	传统建筑	清代	砖木	2	空置	300
		3	小坑一字老台门1	传统建筑	清代	砖木	2	空置	400
		4	小坑一字老台门2	传统建筑	清代	砖木	2	部分居住	200
		5	鱼水井	历史环境要素	清雍正十年（1732年）	石	-	水井	-
		6	石头子古井	历史环境要素	民国二十六年（1937年）	石	-	水井	-

续表

乡（镇、街道）名	村名	序号	古建筑名称	类别	年代	结构材料	层数	使用情况	占地面积（m²）
	子和村	7	58个石台阶	历史环境要素	民国三十二年（1943年）	石	—	台阶	—
		8	小井头	历史环境要素	民国十八年（1929年）	石	—	—	—
东和乡	友谊村	1	新簪陈氏宗祠（永和堂）	县保点	始建于清嘉庆六年（1801年），民国十一年重建（1922年）	砖木	1/2	空置	477
		2	新垦台门	传统建筑	清代	砖木	2	部分居住	1000
		3	中央台门	传统建筑	清代	砖木	2	部分居住	500
		4	古民居1	传统建筑	清代	砖木	2	空置	300
		5	古民居2	传统建筑	清代	砖木	2	空置	200
	姚部畈村	1	岩畈章氏宗祠	县保点	清康熙四十年（1701年）	砖木	1/2	农耕博物馆	720
		2	姚氏宗祠	传统建筑	清初	砖木	2	闲置，需修缮	1000
		3	邵家坞老祠堂	传统建筑	清代	砖木	1	空置	473
		4	邵家坞新祠堂	传统建筑	清代	砖木	1	居家养老服务中心	300
		5	岩畈古民居1	传统建筑	清代	砖木	2	空置	1000
		6	岩畈古民居2	传统建筑	清代	砖木	2	部分居住	800
		7	上姚寺庙	传统建筑	清代	砖木	1	庙宇	300
		8	上姚古民居1	传统建筑	清代	砖木	2	部分居住	600
		9	上姚古民居2	传统建筑	清代	砖木	2	部分居住	300
		10	下姚古民居1	传统建筑	清代	砖木	2	居住	500
		11	下姚古民居2	传统建筑	清代	砖木	2	居住	500

续表

乡（镇、街道）名	村名	序号	古建筑名称	类别	年代	结构材料	层数	使用情况	占地面积（m²）
东和乡	大林村	1	大林周氏宗祠	传统建筑	始建于清代，部分于2020年新建	砖木	2	文化礼堂	900
		2	杜家坞周氏宗祠	传统建筑	清代	砖木	2	文化礼堂	518
		3	大林郭家台门	传统建筑	民国	砖木	2	居住	462
		4	杜家坞宣铁吾故居	传统建筑	民国	砖木	2	居住	200
		5	大林东林禅寺	传统建筑	民国	砖木	1/2	庙宇	3000

　　人文社会科学的学术研究需要建立时空观念，即研究者需要在一定的时间维度和空间范围内确立研究对象与目标，才能全面、系统地分析、研判研究对象。开展设计学研究主要有两条路径，其一是参阅文献，其二是实证调查。将两种方法结合起来，既要用"望远镜"来"向上"观照理论与政策，又要用"显微镜"来"向下"聚焦个案与数据，这样才能有一个全方位全维度的系统认知和研究视角。因此，如何做好"向下"田野调查与"向上"理论综合的相互参照、相互衔接，是笔者学术研究追求且长期践行的法则。笔者一直认为"真实"问题来自现场，调查研究的目的即发现问题和收集客观事实。因而，近年来带领团队持续深入乡村和基层开展田野调查已成为常态与习惯。

　　本书选择一个县域作为样本，主要考虑县域是一个稳定且具代表性的空间单元和区域范围。中国自秦并六国，建成中央集权的一统国家直至今日，两千多年来，县作为地方行政区划的基本单位始终未变，且相当一部分县的名称和治所也一直没有改变过。习近平总书记曾在《从政杂谈》一文中指出："如果把国家喻为一张网，全国三千多个县就像这张网上的纽结。"因此从某种角度来讲，通过以县域为样本的历史和文化剖析，不仅可以探析一个稳定的自然和文化区域的人居环境变迁全貌，还可以从某种视角折射一个省域乃至更大范围的宏大场景和时代叙事。

　　历史文化村落作为乡村人居环境和乡土文化遗产的一种重要类型与载体，大多承载着厚重的历史文化积淀，是中华民族的历史记忆和文化标志，是一种历史创造不可再生的重要遗产，也是世界各国美丽乡村建设和文化遗产保护的重要对象。诸暨优越的自然地理环境和深厚的历史人文底蕴，孕育出了一大批具有地域特色、研究价值的历史文化村落。

　　为了科学指导和有效促进诸暨历史文化村落的整体保护和活化利用，受诸暨市农业农村局委托，浙江理工大学中国美丽乡村研究院、乡村遗产与传统村落研究所组织技术团队，对诸暨市斯宅村、十四都村、周村村等25个省级历史文化村落保护利用项目村和新胜村、侠父村、石门村等35个历史文化村落保护利用备选村，开展全面深入的实地调查，系统摸排基本情况，查找短板问题，研判发展趋势，提出具体意见，为诸暨历史文化村落保护利用的特色发挥、规范实施提供基础。本书就是在此基础上而形成的。在此，首先要感谢时任诸暨市农业农村局局长张国锄、副局长吴挺的信任与支持；也要感谢在调研过程中全程陪同、联络工作的局干部寿程红、应明峰、吕斌等同志，没有他们的参与，要完成调研工作是不可想象的，在此表示诚挚的谢意，我们在工作中也结下了深厚的友谊；在调研中所涉及的乡（镇、街道）村领导干部给予了帮助和提供了资料，我们也要表达感谢之情。从某种角度说，这本书是一项集体写作，如若"信息"有误，其责在我。另外，本书受浙江理工大学艺术与设计学院时尚设计类学科专著培育项目和浙江省哲学社会科学规划年度课题"浙江诗路文化带传统村落空间叙事'文本'研究"（22NDJC340YBM）的资助，感谢朱旭光院长、李碧老师在出版过程中的帮助。浙江理工大学中国美丽乡村研究院、乡村遗产与传统村落研究所的研究生袁政、马晓婷、顾宏圆、汤曹辉、李小奇、赵明珠、金林珊、黄子倚等同学也付出了努力，你们在实地调研过程中既拓宽学术视野，又确立了个人研究命题，真正践行了"把论文写在大地上"的学术研究理念，祝你们学途和工作顺利。最后，还要感谢浙江大学出版社尤其是王荣鑫编辑的鼎力支持，为本书的顺利出版提供保障。

杨小军

于杭州临平

图书在版编目（CIP）数据

　　诸山暨水：历史文化村落保护利用的县域样本 / 杨
小军，柴鸿举著. -- 杭州：浙江大学出版社，2024.11
　　ISBN 978-7-308-24585-2

　　Ⅰ．①诸… Ⅱ．①杨… ②柴… Ⅲ．①村落－保护－
研究－诸暨 Ⅳ．①K925.54

　　中国国家版本馆CIP数据核字(2024)第023679号

诸山暨水　历史文化村落保护利用的县域样本
ZHUSHAN JISHUI　LISHI WENHUA CUNLUO BAOHU LIYONG DE XIANYU YANGBEN

杨小军　柴鸿举　著

责任编辑	王荣鑫
责任校对	韦丽娟
封面设计	项梦怡
出版发行	浙江大学出版社
	（杭州市天目山路148号　邮政编码310007）
	（网址：http://www.zjupress.com）
排　版	杭州林智广告有限公司
印　刷	杭州高腾印务有限公司
开　本	710mm×1000mm　1/16
印　张	23.5
字　数	445千
版印次	2024年11月第1版　2024年11月第1次印刷
书　号	ISBN 978-7-308-24585-2
定　价	108.00元

版权所有　侵权必究　　印装差错　负责调换
浙江大学出版社市场运营中心联系方式：0571-88925591；http://zjdxcbs.tmall.com